hänssler

Fritz Grünzweig

Zweiter Timotheus-Brief, Titus- und Philemon-Brief

Die Reihe des EDITION C-Bibelkommentars zum Neuen Testament wird von
Dr. Gerhard Maier herausgegeben.

CIP-Titelaufnahme der Deutschen Bibliothek
Grünzweig, Fritz:
Pastoralbriefe / Grünzweig. – Neuhausen-Stuttgart : Hänssler.
Zweiter Timotheus-Brief, Titus- und Philemon-Brief
(Edition C : B, Bibelkommentar ; Bd. 9)
ISBN 3–7751–1544–7
NE: Edition C / B

EDITION C-Bücher
EDITION C-Bibel-Kommentare, B 19
Bestell-Nr. 55.919
© Copyright 1990 by Hänssler-Verlag, Neuhausen-Stuttgart
Umschlaggestaltung: Daniel Dolmetsch
Printed in Austria

Inhalt

Der zweite Brief des Apostels Paulus an Timotheus

1. Absender, Empfänger und Gruß (1,1–2) 7
2. Paulus mit Timotheus verbunden in Dank und Fürbitte (1,3–5) 12
3. Geist, Gaben und Auftrag der Zeugen (1,6–18) 16
4. Zeugen, streiten und leiden für das Evangelium (2,1–13) 40
5. Wie dem großen Zerstörer der Gemeinde Jesu entgegengetreten werden muß (2,14–26) 60
6. Die überhandnehmende Gesetzlosigkeit – Zeichen der Endzeit (3,1–9) 84
7. Der rechte Lehrer – Timotheus ist so anders als die Irrlehrer (3,10–13) 101
8. Das Geschenk der Heiligen Schrift (3,14–17) 112
9. Sei getreu bis in den Tod – das Vermächtnis des sterbenden Paulus (4,1–8) 124
10. Letzte Bitten, Nachrichten und Grüße (4,9–22) 143

Brief des Apostels Paulus an Titus

1. Briefeingang mit Absender, Empfänger und Gruß (1,1–4) 161
2. Ordnung um Dienste der Leitung in den Gemeinden (1,5–9) 176
3. Die Gemeinde Jesu – bedroht durch eine Unterwanderung und Überflutung mit irreführendem Geist und irreleitender Lehre (1,10–16) 198
4. Anleitung der Mitchristen je in ihrem konkreten Stand durch das heilmachende Gotteswort (2,1–10) 213
5. Die heilende Gnade Gottes am Werk vor dem Horizont der Wiederkunft Jesu (2,11–15) 233

6. Das neue Leben, das Gott in seiner Barmherzigkeit
   schenkt (3,1–8a) 245
7. Abschließende Anweisungen und Aufträge (3,8b–15) . 260

Brief des Apostels Paulus an Philemon

Einleitung
1. Eingang und Gruß (1–3) 281
2. Glaube und Liebe des Philemon (4–7) 286
3. Fürsprache für Onesimus (8–22) 288
4. Grüße und Segenswort (23–25) 298
Schlußbemerkungen 301

Der zweite Brief des Apostels Paulus an Timotheus

1. Absender, Empfänger und Gruß (1,1–2)

1,1–2: Paulus, ein Apostel Christi Jesu durch den Willen Gottes nach der Verheißung des Lebens in Christus Jesus, (2) an meinen lieben Sohn Timotheus: Gnade, Barmherzigkeit, Friede von Gott, dem Vater, und Christus Jesus, unserem Herrn!

Paulus beginnt, entsprechend der Sitte im Altertum, mit der Absender- und Empfängerangabe und einem Grußwort.

1.1 Absender

1.1.1 »*Paulus*« (V. 1): Er gebrauchte, wie immer außerhalb Israels, seinen griech.-römischen Namen, nicht seinen hebr. »Saul«; er hatte wohl immer schon beide Namen. Wo befand er sich nun? In einem Gefängnis zu Rom (vgl. 2 Tim 1,17; 2,9). Nach außerbiblischen Nachrichten wurde Paulus nach seiner langen Haft (Apg 21–28), aus der er die Briefe an die Epheser, die Kolosser, an Philemon und zuletzt an die Philipper geschrieben hatte, noch einmal frei und führte seine von ihm längst geplante Missionsreise nach Spanien durch (vgl. Röm 15,24). Danach kehrte er in den Ostteil des Mittelmeerraums zurück: zu Diensten auf Kreta (vgl. Tit 1,5), in Ephesus (vgl. 1 Tim 1,3) und in Nikopolis (Westgriechenland; Tit 3,12; vgl. 1 Tim 1,3), von wo aus er Tit und möglicherweise auch 1 Tim schrieb. Nach einiger Zeit wurde Paulus wieder verhaftet; wir wissen nicht wo. Daraufhin wurde er wohl wieder nach Rom »überstellt« und, nach zuverlässigen außerbiblischen Nachrichten, dort wenig später unter Kaiser Nero enthauptet. Das sah Paulus klar voraus; denn er schrieb in diesem seinem *letzten* Brief: »Ich werde schon geopfert, und die Zeit meines Hinscheidens ist gekommen« (2 Tim 4,6).

1.1.2 »*Apostel Christi Jesu*«, fügt Paulus seinem Namen hinzu. Er ist also »Botschafter« des von Gott eingesetzten Königs über alle Welt, des »Messias«, des »Christus« Jesus von Nazareth (vgl. Mt 28,18). Er repräsentiert noch ganz anders seinen Herrn als der Botschafter eines Staates seinen Souverän. Als »Apostel« gehört Paulus zu den besonderen Botschaftern der ersten Generation der Christen, die die große Botschaft des Evangeliums unmittelbar von Jesus empfangen haben (vgl. Apg 1,21f.; 1 Kor 15,8–10; Gal 1,1.11–19; 1 Tim 1,12–17). So persönlich liebevoll Paulus die beiden Timotheus-Briefe auch schrieb, er tat das dennoch sozusagen »dienstlich«, in seinem Dienst als Apostel. Das kommt bereits im »Briefkopf« zum Ausdruck. Doch daß eben der Botschafter des »Königs aller Könige« (Offb 19,16), der Völkerapostel mit seinem weitgreifenden Auftrag (Gal 1,16) gefangen und angekettet war und werden konnte, war ein scheinbarer Widersinn und gewiß für Paulus selbst und für andere eine große Anfechtung. Aber das Wunder geschah: »Gottes Wort« war dennoch »nicht gebunden« (2 Tim 2,9). Paulus wirkte auch aus dem Gefängnis, insbesondere durch seine Gefangenschaftsbriefe, die uns erhalten blieben und die für die Gemeinde Jesu aller Zeiten, besonders in Anfechtungs- und Verfolgungszeiten, v.a. dann, wenn es dem großen Ziel entgegengeht, eine entscheidende Hilfe sind. So gereichte auch nun wieder das Leiden des Apostels Paulus »nun mehr zur Förderung des Evangeliums« (Phil 1,12).

1.1.3 Paulus machte sich nicht selbst zum Botschafter, zum Apostel; er hätte das auch nicht tun können. Es geschah durch Gott nach seinem »*Willen*« und Plan (Gal 1,15).

1.1.4 Dieser »Wille« Gottes ist allgemein Retterwille: »Gott will, daß alle Menschen *gerettet* werden« (1 Tim 2,4 wörtlich; vgl. Lk 19,10). Rettung des Menschen nach dem Einbruch der Sünde ist die Zielsetzung Gottes. Gott will, daß wir Menschen leben; gleich nach der ersten Sünde hat Gott schon die Rettung, das Geschenk des Lebens verheißen (1 Mose 3,15). Gott ist die »Quelle des Lebens« (Ps 36,10), er allein. Deshalb stirbt der Mensch, der sich von Gott losgerissen hat. »Der Sünde Sold ist der Tod« (Röm 6,23). In der Welt der Sünde ist alles Leben nur ein hinausgeschobener Tod (vgl. 1 Mo 3,19). Doch in seiner wunderbaren Treue stellt Gott für die in Sünde geratenen Menschen dennoch Leben, ewiges Leben in Aussicht, so daß dann auch das Sterben nur noch ein kurzer Durchgang zum wahren, bleibenden Leben ist (vgl. Joh 11,25; Phil 1,21.23) – »*nach der Verheißung des Lebens*«.

1.1.5 Wie erfüllt Gott diese Verheißung? »*In Christus Jesus.*« So spricht Paulus hier von »der Verheißung des Lebens in Christus Jesus«. Und den Christen in Korinth schrieb er: »Gott war in Christus und versöhnte die Welt mit sich selber und rechnete ihnen ihre Sünden nicht zu und hat unter uns aufgerichtet das Wort von der Versöhnung« (2 Kor 5,19). Gott in Jesus Christus – so hat er das Heilswerk für uns »vollbracht« (Joh 19,30). Unser Herr spricht: »Wer mich sieht, der sieht den Vater!« (Joh 14,9).

1.1.6 Und wie werden wir des alles persönlich teilhaftig? Ebenfalls »*in Christus Jesus*«. »Gott war in Christus«, und wir dürfen »in Christus« sein. In Christus ist uns die durch die Sünde verlorengegangene Gemeinschaft mit Gott wieder geschenkt und damit neu der Anschluß an die »Quelle des Lebens«. »In Christus«, eingehüllt in seine vollkommene Gerechtigkeit, sind wir Gott recht (2 Kor 5,21; vgl. Röm 8,1). »Gott hat uns begnadet in dem Geliebten« (Eph 1,6). Und wenn wir in Christus sind, im Glauben an ihn, dann ist Christus als der Heilige Geist in uns (Joh 15,4f.; 2 Kor 3,17a), und wir sind so Gottes Kinder und aller wundervollen Hoffnung, die Gott seinen Kindern schenkt, teilhaftig (Röm 8,14–17; Kol 1,27). Alles in allem: In Christus, im Glauben an ihn, ist die volle Gemeinschaft mit Gott, die durch die Sünde zerbrochen war, mit allen Folgen wieder hergestellt. »In Christus Jesus« gilt die »Verheißung des Lebens« in vollkommenem Sinn uns.

Das ist Paulus verständlicherweise angesichts seines unmittelbar bevorstehenden Märtyrertodes (2 Tim 4,6) so wichtig, daß er die »Verheißung des Lebens in Christus Jesus« bereits im Briefkopf, bei der Absenderangabe, nennt. Ja, diese Verheißung in Christus ist Kern und Stern des Evangeliums gerade für Menschen, die den Tod vor Augen haben, vielleicht gar das Martyrium schließlich in einer sich endgeschichtlich zuspitzenden, antichristlichen Zeit. Das unterstreicht Paulus hier schon (vgl. auch 2 Tim 1,10) in seinem wohl letzten Brief, den er vor seinem Märtyrertod geschrieben hat, damals in Neros Tagen, in denen keineswegs nur er aufs schwerste gefährdet war; wenig später starben in Rom damals viele.

1.2 Der Briefempfänger

Paulus schreibt: »*An meinen lieben Sohn Timotheus*« (V. 2a; wörtlich: »geliebten Sohn«). Timotheus ist v.a. geliebt von *Gott* in Jesus Christus. Gott hat ihn so zu seinem Kind, zu seinem »Sohn« gemacht (Röm 8,14f. steht wörtlich »Söhne«). Doch auch Paulus liebte Timotheus, so wie alle Gotteskinder, wenn's recht ist, einander lieben (1 Jo 3,14).

Und dann liebte er ihn als seinen geistlichen »*Sohn*« und überaus treuen, erfreulichen Kampfgenossen (vgl. Phil 2,19–22). *Gott* hat Timotheus zu seinem Kind, seinem »Sohn« gemacht. Und Paulus war dabei sein Werkzeug, durch das er den Lebenskeim seines Wortes in Timotheus legte. So kam dieser zum Glauben (vgl. Apg 16,1f.). Später nahm der Apostel Paulus den jungen Timotheus als seinen Begleiter und Mitarbeiter mit auf seine Missionsreisen und in seine besondere Erziehung und Schulung (Apg 16,3). Das alles bewirkte, daß Timotheus in gewissem Sinn ein geistlicher »Sohn« des Paulus genannt werden konnte.

Timotheus befand sich, als Paulus seinen zweiten Brief an ihn schrieb, wohl weiter in Ephesus, wie zur Zeit der Abfassung des ersten Briefes (1 Tim 1,3). Darauf lassen auch die Namen derer schließen, die Timotheus grüßen sollte (2 Tim 4,19). Daß Timotheus sich »beeilen« sollte, noch »vor dem Winter« zu Paulus nach Rom zu kommen, läßt darauf schließen, daß zu dieser Reise eine Seefahrt gehörte, die bei den damaligen technischen Mitteln im Winter nicht möglich war. Vermutlich wollte Timotheus auch seinerseits dem nun alten Apostel in seiner Anfechtung nahe sein (vgl. 2 Tim 4,16), so wie er ihm früher schon in seiner Gefangenschaft, auch wo das Mühe und Gefahr für ihn bedeutete, nahe war (Vgl. Phil 1,1; Kol 1,1; Phlm 1).

Wir wissen nicht, ob Timotheus bei seiner Reise nach Rom, um die ihn Paulus gebeten hatte (2 Tim 4,9), diesen noch lebend antraf (vgl. 2 Tim 4,6). Möglicherweise war dieser Brief das letzte Wort des Apostels Paulus an seinen nächsten Mitarbeiter und sein *Vermächtnis*, auch für die ganze Christenheit, da dieser Brief mit einiger Sicherheit der letzte uns erhaltene Paulus-Brief ist. Auch in Phil redet der Apostel von seinem möglichen nahen Tod, rechnet aber doch mehr oder weniger mit seinem nochmaligen Freikommen (Phil 1,21-26); der Brief wurde wahrscheinlich gegen Ende der ersten römischen Gefangenschaft des Apostels Paulus geschrieben. In 2 Tim dagegen rechnet er nicht damit, daß er noch einmal dem Märtyrertod entgehe. Gerade wenn die Gemeinde Jesu in den Schatten endzeitlicher Entwicklungen und damit auch der vermehrten Möglichkeit des Leidens, ja des Märtyrertods (Mt 24,9; Offb 13,7) eintritt, ist dieser Brief des sich damals bewußt zum Martyrium anschickenden Apostels für sie von besonderer Bedeutung. Darauf legte er hier in besonderer Weise den Finger.

1.3 Eingangsgruß

»Gnade, Barmherzigkeit, Friede von Gott, dem Vater, und Christus Jesus, unserm Herrn!« (V. 2b).

Dieser Gruß ist ein in Vollmacht unseres Herrn Jesus Christus und damit Gottes gesprochenes Segenswort, nicht etwa nur ein Wunsch; Gottes Wort ist ja Tat (Ps 33,9). Was hier von dem Boten Jesu ausgesprochen wird, wird zugleich von Gott her zugesprochen und mit, unter und in diesem Wort geschenkt: Der Mensch ist von Gott »begnadigt«; Gott beugt sich liebevoll »erbarmend« zu ihm nieder; er reicht ihm seine Friedenshand, so daß nichts mehr zwischen Gott und dem Menschen steht. So ist der Herr nun auch bei Timotheus, wie er bei Paulus in seiner unmenschlichen Kerkerhaft und auch in den Gerichtsverhandlungen ist (Mt 28,20; vgl. 2 Tim 2,9; 4,17). Das war auch für Paulus unendlich tröstlich, und das kann es ebenso auch für uns sein, in jeder Lage.

Jesus Christus ist der »*Herr*«: der gemeinsame Herr des Apostels und seines um viele Jahre jüngeren Mitarbeiters und ebenso für alle an ihn Glaubenden auch heute. Aber er ist zugleich der Herr über Himmel und Erde; vom Vater ist ihm das verliehen, und es wird noch ganz an den Tag kommen (Mt 28,18; Phil 2,11; Offb 19,16). Was sind dagegen die menschlichen Herren in ihrem Kommen und Gehen bis hin zu dem Letzten, dem Antichrist! Gerade wenn dieser am glanzvollsten erscheint, wird er, bereits nach kurzer Frist, von dem wiederkommenden Herrn weggeblitzt werden (2 Thes 2,8; Offb 13,5; 16,16; 17,14; 19,19f.).

2. Paulus mit Timotheus verbunden in Dank und Fürbitte (1,3–5)

1,3–5: Ich danke Gott, dem ich diene von meinen Vorfahren her mit reinem Gewissen, wenn ich ohne Unterlaß deiner gedenke in meinem Gebet, Tag und Nacht. (4) Und wenn ich an deine Tränen denke, verlangt mich, dich zu sehen, damit ich mit Freude erfüllt werde. (5) Denn ich erinnere mich an den ungefärbten Glauben in dir, der zuvor schon gewohnt hat in deiner Großmutter Lois und in deiner Mutter Eunike; ich bin aber gewiß, auch in dir.

2.1 Gedenken

Paulus »*gedenkt*« (V. 3) des Timotheus. Es geht bei ihm nie nach der Regel: »Aus den Augen, aus dem Sinn!« Daß Paulus seiner Mitchristen »gedachte«, bei denen er sich jetzt gerade nicht befand, schrieb er bereits in dem frühesten seiner uns erhaltenen Briefe (1 Thes 1,2) und nun auch in seinem letzten.

2.2 Danken

Vom Denken kommt Paulus zum »*Danken*« (V. 3). Das lesen wir in den meisten seiner Briefe. Hier, in diesem Brief, mochte Paulus daran gedacht haben, was das doch für ein Wunder Gottes war, daß der junge Timotheus, aus einer griechisch-jüdischen Mischehe, der wohl zusammen mit seiner Mutter und Großmutter, im Unterschied zum Vater, zum Glauben gekommen war, eine so erfreuliche Entwicklung nahm und ihm ein so fröhlicher und hilfreicher Mitarbeiter wurde (Apg 16,1-3; Phil 2,19-22). Paulus dankte aber auch im Blick auf die Menschen und Gemeinden, bei denen mancher Übelstand herrschte und denen er nur mit großer Mühe zurechthelfen konnte (1 Kor 1,4). Wir mögen oft meinen, es sei fromm, über Menschen zu klagen, die uns aufgetragen sind, über unsere Gemeinden, Gemeinschaften, Kreise und Kirchen. Paulus dagegen sieht viel Anlaß zu danken, sogar im Gefängnis angekettet (2 Tim 2,9). *Gott* dankte Paulus auch in diesem Brief zuerst, und nicht Menschen, nicht dem Timotheus.

2.3 Dienen

Paulus dankt dem Gott, dem auch er »*dient*« und dienen darf. Das, wofür er ihm jetzt dankt, die Treue des Timotheus, all das, was gerade jetzt in der Anfechtung der treffliche Mitstreiter für ihn bedeutet, erkennt er als die gnädige, tröstliche, stärkende Antwort Gottes auf seinen, des Paulus Dienst (vgl. 1 Kor 15,58). Sein Dienst für Gott, den Paulus hier erwähnt, ist geradezu der Hauptnenner, die Summe seines Lebens. So sprach er in einem kritischen Augenblick, als ein Schiffbruch drohte, von dem Gott, »dem ich gehöre und dem ich diene« (Apg 27,23b) Nicht allein jetzt war das in seinem Leben so, sondern schon immer, auch wenn er's eine Zeitlang unwissend und mit Unverstand falsch tat und er sehr der Gnade und des Erbarmens Gottes bedurfte (1 Tim 1,12ff.; vgl. Röm 10,2).

Auch seine Eltern und Voreltern dienten Gott so, nach dem Maß ihrer Erkenntnis; er befand sich also in bester Tradition. Gerade Auslandsjuden, zu denen die Familie des Paulus gehörte (vgl. Apg 9,11), kostete es die größte Kraftanstrengung, ihren Glauben in heidnischer Umwelt rein zu bewahren. Und es war etwas Großes, auch da ein »rechter Israelit« zu sein und »auf den Trost Israels zu warten« (Lk 2,25; Joh 1,47).

2.4 Reines Gewissen

Warum betont hier Paulus, daß er »*mit reinem Gewissen*« (V. 3) Gott diene, nach bestem Wissen und Gewissen? Er stand unter Anklage und befand sich in Untersuchungshaft. Und er war sogar noch zusätzlich in der doch festverriegelten Gefängniszelle gefesselt (2 Tim 2,9) – wie ein gemeingefährlicher Verbrecher. Ja, er war bereit, für seinen Herrn zu sterben. Aber den Vorwurf, auch nach Menschenmaß Unrecht getan zu haben, etwa als ein Revolutionär für die Allgemeinheit eine Gefahr zu bedeuten, mußte er klar abweisen, auch um der *Gemeinden* willen, nicht daß es nachher hieß: »Die höchste Instanz, der Reichsgerichtshof, hat in einem Urteil gegen einen führenden Christen geklärt, daß die ganze Sache staatsgefährlich ist; jetzt kann man gegen alle Christen vorgehen.« Gewiß, Paulus wußte sehr wohl, daß er in besonderem Maß auf die Gnade und das Erbarmen Gottes angewiesen war. Aber nach menschlichen Maßstäben und mit dem, was er nun tat und weswegen er angeklagt wurde, nämlich das Evangelium von dem für alle Welt gekreuzigten und auferstandenen Herrn zu verkündigen, konnte er auf jeden Fall guten Gewissens sein.

2.5 Fürbitte

Das Gedenken an Timotheus und an die andern Christen wurde für Paulus auf jeden Fall zur *Fürbitte*: »*... wenn ich ohne Unterlaß deiner gedenke in meinem Gebet, Tag und Nacht*«, (wörtlich: »*nachts und tags*«) (V. 3b). Paulus tat täglich nicht nur etwa eine Zeitlang solche Fürbitte, sondern er betete »ohne Unterlaß«, »allezeit«, »unablässig« (vgl. Röm 1,9.10; Phil 1,4; Kol 1,3; vgl. Lk 18,1). Und er betete, wenn er zu Fuß oder zu Schiff unterwegs war und wenn er sich mit seiner Hände Arbeit seinen Lebensunterhalt verdiente. Er betete, wenn er allein war und auch unter Menschen, und er opferte viele Stunden des Schlafs für sein Gebet. Nun betete er auch in der Gefängniszelle und dankte Gott sogar da unablässig. So war auf jeden Fall auch diese Zeit aufs beste genützt, voran für den Lauf des Evangeliums und für die Gemeinde des Herrn. Im Gebet dachte und wirkte er allezeit mit Gott. Laßt auch uns das tun!

2.6 Abschied

Wenn Paulus an Timotheus dachte, hatte er auch dessen »*Tränen*« wieder vor Augen (V. 4). Handelte es sich um einen Abschied wie in Apg 20,37f.? Hatte Timotheus, als Paulus Ephesus verließ, den Gedanken: Wie bald wird er wieder verhaftet und vielleicht auch hingerichtet werden (vgl. 1 Tim 1,3)? Oder war Timotheus sogar zugegen, als Paulus wieder verhaftet wurde – sei es, daß er zu Paulus nach Nikopolis reiste (Tit 3,12) oder daß Paulus noch einmal nach Ephesus gekommen war? Ja, der Gedanke konnte auch einem Mann die Tränen bringen: »Was ist das doch für ein Widersinn, daß ein solcher Bote des Evangeliums, ein so wichtiger Mann, nun schon wieder eingesperrt und an der Erfüllung seiner Aufgabe verhindert wird! Wie sehr wird er uns doch fehlen!« Und dann mußte er ohnmächtig mit ansehen, wie dieser treue, trefflische Mann, der so lang gefangengehalten wurde, nun wieder gefesselt und abgeführt wurde, wie ein von der Polizei gestellter Verbrecher. Was werden doch auch heute in der Welt wegen rätselvoller Schicksale, wegen Willkür und Ungerechtigkeit und weil Menschen daran gehindert werden, Gutes zu tun, Tränen geweint! Aber Paulus war getrost: »Gottes Wort ist nicht gebunden« (2 Tim 2,9). Und auch der Briefempfänger mag darüber getröstet worden sein. Doch die Anteilnahme des Timotheus, die sich in seinen Tränen ausdrückte, mag dem alt gewordenen Apostel dennoch wohlgetan haben. Und um so mehr erstarkte in ihm das Verlangen, den treuen jungen Freund noch *einmal* wieder sehen zu dürfen (vgl. 2 Tim 4,9.21).

2.7 Herkunft

Nachdem Paulus hier von seinen eigenen Vorfahren gesprochen hatte, sprach er nun auch von den *Vorfahren* des *Timotheus*, von dessen »*Großmutter Lois*« und von dessen »*Mutter Eunike*« (V. 5). Leicht war's für seine Mutter bei der damaligen Stellung der Frau gewiß nicht, Christin zu sein, während der Mann wohl Heide blieb. Und möglicherweise war es auch für die Großmutter nicht leicht, die wohl die Oma im Hause war. Um so echter wurde der

Glaube der beiden, »*ungefärbt*«, nicht irgendwie eigenliebig und stolz »eingefärbt«. Wörtlich ist hier von einem »ungeheuchelten« Glauben die Rede; ein »Theater« haben die beiden Frauen gewiß nicht gespielt. Nur zum Schein waren sie nicht Christinnen, um auf irgend jemand Eindruck zu machen; es war ja wahrlich schwierig genug für sie. Sie hätten sich nicht zu den Christen gezählt und gehalten, wenn es ihnen nicht bis ins Innerste mit ihrem Christsein ernst gewesen wäre. Auch Verfolgungszeiten haben in dieser Hinsicht ihr Gutes: Bloße Mitläufer im Christsein gibt es da nicht. – Dieser Glaube »wohnte« nun gewiß auch in Timotheus. Der Glaube »wohnt« in einem Menschen, füllt ihn ganz und bleibend aus, dann, wenn der Betreffende Jesus sein Leben anvertraut, denn dann wohnt Gottes Geist und damit unser Herr Christus in ihm (Joh 7,39; 14,23; 15,4f.; 2 Kor 5,17; Eph 1,13; Gal 2,20).

2.8 Umgangsformen

Den Brief durchzieht deutlich ein Ton warmer Herzlichkeit. Christen brauchen nicht kühl distanziert zu sein, auch nicht so zu tun, als ob ihnen nichts ans Herz griffe und sie alles kalt ließe. Die »Heiligen« – d.h. die durch Christus Gott Gehörigen – müssen nicht »Eisheilige« sein. Das wäre der Krampf stoischer Philosophie und unter Umständen blanke Eigenliebe. Die Liebe Christi, die Liebe Gottes, des Vaters, macht, daß Christen füreinander empfinden und das auch voreinander nicht verbergen und daß ihnen auch die Not der noch nicht Glaubenden in göttlichem Erbarmen ans Herz rührt.

3. Geist, Gaben und Auftrag der Zeugen (1,6–18)

1,6–18: Aus diesem Grund erinnere ich dich daran, daß du erweckest die Gabe Gottes, die in dir ist durch die Auflegung meiner Hände. (7) Denn Gott hat uns nicht gegeben den Geist der Furcht, sondern der Kraft und der Liebe und der Besonnenheit. (8) Darum schäme dich nicht des Zeugnisses von unserm Herrn noch meiner, der ich sein Gefangener bin, sondern leide mit mir

für das Evangelium in der Kraft Gottes. **(9) Er hat uns selig gemacht und berufen mit einem heiligen Ruf, nicht nach unsern Werken, sondern nach seinem Ratschluß und nach der Gnade, die uns gegeben ist in Christus Jesus vor der Zeit der Welt, (10) jetzt aber offenbart ist durch die Erscheinung unseres Heilands Christus Jesus, der dem Tode die Macht genommen und das Leben und ein unvergängliches Wesen ans Licht gebracht hat durch das Evangelium (11) für das ich eingesetzt bin als Prediger und Apostel und Lehrer. (12) Aus diesem Grund leide ich dies alles; aber ich schäme mich dessen nicht; denn ich weiß, an wen ich glaube, und bin gewiß, er kann mir bewahren, was mir anvertraut ist, bis an jenen Tag. (13) Halte dich an das Vorbild der heilsamen Worte, die du von mir gehört hast, im Glauben und in der Liebe in Christus Jesus. (14) Dieses kostbare Gut, das dir anvertraut ist, bewahre durch den heiligen Geist, der in uns wohnt. (15) Das weißt du, daß sich von mir abgewandt haben alle, die in der Provinz Asien sind, unter ihnen Phygelus und Hermogenes. (16) Der Herr gebe Barmherzigkeit dem Hause des Onesiphorus; denn er hat mich oft erquickt und hat sich meiner Ketten nicht geschämt, (17) sondern als er in Rom war, suchte er mich eifrig und fand mich. (18) Der Herr gebe ihm, daß er Barmherzigkeit finde bei dem Herrn an jenem Tage. Und welche Dienste er in Ephesus geleistet hat, weißt du am besten.**

3.1 Die Dienstausrüstung durch den Heiligen Geist

3.1.1 »*Aus diesem Grund erinnere ich dich*« (V. 6): Voraus geht die Feststellung, daß »ungefärbter«, »ungeheuchelter«, echter Glaube in Timotheus »wohnt«, so auch Gottes *Geist*, unser Herr selbst (Joh 7,39; 14,23; Eph 1,13; vgl. 2 Kor 3,17a).

3.1.2 Der Heilige Geist im Menschen ist immer beides zugleich: *Heilsgabe*; dadurch ist er Jesu Eigentum, Gottes Kind und aller Hoffnung teilhaftig (vgl. Röm 8,14–17; Kol 1,27). Und der Heilige Geist ist im Glaubenden auch »*Dienstgabe*«, Dienstausrüstung (vgl. Röm 12,4–8; 1 Kor 12,4–11; Eph 4,11f.). Am Leib Christi, seiner Gemeinde, zu der alle gehören, die im lebendigen Glauben stehen und die deshalb von Gottes Geist erfüllt sind (Joh 7,39), ist jeder einzelne Glied, Organ, und hat die dazu nötige Ausrüstung, so wie am menschlichen Körper alles Organ ist, auch jedes Fleckchen Haut, und alles auch die dazu nötige Gestalt und Ausrüstung hat. Paulus schreibt: »Wie wir an *einem* Leib viele Glieder haben, aber nicht alle Glieder dieselbe Aufgabe haben, so sind wir viele *ein* Leib in Christus, aber untereinander ist einer des andern Glied, und haben verschiedene Gaben nach der Gnade, die uns gegeben ist« (Röm 12,4–6a). »Ihr aber seid der Leib Christi und jeder von euch ein Glied« (1 Kor 12,27). Jeder ist »Organ« und hat die entsprechenden Gaben und Aufgaben. Diese sind sehr vielgestaltig, herausragend oder unscheinbar (Röm 12,7f.; 1 Kor 12, 20–24.28).

3.1.3 *Timotheus* hatte im Ganzen der Gemeinde Jesu, des Leibes Christi, damals eine besondere Aufgabe und auch eine dementsprechende Gabe: Zunächst war er über lange Zeit ein enger Mitarbeiter des Apostels Paulus. Dann hatte er wohl immer wieder auch selbständige Aufgaben im Auftrag und auch in Vertretung des Apostels, so damals in Ephesus (vgl. 1 Tim 1,3). Und nun sollte er nach dem in Bälde zu erwartenden Märtyrertod des Apostels Paulus ganz selbständig arbeiten bzw. in gewissem Sinn sogar der Nachfolger des Paulus sein (vgl. 2 Tim 4,5.6.9). Auf jeden Fall sprach Paulus von der »*Gabe Gottes*«, die Timotheus gegeben war.

3.2 Die Bedeutung der Handauflegung bei der Dienstbeauftragung

3.2.1 Paulus sagt von der Gabe, die Timotheus »*durch die Auflegung*« seiner, des Paulus, »*Hände*« empfangen habe. Gewiß, Gott ist bei der Zuteilung seiner Gaben für die von ihm den einzelnen Glaubenden nach dem Plan seiner Weisheit zugeteilten Aufgaben nicht auf die Handauflegung von Menschen angewiesen (vgl. Röm 12,3.6); gebunden hat Gott den Geist- und Gabenempfang allein an den Glauben (Joh 7,39; Eph 1,13). Doch hat auch das Handauflegen durch im Glauben gereifte Christen unter Fürbitte und

Segenswort sein Recht, insbesondere im Zusammenhang mit einer Dienstbeauftragung. Die Segnenden und die so Gesegneten dürfen damit rechnen, daß darüber die mit bestimmten Diensten Beauftragten von Gott auch die für ihren Dienst nötigen geistlichen Gaben empfangen. So hat unser Herr selbst die Apostel im Ganzen bei seiner Himmelfahrt gesegnet, nachdem er ihnen den Missionsbefehl gegeben hatte (Lk 24, 47–50). Und so haben in der Folge einige führende Brüder in der Gemeinde zu Antiochien in Syrien, nachdem ihnen im Gebet durch Gottes Geist klar geworden war, daß der Herr Barnabas und Paulus in eine planmäßige, weit hinausgreifende Missionsarbeit stellen wollte, diesen segnend die Hände aufgelegt, damit der Herr sie auch mit den entsprechenden Gaben seines Geistes ausrüste (Apg 13,1–3). Das gleiche geschah – was Paulus in seinem ersten Brief an Timotheus erwähnte – an dem jungen Timotheus wohl in seiner Heimatgemeinde Lystra, als er den Apostel Paulus als Mitarbeiter auf seinen Missionsreisen begleiten sollte (Apg 16,1–3; 1 Tim 4,14). Hier nun sagt Paulus, daß auch *er* Timotheus die Hände aufgelegt habe; er tat das möglicherweise bei der selben Gelegenheit, also zusammen mit den Gemeindeältesten in Lystra.

3.2.2 Paulus schreibt: »*Erwecke* die Gabe Gottes, die in dir ist durch die Auflegung meiner Hände« (V. 6). Die Gabe ist da. Timotheus soll nun mit ihr rechnen und sie zur Wirkung kommen lassen. Das geschieht, mehr und mehr, indem sie eingesetzt, genützt wird. Es ist hier wie mit unseren natürlichen Gaben, den leiblichen und den geistigen: Sie treten hervor, sie kommen zur Wirkung, sie erstarken, indem sie mehr und mehr, immer stetiger, eingesetzt, genützt werden. So ist es wichtig, die uns geschenkten geistlichen Gaben in den uns von Gott gestellten Aufgaben, im Gebet, im gläubigen, vertrauenden und demütigen Aufblick zu Gott einzusetzen, zu gebrauchen.

Die damals unmittelbar vor Timotheus stehenden Aufgaben machten den Einsatz seiner geistlichen Gaben besonders nötig: Er sollte ja zu Paulus nach *Rom* kommen und ihn besuchen (2 Tim 4,9.21). Die Lage war besonders ernst: Nicht nur das Todesurteil und das Martyrium des Paulus stand bevor. Auch die andern Christen in Rom waren schwer gefährdet. Zwar war damals der große

Schlag Neros gegen die Christen noch nicht geführt worden, aber einzelne Übergriffe waren bereits erfolgt und die Stimmung gegen die Christen allgemein gereizt. In dieser Situation nach Rom zu kommen, Paulus im Gefängnis zu besuchen, wiederholt zu besuchen, nach Möglichkeit um ihn zu sein und sich damit zu Paulus und zu seiner Sache, mehr, sich zu Jesus selbst zu bekennen, war ein Gang in die Höhle des Löwen. Und nun lag alles daran, daß sich die Gemeinde Jesu nicht durch diese Bedrohung aufspalten ließ: in solche, gegen die Nero unmittelbar vorging, und in solche, die sich daraufhin vorsichtshalber von ersteren distanzierten. Durch etwas Derartiges hätten die Feinde, ja Satan selbst, gewonnenes Spiel gehabt; Timotheus sollte wohl im Auftrag des Apostels u.a. auch solchen Neigungen entgegenwirken. In dieser Hinsicht ist ebenso heute in Situationen der Bedrängnis eine besondere Wachsamkeit nötig, und vor allem wird sie in der nach der Schrift noch zu erwartenden antichristlichen Verfolgung wichtig sein (vgl. Mt 24,9; Offb 3,10; 7,9; 13,7).

3.3 Die Art des uns gegebenen Geistes

Paulus schreibt: »*Gott hat uns nicht gegeben den Geist der Furcht, sondern der Kraft und der Liebe und der Besonnenheit*« (V. 7). Timotheus durfte damit rechnen, daß die ihm mit Gottes Geist geschenkte Gabe auch die Kraft einschloß, solche Nöte zu durchstehen. Früher schon war ja Timotheus um Paulus, als sich dieser im Gefängnis befand (vgl. Phil 1,1; Kol 1,1; Phlm 1). Nun war alles noch viel feindseliger; aber auch in dieser Lage durfte Timotheus mit Gottes Kraft rechnen.

Paulus betont: »Gott hat uns nicht gegeben den Geist der *Furcht*« (wörtlich: »einen Geist der Verzagtheit«). Solch eine Verzagtheit wäre in dieser Lage die Art des natürlichen, nicht mit Gott und seiner Kraft rechnenden Menschen. »Verzagt« waren jene Kundschafter, die angesichts der nötigen Einnahme des verheißenen Landes nicht mit Gottes Treue und Macht rechneten. Und sie machten – das war das Schlimmste – mit ihren entsprechenden Worten auch die andern Menschen aus Israel verzagt (4 Mo 13,28ff.). Sie meinten, in der nötigen Weise »Realisten« zu sein. Aber es war ein »Realismus des Unglaubens«, von dem sie sich erfüllen ließen, der Geist des die Menschen zum Mißtrauen gegen Gott verführenden Feindes. »Und der Verzagten ... Teil wird sein in dem Pfuhl, der mit Feuer und Schwefel brennt« (Offb 21,8, alte Luther-Übers.; im Griech. steht für »verzagt« derselbe Ausdruck wie hier für »Furcht«).

3.3.1 Paulus spricht vom »*Geist der Kraft*«. Dieser war in gewissem Sinn auch schon in Josua und Kaleb, die zu den verzweifelten Leuten sagten: »Wenn der HERR uns gnädig ist, so wird er uns in dies Land bringen und es uns geben, ein Land, darin Milch und Honig fließt« (4 Mo 14,8). Das war in dieser Lage »Realismus des Glaubens«. Dieser Geist der Kraft erfüllte auch Paulus, und er ließ ihn voll zur Wirkung kommen, als er sich auf seine Missionsreisen begab, als er vor den hochmütigen Athenern sprach, in gespannter Atmosphäre vor den führenden Juden in Jerusalem, ja sogar als Gefangener vor dem Statthalter Festus und dem König Herodes (Apg 13,1–3; 17,17ff.; 26,2ff.). Lassen wir doch auch so Gottes Geist und Kraft in unserem Leben zur Wirkung kommen und uns zu einem solchen Realismus des Glaubens helfen: »Bei Gott sind alle Dinge möglich« (Mt 19,26), vor ihm sind immer alle Möglichkeiten offen, auch, daß Menschen, von denen wir's nicht denken, von ihrer Sünde überführt, durch Jesu Opfer gereinigt, durch Gottes Geist erneuert und sogar zu Zeugen Jesu werden.

3.3.2 Der »*Geist der Liebe*«: Gottes Geist ist der »Christus in uns« (2 Kor 3,17a); er macht uns Jesus ähnlich. Christus soll durch ihn in unserem Leben zur Ausgestaltung kommen (Gal 4,19). Und Jesus ist sogar denen, die ihn mit harten Händen verhaftet haben, mit linder Hand begegnet; das letzte, was er mit seinen eben noch freien Händen tat, war, daß er einen am Ohr verletzten Häscher heilend berührte (Lk 22,51). So hilft ebenso uns der »Geist der Liebe«, niedergeschlagene Menschen aufzurichten, Verwundete zu heilen, auf Irrwege Geratene freundlich zurechtzubringen, und das auch mitten in eigener Bedrängnis.

3.3.3 Der »*Geist der Besonnenheit*«: Er hilft uns dazu, auch unter den Augen einer mißtrauischen und feindseligen Welt vor allem dessen eingedenk zu sein, daß wir unter den Augen unseres Gottes leben. Das bewirkt dann, daß wir bedacht und gesammelt handeln, daß wir die, die uns unfreundlich begegnen, nicht unnötig vor den Kopf stoßen, was sie dem Evangelium nur erst recht verschließen würde. Auch wenn die Gegner sich aufs höchste gegen uns erregen, vermögen wir in diesem Geist immer wieder ruhig, sachlich, überzeugend mit ihnen neu zu beginnen und ihnen liebevoll zu antworten. Gottes Geist kann uns dazu überwinden, auch wenn diese Art nicht unser Naturell ist.

3.4 Sich nicht scheuen, für Jesus zu zeugen und für ihn leidensbereit zu sein

»Darum«, fährt Paulus fort, »*schäme dich nicht des Zeugnisses von unserem Herrn noch meiner, der ich sein Gefangener bin, sondern leide mit mir für das Evangelium in der Kraft Gottes*« (V. 8).

»Darum«, weil doch Gottes Geist, seine Gabe, seine Kraft in dir wohnt, »schäme dich nicht«, »genier' dich nicht«. Timotheus mußte angesichts der heiklen, bedrohlichen Situation in Rom nicht etwa solchen Hemmungen nachgeben, auch wenn sie seiner natürlichen Art und Anlage entsprochen hätten. Gottes Geist schenkte ihm dazu das Vermögen, die Weisheit, die Kraft.

3.4.1 »*...des Zeugnisses von unserem Herrn*« sollte er sich nicht schämen, des Bekenntnisses zu Jesus, der Einladung zu ihm auch unter solchen Umständen. Im Blick auf sich selbst schrieb Paulus mehrere Jahre früher den Christen in Rom: »Ich schäme mich des Evangeliums von Christus nicht« (Röm 1,16), und er nannte dabei auch den Grund, weshalb er hier keine Hemmungen hatte: »... denn es ist eine Kraft Gottes, die selig macht alle, die daran glauben.« Wenn wir Jesus bezeugen, haben wir etwas zu sagen und den Leuten zu geben; wir brauchen uns dabei nicht zu genieren und uns nicht damit zu verkriechen.

3.4.2 »*Schäme dich nicht ... meiner ...*« Nun wurde es für Timotheus noch konkreter: Sich in solch einer Situation zu Jesus zu bekennen heißt, sich auch zu seinen Boten zu bekennen. Man darf hier nicht etwa denken: »Nein, Jesus verleugne ich nicht!« – und zugleich seine Boten verleugnen: »Mit ihnen habe ich nichts zu tun!« Für einen treuen Nachfolger Jesu ist es unmöglich, sich von ihnen zu distanzieren in der Absicht, sich aus Kampf und Anfechtung herauszuhalten, und das noch rechtfertigen zu wollen: »Sie sind eben auch so einseitig! Sie lassen halt auch gar nicht mit sich reden!« So, als ob es ein Mittelding gäbe zwischen Wahrheit und Lüge, zwischen dem Glauben an Jesus und seiner Abweisung.

3.4.3 »Schäme dich nicht ... meiner, der ich *sein* Gefangener bin.« Verhaftet und im Gefängnis zu sein bedeutete zugleich auch Entehrung; mit einem »Zuchthäusler« wollte niemand etwas zu tun haben. Doch was Paulus litt, das litt er ja um Jesu willen, als sein Eigentum, um des Evangeliums willen. Das ist ja der ganze menschliche Widersinn, daß die Leute oft so feindselig die rettende Hand von sich stoßen. Und es ist möglich, daß sie das tun: Gott führt seine ganze Rettungsaktion in Jesus Christus während dieser Weltzeit nicht mit harter Hand durch – sonst könnte es keinen Widerstand geben –, sondern in seiner Liebe mit Behutsamkeit, mit Sanftmut, die den Menschen nicht zwingt, sondern um ihn wirbt und auf ihn wartet, mit linder Hand (Mt 11,29; Röm 2,4; Offb 3,20). Nicht weil Gott ohnmächtig wäre, handelt er so, sondern weil er in seiner Langmut uns das Herz abgewinnen und uns zum Du seiner Liebe machen will. Darum gibt es keinen schöneren Beruf auf Erden als den, »linde Hand Gottes« zu sein, die die Menschen retten, zu seinen Geliebten, zu seinen Kindern und selig machen will.

3.4.4 Und es gibt keine edlere Art zu leiden, als dabei auch das unsinnige menschliche, ja diabolische Widerstreben in Kauf zu nehmen und sich davon schmerzlich treffen zu lassen. Paulus ermahnt den jungen, vielleicht etwas ängstlichen Timotheus gewissermaßen so: »Distanzier' dich doch ja nicht da von mir! Es wäre ja eine Distanzierung von dem Herrn selbst, von seinem Heilandswerk. Steig hier vielmehr ganz und ohne Vorbehalt ein: *Leide mit mir für das Evangelium!* Und du kannst das ›*in der Kraft Gottes*‹, in der Kraft seines Geistes und seiner Gaben. Trau dir's zu! Vielmehr, trau's unserem Herrn zu! Wohl bringst du dich in

Gefahr, wenn du dich so zu mir stellst. Aber bedenke, wie wichtig und groß mein Dienst ist und welch hohe Würde das Leiden in diesem Dienst für Zeit und Ewigkeit hat. Ich bin ja nicht weniger als Gottes Botschafter mit der wichtigsten Nachricht, die es je in der Welt gab: Gott bietet den Menschen das Geschenk seines Friedens, seiner Liebe, seiner Seligkeit an. Auf seiner Seite steh' ich in jedem Fall. Sein eigen bin ich im Wirken *und* im Leiden, in Freiheit *und* als Gefangener, im Leben *und* im Sterben« (vgl. Röm 14,8). »Ich bin ja nicht des Kaisers Gefangener, sondern ›*sein* Gefangener‹!«

Wir spüren es dem Apostel Paulus ab, wie sehr er um Timotheus ringt, der sich früher schon so erfreulich bewährt hat, daß er sich doch auch nun, in dieser entscheidungsvollen Stunde, in der es mit Paulus zum Letzten geht, ebenfalls bewährte. Er »erinnert« (V. 6) ihn insbesondere daran, daß ihm ja die Gaben und Kräfte für solche Situationen bereits geschenkt *sind*. – Diese an Timotheus gerichteten Worte können auch *uns* in Stunden der Anfechtung, insbesondere, wenn das endzeitliche Dunkel durchschritten werden muß, einen wichtigen Dienst tun. Und wir können mit ihnen auch *andern*, die ängstlich zurückzubleiben drohen, damit eine Hilfe sein.

3.5 Das Rettungswerk

Daß Gott gerade auch uns rettet und uns sogar bei seinem Rettungswerk zu seinen Mitarbeitern macht, ist pure Gnade. Gott »hat uns selig gemacht« (wörtlich: »gerettet«) »*und berufen mit einem heiligen Ruf, nicht nach unsern Werken, sondern nach seinem Ratschluß und nach der Gnade, die uns gegeben ist in Christus Jesus vor der Zeit der Welt, jetzt aber offenbart ist durch die Erscheinung unseres Heilands Christus Jesus*« (V. 9f.).

3.5.1 »Gott hat uns gerettet und berufen mit einem heiligen Ruf«: Paulus will Timotheus davon befreien, nur auf die augenblickliche Gefahr zu starren; er will seinen Blick aufrichten zu dem weiten Horizont der großen *Rettungsaktion*, die Gott mit *Jesus* und seinem Erlösungswerk, mit dem Evangelium unter Händen hat.

Wir Menschen haben uns ja auf den Satan, den großen, rätselvollen Empörer gegen Gott, auf den großen Geiselnehmer eingelassen. So sind wir in seiner Haft, an ihn preisgegeben. Ja, eben weil wir uns auf ihn, den Feind, eingelassen haben, befinden wir uns damit in seinem Lager und sind von seinem Geist des Aufruhrs gegen Gott infiziert. Deshalb droht uns zu allem hin auch das gerechte Gericht Gottes. Darum ist unser Herr Jesus Christus zu uns in unser Gefängnis gekommen, in unser Menschsein, in unser »Fleisch« (Joh 1,14; 1 Tim 3,16). Er ließ das gerechte Gericht Gottes gegen uns auf Golgatha an sich vollstrecken. Und weil er in dem allem ganz unter Gott blieb, hatte der Feind, hatten Tod und Hölle keine Macht über ihn. So hat er unser Gefängnis von innen her aufgebrochen und denen, die ihm folgen, den Weg zum Leben gebahnt. So wurde er der »Herzog unserer Seligkeit« (Hebr 2,10; alte Luther-Übers.); und die Alten sagten: »Der vor dem Heere her zog, ward Herzog genannt.« So hat Gott auch uns »selig gemacht«, »gerettet«. Und er tut noch mehr: Er macht uns dabei auch zu seinen *Mitarbeitern* (1 Kor 3,9) bei dieser unausdenklich wichtigen Rettungsaktion. Dazu hat er uns »berufen mit seinem heiligen Ruf«, der heilige Gott für seine heiligen Ziele, der Rettung auch der andern.

3.5.2 *Warum greift Gott gerade nach uns?* Wieso würdigt er uns dessen, daß auch wir dabei mitwirken dürfen? Das ist eine Frage, die seit Damaskus den Apostel Paulus nie zur Ruhe kommen ließ (vgl. 1 Tim 1,12ff.). Er kam aus dem Staunen, daß Gott gerade ihn gebrauchen wollte, einfach nicht mehr heraus. Hier schreibt er die Antwort für sich, für Timotheus, für alle Diener Christi, für alle Glaubenden, die sich nie damit begnügen, daß sie gerettet sind und selig werden, sondern die sich um der allumfassenden Rettungsabsicht Gottes (1 Tim 2,4), um der Liebe Christi willen mit dem Evangelium zu den andern auf den Weg machen: »Er hat uns selig gemacht und berufen ..., *nicht nach unsern Werken, sondern nach seinem Ratschluß, nach der Gnade, die uns gegeben ist in Christus Jesus.*« Verdient hätten wir's alle nicht. Durch irgendwelche Qualitäten nahegelegt haben wir's ihm ebenfalls nicht, daß er gerade nach uns gegriffen hat. Der einstige Verfolger Paulus wußte das sehr gut (1 Tim 1,12–17). Und auch wir persönlich mögen an konkrete Dinge aus unserem Leben denken, die es uns lebenslang verwunderlich erscheinen lassen, daß der Vater gerade uns zum Sohn gezogen hat (Joh 6,44) und uns sogar einen Dienst tun läßt. Nach seinem »Ratschluß«, nach seinem vorgefaßten Plan hat er das getan. Gott hätte Anlaß gehabt, sein Gericht gegen uns ins Auge zu fassen. Doch ins Auge gefaßt hat er unsere grundlose Begnadigung, ja sogar unsere Indienststellung. Dort, wo Paulus von diesem Wunder in seinem eigenen Leben redet, sagt er von der Barmherzigkeit Gottes: »Mir ist Barmherzigkeit widerfahren« (1 Tim 1,13). Und eben dieses grundlose Erbarmen ist »erschienen«, auf den Plan und in Aktion getreten in *Jesus*. Paulus schreibt hier: »Die Gnade ist offenbar geworden durch die Erscheinung unseres Heilandes Christus Jesus.«

3.5.3 *Von langer Hand her*, noch vor Erschaffung der Welt, faßte Gott in Voraussicht der menschlichen Sünde sein Heilswerk, die Sendung des Sohnes ins Auge – »*vor der Zeit der Welt*«. Um so weniger läßt der allmächtige Gott sich seinen Plan durchkreuzen: nicht durch den Satan, der »einen großen Zorn hat« (Offb 12,12), nicht durch einen Kaiser Nero, nicht durch den Antichrist (2 Thes 2; Offb 13) und auch nicht durch das Versagen der Christen. Gottes Heilswerk in Jesus Christus ist seine »vor ewigen Zeiten« getroffene höchst »eigene Entscheidung« (so wörtlich). Nun ist sie »*offenbart durch die Erscheinung unseres Heilandes Christus Jesus*«. Die »Erscheinung« unseres Herrn ist in 1 Tim 6,14 und Tit 2,13 die Wiederkunft Jesu in enthüllter Macht und Hoheit Gottes. Hier dagegen ist es sein erstes Kommen; der in Zukunft Erscheinende ist der bereits Erschienene (vgl. Tit 2,11–13). Auch im Lobgesang des Zacharias wird vom ersten Kommen Jesu als dem »Erscheinen« der Barmherzigkeit Gottes gesprochen. Nun trat die Barmherzigkeit, die Gnade Gottes in Aktion und auf den Plan (Lk 1,68–79); nun war der Termin Gottes, der von ihm längst ins Auge gefaßt, da: »Als die Zeit erfüllt war, sandte Gott seinen Sohn, geboren von einer Frau« (Gal 4,4).

Jesus heißt hier der »Christus«, der »Messias«, der »Gesalbte«, der von Gott verheißene und durch ihn eingesetzte König über Israel und alle Welt, und er heißt der »Heiland«, der »Retter«. So nennt Maria in ihrem Lobgesang nach atl. Vorbild Gott selbst

(Lk 1,47; vgl. Ps 17,7; 85,5; Jes 43,11). Auch in den Pastoralbriefen heißt Gott immer wieder so (1 Tim 1,1; 2,3; 4,10; Tit 1,3; 3,4). Doch nun wird dieser große Titel auch Jesus übertragen: Er ist die rechte Hand Gottes in seinem großen Heilswerk, durch das er die menschliche Sünde und alle ihre Folgen überwindet. »Heiland« nannten die Griechen damals vielfach ihre Götter. Und »Heiland« ließen sich bei dem beginnenden Kaiserkult mehr und mehr auch die Männer auf dem Cäsarenthron nennen. Es konnte demzufolge auch eine politisch gefährliche Sache sein, zu sagen: »Nicht der Kaiser ist der Heiland, sondern Jesus von Nazareth, der Gekreuzigte und Auferstandene!«

3.6 Die große Hoffnung der Christen

»... durch die Erscheinung unseres Heilands Christus Jesus, *der dem Tode die Macht genommen und das Leben und ein unvergängliches Wesen ans Licht gebracht hat durch das Evangelium*« (V. 10).

3.6.1 Diese Seite des Heilandswerkes Jesu war Paulus kurz vor seiner Hinrichtung (2 Tim 4,6) gewiß besonders wichtig und tröstlich. Paulus geht in seinem Wort von der Tatsache aus, daß der Tod »Macht« hat. Mit unserer Sünde haben wir sie ihm gegeben (1 Mo 2,17; 3,3.19). Der Tod ist in unserem Schriftwort personal gedacht (wie auch Offb 20,14). Er ist der Vollstrecker dessen, was die Sünde bei uns allen bewirkt hat. Denn »der Tod ist zu allen Menschen durchgedrungen, weil sie alle gesündigt haben« (Röm 5,12).

In unserem deutschen Volk hat sich diese Erkenntnis zu einer eigenartigen Sage »verdichtet«: zu der von dem »Rattenfänger von Hameln«. So wie dieser mit einer bezaubernden Melodie auf seiner kleinen Flöte durch die Stadt ging und alle Kinder anzog, so daß sie hinter ihm herzogen, um sie in das Loch am Berg auf Nimmerwiedersehen hinauszuführen, so zog und zieht der Satan mit seinem bezaubernden Lied der Verführung zur Sünde durch die Welt. Alle treten hinter ihn, und alle führt er so hinaus in das »Loch am Berg«, in den Tod und in das Reich des Todes (vgl. Röm 5,12).

3.6.2 *Wie* hat unser Herr Jesus Christus dem Tod »die Macht genommen«? Er ist Mensch, »Fleisch« geworden (Joh 1,14; 1 Tim 3,16); von einer menschlichen Mutter ließ er sich in diese Welt gebären. Damit hat auch er sich in gewissem Sinn in den großen Zug zum Tod hineingestellt, als ob er einer der vielen wäre. Doch er hatte damit eine ganz besondere Absicht: »Er ging in meiner armen G'stalt, den Teufel wollt er fangen« (M. Luther). Er ließ sich sogar sehr früh zum Tod führen. Doch weil er Sünde und Satan kein Recht an sich gab, dadurch, daß er ganz unter Gott und seinem Willen blieb bis zum letzten Atemzug und Blutstropfen, deshalb hatten Sünde, Satan und Tod kein Recht an ihm und keine Macht über ihn (Hebr 4,15). So konnte er mit seiner Auferstehung durchbrechen zum Leben, zum ewigen Leben bei Gott, mit Gott, wie Gott; er kehrte nicht in dieses irdische Leben zurück wie das Töchterlein des Jairus, der Jüngling zu Nain und Lazarus.

Nun ist für die, die an Jesus glauben, die sich seiner Führung anvertrauen, die sich an ihn binden lassen, die ihm folgen, der Tod nicht mehr ein Gefängnis, sondern nur noch ein kurzer Durchgang, sozusagen ein Tunnel, zum Leben und »Wesen«, »unvergänglich«, wie Jesus es hat. Denn zu ihnen spricht unser Herr: »Ich lebe, und ihr sollt auch leben« (Joh 14,19). Zwar müssen auch wir noch sterben, wenn zuvor nicht unser Herr kommt und die Seinen verwandelt und entrückt (1 Kor 15,51; 1 Thes 4,17). Daß wir noch sterben müssen, gehört zu unserer Prüfung des Glaubens ohne zu schauen (vgl. 2 Kor 5,7). Aber als an Jesus Glaubende »sehen« wir in jedem Fall »hinaus« durch den dunklen, unser Leben in dieser Welt menschlich abschließenden Horizont des Todes, zum Leben bei Gott, denn Jesus hat diesen Horizont durchbrochen. Ja, dieses Leben wird durch Gottes Wort und Geist den an Jesus Glaubenden jetzt schon geschenkt. – Diese herrliche Hoffnung erhellt auch die dunkelsten Stunden der Nähe des Sterben-Müssens, ja selbst auch des Martyriums. Unser Herr Christus spricht: »Ich gehe hin, euch die Stätte zu bereiten ..., damit ihr seid, wo ich bin« (Joh 14,2f.).

3.6.3 Diese Hoffnung war auch für den einsamen Apostel Johannes, der, wohl etwa 25 Jahre später, in der Regierungszeit des Kaisers Domitian auf die Insel Patmos verbannt war und dem das

Martyrium drohte (vgl. Offb 1,9ff.), überaus hilfreich und tröstlich. Der auferstandene und erhöhte Herr legte seine rechte Hand auf ihn und sprach: »Fürchte dich nicht! Ich bin der Erste und der Letzte und der Lebendige. Ich war tot, und siehe, ich bin lebendig von Ewigkeit zu Ewigkeit und habe die Schlüssel des Todes und der Hölle«, der Totenwelt (Offb 1,17f.). Der Tod ist nicht mehr Herr im eigenen Haus. Der Sieger von Golgatha und Ostern hat den Schlüssel. Und er öffnet sozusagen die Hintertür der Totenwelt und läßt die Seinen heraus; so ist für sie der Tod nur noch ein zwar dunkler, aber kurzer Durchgang.

3.6.4 Wie erreicht die Menschen diese große, wundervolle Nachricht, die einzigartige Hilfe? »Durch das *Evangelium*« (V. 10), durch die Verkündigung dieser großen, guten Sondermeldung Gottes über seine »großen Taten« zu unserem Heil (Apg 2,11). Dieses Wort ist nicht nur Information; es vermittelt nicht nur Wissen. Als Wort *Gottes* ist es zugleich *Tat* Gottes (Ps 33,9). Es bringt und wirkt, was es sagt. Und was ist von seiten des *Menschen* nötig? Sein *Glaube*. Nur der Glaubende wird dessen teilhaftig, was das Evangelium verkündigt (Joh 3,16; Röm 1,16), nur der, der Gottes Wort und Wirken nicht in Frage stellt und anzweifelt, sondern sich von Herzen daran hingibt, an den Herrn selbst, und sich ihm ohne Wenn und Aber anvertraut.

Dabei wissen wir, gerade wenn wir Glaubende sind, daß das ein *Geschenk* Gottes ist. Es ist, wenn wir überhaupt zum Glauben kommen, eine Wirkung der vorlaufenden Gnade Gottes, der vorbereitenden Arbeit des Heiligen Geistes, des Vaters, der uns zum Sohn »zieht« (Joh 6,44; Apg 16,14; 1 Kor 12,3). So wird unter Gottes Wort und durch dieses Wort dem Menschen klar, was Jesus – nicht zuletzt auch als der Todesüberwinder – für ihn getan hat. Es geht ihm auf, er versteht es, und er beantwortet es mit der Hingabe seines Lebens an den Herrn. Die Botschaft, die ihm vorher vielleicht dunkel und unverständlich erschien, wird für ihn hell, beginnt zu leuchten, so daß er sie gern weitersagt und sie auch andern lieb- und großzumachen vermag mit dem Ziel, daß auch diese sie annehmen, den Herrn selbst für Zeit und Ewigkeit, und so Gottes Kinder werden, »Erben Gottes und Miterben Jesu Christi« (Röm 8,17; vgl. Joh 1,12).

3.7 Das Gut des Christen

Wir wissen, was wir an Jesus haben und von ihm her den Menschen zu geben vermögen. Deshalb bleiben wir so unbeirrt bei ihm. Paulus schreibt: »*... für das (das Evangelium) ich eingesetzt bin als Prediger und Apostel und Lehrer. Aus diesem Grund leide ich dies alles; aber ich schäme mich dessen nicht; denn ich weiß, an wen ich glaube, und bin gewiß, er kann mir bewahren, was mir anvertraut ist, bis an jenen Tag*« (V. 11f.).

3.7.1 Für die einzigartige, große Rettungsaktion Gottes war Paulus am Werk. Das war nicht etwa sein eigener lobenswerter Entschluß. Von *Gott* wurde er dafür »*eingesetzt*«; wie bei so vielen ähnlichen Passiv-Formen im NT ist auch hier Gott der Handelnde (vgl. Lk 14,11). Paulus erhob gegen diese seine Berufung und Einsetzung in diese Arbeit keine Einwände; vielmehr empfand er lebenslang seine Berufung in diesen Dienst als ein staunenswertes Geschenk der wundervollen Gnade Gottes (1 Tim 1,12ff.).

Berufen wurde er

a) als »*Prediger*« (wörtlich: »*Herold*«). Bei diesem Wort geht es vor allem um die Erstverkündigung als »Pioniermissionar« unter Juden und Heiden, wie wir sie so oft bei Paulus auf seinen Missionsreisen beobachten können, in Synagogen, aber auch auf den Straßen Lystras und auf dem Marktplatz von Athen (Apg 14,8ff.; 17,22ff.).

b) als »*Apostel*«. Paulus ist ein Botschafter besonderer Art des Königs aller Könige; unmittelbar hat er die Botschaft von seinem Herrn empfangen (Gal 1,1.12; vgl. die Ausführungen zu 2 Tim 1,1). Sein apostolisches Zeugnis in seinen Briefen und nach der Apg ist in die Heilige Schrift mit aufgenommen und für alle künftigen Generationen der Gemeinde Jesu mit maßgeblich.

c) als »*Lehrer*«. Er hatte auch die Aufgabe, die Gerufenen weiterzuführen zum vollen Verständnis dessen, was Gott in Jesus Christus zu unserem und aller Welt Heil getan hat, tut und tun wird, und ebenso zur rechten menschlichen Antwort darauf anzuleiten: zu einem Leben im Glauben, zum »Glaubensgehorsam« (Röm 1,5; 16,26) als einzelne und als Gemeinde, auch was Glaubenszeugnis und Liebestat gegenüber der noch nicht glaubenden

Umwelt betrifft. Unschätzbar groß ist der Dienst, den Paulus als Lehrer der Gemeinde Jesu getan hat und tut. Wir wollen Gott dafür danken, daß er uns dieses »auserlesene Werkzeug« (Apg 9,15) geschenkt hat mit seiner Botschaft, nicht zuletzt für die Zeit der antichristlichen Anfechtung, auch mit seinen Pastoralbriefen.

3.7.2 »*Aus diesem Grund leide ich dies alles*«: Jesus ist dazu gekommen daß er »die Werke des Teufels zerstöre« (1 Jo 3,8), und wenn er durch seine treuen Boten dem Feind Menschen entreißt, ja sein Reich ins Wanken bringt, dann wird der Satan gerade gegen diese Boten seine Helfer und Helfershelfer mobil machen. Gott läßt ihm dazu bis zu einem gewissen Maß Raum, um seine Kinder zu bewähren (vgl. Hi 1-2), und auch, um der noch unbußfertigen Welt eine Frist zur Umkehr zu geben; er läßt nicht gleich Feuer auf sie fallen (vgl. Lk 9,54-56; Offb 20,9). Und Paulus leidet willig; für den, dem er hier dienen darf, und für das, was er von ihm her den Menschen bringen darf, lebt und stirbt er gern. Unser Herr ist ja selbst durch Leiden zur Herrlichkeit gegangen; so wird der Weg seiner Nachfolger in der Regel ähnlich sein (Apg 14,22). Ja, daß sich bei unserem Dienst für Jesus auch das Leiden einstellt, ist geradezu ein Zeichen dafür, daß wir uns auf dem richtigen Weg befinden.

3.7.3 Auch aus diesem Grund schreibt Paulus: »Ich schäme mich des Leidens nicht.« Es ist keine Schande, keine peinliche Sache, sondern eine Ehre. Der Hohe Rat ließ Petrus und Johannes auspeitschen. Das war nicht nur sehr schmerzhaft, sondern galt auch als äußerst entehrend. Doch »sie gingen fröhlich von dem Hohen Rat fort, weil sie würdig gewesen waren«, weil sie dessen gewürdigt worden waren, »um Seines Namens willen Schmach zu leiden« (Apg 5,41). – Dem Paulus war es offenkundig wichtig, dies dem empfindsamen Timotheus einzuprägen (vgl. V. 8), damit dieser, wenn ihm nun bei der beginnenden Verfolgung Ähnliches zustoßen möge, nicht verunsichert werde, sondern seines Weges daraufhin um so gewisser sei. – Diese Gewißheit im Leiden ist auch heute, wenn sich nun in manchen Ländern deutlich endzeitliche Entwicklungen anbahnen, überaus wichtig. Insbesondere dann, wenn die Massenmedien die Christen verächtlich machen, ist es nötig, daß letztere ihren Weg in großer Unbeirrbarkeit weitergehen und bei ihrem einladenden Zeugnis für Jesus unbeirrt bleiben.

3.7.4 Paulus schämte sich des Leidens um Jesu willen um so weniger, als er sagen konnte: »*Ich weiß, an wen ich glaube.*« Ich weiß, mit wem ich's da zu tun habe, wer der ist, dem ich täglich mein Leben anvertraue und dem ich durch dick und dünn folge. Es wird die Zeit kommen, in der es höchste Ehre bedeutet, Leben und Seligkeit, auf seiner Seite gestanden zu sein und sogar auch für ihn gelitten zu haben.

Wird Paulus die Kraft haben, bis zuletzt durchzuhalten, die große wundervolle Botschaft rein bis zum Ziel durchzutragen? Er schreibt: »Ich bin gewiß, *er* kann mir bewahren, was mir anvertraut ist, bis an jenen Tag.« Nicht seine eigene Treue ist es, die Paulus so gewiß macht, sondern die Allmacht und Treue seines *Herrn.* »Herr, du kennst meine Schwäche, nur deiner harre ich; nicht das, was ich verspreche, was du sprichst, tröstet mich« (Ph. F. Hiller). Seine ganze Gemeinde samt ihrer Botschaft und ihrem Auftrag kann der Herr so bewahren und wird sie bewahren; auch die »Pforten der Hölle« können seine Gemeinde »nicht überwältigen« (Mt 16,18). Auch die jahrhundertelange römische Verfolgung konnte das nicht, nicht die marxistischen Diktaturen in Rußland und China, und ebensowenig die endzeitliche Bedrängnis, wenn die Gemeinde Jesu gehaßt wird »von allen Völkern« (Mt 24,9). Die »kleine Herde« unseres Herrn (Lk 12,32) wird mit ihrer Botschaft und ihrem brennenden missionarischen Dienst, den sie um der Ehrung des Herrn und um der Rettung der Menschen willen tut, an dem großen Tag Gottes unbeirrt ankommen. Sie wird ihrem Auftrag treu bleiben und treu bleiben können: »Handelt, bis daß ich wiederkomme!« (Lk 19,13), als »Knechte, die ihres Herrn warten« (Lk 12,35–40).

3.8 Vorbilder und abschreckende Beispiele (V. 13–18)

3.8.1 Ein solches Vorbild gibt *Paulus selbst.* Er schreibt: »Halte dich an das Vorbild der heilsamen Worte, die du von mir gehört hast, im Glauben und in der Liebe in Christus Jesus. Dieses kostbare Gut, das dir anvertraut ist, bewahre durch den heiligen Geist, der in uns wohnt« (V. 13f.).

a) Paulus war auch mit seinem Leben für Timotheus ein »*Vorbild*« (V. 13), »*im Glauben und in der Liebe in Christus Jesus*«, gerade auch darin, wie er sich im Leiden verhielt: seinerzeit in Lystra, von wo Timotheus stammte und wo eine irregeleitete Menge Paulus steinigte und in der Meinung, er sei tot, zur Stadt hinausschleifte. Nicht nur daß er daraufhin seinen Dienst als Missionar nicht aufgab – er tröstete und ermutigte auch seine Mitchristen (Apg 14,19–22; 16,1–3). Ebenfalls bewies Paulus während seiner langen ersten Gefangenschaft (wie seine dort geschriebenen Briefe zeigen, deren Mitabsender Timotheus ist, als letzter und am deutlichsten der Philipper-Brief) eine vorbildliche Haltung im Leiden, so daß er auch aus dem Gefängnis die Gemeinden zu einem rechten, treuen, hoffnungsfrohen Christsein anhalten konnte. Das gleiche gilt nun auch für diesen Brief hier aus der zweiten römischen Gefangenschaft. Es ist wichtig, daß wir noch mehr auch diese Seite im Leben des Paulus und seiner Briefe beachten, um es von ihm zu lernen, gleicherweise recht in einem Leiden zu stehen, in das auch wir geführt werden.

b) Doch Paulus stellt hier nicht ab auf das Vorbildliche in seinem Verhalten (vgl. 1 Kor 4,16), sondern auf das »Vorbild« seiner »*heilsamen Worte*«. Es sind die Worte der Verkündigung des Paulus, das Wort vom Herrn her, das Wort Gottes. Wie oft hatte Timotheus doch Paulus auf den Missionsreisen reden hören! Nun hatte er gewiß bei seinen eigenen Diensten immer noch in Gedanken seinen »Meister« vor Augen und sein Wort im Ohr, und es war nicht schwer, sich von daher bestimmen zu lassen. Die »heilsamen Worte« des Paulus, die er ja selbst vom Herrn empfangen hatte (Gal 1,12), sollten nun für Timotheus Richtschnur, Inhalt, Maßstab seiner eigenen Verkündigung sein: das Evangelium, die Worte, die den Frieden mit Gott, den Heiligen Geist, das neue Leben aus Gott mit sich bringen (Joh 6,63), die Worte, die ein Leben ewig heil machen. So hat der Herr den Dienst, den er Paulus selber tat, auch an denen getan, denen dieser das Evangelium verkündigte.

c) In all diesem Dienst galt es, »*in Christus Jesus*« zu sein und zu bleiben, in seiner Gemeinschaft. Nur so war Christus, Gottes

Geist in ihm, wirkte durch ihn, und seine Arbeit brachte Frucht für Gott (vgl. Joh 15,4f., 2 Kor 3,17a).

d) So – er in Christus und Christus in ihm – vermochte er auch in all seinem Dienst »*im Glauben*« zu sein, in der vollen Hingabe an seinen Herrn, im hohen Vertrauen zu ihm. Und so vermochte er auch die andern unter seiner Verkündigung geradezu mit diesem Vertrauen zu Jesus »anzustecken«.

e) Und »*in der Liebe*« vermochte er zu wirken, als Werkzeug der Liebe Gottes, die Sünder selig machen will und Menschen, auch feindselige, mit Geduld trägt. Wenn ein solcher Verkündiger etwas zu leiden hat, ist darin nichts sich selbst Bewunderndes oder auch Bemitleidendes. Dieses Leiden nimmt sich selbst kaum recht wahr, weil der Glaubende dabei ganz konzentriert ist darauf, den andern, auch den Gegnern, mit der Liebe Christi zu begegnen, um sie doch noch für Jesus zu gewinnen. Ein Mensch, der allein und ganz Instrument in der Hand seines Herrn sein möchte, nimmt sich selbst nicht mehr so wichtig.

Nehmen wir uns in gleicher Weise die »heilsamen Worte« des Apostels Paulus zum Vorbild. Gehen wir mit ihnen um, leben wir in ihnen und in der ganzen Schrift, »im Glauben und in der Liebe in Christus Jesus«!

f) Paulus mahnt weiter: »Dieses kostbare Gut, das dir anvertraut ist, bewahre durch den heiligen Geist, der in uns wohnt« (V. 14).

»*Dieses kostbare Gut*«, das Evangelium, das Wort Gottes, das wundervolle Heils- und Liebesangebot Gottes, das auch Timotheus von Gott als Haushalter anvertraut war, gilt es unter allen Umständen zu »*bewahren*«, um Gottes willen und um der heilsbedürftigen Menschen willen. Das können wir letztlich nicht in eigener Kraft, auch wenn wir noch so treu und gedankenklar sind. Wir sind immer in Gefahr, dieses »kostbare Gut« uns nehmen oder verfälschen zu lassen, etwa auch durch einen faulen Kompromiß mit dem Zeitgeist. Doch wir vermögen das »kostbare Gut« tatsächlich zu bewahren »*durch den Heiligen Geist*«, seine Weisheit, seine Treue, seine Kraft. Dabei müssen wir nicht von Fall zu Fall auf den Heiligen Geist warten. Als Leute, die in der Hingabe an Christus, die in Christus, in seiner Gemeinschaft und seinem Umgang leben, »*wohnt*« der Heilige Geist in uns

(Joh 7,39; 14,23; 2 Kor 3,17a). Unser Herr spricht: »Bleibet in mir, so bleibe ich in euch« (Joh 15,4f.). Gerade als Menschen, die in einer Zeit großer geistiger Verwirrung das »kostbare Gut« des Evangeliums, der »heilsamen Worte« zu bewahren haben, wollen wir vor allem darauf achten, stets *in Christus* zu bleiben, in der Hingabe an ihn, im Umgang mit ihm, in der Heiligung, im Glaubensgehorsam und im Dienst für ihn. Wir müssen uns dann auch nicht in einer steten Ängstlichkeit und Verunsicherung abquälen. Durch den Heiligen Geist, in *seiner* Kraft, konnte Timotheus und *können* wir das kostbare Gut bewahren. Und doch geschieht das bei Glaubenden nicht etwa »von selbst«. Paulus gebraucht den Imperativ: »*Bewahre*!« Timotheus mußte seinen Willen mit allem Ernst darauf richten. Und wir müssen's auch.

3.8.2 Paulus fügt *zwei negative Beispiele* gewiß dazu an, um Timotheus auf jeden Fall vor falschen Entscheidungen zu bewahren und zu richtigen anzuspornen. Auch uns werden hier nicht nur Informationen über ein Fehlverhalten früherer Menschen gegeben, sondern wir sollen vor eigenen Fehlentscheidungen bewahrt und zu richtigen Entscheidungen angespornt werden.

Paulus schreibt: »*Das weißt du, daß sich von mir abgewandt haben alle, die in der Provinz Asien sind, unter ihnen Phygelus und Hermogenes.*« (V. 15). Paulus sagt nicht, daß sich diese Leute von Jesus, vom Glauben an ihn überhaupt abgewandt haben, sondern nur eben in einer bestimmten Situation von ihm, dem Apostel Paulus. Möglicherweise ist Paulus von Nikopolis noch einmal nach Ephesus gekommen und vielleicht bei eben diesem Besuch dort verhaftet worden. Hier, im Osten des römischen Reiches, wo auch früher schon menschliche Herrscher göttlich verehrt wurden, begann der Kaiserkult schon früh. Es gab damals wohl auch schon in Ephesus einen besonderen Tempel für den Kaiserkult. Und nun haben vielleicht die Priester dieses Tempels, in dem man den »Heiland« Nero verehrte, darüber beim Statthalter Klage geführt, daß die Christen in Konkurrenz dazu einen andern, Jesus von Nazareth, als alleinigen »Heiland« verehrten und daß insbesondere Paulus, der sich gerade in der Stadt befinde, nicht allein hierher, sondern in viele Städte des römischen Reiches diese neue Lehre getragen habe. Der Evangeliumsverkündigung konnte unschwer solch eine politisch-revolutionäre Spitze angedichtet werden mit der Behauptung, der wunderbare »römische Friede« im ganzen Mittelmeerraum und weit darüber hinaus würde dadurch gestört. Ähnliches wurde oft schon der Gemeinde Jesu zur Last gelegt, und es wird gewiß auch noch in der Zukunft geschehen.

Paulus war möglicherweise eine Zeitlang in Ephesus inhaftiert; vielleicht fanden dort auch schon Gerichtsverhandlungen statt. Und es war für Paulus schmerzlich, daß die Christen in Ephesus und Umgebung, ja in der ganzen Provinz Asia nichts für ihn taten. So sind wohl die Worte zu verstehen: »Die in der Provinz Asien haben sich alle von mir abgewandt.« Die Sache schien ihnen wohl zu heikel und gefährlich. Paulus war ja auch, so mochten sie sagen, zu auffällig aktiv, er, gegen den ja schon einmal ein Verfahren – vor dem Reichsgericht in Rom – lief.

Paulus nennt hier zwei Namen, deren Inaktivität und Distanzierung ihm besonders wehtat, weil er von ihnen etwas anderes erwartet hatte. Irgend ein Urteil über sie bzw. über ihren Glauben fällt Paulus, im Unterschied zu anderen vergleichbaren Vorfällen, hier nicht. Früher, in der Anfangszeit der Gemeinde, traten Christen für Paulus ein und sorgten dafür, daß ihm nichts geschah (vgl. Apg 17,6–9; 19,30). Nun aber unterblieb dies weitgehend in der Provinz Asien mit der Provinzhauptstadt Ephesus. Gehört das schon zum »Verlassen der ersten Liebe«, von dem wir im Sendschreiben an die Gemeinde zu Ephesus, das wohl 25 Jahre später geschrieben wurde, lesen (Offb 2,4)? Nach außerbiblischen Nachrichten wurde die Offb in der Zeit der Regierung des Kaisers Domitian (81–96) geschrieben.

3.8.3 Ein erfreuliches Beispiel, ein Vorbild. Der gefangene Apostel Paulus wurde etwas später nach Rom »überstellt«, weil dort, vor dem Reichsgericht, sein »Fall« schon früher anhängig war. Da reiste ihm wohl ein Mann namens Onesiphorus aus der Gemeinde in Ephesus nach. Er schämte sich des »Zuchthäuslers« Paulus nicht. Vielmehr bekannte er sich zu ihm, indem er ihn unablässig in Rom »suchte« – etwa in verschiedenen Gefängnissen – und entsprechend auch bei Gerichten und andern Behörden nachfragte. Nachdem er ihn gefunden hatte, besuchte er Paulus oft, tröstete, stärkte und »erquickte« ihn. Paulus schreibt: *Onesiphorus »hat mich oft erquickt und hat sich meiner Ketten nicht geschämt, sondern als er in Rom war, suchte er mich eifrig und fand mich«* (V. 16f.).

Es wird deutlich erkennbar, daß Onesiphorus nicht mehr lebte: Paulus erbittet seinem »*Haus Barmherzigkeit*« (V. 16). Und am Schluß des Briefes trägt Paulus dem in Ephesus befindlichen Timotheus Grüße an »das Haus des Onesiphorus« auf (4,19). Wir wissen nicht, ob Onesiphorus in Rom oder anderswo eines natürlichen Todes gestorben war oder in Rom bereits den Märtyrertod erlitten hatte, obschon der große Verfolgungssturm damals über die Gemeinde in Rom noch nicht hereingebrochen war. Doch ein Mann, der so sehr nach einem politisch verdächtigen Gefangenen sah, wurde den entsprechenden Stellen selbst verdächtig. Die Familie des Onesiphorus lebte offenkundig nach wie vor in Ephesus.

Paulus erbittet für das »Haus des Onesiphorus« die »Barmherzigkeit« des Herrn. Er war gewiß, daß sich der nun vaterlosen Familie der Herr in seiner Gnade, seiner Liebe und seinem Erbarmen um so mehr annahm. Und Paulus sah einen Zusammenhang zwischen dieser Barmherzigkeit *Gottes* gegenüber seinen Angehörigen und der Barmherzigkeit und Treue, die Onesiphorus ihm, dem Apostel Paulus, erwiesen hat. Das zeigt dieses »denn« (V. 16): »... denn er hat mich oft erquickt ...« Gott erweist ja »Barmherzigkeit an vielen Tausenden, die ihn lieben und seine Gebote halten« (2 Mo 20,6).

Sodann schreibt Paulus auch ein Wort der *Fürbitte* und des *Segens* für Onesiphorus: »*Der Herr gebe ihm, daß er Barmherzigkeit finde bei dem Herrn an jenem Tage. Und welche Dienste er in Ephesus geleistet hat, weißt du am besten*« (V. 18). Es ist das einzige derartige Wort im NT für einen bereits Verstorbenen. Auch ein solches ist also nicht ausgeschlossen. Das ist wichtig für die Frage, ob wir bei *Bestattungsfeiern* Worte der Fürbitte und des Segens für die Verstorbenen sprechen dürfen.

Onesiphorus, der einst Paulus in Rom suchte, bis er ihn »fand«, soll nun beim Herrn Barmherzigkeit »finden«. Auch an die früheren Dienste des Onesiphorus in Ephesus erinnert Paulus; Timotheus kennt sie ja gewiß aus eigener Beobachtung und Erfahrung. Gewiß, wir werden des Heiles allein durch die Gnade Gottes in Jesus Christus teilhaftig. Doch Gott beantwortet in seiner Freundlichkeit auch menschliche Treue. So spricht unser Herr: »Es wird euch im Himmel reichlich belohnt werden« (Mt 5,12). Und Paulus schreibt: »Laßt uns Gutes tun und nicht müde werden; denn zu seiner Zeit werden wir auch ernten, wenn wir nicht nachlassen« (Gal 6,9).

Mit diesen knappen Worten hat Paulus für Onesiphorus ein schönes Denkmal gesetzt und mit ihm nicht nur Timotheus, sondern uns allen ein Beispiel vor Augen gestellt für Zeiten der großen Anfechtung der Gemeinde Jesu, in denen die Angriffe, auch in der Öffentlichkeit, vor allem ihre leitenden Glieder treffen. Das Verhalten des Onesiphorus gegenüber Paulus war vorbildlich: »Er suchte mich«, er suchte mich auf; »er hat sich meiner Ketten nicht geschämt«; »er hat mich *oft* erquickt«.

Vorschlag zur Bibelarbeit über 2. Timotheus 1,1–18

---

1. Hinführung

Der alte, schwerkranke Vater, geistig noch völlig klar, ja in der Abgeklärtheit des Alters, schrieb mit Mühe und Sorgfalt handschriftlich an seine Kinder zu Händen seines Ältesten, der zugleich sein Testamentsvollstrecker war, einen letzten Brief über Zusammenleben und Zusammenhalt seiner Familie und über den Fortgang des großen, von ihm aufgebauten Unternehmens, auch in zu erwartenden Krisenzeiten. Das Ganze sollte für sie alle ein »Vermächtnis« des sterbenden Vaters sein, über die juristische Bindung hinaus.

So war dieser Brief hier, der letzte des Apostels Paulus, wie ein *Vermächtnis* für Timotheus und ist es so ebenfalls für uns, insbesondere, wenn endzeitliche Entwicklungen eintreten.

2. Vorbereitende Fragen

Was war damals die Lage des Paulus? Was erfahren wir über das Leben des Timotheus, insbesondere sein Verhältnis zu Paulus? In welchen Aufgaben stand Timotheus, und was sollte er nun tun? Was war die Dienstausrüstung des Timotheus? Was ergibt sich daraus für unsere Dienstausrüstung als Christen? Paulus scheute sich nicht, das Wort Gottes weiterzusagen, und auch Timotheus und ebenso wir brauchen uns nicht zu scheuen – warum nicht? Was heißt es hier, sich zu bewähren und sich nicht zu bewähren? Was zeigen hier die genannten Beispiele?

3. Thema

Geist und Gaben, Auftrag und Leiden der Jünger Jesu, auch in der Treue zueinander

4. Gliederung

a) Der Absender ist mit dem Empfänger verbunden in Dank und Fürbitte (V. 1–5). Gut, wenn auch wir mit den Mitchristen, mit denen unser Herr uns zusammengespannt hat, so in Dank und Fürbitte verbunden sind!

b) Dienstbeauftragung und Dienstausrüstung mit dem Heiligen Geist (V. 6).

c) Die Art des uns geschenkten Geistes (V. 7).

d) Als Zeuge Jesu sich nicht scheuen, sondern bereit sein, für den Herrn zu leiden, auch um der Treue willen zu andern Zeugen (V. 8).

e) Daß Gott uns rettet und uns bei seinem Rettungswerk zu seinen Mitarbeitern macht, ist pure Gnade (V. 9).

f) Die große Hoffnung der Christen (V. 10).

g) Wir wissen, was wir an Jesus haben und was wir von ihm her den Menschen weitergeben können – deshalb bleiben wir so unbeirrt bei ihm (V. 11 f.).

h) Vorbilder und abschreckende Beispiele (V. 13–18).

5. Schluß

Gerade angesichts hereinbrechender – insbesondere endzeitlicher – Krisen ist es wichtig, der großen Botschaft, der Hoffnung des Evangeliums eingedenk zu bleiben, ebenso der Dienstausrüstung durch den Heiligen Geist, der Gnade Gottes, die uns sogar zu seinen Mitarbeitern macht in seinem Heilswerk auch an andern, und dabei auch einladende und abschreckende Beispiele im Auge zu behalten. Das ist's, worauf der sterbende Apostel auch für uns hier den Finger legt.

4. Zeugen, streiten und leiden für das Evangelium (2,1–13)

2,1–13: **So sei nun stark, mein Sohn, durch die Gnade in Christus Jesus. (2) Und was du von mir gehört hast vor vielen Zeugen, das befiehl treuen Menschen an, die tüchtig sind, auch andere zu lehren. (3) Leide mit als ein guter Streiter Christi Jesu. (4) Wer in den Krieg zieht, verwickelt sich nicht in Geschäfte des täglichen Lebens, damit er dem gefalle, der ihn angeworben hat. (5) Und wenn jemand auch kämpft, wird er doch nicht gekrönt, er kämpfe denn recht. (6) Es soll der Bauer, der den Acker bebaut, die Früchte als erster genießen. (7) Bedenke, was ich sage! Der Herr aber wird dir in allen Dingen Verstand geben. (8) Halt im Gedächtnis Jesus Christus, der auferstanden ist von den Toten, aus dem Geschlecht Davids, nach meinem Evangelium, (9) für welches ich leide bis dahin, daß ich gebunden bin wie ein Übeltäter; aber Gottes Wort ist nicht gebunden. (10) Darum dulde ich**

alles um der Auserwählten willen, damit auch sie die Seligkeit erlangen in Christus Jesus mit ewiger Herrlichkeit. (11) Das ist gewißlich wahr: Sterben wir mit, so werden wir mit leben; (12) dulden wir, so werden wir mit herrschen; verleugnen wir, so wird er uns auch verleugnen; (13) sind wir untreu, so bleibt er doch treu; denn er kann sich selbst nicht verleugnen.

Es geht hier insbesondere um die Grundtatsache, daß wir als Nachfolger Jesu die Möglichkeit des Leidens in Rechnung zu stellen haben. Die ersten Jahrhunderte der Gemeinde Jesu waren vom Leiden gekennzeichnet. So war es auf dem ganzen Weg der Geschichte in einzelnen Bereichen der weltweiten Christenheit und auch im Leben vieler einzelner Nachfolger Jesu. Und so wird es nach der Ankündigung der Schrift auf dem letzten Wegstück der Geschichte für die Gemeinde Jesu in allen Völkern sein (Mt 24,9; Offb 3,10; 7,14; 13,7). Das Leiden sollte Timotheus in Kauf nehmen, und auch wir wollen das tun (Mt 16,24f.; Apg 14,22).

4.1 Wie erhalten wir Christen die nötige Kraft zum Leiden (V. 1)?

4.1.1 »*So sei nun stark, mein Sohn, durch die Gnade in Christus Jesus.*« Das schreibt Paulus dem infolge der Möglichkeit des Leidens wohl etwas verunsicherten Timotheus. Er war der geistliche *Sohn* des Paulus, wie sonst keiner (vgl. Apg 16,1–3; Phil 2, 19–22). Nun sollte er zu Paulus nach Rom ins Gefängnis kommen (2 Tim 4,9.21). Ihm wollte der Apostel sozusagen sein geistliches Erbe weitergeben und ebenso in gewissem Maß den Auftrag seines Herrn. Und es konnte geschehen, daß Timotheus darüber Zeuge der Hinrichtung des Apostels, seines geliebten Vaters in Christus, wurde. Ja, er konnte über den Besuchen bei Paulus *selbst* den römischen Behörden mißliebig werden, daß sie auch ihn verdächtigten und nach ihm griffen. Darum schrieb Paulus: »*So sei nun stark!*« Unser Herr ist uns voran und für uns durch Leiden gegangen und hat uns damit den Weg zum Leben gebahnt und eröffnet; da dürfen wir auf keinen Fall schwach und leidensscheu werden und Unannehmlichkeiten ausweichen wollen. Aber kann das einfach so geschwinde befohlen werden, »stark«, mutig, tapfer zu sein? War da Timotheus nicht schon von seinem Naturell her überfordert? Kann ein derartiges »Soll« über unserem Leben uns nicht in eine innere Verkrampfung führen, die für uns, unser eigenes geistliches Leben und für unseren Dienst an andern keinesfalls gut und förderlich ist?

4.1.2 Doch Paulus schreibt, *wie* wir stark zu sein vermögen: »*Sei stark durch die Gnade*!« Die Gnade macht stark: daß Gott uns »freundlich nah« ist – das bedeutet das Wort »Gnade« (»Genahde«, schrieben die Alten) –, von Herzen gut, das gibt uns Mut und Kraft und ist starker Trost (vgl. Röm 8,31f.); »trösten« bedeutete im Deutschen ursprünglich »wieder stark machen durch eine gute Nachricht«.

4.1.3 »*In Christus*« zu sein macht stark. Im Hören auf ihn sind wir stark, im Reden, im steten Umgang mit ihm, in seiner unaufhörlichen Gemeinschaft, in der unablässigen Berührung, im ununterbrochenen »Kontakt« mit ihm, so wie ein Gerät an die Strom- und Kraftquelle angeschlossen ist, so wie der Stromabnehmer eines Zuges unablässig dem Draht entlang geht. So geschieht das, wenn wir allezeit sozusagen in der Jesus-Spur (1 Petr 2,21), an ihm selbst *bleiben*. Eben so konnte Timotheus auch nach Rom gewissermaßen in die Höhle des Löwen gehen. So können wir, uns in dieser Weise an unseren Herrn haltend, auch über längere Zeit hin in schwierigen Verhältnissen und Aufgaben stehen und aushalten. So können sich unsere Mitchristen in anderen Ländern und Kontinenten auch in aussichtslos scheinender Lage bewähren. Und eben so kann die Gemeinde Jesu auch die letzte Erprobung recht, Gott zu Lob und den Menschen zur Hilfe, durchschreiten und zu »Überwindern« werden (Offb 2,7.11.17.26; 3,5.12.21; 21,7). – Im gleichen Sinn schreibt Paulus den Christen in Ephesus: »Seid stark *in dem Herrn* und in der Macht seiner Stärke« (Eph 6,10).

4.2 Es muß dafür Sorge getragen werden, daß das Zeugnis weiterläuft, wenn die bisherigen Zeugen ausfallen (V. 2)

»Was du von mir gehört hast vor vielen Zeugen, das befiehl treuen Menschen an, die tüchtig sind, auch andere zu lehren.«

4.2.1 Es ging um das, was Timotheus von Paulus »*gehört*« hatte, persönlich und auch »*vor vielen Zeugen*«. Paulus hatte seinerseits das Evangelium vom Herrn selbst empfangen (Gal 1,12). Dann mußte sozusagen das »Stafettenholz« weitergegeben werden: von Paulus und den andern Aposteln an die nächste Generation der Christen und in der Folge durch alle Generationen der Christen bis zum Ziel, dem großen Tag Jesu Christi. Timotheus hatte vieles von Paulus bei dessen Verkündigung vor andern gehört; diese vermochten nun dessen Zeuge zu sein, daß Timotheus die Botschaft recht weitergab. Und naturgemäß hörte der langjährige Mitarbeiter Timotheus vieles von Paulus auch unter vier Augen. – Ebenso wachsen auch wir in der Erkenntnis dessen, wovon wir selbst geistlich leben, und auch dessen, was wir weitergeben sollen, indem wir die Schrift, insbesondere das Zeugnis der ersten Zeugen Jesu, allein und mit anderen zusammen lesen. Und die, die uns hören und das Wort der Schrift gleicherweise in Händen haben wie wir, können nachprüfen, ob das, was wir als Verkündiger sagen, schriftgemäß ist; ja, sie *sollen* das tun (vgl. Apg 17,11; 1 Thes 5,21; 1 Jo 4,1) entsprechend der Gesamtbotschaft der Schrift, ihrem Zeugnis von dem großen Heilshandeln Gottes in Jesus Christus, davon, was die rechte Antwort des Menschen auf Gottes Gnade ist: sein Glaube, die ganze Hingabe des Lebens an Gott, sein Glaubensgehorsam (Röm 1,5; 16,26).

4.2.2 »*Das befiehl treuen Menschen an, die tüchtig sind, auch andere zu lehren.*« Bei aller Verkündigung geht es nicht nur darum, daß die Hörer selbst geistlich erbaut werden, sondern auch um ihre Zurüstung dazu, daß sie ihrerseits anderen das Evangelium bezeugen, sie zum Glauben rufen und zum Wachstum in der Erkenntnis und im Glaubensgehorsam anleiten können.

»Treu«, zuverlässig sollen diese Zeugen sein; eben unter der Verkündigung werden sie als nun Glaubende durch Gottes Geist dazu gemacht (Joh 6,63; 2 Kor 5,17; Gal 5,22). Und ebenso werden sie durch Gottes Wort und Geist dazu *ertüchtigt*, »*andere zu lehren*«: Sie *alle* vermögen auch unter Nichtglaubenden Zeugen Jesu zu sein, und sie alle können auch ihre Mitchristen »ermahnen«, d.h. an ihnen Seelsorge üben. So sagt die Schrift: »Ermahnet euch untereinander« (1 Thes 5,11; vgl. Gal 6,1). Doch Timotheus soll gewiß auch darauf achten, wo Gott mit dem Heiligen Geist nach seiner Weisheit bestimmten Gemeindegliedern die *besondere Gnadengabe* des Lehrens geschenkt hat; sie soll er im besonderen damit beauftragen (vgl. Röm 12,3–8; 1 Kor 12,28; Eph 4,11). – Auch heute ist es überaus wichtig, daß alle Verkündigung nicht nur der eigenen geistlichen Erbauung der Hörer dient, sondern auch ihrer Zurüstung zu dem Dienst, den sie ihrerseits andern tun, im Rahmen eines besonderen Auftrags jetzt oder in Zukunft oder entsprechend der allgemeinen Weisung unseres Herrn bei seiner Himmelfahrt, die allen gilt, die an ihn glauben: »Ihr sollt meine Zeugen sein« (Apg 1,8).

4.3 Die Willigkeit, sich in Kampf und Leiden zu wagen (V. 3)

»Leide mit als ein guter Streiter Christi Jesu!«

4.3.1 Die Beauftragung von entsprechend zugerüsteten und geistlich begabten Gemeindegliedern durch Timotheus hatte damals für ihn einen besonderen *akuten Anlaß*: Timotheus sollte ja nun zu Paulus nach Rom reisen (2 Tim 4,9.21). Und wie damals die Lage war, so wußte er nicht, ob er dort und von dort aus nun nicht neue Dienstaufträge von seinem Herrn Jesus Christus empfangen würde, weil es durch die Verfolgung an vielen Orten fehlte. Timotheus wußte ebenfalls nicht, ob nicht auch er verhaftet oder gar hingerichtet werden würde, wie es in der Zeit Neros vielen erging. Daher mußte Timotheus Vorsorge treffen, daß das Leben der Gemeinde in Ephesus auf jeden Fall weiterging, insbesondere, daß die Gemeindeglieder durch Gottes Wort geistlich ernährt wurden und das Evangelium auch unter noch Fernstehenden weiterlief. – Daran sollten die Verantwortlichen der Gemeinden viel mehr denken – in andern Kontinenten, im

Osten und auch bei uns –, daß das Gemeindeleben, die Sache des Evangeliums auf jeden Fall unvermindert weiterläuft, auch wenn sie aus irgendeinem Grund plötzlich ausfallen sollten. Vor allem ist dann daran zu denken, wenn sich endzeitliche Stürme der Verfolgung und der Verführung ankündigen. Das gehört wesentlich dazu, daß die Gemeinde Jesu für die Zukunft gerüstet ist. Allgemein ist es wichtig, sich nicht für unentbehrlich zu halten, sondern sich vielmehr entbehrlich zu machen.

4.3.2 Timotheus mag es schwergefallen sein, sich so sehr auf das *Leiden einzustellen*, nicht nur das des Apostels Paulus, sondern auch auf das eigene Leiden. Doch der gefangene Apostel, der seinen nahen Märtyrertod voraussah, schrieb: »*Leide mit als ein guter Streiter Christi Jesu*« (wörtlich: als »Soldat Christi Jesu«). Zum Soldatsein gehört auch die Bereitschaft, Leiden auf sich zu nehmen.

4.3.3 Aber die »Soldaten« des Messias Jesus von Nazareth, des gekreuzigten und auferstandenen Herrn, verhalten sich *anders* als die Soldaten der Herren dieser Welt, als die Soldaten des damaligen römischen Reiches: Sie kämpfen *nicht gegen*, sondern *um* Menschen, nicht dazu, sie auszuschalten und zu töten, sondern dafür, sie zu retten und zum Leben zu führen, sie in die Gemeinschaft des Lebensfürsten Jesus Christus mit hereinzunehmen.

Und in diesem Kampf wird v.a. *gelitten*: Nicht die »Soldaten« Jesu Christi machen, daß andere leiden, sondern leiden lieber selbst unter den andern, auch unter denen, um deren Rettung sie sich bemühen. So allein sind sie »gute« Soldaten Christi Jesu, solche, die sich ähnlich verhalten wie ihr Herr selbst: vor dem samaritischen Dorf, das ihn abwies; gegenüber Malchus, dem harten Kriegsknecht, der verletzt worden war; am Kreuz, wo er für die betete, die ihn so sehr quälten; heute, wenn er vor den Türen der Menschen steht, klopft und seinen Frieden anbietet; heute, wenn er noch immer alle Entehrung seines hohen, heiligen Namens in Kauf nimmt, nur um den Menschen noch immer die große Chance, das wundervolle Angebot seines Friedens offenzuhalten (Lk 9,51–56; 22,51; 23,34; Joh 18,10; Offb 3,20; Röm 2,4; 2 Petr 3,9.15). Unser Herr hat sein Leben für uns gelassen, als wir noch »Sünder«, »Feinde« waren (Röm 5,10); er hat für uns, an unserer Stelle den Tod erlitten, damit wir nicht dem ewigen Tod verfallen. Daher gehört zur rechten Jesus-Nachfolge auch die Bereitschaft, wenn nötig, ebenfalls das Leben zu lassen.

So sagt Paulus seinem Mitstreiter Timotheus: Ordne alles so, als ob du nicht wieder zurückkämest! Befiehl die Aufgabe in Ephesus zuverlässigen Leuten an, so daß es auf jeden Fall dort recht weitergeht! Und dann wende dich von deiner Arbeit in Ephesus ab, auch wenn dir's schwerfällt! Komm nach Rom, an meine Seite! Das ist nach dem Willen unseres gemeinsamen Herrn jetzt für dich dran. »Leide mit!«

4.3.4 Wir wissen nicht, wie es Timotheus weiter erging. Gott hatte wohl für ihn in der Nachfolge des Paulus noch weitere Aufgaben in dieser Welt. Da war es für den Herrn ein Kleines, ihn auch mitten in den Schrecken der durch Nero veranlaßten Verfolgung zu schützen. Nicht selten bewahrt Gott einen Menschen gerade dann, wenn er für ihn zu allem bereit und über den Graben seiner Leidensscheu gesprungen ist, wie Esther sagte: »Komme ich um, so komme ich um!« (Est 4,16).

4.3.5 »Leide mit!« Diesen Aufruf in Gottes Wort *neu zu hören* und für ihn offen zu sein ist vor allem dann entscheidend wichtig, wenn wir dem *Ziel*, der Wiederkunft unseres Herrn, nahegekommen sind. Und auch bei unserer *Verkündigung* heute darf dieser Ton nicht fehlen. Das Leiden in Christus hat zwar dem natürlichen Menschen noch nie gefallen, und doch gehört die Willigkeit dazu wesentlich zu einem zielklaren Christsein (Mt 16,24f.; Apg 14,22; Offb 2,10).

4.4 Nicht sich von anderem besetzen lassen (V. 4)

»Wer in den Krieg zieht, verwickelt sich nicht in Geschäfte des täglichen Lebens, damit er dem gefalle, der ihn angeworben hat.«

Nicht Nebensächlichkeiten dürfen für uns im Vordergrund stehen; die göttlichen Akzente müssen in unserem Leben bestimmend sein. Paulus gebraucht ein Bild: Ein Soldat jener Zeit, der bei einem wichtigen militärischen Unternehmen mitzog, durfte, auch wenn er Offizier war, nicht nebenher mit den Einwohnern des Landes, in dem er sich nun befand, einen privaten Handel treiben und Geschäfte machen; so hätte er seinen Kopf nicht bei der Sache gehabt. Sein Verhalten hätte dem Feldherrn keineswegs gefallen.

So sollte auch Timotheus ungeteilt, vorbehaltlos, in ganzer Gesammeltheit seinem König Jesus Christus, dem »Herzog unserer Seligkeit« (Hebr 2,10), zur Verfügung stehen und nicht eben doch lieber in Ephesus bleiben, wo er geschätzt und geliebt war und als gesundheitlich angeschlagener Mann eine bessere Pflege hatte (vgl. 1 Tim 5,23).

Auf jeden Fall muß auch für uns der Dienstauftrag unseres Herrn, insbesondere der, sein Zeuge zu sein, im Vordergrund stehen und bleiben. Er muß das Beherrschende sein; Nebenabsichten sollen unser Interesse nicht ablenken, besonders dann nicht, wenn die Gemeinde Jesu im Kampf steht und Krisenzeiten durchschreitet. Da gilt es die Gedanken bei der Sache zu haben, und nicht nur die Gedanken. Und solange Gott noch um eine verlorene Welt wirbt und ringt, ist für uns, seine Leute, immer Kampf: der Kampf um die Menschen in nah und fern. Dabei sollten uns Dinge wie ein Hobby oder Unterhaltungssendungen im Fernsehen nicht sehr in Anspruch nehmen in einer Zeit, während der wir doch Besuche machen, Gespräche führen, Briefe schreiben und Fürbitte tun könnten.

4.5 Es ist nötig, auf die Weise Jesu zu kämpfen (V. 5)

»Und wenn jemand auch kämpft, wird er doch nicht gekrönt«, – mit dem Siegeskranz –, »er kämpfe denn recht.« Paulus wechselt das Bild. Vom Krieg kommt er zum Sportwettkampf: »... *er kämpfe denn recht.*« »Recht« heißt wörtlich »vorschriftsmäßig«, »nach der Regel«. Der Weitsprung, auch wenn er noch so gut gelungen ist, bei dem der Absprungbalken überschritten worden ist, ist ungültig. Das Tor, das beim Fußball einer der Spieler mit der Hand wirft, gilt nicht, ja, es führt zu einem Strafstoß.

Was entspricht bei einem Leben als Christ der »Vorschrift«, der »Regel«? Nur das, was *Jesus gemäß* ist. Und wie lebte Jesus? Er sah Tag um Tag und Schritt um Schritt auf zum Vater. Er ließ sich »von seinen Augen leiten« (Ps 32,8). Von seinem Vater ließ er sich seine Aufgabe weisen (Lk 19,10), »zu suchen und selig zu machen, was verloren ist«. Er tat nichts als das, was er den Vater tun sah. Er dachte völlig mit dem Vater, und wo er diesen am Werk sah, da wurde auch er tätig (Joh 5,19). Bevor er redete und wirkte, hatte er sozusagen das Ohr am Mund des Vaters (Mk 1,35; Lk 6,12–16). Er wartete mit dem, was er tat, auf den Wink des Vaters. Vorher war seine »Stunde« noch nicht gekommen (Joh 2,4). Auf Weisung des Vaters wandte er sich auch Menschen zu, wo es der »frommen« Regel Israels widersprach (Lk 19,5.7; Joh 4,7ff. 34), ebenso Menschen, die niemand sonst beachtete (Joh 5,6f.). Und als der Vater ihm das Zeichen zum Aufbruch nach Jerusalem gab, wo er sein Leben zum Opfer bringen sollte, da predigte und heilte er nicht weiter in Galiläa, wie's bisher dem Willen seines Vaters entsprach, sondern »er wandte sein Angesicht, stracks nach Jerusalem zu wandern« (Lk 9,51). Und als Sohn seines Vaters hatte er Geduld mit denen, die ihm widerstrebten, liebte seine Feinde und bat für die, die ihn verfolgten und quälten (Mt 5,44f.; Lk 22,51; 23,34). Nur wenn auch wir so leben, dann »kämpfen« wir »recht«, »nach Vorschrift«, »nach der Regel«.

Auch hier gab Paulus mit seinem Leben ein *Beispiel*; an ihm konnte Timotheus und können auch wir ablesen, wie ein solches Jesus gemäßes Leben in den verschiedensten Situationen aussehen kann: Auf seiner zweiten Missionsreise wandte sich Paulus vom Innern Kleinasiens aus nicht gleich, was nahelag, in die dichtbesiedelte Gegend im Westen des Landes, in und um Ephesus, sondern ließ sich von seinem Herrn gleich nach Europa weiterleiten, obschon er das in seiner Bedeutung noch gar nicht überblicken konnte (Apg 16,6–10; 19,1ff.). Auch trat er nach der dritten Missionsreise nicht sofort eine vierte über Rom nach Spanien an, obschon das sein Plan war, sondern ging zuerst, weil sein Herr ihn dorthin wies, nach Jerusalem, was große Gefahren mit sich brachte (Apg 21,10–14; Röm 15,22–25). Paulus wandte sich nicht etwa zornig von seinen jüdischen Volksgenossen ab, die es ihm an vielen Orten so schwer machten, sondern betete in Liebe und mit solchem Ernst für sie, daß er sogar bereit gewesen wäre, auch Leben und Seligkeit in seine Fürbitte hineinzuopfern (Röm 9,1–5).

Mit dem allen blieb Paulus bewußt in der »Fußspur« Jesu (1 Petr 2,21). Ja, so blieb er »in Christus« (Joh 15,4) und trat in keiner Hinsicht aus ihm heraus; darüber hatte er allezeit innere Kraft und Vollmacht (vgl. Eph 6,10). So kam Jesu Wesen in seinem Leben zur Ausgestaltung (vgl. Gal 4,19).

In gleicher Weise sollte damals Timotheus auch ganz in der »Jesus-Spur« bleiben, und diese führte ihn nach der Erkenntnis des Paulus nun in dieser Situation nach Rom. – Auch wir können Gottes Wort, so wie dieses uns Jesus vor Augen malt, unter Gebet und in der Willigkeit, uns von Gottes Geist leiten zu lassen (Röm 8,14), erkennen, was für uns in den verschiedensten Lagen rechte Jesus-Nachfolge ist. Und wir erhalten so, »in dem Herrn« die Kraft (Eph 6,10), diesen Weg auch zu gehen.

4.6 Bei aller Selbstlosigkeit darf dennoch die Fürsorge Jesu und seiner Leute dankbar angenommen werden (V. 6f.)

4.6.1 Nach den Bildern vom Soldaten (V. 3) und vom Sportwettkämpfer (V. 5) gebraucht Paulus nun ein drittes Bild: »*Es soll der Bauer, der den Acker bebaut, die Früchte als erster genießen*« (V. 6). Im Reich Gottes ist Uneigennützigkeit, sich selbst vergessende Liebe geboten. Das lebte Jesus vollkommen: Er suchte nicht seine Ehre, sondern die des Vaters (vgl. Joh 8,49f.). Er kam nicht, um sich dienen zu lassen, sondern um selbst zu dienen und sein Leben zur Erlösung für viele zu geben (Mt 20,28). Auch predigte und heilte er umsonst. Und von den Seinen erwartete er ein gleiches Verhalten. Er spricht: »Umsonst habt ihr's empfangen, umsonst gebt es auch« (Mt 10,8).

Dennoch darf ein Diener Jesu, wie ein Landmann, auch selbst von den »Früchten« essen. Wenn zu den »Früchten des Heiligen Geistes« auch die Liebe, das Wohltun, die Gastfreundschaft gehören (vgl. Gal 5,22), dann darf ein rastlos tätiger Diener Jesu Christi, einer, der die Strapazen vieler Reisen auf sich nimmt, gern und guten Gewissens in einem gewissen Maß auch in den Genuß solcher »Früchte« kommen. Paulus hat sich als Bote Jesu durch seiner Hände Arbeit ernährt (Apg 20,34; 1 Kor 4,12). Doch als die Purpurhändlerin Lydia in Philippi zum Glauben kam, zeigte sich in ihrem Leben gleich auch diese »Frucht des Geistes«, daß sie Paulus mit seinen Begleitern, Silas und Timotheus, nötigte, die Gastfreundschaft ihres wohl großen Hauses anzunehmen. Und Paulus nahm das mit Dank an seinen Herrn an (Apg 16,14f.). Auch später nahm Paulus von dieser Gemeinde etwas an, allein von dieser (Phil 4,15.17). Paulus wußte, wo er verdächtigt würde, er wolle sich mit seiner Verkündigung wie die wandernden Philosophen und Gesetzeslehrer jener Zeit nur ein bequemes Leben ohne die Mühe der Handarbeit machen, und wo er diese Sorge nicht haben mußte. Er war von den äußeren Umständen erstaunlich unabhängig. So schrieb er den Christen in Philippi im selben Zusammenhang: »Ich kann niedrig sein und kann hoch sein; mir ist alles und jedes vertraut: beides, satt sein und hungern, beides, Überfluß haben und Mangel leiden; ich vermag alles durch den, der mich mächtig macht«, Christus (Phil 4,12f.). Alles in allem sagte Paulus seinem Mitarbeiter Timotheus, daß er bei aller Selbstlosigkeit und Leidensbereitschaft doch auch eine solche Freundlichkeit Gottes und seiner Kinder mit Dank annehmen dürfe.

4.6.2 Doch Paulus sagte mit diesem Bild Timotheus wohl nicht nur, was er annehmen dürfe, sondern auch, was er *geben* sollte: Timotheus war durch Paulus zum Glauben gekommen (Apg 16, 1–3; 2 Tim 1,2). Das verwandelte sein Leben. Und zu den Früchten des Heiligen Geistes, die Paulus, der treue Arbeiter im Weinberg des Herrn, nun sehr wohl bei ihm ernten durfte, *gehörte auch die Treue* und Leidensbereitschaft des Timotheus, in der er nun den alten Apostel in seinem Leiden und seinem Martyrium nicht allein ließ, sondern ihm half, sein Lebenswerk recht abzuschließen, indem er angesichts seines Todes von Paulus dessen Auftrag und Werk persönlich übernahm.

4.6.3 Paulus wollte den jungen Timotheus *nicht drängen*. So fügte er noch an: »*Bedenke, was ich sage! Der Herr wird dir in allen Dingen Verstand geben*« (V. 7). Wenn du im Gebetsumgang für das Mahnen von Gottes Geist offen bist, dann wirst du hier und auch in andern Fragen unschwer erkennen, was Gottes Wille ist, so wie ich ihn auch im Verhältnis zu den einzelnen Gemeinden erkannt habe (vgl. Phil 4,10–20). Und so werden auch wir den Willen Gottes erkennen, etwa inwieweit wir, als Hauptamtliche, für unsern und unserer Familien Unterhalt Entsprechendes annehmen dürfen und inwiefern ein Verzicht geboten ist. Und ebenso, wo wir andern etwas schulden, nicht zuletzt denen, die uns zuvor einen geistlichen Dienst getan haben.

4.7 Jesus, den lebendigen, gegenwärtigen Herrn als starken Trost innerlich immer vor Augen haben (V. 8)

»Halt im Gedächtnis Jesus Christus, der auferstanden ist von den Toten, aus dem Geschlecht Davids, nach meinem Evangelium ...«

4.7.1 »*Halt im Gedächtnis Jesus Christus*«, halte ihn dir innerlich dauernd vor Augen, gerade auch, wenn du einen so schwierigen Weg gehen mußt wie den nun nach Rom. Wie willig ist doch Jesus an der Seite seines Vaters seinen Leidensweg gegangen, noch ganz anders als Isaak an der Seite Abrahams auf den Berg Morija (1 Mo 22,1.6): »Nicht wie ich will, sondern wie du willst!« (Mt 26,39). Wie hat hier doch Jesu Liebe zum Vater die wundervolle Krönung empfangen und auch seine und des Vaters Liebe zu uns heillosen Menschen! Unser Herr soll uns in allem Leitbild sein und zugleich auch Trost und Zuversicht.

4.7.2 Denn Gott hat sich wunderbar zu Jesus bekannt, insbesondere indem er ihn von den Toten auferweckte. So wird sich Gott auch zu den Nachfolgern unseres Herrn bekennen.

4.7.3 Ja, Jesus ist der Sieger geblieben über Sünde, Tod und Teufel, das sagen die Worte hier: »*... auferstanden von den Toten ...*« Und dieser Herr ist bei den Seinen »alle Tage, bis an der Welt Ende« (Mt 28,20), bis zum Ziel. Auf dem Weg ist er jetzt schon bei uns, und am Ziel dürfen wir bei ihm sein. Er ist jetzt Stunde um Stunde für uns der unsichtbar gegenwärtige Herr, der allmächtige Sieger, der uns unsagbar Liebende. Das ist starker, in jeder Lage durchtragender Trost.

Paulus konnte in einem unmenschlichen Gefängnis angekettet liegen (2 Tim 2,9) und einen gewaltsamen Tod vor Augen haben – und war dennoch so wunderbar getröstet, daß er mit diesem Trost auch andere trösten konnte, voran seinen angefochtenen jungen Freund Timotheus. So schrieb Paulus früher schon: »Gelobt sei Gott, der Vater unseres Herrn Jesus Christus, der Vater der Barmherzigkeit und Gott allen Trostes, der uns tröstet in aller unserer Trübsal, damit wir auch trösten können, die in allerlei Trübsal sind, mit dem Trost, mit dem wir selber getröstet werden von Gott« (2 Kor 1,3f.).

4.7.4 Deshalb ermahnt der gefangene Apostel aus der Erfahrung seines Lebens: »Halt im Gedächtnis Jesus Christus, der *auferstanden* ist von den Toten.« Sonst hat immer und überall in der Welt der Tod das letzte Wort. Demgegenüber hat und spricht in jeder Lage unser auferstandener Herr das letzte Wort. Deshalb: »Halt im Gedächtnis Jesus Christus«, den lebendigen, gegenwärtigen Herrn! Laß ihn in diesen spannungsvollen Tagen keine Stunde aus den Gedanken, aus dem Sinn, sonst ist das alles schlechterdings nicht durchzuhalten!

4.7.5 »*Aus dem Geschlecht Davids*« ist Jesus, fügt Paulus hinzu. Das bedeutet: Jesus ist nicht nur unsere persönliche Hoffnung über den Tod hinaus, er, der spricht: »Ich lebe, und ihr sollt auch leben« (Joh 14,19); er ist auch die große Hoffnung für Israel und die Welt. Er ist die Erfüllung aller dem König David gegebenen Verheißungen für Israel *und* alle Welt (vgl. 2 Sam 7,11ff.; Dan 7,13ff.; Sach 14,9; Offb 11,15; 19,16). Er räumt die rätselvollen Feinde Gottes und der Menschen weg und regiert die ganze Erde mit wahrem Frieden und mit wahrer Gerechtigkeit (Offb 19, 19–20,6).

4.7.6 Das alles »*nach meinem Evangelium*«, das Paulus vom Herrn empfangen hat (Gal 1,12), im Blick auf das er Paulus, wie die andern Apostel, ins Vertrauen gezogen hat (Joh 15,15) und das wir als wunderbare Einladung zu Jesus und als großes Trost- und Hoffnungswort den Menschen weitersagen dürfen.

4.8 Für dieses Evangelium und für den Herrn selbst und auch für seine Gemeinde ist keine Mühe und kein Leiden zuviel (V. 9f.)

»... für welches ich leide bis dahin, daß ich gebunden bin wie ein Übeltäter; aber Gottes Wort ist nicht gebunden. Darum dulde ich alles um der Auserwählten willen, damit auch sie die Seligkeit erlangen in Christus Jesus mit ewiger Herrlichkeit.«

4.8.1 »*...für welches ich leide*«: Weil die Botschaft des Evangeliums dem Satan seinen Bankrott anzeigt, deshalb wütet er gegen die Boten (vgl. Offb 12,12). Und weil Gott in Jesus Christus die Menschen aus Satans Herrschaft nicht etwa sozusagen von außen her mit göttlicher Übermacht zurückerobert, sondern von innen her, mit dem behutsam werbenden Wort seiner Liebe, deshalb *können* die Boten auch leiden müssen, so, wie unser Herr selbst uns voran gelitten hat. Für diese Botschaft litt in besonderer Weise damals der Apostel Paulus. Er war nicht nur im Gefängnis, sondern dazuhin auch noch, höchst entehrend, wie ein »*Übeltäter*«, ein ungebärdiger Schwerverbrecher »gebunden«, mit einer Kette gefesselt.

4.8.2 »*Aber Gottes Wort ist nicht gebunden.*« Der Bote, der Volkermissionar Paulus, war zwar gebunden, aber die Botschaft keineswegs. So war das damals und später immer wieder auch während der gesamten Kirchengeschichte. Und so ist es auch in unserer Zeit: Man kann zwar die Boten einsperren und die Arbeit der Mission hindern und verbieten. Aber es gibt eine Fülle von Beispielen dafür, daß Gottes Wort dann um so mehr läuft. Auch hier gilt: »Weg hast du allerwegen, an Mitteln fehlt dir's nicht (Paul Gerhardt).

4.8.3 »*Darum dulde ich alles um der Auserwählten willen, damit auch sie die Seligkeit erlangen in Christus Jesus mit ewiger Herrlichkeit.*«
a) Paulus trug alles willig, vor allem für seinen *Herrn*, der doch sein Leben auch für ihn gelassen und ihn begnadigt hatte; für ihn war ihm nichts zuviel, auch nicht ein qualvolles Sterben.

b) Und er war willig, das auch für *Menschen* zu leiden. Gott will ja, »daß alle *gerettet* werden und alle zur Erkenntnis der Wahrheit kommen« (1 Tim 2,4 wörtlich). Doch wie kommt es dazu, daß Menschen tatsächlich dahin gelangen, zu glauben (Joh 3,16; Röm 1,16) und so gerettet werden? Eben indem sich Boten mit dem Evangelium, mit dem großen Friedens- und Liebesangebot Gottes zu ihnen auf den Weg machen und es ihnen bringen, so daß sie es annehmen, sich rufen, sich »wählen« lassen können. Und eben bei dieser Verkündigungsarbeit und ihretwegen – also im Dienst für diese Menschen – ist Paulus verhaftet und unter Anklage gestellt worden. Gerade aus diesem Anlaß ist ihm so viel Schmerzliches, Entehrendes widerfahren. Wenn Paulus zu Hause geblieben wäre und geschwiegen hätte, hätte er das alles niemals erlitten. Insofern hat er das alles eben um derer willen »erduldet«, die unter seinem Dienst aus der Welt »herausgerufen«, »herausgewählt« wurden und sich herausrufen und -wählen ließen, *damit auch sie* die »Seligkeit« (wörtlich: die »Rettung«) erlangten – und das »in Christus Jesus«: im Glauben, in der Hingabe an ihn und in der Gemeinschaft mit ihm.

c) Wie ist dann am Ziel der Zustand der Glaubenden? Der Apostel schreibt von der »*ewigen Herrlichkeit*«. »Herrlichkeit ist enthüllte Göttlichkeit« (F.Chr. Oetinger). Diejenigen, die in dieser Welt an Jesus Christus glaubten und in ihm lebten, werden also schließlich ihrem Herrn, Gott selbst, gleich sein dürfen. So schreibt Paulus schon in früherer Zeit aus dem Gefängnis: »Ihr seid gestorben, und euer Leben ist verborgen mit Christus in Gott. Wenn aber Christus, euer Leben, sich offenbaren wird, dann werdet ihr auch offenbar werden mit ihm in Herrlichkeit« (Kol 3,3f.). Und Johannes schrieb: »Wenn es offenbar wird, werden wir ihm gleich sein; denn wir werden ihn sehen, wie er ist« (1 Jo 3,2).

d) Noch in anderer Hinsicht konnte Paulus mit seinem Leiden etwas für seine Mitchristen tun: Christus ist das Haupt, seine Gemeinde ist sein Leib. Und wo das Haupt durchging, muß auch der Leib folgen, nämlich durch *Leiden* zur Herrlichkeit (Apg 14,22; vgl. Röm 8,17f.; 1 Petr 1,11; 5,1). Und nun muß der Leib, die Gemeinde, in der Nachfolge des Herrn ein bestimmtes *Maß* von Leiden tragen. Auch darin gibt es eine gewisse Arbeitsteilung unter den verschiedenen Gliedern der Gemeinde. So schrieb

Paulus, früher schon ebenfalls aus dem Gefängnis: »Nun freue ich mich in den Leiden, die ich für euch leide, und erstatte an meinem Fleisch, was an den Leiden Christi noch fehlt, für seinen Leib, das ist die Gemeinde« (Kol 1,24). Auch das gehört zu dem, was Paulus »um der Auserwählten willen erduldet«. – Ja, Gott hat auch eine bestimmte Anzahl von Märtyrern vorgesehen, die bis zu seinem großen Tag erreicht sein muß (Offb 6,11), so wie es auch eine göttliche Vollzahl derer gibt, die aus allen Völkern und Sprachen gesammelt sein müssen, wenn das große Fest anbrechen soll (Röm 11,25; Offb 7,9; vgl. Lk 14,22f.).

4.9 Leiden und sterben für und mit Jesus ist eine überaus hoffnungsvolle Sache (V. 11f.)

4.9.1 »*Das ist gewißlich wahr*«; das heißt: »Glaubwürdig ist das Wort« (so wörtlich), eben weil es das Wort des allmächtigen, wahrhaftigen und treuen Gottes in Jesus Christus ist (Ps 33,4; Offb 19,11). Da sei auch nicht in einem Winkel unseres Herzens noch ein Zweifel geduldet!

4.9.2 »*Sterben wir mit, so werden wir mit leben.*« Als an Jesus Glaubende und auf ihn Getaufte gelten wir alle als mit Christus Gestorbene, und wir werden auch mit ihm leben (Röm 6,1ff.). Und wenn wir dann als Nachfolger Jesu tatsächlich auch noch leibhaftig für und mit Christus sterben, dann dürfen wir um so gewisser sein, daß unser Herr in seiner Gnade uns mit ihm und bei ihm an seiner Herrlichkeit in Ewigkeit teilgibt. Die, die auf dem Weg nahe bei ihm sind, dürfen auch am Ziel ganz nahe bei ihm sein. Er spricht zu denen, die ihm in diesem Leben folgten: »Wenn ich hingehe, euch die Stätte zu bereiten, will ich wieder kommen und euch zu mir nehmen, damit ihr seid, wo ich bin« (Joh 14,3).

4.9.3 »*Dulden wir, so werden wir mit herrschen*« (V. 12). Wer jetzt willig in der Kreuzesnachfolge unter den Belastungen bleibt (Mt 16,24), der wird dann mit dem Herrn auf seinem Thron sein. So spricht er in den Sendschreiben: »Wer überwindet, dem will ich geben, mit mir auf meinem Thron zu sitzen, wie auch ich überwunden habe und mich gesetzt habe mit meinem Vater auf seinen Thron« (Offb 3,21). Dem, der in Kraft des Sieges unseres Herrn siegt, auch *sich* besiegt und überwindet, dem gibt er teil an all dem, was er ist, hat und tut in Ewigkeit (vgl. Offb 22,3–5). So wunderbar beantwortet Gott unser bißchen Treue.

4.10 Wie aber ist es, wenn wir untreu werden? (V. 12 f.)

4.10.1 Unser Herr beantwortet auch die Untreue: »*Verleugnen wir, so wird er uns auch verleugnen.*« Wenn wir mit Wort, Tat und Wesen sagen: »Nein, mit Jesus habe ich nichts zu tun«, dann sagt er auch zu uns: »Ich kenne euch nicht!« (vgl. Mt 7,23). »Wer mich verleugnet vor den Menschen, den will ich auch verleugnen vor meinem himmlischen Vater« (Mt 10,33). Nicht zuletzt wird hier die schreckliche Wirkung des endzeitlichen Abfalls deutlich (2 Thes 2,3; vgl. Offb 13,17; 14,9f.).

Da können auch wir plötzlich, heute schon, vor der Frage stehen: Habe nicht auch ich ihn so verleugnet, mit Wort, Werk und Wesen? Und: Habe ich nicht andern sogar Anstoß gegeben und es ihnen erschwert, zu glauben? Petrus, der erste im Jüngerkreis, mußte plötzlich mit Schrecken feststellen: Ja, ich habe ihn verleugnet, mehrmals sogar! (Mt 10,2; 26,69–75).

4.10.2 Von Petrus heißt es: »Und er ging hinaus und weinte bitterlich« (Mt 26,75). Gerade so erfuhr er das, was Paulus nun weiter schreibt: »*Sind wir untreu, so bleibt er doch treu; denn er kann sich selbst nicht verleugnen.*«

Laßt auch uns, wenn uns solches Versagen und Verleugnen bewußt wird, uns gleicherweise vor unserem Herrn beugen und ihn als den Sünderheiland aufgrund seines Opfers von Golgatha um Vergebung bitten und auch für diejenigen bitten, an denen wir schuldig geworden sind; er spricht: »Bittet, so wird euch gegeben« (Mt 7,7); »wer zu mir kommt, den werde ich nicht hinausstoßen« (Joh 6,37). Dann dürfen wir auch felsenfest wissen: »Sind wir untreu, so bleibt er doch treu.« »Das Blut Jesu, seine Sohnes, macht uns rein von aller Sünde« (1 Joh 1,7b). Die Logik der Satzfolge wird durch die Barmherzigkeit Gottes in Jesus Christus aufgebrochen; es heißt nicht, entsprechend V. 12b: »Sind wir untreu, so wird auch er untreu«, sondern: »... so *bleibt er doch treu.*« Das wird dann um so mehr Anlaß zu Lob, Dank und Liebe und zu Dienst- und Leidensbereitschaft für unseren Herrn.

4.10.3 Insbesondere wenn es durch schweres, endzeitliches Leiden hindurchgeht, werden wir am Ziel nicht als die Heroen, nicht als »Glaubenshelden«, als Makellose dastehen, sondern als Menschen, die nur danken können dafür, daß *er* treu blieb, auch wo wir untreu wurden, daß *er* seinen wundervollen Heilands-Beruf nicht verleugnete. So lesen wir in der Offb von der unzählbaren Schar derer, die am Ziel mit Loben und Danken an Gottes Thron stehen. Was wird von ihnen festgestellt? »Diese sind's, die gekommen sind aus der großen Trübsal.« Und weiter: »... und haben ihre Kleider gewaschen und haben ihre Kleider hell gemacht im Blut des Lammes« (Offb 7,14). Sie sind also auch nicht »mit der weißen Weste« durchgekommen, sondern sind der Reinigung, der Vergebung auf Grund des Opfers Jesu überaus bedürftig gewesen. »*Darum* sind sie vor dem Thron Gottes« (Offb 7,15), aus keinem andern Grund. »Erbarmung ist's, und weiter nichts!« (Ph.F. Hiller). »Durch Gnade seid ihr selig geworden« (Eph 2,5). Verlorengehen werden einmal diejenigen, die die Gnade nicht zu brauchen meinten bzw. denen sie eine Selbstverständlichkeit war. Auf jeden Fall gilt: »Seid nüchtern und setzt eure Hoffnung ganz auf die Gnade, die euch angeboten wird in der Offenbarung Jesu Christi« (1 Petr 1,13). Gerade in der Endzeit, dann, wenn es dem Ziel entgegengeht, werden wir einmal der Vergebung besonders bedürftig und für die Gnade um so dankbarer sein. Allein »so gehn unsre Wege gewiß zum Himmel ein« (P. Gerhardt).

Kapitel 2,1–13

Vorschlag zur Bibelarbeit über 2. Timotheus 2,1–13

1. Hinführung

Der alte, treue Diener Jesu Christi, der unter schwierigsten Verhältnissen ein Werk der Mission aufgebaut und lang geleitet hatte, wurde tot aufgefunden; Herzversagen hieß es. Er kniete an der Liege in seinem Arbeitszimmer. So hatte ihn sein Herr abgerufen. In seiner Bibel, die auf dem Schreibtisch lag, fand man ein vergilbtes, abgegriffenes Blatt mit Sätzen, die Weisungen, Befehle, die er sich selbst gab, enthielten: »Sei bei Tag und Nacht deinem Herrn zur Verfügung! Komm mit allem was du tust, her vom Gebet für die, unter denen du arbeitest! Freu dich, wenn du wegen des Dienstes für den Herrn etwas zu leiden hast! Wenn dich auch Mitchristen kritisieren, so frage, was der Herr dir dadurch sagen will! Laß keine Gelegenheit aus, Jesus den Leuten groß zu machen! ...« Offenkundig verstand der Mann diese Worte als Weisungen, die der Herr durch sein Wort ihm gegeben hatte. Den Männern, die nun in die Leitung des Werkes eintraten, waren diese Sätze eine Kostbarkeit. Sie verstanden sie nun als eine Weisung, die der erhöhte Herr ihnen durch ihren verstorbenen Bruder gegeben hatte.

Unser Schriftabschnitt enthält zum Teil Weisungen, unter denen offenkundig Paulus selber lebte, Weisungen des Herrn. Und nun gab er sie als solche an Timotheus weiter. Und so sind sie nun auch uns als Weisungen und Befehle unseres Herrn durch Paulus gegeben.

2. Vorbereitende Fragen

Wie erhalten wir denn für das alles die nötige Kraft? Was ist diese Kraft? Wie weit sollen wir mit unseren Opfern für Jesus gehen? Sollen wir grundsätzlich auf alles verzichten? Wie kämpfen wir auf die Weise Jesu? Wohin führt es, bei Jesus eingetreten zu sein und mit ihm durch dick und dünn zu gehen?

Was aber ist, wenn wir plötzlich erkennen müssen, daß wir gar nicht so treu gewesen sind, wie wir zunächst meinten, sondern in vielem untreu?

3. Thema

Zeugen, kämpfen, leiden und sterben für das Evangelium, für Jesus Christus

4. Gliederung

a) Wie wir die nötige Kraft erhalten (V. 1).

b) Es muß dafür Sorge getragen werden, daß das Zeugnis mit Jesus weiterläuft, wenn die bisherigen Zeugen ausfallen (V. 2).

c) Die Willigkeit, sich in Kampf und Leiden zu wagen, und die dazu nötige Konzentration (V. 3f.).

d) Es ist nötig, auf die Weise Jesu zu kämpfen (V. 5).

e) Bei aller Selbstlosigkeit darf dennoch die Fürsorge Jesu und treuer Leute dankbar angenommen werden (V. 6f.).

f) Jesus, der lebendige, gegenwärtige Herr, ist unser starker Trost. – Für ihn, und damit auch andere zum Glauben an ihn kommen und dabei bleiben, soll uns nichts zuviel sein (V. 8–12).

g) Wie aber ist's, wenn wir dem treuen Herrn, der uns seinem herrlichen Ziel entgegenführen will, untreu geworden sind? (V. 13).

5. Schluß

Insbesondere bei sich zuspitzenden Verhältnissen, etwa gar endzeitlicher Art, ist es wichtig, klare Weisungen und Wegleitungen zu haben. In diesem Schriftabschnitt sind sie uns gegeben, auch für heute *und* morgen.

5. Wie dem großen Zerstörer der Gemeinde Jesu entgegengetreten werden muß (2,14–26)

2,14–26: Daran erinnere sie und ermahne sie inständig vor Gott, daß sie nicht um Worte streiten, was zu nichts nütze ist, als die zu verwirren, die zuhören. (15) Bemühe dich darum, dich vor Gott zu erweisen als einen rechtschaffenen und untadeligen Arbeiter, der das Wort der Wahrheit recht austeilt. (16) Halte dich fern von ungeistlichem losem Geschwätz; denn es führt mehr und mehr zu ungöttlichem Wesen, (17) und ihr Wort frißt um sich wie der Krebs. Unter ihnen sind Hymenäus und Philetus, (18) die von der Wahrheit abgeirrt sind und sagen, die Auferstehung sei schon geschehen, und bringen einige vom Glauben ab. (19) Aber der feste Grund Gottes besteht und hat dieses Siegel: Der Herr kennt die Seinen; und: Es lasse ab von Ungerechtigkeit, wer den Namen des Herrn nennt. (20) In einem großen Haus aber sind nicht allein goldene und silberne Gefäße, sondern auch hölzerne und irdene, die einen zu ehrenvollem, die andern zu nicht ehrenvollem Gebrauch. (21) Wenn nun jemand sich reinigt von solchen Leuten, der wird ein Gefäß sein zu ehrenvollem Gebrauch, geheiligt, für den Hausherrn brauchbar und zu allem guten Werk bereitet. (22) Fliehe die Begierden der Jugend! Jage aber nach der Gerechtigkeit, dem Glauben, der Liebe, dem Frieden mit allen, die den Herrn anrufen aus reinem Herzen. (23) Aber die törichten und unnützen Fragen weise zurück; denn du weißt, daß sie nur Streit erzeugen. (24) Ein Knecht des Herrn aber soll nicht streitsüchtig sein, sondern freundlich gegen jedermann, im Lehren geschickt, der Böses ertragen kann (25) und mit Sanftmut die Widerspenstigen zurechtweist, ob ihnen Gott vielleicht Buße gebe, die Wahrheit zu erkennen (26) und wieder nüchtern zu

werden aus der Verstrickung des Teufels, von dem sie gefangen sind, zu tun seinen Willen.

Vorbemerkung
Von der »*Verstrickung des Teufels*« ist in V. 26 die Rede. Die ganze Welt ist feindbesetztes Gebiet. Die Menschen haben den Feind eingelassen, sich auf ihn eingelassen (1 Mo 3). So haben sie ihn nun im Nacken, sind von ihm »gefangen«, durch ihn »verstrickt«, gebunden. Jesus nennt den Satan sogar den »Fürsten dieser Welt« (Joh 12,31; 14,30; 16,11); aber jedesmal spricht er von ihm als von einem geschlagenen Feind, denn unser Herr hat ihn besiegt (Mt 4,1-11), in Gethsemane und auf Golgatha endgültig. Wenn Jesus wiederkommt, wird vor aller Welt sein Sieg, besonders über den Satan, offenbar; dieser Feind wird weggetan (Offb 19,11-20,3). Dann wird unser Herr mit Frieden und Gerechtigkeit regieren, und der Feind kann die Völker nicht mehr verführen (Offb 19,15f.; 20,3). Doch schon jetzt bildet unser Herr *Stützpunkte* dieser seiner guten kommenden Herrschaft, seines Reiches: Das ist seine *Gemeinde*, die er an allen Orten durch sein Wort sammeln will, ja die Schar der an ihn Glaubenden, auch jeder einzelne der Glaubenden, alle, über die er, in denen er als der Heilige Geist, als der »Christus in ihnen« regiert (Röm 8,14; 12,1; 14,17; 2 Kor 3 17a).

Daher ist es dem Feind ungemein wichtig, *die Gemeinde Jesu zu zerstören*, diese Stützpunkte des großen kommenden Gottesreichs, das Jesus aufrichten wird, unter allen Umständen wieder auszuradieren, solange er dazu noch die Möglichkeit hat (vgl. Offb 12,12). Dazu bietet er Kräfte auf, die die Gemeinde Jesu *von außen* angreifen, insbesondere mit Verfolgung und anderer Bedrängnis, so wie er es damals in den Tagen des Kaisers Nero tat. Und er bietet Kräfte auf, Menschen und Dämonen, die die Gemeinde Jesu *von innen her* beunruhigen, verwirren, aufspalten, verführen und irreleiten wollen. Dabei ist die Verführung noch gefährlicher als die Verfolgung. Auch in dieser Hinsicht muß in der Zeit, in der die Wiederkunft Jesu vor der Tür steht, mit massiven, raffinierten und vielgestaltigen Angriffen gerechnet werden; der Feind wirft alle seine Reserven in den Kampf, weil er weiß, daß seine Frist sehr kurz bemessen ist (vgl. Offb 12,12).

Von solchen Störungen *innerhalb* der Gemeinde spricht Paulus in diesem Abschnitt seines Briefs. Und er hatte offenkundig Anlaß dazu. Der alte, erfahrene, pflichtbewußte Diener Jesu, der Apostel Paulus, legte für die nachfolgende Generation, für alle folgenden Generationen der Christen – und insbesondere für die endzeitliche – in seinen letzten Briefen, den Pastoralbriefen, immer wieder auf diesen Punkt den Finger, damit sie hier ja nicht ahnungslos auf die Arglist des Feindes hereinfallen.

5.1 Wehre endlosen und nutzlosen Diskussionen, die die Mitchristen und die ganzen Gemeinden nur verwirren! (V. 14)

Paulus beginnt: »Daran erinnere sie und ermahne sie inständig vor Gott, daß sie nicht um Worte streiten, was zu nichts nütze ist, als die zu verwirren, die zuhören.«

5.1.1 »Erinnern« soll Timotheus die Gemeindeglieder, das heißt, die Sache immer wieder ins Gedächtnis rufen, sie ihnen neu vergegenwärtigen, sie wiederholen. »*Inständig*« soll er sie »*ermahnen*«, ihnen die Sache »einschärfen«; es steht hier ein sehr nachdrückliches Wort. Und das soll »*vor Gott*«, im Bewußtsein seiner Gegenwart, von ihm her und in der Verantwortung vor ihm geschehen. Deshalb müssen die Mitchristen dem Wort des jungen Timotheus unter allen Umständen Beachtung schenken, zumal hier höchste Gefahr droht.

5.1.2 Was ist der Inhalt dieser Ermahnung? Sie sollen »*nicht um Worte streiten*« (wörtlich: »nicht Wortkämpfe führen«). Sie sollen sich mit denen, die die Verfälschungen der Botschaft des Evangeliums in die Gemeinde tragen, ja, die vom Feind selbst eingeschleust sind, nicht auf endlose Diskussionen einlassen. Die Erfahrung des Paulus ist, daß das nichts bringt, auch wenn man viel Mühe darauf verwendet: Jene lassen sich nicht von der Wahrheit überführen und überwinden, und »*die, die zuhören*«, werden »*verwirrt*«, ja, wie es wörtlich heißt, »zerstört«; ihre Erkenntnis, ihr Glaube, ihre Lauterkeit und Klarheit vor dem Herrn, ihre Gemeinschaft mit ihm, ihr Glaubensgehorsam droht verloren zu gehen.

5.1.3 Das schließt nicht aus, daß dazu begabte Glieder der Gemeinde sich in persönlichen Gesprächen um diese Leute bemühen. So schreibt Jakobus: »Liebe Brüder, wenn jemand unter euch abirren würde von der Wahrheit und jemand bekehrte ihn, der soll wissen: wer den Sünder bekehrt hat von seinem Irrweg, der wird seine Seele vom Tode erretten und wird bedecken die Menge der Sünden« (Jak 5,19f.). Aber die Gemeindezusammenkünfte, die Gottesdienste dürfen von den Diskussionen mit derartigen Leuten nicht belastet, überflutet, absorbiert werden. Die Verantwortlichen der Gemeinde dürfen die Gemeindeversammlungen durch solche Leute auf keinen Fall zum »Fechtboden« der Disputierer machen lassen; hier gilt es vor allem betend Gottes Wort zu hören; dazu sind die Glaubenden zusammengekommen, und allein davon können sie leben.

5.1.4 *»Daran erinnere und ermahne sie«*: Das gilt vor allem für die, denen Timotheus den Dienst des Lehrens während der Zeit seiner Abwesenheit aufträgt und anbefiehlt (2 Tim 2,2).

5.1.5 Damals war die Mahnung dieses Schriftwortes besonders dringlich, weil Timotheus es mit passionierten, begabten und geübten griechischen Diskussionsrednern zu tun hatte. Und wir haben es heute ebenfalls vielfach mit Leuten zu tun, die darauf aus sind, zu diskutieren um des Diskutierens willen.

5.2 Teile demgegenüber das gute Wort Gottes einladend aus, wie es jeder nötig hat! (V. 15)

»Bemühe dich darum, dich vor Gott zu erweisen als einen rechtschaffenen und untadeligen Arbeiter, der das Wort der Wahrheit recht austeilt.«

5.2.1 Nicht andauernd diskutieren und Irrlehrer bekämpfen soll Timotheus samt den andern leitenden Brüdern in der Gemeinde, sondern vor allem positiv, einladend, den Weg klar aufzeigend und gewißmachend die Wahrheit des Evangeliums ausrichten: »Bemühe dich *darum* ...«

5.2.2 »Dich *vor Gott* zu erweisen«: Nicht nur um seine Anerkennung durch Menschen soll es dem jungen Timotheus gehen, auch nicht durch die Glaubenden; *Gott* soll er gefallen wollen. Wenn es schon für die allgemein menschliche Arbeit von gläubigen Sklaven heißen konnte: »Alles, was ihr tut, das tut von Herzen als dem *Herrn* und nicht den Menschen« (Kol 3,23), dann darf um so mehr der *Verkündigungsdienst* unmittelbar dem Herrn getan werden.

5.2.3 Als ein »*rechtschaffener und untadeliger Arbeiter*« im Weinberg des Herrn soll sich Timotheus erweisen. Wörtlich heißt es: Als ein Arbeiter, der »sich nicht zu schämen braucht«. Wenn jemand im Aufblick zum Herrn, unter Gebet, in der Liebe zu den Menschen, denen er dienen soll, nach bestem Wissen und Gewissen und in der Willigkeit, sich auch von seinen Mitglaubenden korrigieren zu lassen, das Wort Gottes verkündigt, so braucht er nichts schamhaft zu verbergen.

5.2.4 Zu einem solchen »untadeligen Arbeiter« in der Gemeinde Jesu gehört insbesondere, daß er »das Wort der Wahrheit recht austeilt« (wörtlich: »das Wort der Wahrheit in gerader Richtung schneidet«), also in richtiger Weise darbietet. Welches Bild gebraucht Paulus hier?
  a) Paulus hatte seinerzeit – wie damals viele Schriftgelehrte in Israel – auch einen handwerklichen Beruf erlernt. Er war Zeltmacher und verdiente auch jetzt noch sein Brot mit diesem Beruf. Daher lag ihm gewiß dieses Bild nahe: Es war nicht einfach, die Schnitte an dem wertvollen, widerstandsfähigen Material geradlinig durchzuführen; dies erfordert Erfahrung und Sorgfalt. Hierbei durfte kein Mißgeschick passieren, und das entstehende Zelt sollte sich als einwandfrei erweisen. So sollen – sagt Paulus mit diesem Bild – die Menschen unter dem dargebotenen Wort im Glauben Schutz und Bedeckung des Herrn empfangen (Joh 10,28–30; Röm 8,31.38f.).
  b) Auch Brot sollte die Mutter recht, »mundgerecht« schneiden, für die Großen *und* für die Kleinen. Um so mehr ist es aller Sorgfalt wert, doch ja das kostbare »Wort der Wahrheit«, das Wort Gottes (Mt 4,4), das Zeugnis von Jesus, der die Wahrheit und das Leben ist (Joh 14,6), das Brot des Lebens (Joh 6,35) recht

aus- und den einzelnen zuzustellen – den noch Fernen und den bereits Gerufenen, den Trostbedürftigen und den Selbstsicheren, den noch Suchenden und denen, die bereits in Aufgaben des Reiches Gottes stehen, denen, die vom Wege abgeirrt sind, und denen, die gerade im Werk des Herrn nachlässig geworden sind.

c) Auf dieses rechte Aus- und Zuteilen ist im Einzelgespräch bei der Seelsorge zu achten und vor allem auch bei der Verkündigung vor der Gemeinde mit ihren so *verschiedenartigen* Menschen. Es gehört wesentlich zu einem treuen Diener Jesu, daß er vor jeder Verkündigung unter Gebet, unter Fürbitte bedenkt, was er von dem gegebenen Schriftwort her den verschiedenen Arten von Menschen, die sich versammeln, sagen soll. Und vor allem hier gilt: »Wenn es jemandem unter euch an Weisheit mangelt, so bitte er Gott, der jedermann gern gibt« (Jak 1,5).

d) Das alles soll sich Timotheus nicht nur selber gesagt sein lassen, sondern es auch *andern* weitersagen, zumal der Brief in gewissem Sinn zugleich an die Gemeinde gerichtet ist; das läßt der Schlußgruß erkennen: »Die Gnade sei mit *euch*!« (2 Tim 4,22). Vor allem soll Timotheus das denen einprägen, die er vor seinem Weggehen nach Rom an seiner Statt mit dem Dienst in der Gemeinde *beauftragt* (2 Tim 2,2).

5.3 Laß dich selbst nicht auf leeres, ungeistliches Gerede ein und nicht davon bestimmen! (V. 16)

»Halte dich fern von ungeistlichem, losem Geschwätz; denn es führt mehr und mehr zu ungöttlichem Wesen.«

5.3.1 Nach V. 14 sollte Timotheus die andern wegen der Wortgezänke ermahnen. Hier ermahnt der Apostel Paulus seinen Mitarbeiter Timotheus selbst wegen der (wörtlich) »*unheiligen, leeren Schwätzereien*«: Wenn der natürliche Mensch in eigener Weisheit über Gott und die Ewigkeit redet, ohne Buße und Glauben, ohne sich von Gottes Wort etwas sagen zu lassen, ohne Glaubensgehorsam und Heiligung, dann bleiben die Worte, auch wenn sie schön und »fromm« klingen, leer. Und sie machen die Menschen, die sie hören und die sich von ihnen beeinflussen lassen, ebenfalls leer und »unheilig«. Diese Worte führen das nicht mit sich, wovon der Mensch innerlich leben kann, was ihn fördert und was ihm im Leben und Sterben göttliche Gewißheit gibt.

5.3.2 Deshalb »*halte dich fern*«, »Meide!«. Sich mit solchen Worten zu beschäftigen, wäre verlorene Zeit. Die so Redenden würden durch die Aufmerksamkeit der andern in ihrer falschen Selbsteinschätzung noch bestärkt. Und diese Worte würden um so mehr auf die, die zuhören, Einfluß nehmen, sie innerlich berauben und sie in die falsche Richtung leiten.

5.3.3 So schreibt Paulus: »*Es führt mehr und mehr zu ungöttlichem Wesen*« (wörtlich: »sie werden in der Gottlosigkeit fortschreiten«). Die auf diese Worte Hörenden werden nicht durch Gottes Geist geführt und nicht in Jesu Wesen gestaltet (Röm 8,14; Gal 4,19), sondern von einem andern Geist gegängelt und geprägt. Ja, wo ein Mensch sich nicht vor Gott beugt, sich nicht von seinem Wort korrigieren und verändern läßt, da kommt er immer weiter ab. Da macht er in der Gottlosigkeit noch Fortschritte, statt sich von ihr lösen zu lassen: »Sie spinnen Luftgespinste und suchen viele Künste und kommen weiter von dem Ziel« (M. Claudius).

5.4. Wie schädlich solche eigenmächtigen Gedanken und Worte sich im ganzen der Gemeinde auswirken (V. 17)

5.4.1 »*Ihr Wort frißt um sich wie der Krebs*«: Solche fremden Lehren, Redereien und Vorstellungen können in einer Gemeinde wie ein »bösartiger Prozeß«, wie ein fortschreitender Krebs wirken. Immer mehr Gemeindeglieder werden davon befallen, von dem widergöttlichen Geist infiziert, in ein ungesundes Wesen einbezogen. Sie gehen darüber dem Evangelium verloren; sie selbst gehen ewig verloren.

5.4.2 Bei dieser ganzen zerstörerischen Bewegung handelte es sich damals um die *Gnosis* (»Erkenntnis«) (vgl. 1 Tim 6,20), eine aus griechischem Geist geborene Mischreligion, angeblich auch mit jüdischen und christlichen »Elementen« vermengt. Die frühe

Christenheit wurde durch diese Welle der Verführung noch mehr gefährdet als durch die Verfolgung von seiten der römischen Staatsmacht; die Wahrheit des Evangeliums drohte den Gemeindegliedern unter der Hand verfälscht zu werden. Es ist ein Wunder Gottes und ein Zeichen des Sieges Jesu, daß die Christenheit der ersten Jahrhunderte sowohl die harte Verfolgung als auch diese todgefährliche Verführung überstand.

Gott kann und will auch heute und bis zum Tag Jesu Christi in seiner Allmacht und Treue dasselbe Wunder tun (vgl. Mt 16,18). Das vermag uns gewiß zu machen. »Herr, du kennst meine Schwäche, nur deiner harre ich; nicht das, was ich verspreche, was du sprichst, tröstet mich« (Ph. F. Hiller).

5.4.3 Die Gemeinde Jesu ist der Leib Christi (vgl. Eph 1,22f.), und das »Krebsgeschwür« in diesem Leib besteht darin, daß sich hier »Wucherungen«, »Zellen«, die sich nicht mehr in den gesunden Organismus einbeziehen lassen, ausbreiten. Das heißt (ohne Bild gesprochen): Es entstehen Kreise von Menschen, die sich nicht mehr im biblischen Glauben und Glaubensgehorsam in die Gemeinschaft der Gemeinde, in Jesus selbst (vgl. Joh 15,4f.) hereinnehmen lassen. So etwas kann eine Gemeinde zerstören und es dem Feind ermöglichen, mit ihr zu seinem bösen Ziel zu gelangen.

5.4.4 Paulus nennt hier Namen; es darf nicht unklar bleiben, nicht vernebelt werden, was und wen er meint. *Hymenäus* wurde bereits in 1 Tim 1,19f. erwähnt. Er hatte die Wahrheit »von sich gestoßen«, und Paulus konnte ihm eine schwere Züchtigung nicht ersparen (vgl. 1 Kor 5,5). Nun scheint er erst recht ein Wortführer der ungöttlichen, das Evangelium verfälschenden Lehre geworden zu sein.

Wenn ein Mensch sich von Gottes Geist nicht strafen lassen will, dann geht er, »*von der Wahrheit abgeirrt*«, in der falschen Richtung noch immer weiter. Da vollzieht sich dann bereits ein Gericht über ihn.

5.5 Inhaltlich bedeutet diese Lehre einen ungeduldigen Ausbruch aus dem heilsgeschichtlichen Ort, an dem sich die Gemeinde Jesu in dieser Weltzeit befindet, und eine gedankliche Verflüchtigung ihrer Hoffnung (V. 18)

»... die von der Wahrheit abgeirrt sind und sagen, die Auferstehung sei schon geschehen, und bringen einige vom Glauben ab.«

5.5.1 Was ist denn die »*Wahrheit*« des Evangeliums im Blick auf die Auferstehung, die Wahrheit, von der jene »*abgeirrt*« sind? Paulus hat schon in einem früheren Brief, im ersten Korinther-Brief, klargestellt, was bei der Auferstehung der Toten die einzelnen, von Gott verordneten, aufeinanderfolgenden Schritte sind (1 Kor 15,23 f.):

a) »als Erstling Christus«, an Ostern;

b) »danach, wenn er kommen wird, die, die Christus angehören«; es sind die, die an der »ersten Auferstehung« teilhaben (1 Thes 4,16; Offb 20,5 f.);

c) »danach das Ende«, »der Rest« (wie auch übersetzt werden kann), alle übrigen in der allgemeinen Auferstehung der Toten (Offb 20,12 f.); diese samt dem letzten großen Gerichtstermin, den keiner im Tod verschlafen kann, findet nach dem Friedensreich Jesu der tausend Jahre, nach einem letzten Sich-Aufbäumen des Feindes, seinem letzten endgültigen Scheitern und der Beseitigung der alten Erde statt (Offb 20,1–13); das geschieht dann, wenn Christus »das Reich Gott, dem Vater, übergeben wird, nachdem er alle Herrschaft und alle Macht und Gewalt vernichtet hat« (1 Kor 15,24).

Bis jetzt also ist allein Jesus auferstanden, noch nicht diejenigen, die an ihn glauben.

5.5.2 Gewiß, für uns auf Jesus Getaufte, an Jesus Glaubende, in ihm Lebende gilt das, was an ihm geschehen ist, vor Gott jetzt schon als an uns geschehen. Paulus schreibt: »So sind wir mit ihm begraben durch die Taufe in den Tod, damit, wie Christus auferweckt ist von den Toten durch die Herrlichkeit des Vaters, auch wir in einem neuen Leben wandeln« (Röm 6,4). Aber »es ist *noch nicht erschienen*«, »offenbar geworden«, vor Menschenaugen in

Erscheinung getreten, »was wir sein werden« (1 Jo 3,2). Wir haben noch unsere sterblichen Leiber. Zwar ist unser Leib ein »Tempel des heiligen Geistes« (1 Kor 6,19); aber wir haben noch diesen »Schatz in *irdenen* Gefäßen« (2 Kor 4,7). So müssen wir auch noch sterben, wenn uns der wiederkommende Herr nicht zuvor »verwandeln« und «entrücken«, d.h. uns ihm entgegengehen und ihn als den in diese Welt Einziehenden einholen läßt (1 Kor 15,51; 1 Thes 4,17). Darum gilt noch immer auch für uns: »Du bist Erde und sollst zu Erde werden« (1 Mo 3,19). Wir müssen noch sterben, obschon unser Herr doch stellvertretend unsern Tod gestorben ist. Wir müssen vorausgehend auch noch Krankheitsnot tragen, obschon doch unser Herr »unsere Krankheit getragen« hat (Jes 53,4). Das hängt damit zusammen, daß wir jetzt noch »*im Glauben und nicht im Schauen wandeln*« (2 Kor 5,7). Wir legen jetzt, in dieser Weltzeit, die »Aufnahmeprüfung« für die himmlische Herrlichkeit ab, bei der eines der Hauptprüfungsfächer das »Glauben ohne zu schauen« ist (vgl. Joh 20,29).

5.5.3 Es ist ein ausgesprochenes »*Abirren von der Wahrheit*«, ein Ausbruch aus der einfältigen Nachfolge unseres Herrn Jesus Christus, der uns durch die Prüfung dieser Welt und dieses Lebens führen will, jetzt zu tun, als ob »die Auferstehung schon geschehen« sei, wir also schon am Ziel wären. Es ist »Schwärmerei«, in Ungeduld von dem heilsgeschichtlichen Ort, an den uns Gott noch immer stellt, sozusagen nach vorwärts ausbrechen zu wollen.

Ein solches Verhalten gleicht demjenigen Israels, als es auf seinem Wüstenzug in plötzlicher *Ungeduld* sofort das verheißene Land einnehmen wollte. Es sah aus wie ein großer Glaube und war doch Ungehorsam. Mose konnte nur warnen: »Der Herr wird nicht mit euch sein.« Und weil sie sich nicht davon abbringen ließen, erhielten sie eine entsprechende Abfuhr (4. Mo 14,40–45).

Gerade auf dem letzten Wegstück der Gemeinde Jesu gilt es, »*Geduld* und *Glauben*« zu *bewahren* (Offb 13,10) und solcher Ungeduld zu *wehren*, in welcher Gestalt sie auch auftritt. »Es ist noch nicht erschienen, was wir sein werden« (1 Joh 3,2). Die Zeit, da Krankheit, Schmerz und Tod die an Jesus Glaubenden nicht mehr berühren darf, ist heute noch nicht angebrochen (vgl. Offb 21,4).

5.5.4 Wenn dann jemand meint, er sei über Krankheiten, Not und Tod hinaus, und dann doch noch darunter zu leiden hat, dann kann ihn das in unnötige schwere Anfechtungen führen. Ja, er kann irre werden und »vom Glauben abkommen«. Dabei waren doch die Worte, an die er sich so lange klammerte, ganz und gar *unbiblisch* und entsprechen *nicht* dem heilsgeschichtlichen Ort des Nicht-Sehens-und-doch-Glaubens, an den uns Gott noch immer stellt – so etwa der heute von manchen vertretene irreführende Satz: »Wer glaubt, ist nicht krank; und wer krank ist, der glaubt nicht richtig.«

5.5.5 Nicht nur solche Ungeduld im Blick auf die biblische Hoffnung war damals die Gefahr, sondern auch die Verfälschung dieser Hoffnung überhaupt, so daß die Auferstehung zu einer gedanklich verflüchtigten Sache gemacht wurde. Der Mensch trage – so besagt diese Auffassung – schon »von Hause aus« alles in sich. Mit seinen hochfliegenden Gedanken dringe er zu immer höherer »Erkenntnis« (vgl. 1 Tim 6,20) vor. Er werde zum Übermenschen; im Grunde genommen will er sich selbst dazu machen. Auf Gott, auf den für uns gekreuzigten und auferstandenen Herrn Jesus Christus meinte so der Mensch nicht mehr angewiesen zu sein. Damit war er auch weit davon entfernt, sich vor Gott zu beugen, sich an Gott hinzugeben und in persönlicher Gemeinschaft mit Gott, im lebendigen Glauben an Jesus Christus zu leben.

Über diesen »rein geistigen Vorgängen« wurde den Menschen ihr Leib unwichtig; für unerheblich hielten sie deshalb auch alles, was mit ihm geschah. Das führte bis hin zu sexueller Zügellosigkeit (vgl. 1 Kor 6,13–20).

Das alles waren typisch griechische Gedanken, die manche in die Gemeinde Jesu jener Zeit einzuschleusen versuchten und die für sie zur noch größeren Gefahr wurden als die ganze römische Verfolgung; das Evangelium drohte verfälscht zu werden.

5.5.6 Die, die Gemeindeglieder in dieser Weise irrezuleiten und an sich zu binden versuchten, hatten auch schon einigen Erfolg. Paulus schreibt: *Sie »bringen einige vom Glauben ab«.* Leute, die zu Jesus getreten, zum Glauben gekommen und getauft worden waren, fielen auf diese schillernden Gedanken der *Selbsterlösung* und Selbsterhöhung des Menschen herein und verließen Jesus wieder. Viele waren es noch nicht, aber immerhin »einige«; die Gefahr war also akut. Und sie ist es auch heute: Der natürliche Mensch, auch wo er »religiös« wird, tut so weitgehend das, was Gott zu seinem Heil durch den Heiland Jesus Christus getan hat, als »alten Dogmatismus« ab und versucht sich in Eigenmacht auf selbstgewählten Wegen groß und neu zu machen.

5.6 Gott stellt die Dinge klar; er läßt sich das »Haus« seiner Gemeinde nicht zerstören (V. 19)

»Aber der feste Grund Gottes besteht und hat dieses Siegel: Der Herr kennt die Seinen; und: Es lasse ab von Ungerechtigkeit, wer den Namen des Herrn nennt.«

5.6.1 *»Aber der feste Grund Gottes besteht.«* Schon viel früher, in seinem ersten Brief an die Christen in Korinth, schrieb Paulus: »Einen andern Grund kann niemand legen als den, der gelegt ist, welcher ist Jesus Christus« (1 Kor 3,11). Und weil »Jesus Christus gestern und heute und in Ewigkeit derselbe« ist (Hebr 13,8), können auch wir getrost und gewiß bekennen: »Der Grund, da ich mich gründe, ist Christus und sein Blut; das machet, daß ich finde das ewge, wahre Gut« (P. Gerhardt).

Und auch das auf diesen Grund gebaute »Haus« Gottes, die Gemeinde Jesu, besteht, das Haus, in dem Gott, Jesus Christus unter den Seinen wohnt und in dem die Menschen mitten in dieser Welt bei Gott zu Hause sein können (Mt 18,20; Joh 14,23; 1 Kor 3,16; Eph 2,19-22; 1 Petr 2,5). Dieses Haus auf dem Grund, der Jesus Christus ist, hat für immer Bestand; auch »die Pforten der Hölle können es nicht überwältigen« (Mt 16,18). Keine noch so starke Verfolgungsmacht und keine noch so raffinierte, den Menschen süß eingehende und sie scheinbar hoch emporhebende, die biblische Botschaft relativierende Verführung durch falsche Propheten – auch in der Endzeit – vermögen die »Planierraupe« zu sein, die dieses Haus von seinem Grund schieben und zum Einsturz bringen könnte (Mt 24,11; vgl. Offb 3,10; 13,8.13.14).

5.6.2 Paulus fährt fort: »Der feste Grund hat dieses *Siegel*«, dieses Güte-Siegel, diese die Sachverhalte klarstellende Inschrift: »*Der Herr kennt die Seinen.*« Gerade für solche Zeiten schrecklicher Verwirrung, in denen viele nicht mehr wissen, welches die Echten und welches die Unechten sind, wird festgestellt: Der Herr auf jeden Fall weiß, wer in echter Gemeinschaft mit ihm lebt; ihn kann niemand mit falschem Schein blenden.

Als Korah mit seinen Anhängern in Israel furchtbare Verwirrung anrichtete, so daß viele nicht mehr klar sahen, wer auf der Seite Gottes stand und in seinem Auftrag redete und wer nicht, fiel Mose auf die Knie und sprach: »Morgen wird der Herr kundtun, wer ihm gehört« (4 Mo 16,5). Das wird Gott auch in der Gemeinde Jesu zu seiner Zeit und auf seine Weise klarstellen, insbesondere wenn Jesus wiederkommt. Das kann einen rechten Diener Jesu Christi bei allem Kampf auch wieder gelassen machen. Sein Hauptanliegen ist, daß er lauteren Sinnes wahrhaft des Herrn Eigentum ist und daß er alles in seinen Kräften Stehende tut, daß auch andere das auf biblischem Weg werden. Wie wird ein Mensch Jesu Eigentum? Wir alle sind von ihm »teuer erkauft« (1 Kor 6,20). Nötig ist von unserer Seite nur noch, daß wir das von Herzen bejahen und ihm das sagen, daß wir uns mit Willen seiner Verfügungsmacht und Herrschaft unterstellen, daß wir uns ihm anvertrauen, an ihn *glauben.* So empfangen wir dann auch selbst das Siegel, sein Eigentumszeichen, nämlich seinen Heiligen Geist, mit dem wir »versiegelt sind für den Tag der Erlösung« (Eph 4,30; vgl. Joh 7,39; 2 Kor 1,22; Eph 1,13).

5.6.3 Weiter steht an diesem Haus Gottes sozusagen als Inschrift, als »Hausordnung« für die, die hier aus- und eingehen, für die, die hier wohnen wollen: »*Es lasse ab von Ungerechtigkeit, wer den Namen des Herrn nennt.*« Jesus liebt die Sünder. Aber er haßt die Sünde; hier ist er unversöhnlich. Entweder läßt ein Mensch seine Sünde draußen und geht so zu Jesus und damit zu Gott ein; oder aber er ist samt seiner Sünde draußen. Entweder lassen wir uns von unserer Sünde scheiden, oder wir sind von Jesus, von Gott geschiedene Leute. Ein Mensch kann nicht bei Jesus, in seiner Gemeinde, in Gottes Tempel (1 Kor 3,16), aus- und eingehen und dennoch seine Sünde behalten wollen.

Das ist der grundlegende Fehler derer, die meinen, wenn ein Mensch doch von der Gnade Gottes in Jesus Christus lebe, dann komme es auf den praktischen, alltäglichen Gehorsam auf diesem oder jenem Gebiet nicht mehr so genau an: Etwa darin, was er mit seinem Leib, der Gabe seiner Geschlechtlichkeit mache oder wie er sich in der Arbeits- und Geschäftswelt verhalte. Verheißung und Weisung, Gabe und Aufgabe, Glaube und Glaubensgehorsam gehören untrennbar zusammen. Paulus schreibt am Anfang und am Schluß seines großen, grundlegenden Römerbriefs, daß es seine Aufgabe sei, den »Gehorsam des Glaubens aufzurichten unter den Völkern« (Röm 1,5; 16,26), nicht nur den Glauben, sondern den »*Gehorsam* des Glaubens«.

Auch wir können nicht etwa den Namen des Herrn »nennen«, uns zu ihm als dem Herrn unseres Lebens bekennen, ihn unter Nahen und Fernen bezeugen und verkündigen, und gleichzeitig auf irgend einem Gebiet von der »Ungerechtigkeit« nicht »ablassen«, irgend etwas behalten wollen, wovon wir doch aufgrund von Gottes Wort durchaus wissen, daß es unserem Herrn mißfällt, auch wenn wir es mit allerlei zweifelhaften Argumenten vor uns selbst zu rechtfertigen versuchen.

5.7 Gott will zu seinem Gebrauch reine Gefäße, reines Gerät haben (V. 20f.)

»In einem großen Haus aber sind nicht allein goldene und silberne Gefäße, sondern auch hölzerne und irdene, die einen zu ehrenvollem, die andern zu nicht ehrenvollem Gebrauch. Wenn nun jemand sich reinigt von solchen Leuten, der wird ein Gefäß sein zu ehrenvollem Gebrauch, geheiligt, für den Hausherrn brauchbar und zu allem guten Werk bereitet.«

5.7.1 Paulus vergleicht das Haus Gottes, die Gemeinde Jesu (vgl. 1 Kor 3,16; Eph 2,20; 1 Petr 2,5) mit einem »großen« menschlichen Haus, in dem sich verschiedenartige »*Gefäße*«, »*Geräte*« und »*Werkzeuge*« (das alles bedeutet das Wort im Urtext) befinden. Sie sind verschiedenartig, was das Material betrifft; sie sind »*golden*«, »*silbern*«, »*hölzern*« und »*irden*«. Und sie sind verschiedenartig, was den Gebrauch betrifft: Die einen sind zu »*ehrenvollem Gebrauch*« bestimmt, etwa für die festliche Tafel, die andern zu »*nicht ehrenvollem Gebrauch*«; sie sind etwa die Behältnisse für den Unrat. In dem großen menschlichen Haus sind beide Arten von Gefäßen und Gerätschaften nötig. Auch haben sie sich nicht selbst dazu gemacht, was sie nun sind.

5.7.2 Die *Sache*, von der hier Paulus redet, sprengt das von ihm benutzte Bild. Das hängt damit zusammen, daß mit den »Gefäßen« und »Gerätschaften« *Menschen* gemeint sind.

Zwar ist die Gemeinde Jesu nicht von vornherein »reine Gemeinde«. Was in sie hinein gesammelt wird, gleicht dem Fischnetz, in das »Fische aller Art« gefangen werden (Mt 13,47). So war das auch mit den Gemeinden der ersten Christenheit, die durch die damalige Missionsarbeit entstanden. Doch es darf dabei nicht bleiben. Wenn jemand »in Christus« ist, wenn er sich in die bildenden Hände Jesu nehmen läßt, so wird er gereinigt und durch sein Wort und seinen Geist zu etwas Neuem, Gottgefälligen, für ihn Brauchbarem umgeschaffen (2 Kor 5,17; vgl. Joh 6,63; 15,4). Gott »heiligt ihn durch und durch« (1 Thes 5,23f.), und sein Glaube wird »rechtschaffen und viel köstlicher als das vergängliche Gold, das durchs Feuer bewährt wird«; auch die »mancherlei Anfechtungen« tun dabei ihren Dienst (1 Petr 1,6f.).

Die einzelnen Glaubenden sind ja zugleich Bausteine des Hauses, an dem Gott baut, des Hauses, das schließlich zur großen, lichten Stadt Gottes geworden sein wird, die aus »reinem Gold ist, durchscheinend wie Glas« und aus der das Licht Gottes in die ganze, weite Schöpfung ungehindert hinausstrahlt. Gott wird sich einmal auch nicht durch *einen* trüben Baustein das Bild seiner herrlichen Stadt stören lassen. Auch aus diesem Grund ist es wichtig, daß wir uns jetzt reinigen und läutern lassen »wie das vergängliche Gold, das durchs Feuer bewährt ist« (1 Petr 1,6f.; 2,5; Offb 21,18; vgl. zu dieser Stelle vom Verfasser: Bibelkommentar Band 25, Johannes-Offenbarung 2. Teil, Neuhausen-Stuttgart).

5.7.3 *Wie* geschieht im Ganzen diese *Reinigung*? Durch das Blut unseres Herrn Jesus Christus (1 Joh 1,7). Dadurch, daß wir unseren Herrn durch sein Wort und seinen heiligen und heiligenden Geist an uns arbeiten lassen. Ebenso auch durch die Anfechtungen und Leiden; er ist auch hier an uns am Werk. Doch nötig ist auch, daß wir uns von den Einflüssen reinigen und reinigen lassen, die von Wort und Wesen der Leute ausgehen – auch, wenn sie sich in der Gemeinde befinden –, die in Lehre und Leben Gottes Wahrheit widerstreben. Es ist ja oft unter den Gemeindegliedern auch ein »Hymenäus« (V. 17f.), und nicht nur einer.

5.7.4 »*Wenn nun jemand sich reinigt von solchen Leuten, der wird ein Gefäß sein zu ehrenvollem Gebrauch, geheiligt, für den Hausherrn brauchbar und zu allem guten Werk bereitet.*« Es sind auch für uns persönlich und für unsere Gemeinden, Gemeinschaften und Kreise solche Reinigungsprozesse nötig mit Buße und der Bitte um Vergebung, um Reinigung durch Jesu Blut, um die »Durchrichtung«, Erziehung und Heiligung durch Gottes Wort und Geist (vgl. 1 Thes 5,23f.), um die Bereitschaft, den Herrn auch durch Anfechtungen und Leiden an sich arbeiten zu lassen, zu stärken, und nicht zuletzt, um die Ausmerzung ungöttlicher Einflüsse, zu erreichen, damit wir für den großen »Hausherrn« wieder recht »brauchbare« Leute werden, »zu allem guten Werk bereitet«. Auch unsere innere Vollmacht, insbesondere für unseren missionarisch-evangelistischen Zeugendienst in unserer Umwelt hängt von dieser Reinigung und Heiligung ab. Wir können uns diese Vollmacht nicht verdienen – sie ist ein pures Geschenk der Gnade Gottes –, aber wir könnten sie hindern.

5.8 Nötig ist, nicht nur andere zu ermahnen, sondern sich auch selbst ermahnen zu lassen (V. 22)

»Fliehe die Begierden der Jugend! Jage aber nach der Gerechtigkeit, dem Glauben, der Liebe, dem Frieden mit allen, die den Herrn anrufen aus reinem Herzen.«

Über der Aufgabe, sich von allem bösen, gottwidrigen Wesen scheiden und reinigen und sich von Gott in Dienst nehmen zu lassen, soll Timotheus nicht nur andere belehren, sondern sich auch selbst ermahnen lassen:

5.8.1 »*Fliehe die Begierden der Jugend!*« In jener Zeit, zumal in Städten wie Ephesus und Korinth, war die Luft weitgehend wie geschwängert mit einem Geist der sexuellen Zuchtlosigkeit. Und nun drang dieser Geist durch die die Botschaft des Evangeliums verfälschenden Lehrer in die Gemeinden ein. Hierbei durfte sich auch ein Mann wie Timotheus nicht sicher fühlen (1 Kor 10,12), zumal er noch verhältnismäßig jung und wahrscheinlich, wie Paulus, wegen der vielen Reisen unverheiratet war. – Doch der folgende Satz (V. 22) mit seiner positiven Aufforderung macht deutlich, daß Paulus keineswegs nur an sexuelle Verirrungen dachte. Bei den »*Begierden der Jugend*« mochte er – im Gegensatz zu der genannten positiven Aufforderung – auch anderes im Auge gehabt haben: den Stolz, das Auftrumpfen gegen andere, die Selbstgerechtigkeit und Selbstherrlichkeit, die Eigenmacht, die Ehrsucht und die Eigenliebe, die Lust am Streit mit schlagfertiger Rede. »*Fliehe*!«: Es handelt sich bei solchem keineswegs nur um kleine Schönheitsfehler, sondern um echte Sünden, die den Diener des Evangeliums selbst und die andern, denen er dienen soll, um den Segen des Dienstes bringen. Auch hier gilt: »Fliehe vor der Sünde wie vor einer Schlange!« (Sir 21,2).

5.8.2 »*Jage* aber nach«: Diese Aufgabe erfordert alle Gesammeltheit vor dem Herrn und auf den Herrn mit dem Ziel eines ganz und gar Jesus-gemäßen Wesens und Lebens (Gal 4,19). Manche Diener Jesu – vollzeitlich Tätige und solche, die anderweitig ihr Brot verdienen – könnten mit ihrem Zeugnis in Wort und Tat fruchtbarer sein, wenn sie in der Heiligung treuer wären. Zwar kann geistliche Fruchtbarkeit nicht verdient werden; sie ist ein Wunder der Gnade Gottes; aber sie kann gestört und zerstört werden. Bei der Heiligung, »ohne welche niemand den Herrn schauen wird« (Hebr 12,14), geht es um unsere eigene künftige Seligkeit, aber sie ist aus dem genannten Grund auch eine »*dienstliche* Angelegenheit«. So kann ein Diener Jesu Christi sehr wohl die Sorge haben: Ich werde doch mit meinem heimlichen Stolz bei meinem Dienst nicht Gott die ihm gebührende Ehre rauben und die Hörer nicht um ihren Segen bringen.

a) »Jage nach *der Gerechtigkeit*«, danach, Gott ganz »recht« zu sein, ihm doch ja wahrhaft zu gefallen. Nichts soll uns wichtiger sein als dies! Gott wohlzugefallen spielt im AT und NT eine große Rolle. Und es war ein besonderer Ausdruck der Freude des Vaters über seinen menschgewordenen eingeborenen Sohn und des Bekenntnisses zu ihm, als er sprach: »Dies ist mein lieber Sohn, an dem ich *Wohlgefallen* habe« (Mt 3,17).

b) »*Nach dem Glauben*«: Das heißt danach, alle Tage und alle Stunden ganz an den Herrn hingegeben zu sein, ihm völlig zu vertrauen und im Umgang mit ihm zu leben. Das gibt eine wundervolle Gesammeltheit auf den Herrn selbst, auf den lebendigen Gott. Dies zu lernen ist eine überaus wichtige Aufgabe auch schon für junge Christen heute, insbesondere für solche, die morgen in der Gemeinde Jesu und in der Welt verantwortungsvolle Aufgaben zu übernehmen haben.

c) »*Nach der Liebe*«: Danach, doch ja die von Gott empfangene Liebe täglich rein, uneigennützig, ohne Selbstgefälligkeit, opferwillig den andern Menschen, ohne Ansehen der Person, den Glaubenden und den noch nicht Glaubenden weiterzugeben.

d) »*Nach dem Frieden mit allen, die den Herrn anrufen aus reinem Herzen*«: Wenigstens der Teil der Gemeinde, der in Lauterkeit geistlich einen klaren Weg geht, muß *eines* Sinnes sein. Zwischen Timotheus und diesen Mitchristen soll auf keinen Fall etwas Störendes stehen; hier darf keine Trübung eintreten. Und wo auch zwischen solchen Gemeindegliedern untereinander die Verbindungen abgerissen sind, soll Timotheus darauf bedacht sein, in Demut und ohne Parteilichkeit mit behutsamen Händen die Fäden wieder zu verknüpfen. Um so mehr können sie dann auch wieder miteinander »den Herrn aus reinem Herzen anrufen«; gerade solchem Gebet gibt der Herr eine große Verheißung (vgl. Mt 18,19). – Ein »Herz«, ein »Gewissen« ist »rein«, wenn der Mensch Gott um Jesu willen um Vergebung seiner Sünde gebeten hat und wenn er jetzt alles Eigenliebige in Jesu Tod geben möchte, um in letzter Lauterkeit, vor allem in Jesu Liebe, vor Gott zu leben (vgl. 1 Mo 17,1); in Israel bedeutete »Herz« zugleich auch »Gewissen« (vgl. 1 Sam 24,6).

Kapitel 2,14–26

5.9 Die Gemeinde Jesu ist kein »Sprechsaal« (V. 23)

»Aber die törichten und unnützen Fragen weise zurück; denn du weißt, daß sie nur Streit erzeugen.«

Noch einmal kommt Paulus auf die vielen Streitfragen zurück, die in der damaligen Gemeinde waren (vgl. V. 14). Er sagt, sie seien »töricht«, sinnlos, weil sie nichts bewirken. »Unnütz« sind sie (wörtlich: »zuchtlos«). Es ist ein Fragen um des Fragens, ein Diskutieren um der Diskussionen willen, im Grund nur eine Spielerei. Ein in der Zucht und unter der Leitung des Heiligen Geistes stehender Mensch verschwendet die ihm anvertraute Zeit und Kraft nicht daran. Diese Art des Umgangs mit dem Wort Gottes entspricht nicht der Würde der Wahrheit und auch nicht dem Ernst der Sache, weil doch die Menschen an dieser Botschaft das Leben haben und allein an ihr. Und plötzlich arten solche Wortgefechte immer wieder auch in bösen Streit aus. So etwas darf es unter den Augen des gegenwärtigen Herrn in seiner Gemeinde nicht geben (Mt 18,20). Timotheus soll derartige Streitfragen »zurückweisen« und den Mut haben, solche Diskussionen einfach nicht zuzulassen. – Dies ist heute in den Kirchen unseres Abendlandes nicht minder aktuell als in der damaligen griechischen Welt. – Auf jeden Fall soll Timotheus auch denen einen entsprechenden Rat geben, die ihn nach seiner Abreise nach Rom in der Gemeinde vertreten werden (2 Tim 2,2; 4,9). Es ist immer wieder eine List des Feindes (vgl. Offb 12,12), das Evangelium in zahlreiche Probleme zerstückeln und zerfetzen zu lassen, auch die einzelnen biblischen Texte.

5.10 Die sich aus dem allem ergebende allgemeine Regel für das Wesen rechter Diener Jesu (V. 24–26)

»Ein Knecht des Herrn aber soll nicht streitsüchtig sein, sondern freundlich gegen jedermann, im Lehren geschickt, der Böses ertragen kann und mit Sanftmut die Widerspenstigen zurechtweist, ob ihnen Gott vielleicht Buße gebe, die Wahrheit zu erkennen und wieder nüchtern zu werden aus der Verstrickung des Teufels, von dem sie gefangen sind, zu tun seinen Willen.«

5.10.1 Die Regel für rechte Diener Jesu benennt Paulus (im Anschluß an V. 23): »*Ein Knecht des Herrn soll nicht streitsüchtig sein*« (wörtlich: »soll nicht streiten«). Das ergäbe eine schlechte Atmosphäre in der Gemeinde, wenn ein leitender Bruder sich mit den verschiedenen Gemeindegliedern und Gruppen in der Gemeinde unablässig in Plänkeleien befände, wenn es geradezu sein Hobby wäre, sich dauernd mit den andern auf dem Fechtboden der Wortkämpfe zu bewegen. Auch sollte er nicht pausenlos mit der Bekämpfung von Irrlehrern befaßt sein; vor allem soll und darf er das Evangelium einladend ausrichten.

5.10.2 Er »*soll freundlich sein*«, nicht nur so allgemein – zur Maske darf die Freundlichkeit nicht werden –, sondern in der persönlichen Zuwendung zu den einzelnen. Der Hausbesuch und das persönliche seelsorgerliche Gespräch hat hier größte Bedeutung. Gerade solche individuelle Zuwendung fördert das gute Miteinander der Gemeinde überhaupt und gibt dem Wort des betreffenden Dieners einen guten Eingang. Wenn das alles nicht zum »Naturell« des betreffenden Dieners gehört, darf er um so mehr um die Gabe dieser Freundlichkeit bitten, zumal der, der »in Christus ist«, zur »neuen Kreatur« wird (2 Kor 5,17) und die »Freundlichkeit« zur Frucht des Heiligen Geistes gehört (Gal 5,22). »Freundlich gegen *jedermann*«: Wichtig ist es, darauf zu achten, daß keine Unterschiede gemacht werden, daß menschliche Sympathie und Antipathie keine Rolle spielen; Diener Christi lieben ja auch nicht mit eigener Liebe, sondern geben die Liebe ihres Herrn Jesus Christus und die »Freundlichkeit und Leutseligkeit Gottes, unseres Heilandes« (Tit 3,4; alte Luther-Übers.) weiter.

5.10.3 »*Im Lehren geschickt*«: Einerseits darf auch diese Geistesgabe (vgl. Röm 12,6–8) erbeten werden; aber lehren kann in gewissem Maß auch gelernt werden: in Liebe und Treue gegenüber dem Herrn die Botschaft eines Schriftwortes sorgfältig zu erheben und aufzunehmen und sie dann in Liebe zu den Menschen diesen weiterzugeben, den alten und den jungen, den nahen und den fernen, hinein in ihre Lage und Frage.

5.10.4 »*Böses ertragen können*«: Wenn Gott langmütig ist und er »seine Sonne aufgehen läßt über Böse und Gute«, dann wollen wir uns als seine Kinder ähnlich verhalten (Mt 5,45): nicht gleich beleidigt sein und uns von unguten Menschen nicht zurückziehen, sie nicht aufgeben, sondern auch sie »ertragen«, ohne alles gutzuheißen, und – was noch mehr ist – sie in Liebe tragen, nicht zuletzt in der Fürbitte vor dem Herrn. In Jesus, erfüllt von seinem Geist und seiner Kraft (Joh 15,4f.), können wir das.

5.10.5 »Mit Sanftmut die Widerspenstigen zurechtweisen«: Unser Herr selbst, der »König aller Könige und Herr aller Herren«, ist »sanftmütig«. Auch bei der lau gewordenen Gemeinde in Laodizea hat er angeklopft, um auf diese Weise bei der wenig erfreulichen Gemeinde noch einmal behutsam anzuknüpfen (Mt 11,29; Offb 3,20; 19,16). Dann wollen auch wir als Jesu Nachfolger mit demselben Ziel bei unerfreulichen Menschen in seiner Kraft dieselbe Geduld und Behutsamkeit walten lassen, wobei es an der klaren »Zurechtweisung« nicht fehlen darf. Sich mit der Sanftmut Jesu um irrende Menschen zu bemühen heißt auf keinen Fall, die Wahrheit zu relativieren, so als ob jeder und niemand recht hätte. Der Unterschied von Wahrheit und Verfälschung muß glasklar bleiben.

5.10.6 »*Ob Gott ihnen vielleicht Buße gebe*«: Weil »vor Gott kein Ding unmöglich ist« (vgl. Mt 19,26), kennen wir keine für Gott »hoffnungslosen Fälle«, schreiben niemanden ab und streichen keinen, als sei bei ihm alles verloren, auf unserer Fürbitteliste, auch wenn wir noch so lang warten müssen. Dabei ist es doch etwas Wundervolles, wenn wir auch nur im Blick auf *einen* Menschen etwas dafür tun können, daß er wieder zu Jesus umkehrt (Jak 5,19f.).

5.10.7 »*Die Wahrheit zu erkennen*«: erkennen, wie Gott ist, wie es um sie selbst steht und was ihnen allein hilft. Wunderbar, wenn wir mit unserem geduldigen Nachgehen, mit unserem Zeugnis und unserer Seelsorge, mit unserer Liebe und unserer Fürbitte dazu beitragen können, daß ihnen dafür »ein Licht aufgeht«!

5.10.8 »*Und wieder nüchtern zu werden*«: Die Ideologie einer solchen Verfremdung des Evangeliums ist wie eine giftige Droge, und der Zustand, in den der Mensch dadurch gerät, wie ein die Sinne benebelnder Rausch. Daraus kann und darf ein Mensch durch Gottes Gnade wieder aufwachen.

5.10.9 »*Aus der Verstrickung des Teufels, von dem sie gefangen sind, zu tun seinen Willen*«: Wie ein Tier in einer heimtückisch gelegten Schlinge gefangen wird, so werden Menschen vom Satan mittels solcher Modegedanken, die in aller Mund sind, und mittels der dahinter stehenden Dämonien wie mit Schlingen gefangen. Und er legt es dabei vor allem auf die bereits Glaubenden an, will sie versklaven und für seinen Willen mißbrauchen, insbesondere dazu, die Mitchristen der Betreffenden, ihre ganzen Gemeinden zu verwirren und zu verführen. Aber wenn Jesus einen Menschen ruft und ihn dadurch befreit, zu ihm zu treten, dann vermag ihn nichts davon zurückzuhalten, Jesu Ruf zu folgen und nun *Gottes* Willen zu tun. Dann brechen die Bande des Feindes, welcher Art sie immer auch sein mögen, wie versengte Fäden (Joh 8,34.36). So konnte auch der Zöllner Matthäus dem Ruf Jesu: »Folge mir!« von seinem einträglichen Posten weg folgen, und kein »Geldteufel«, kein Mammon konnte ihn davon abhalten (Mt 9,9; vgl. Mt 6,24). Auch im Blick auf weit abgekommene Leute wollen wir »ausharren und bei den Verheißungen bleiben« (J.Chr. Blumhardt). In unserem Beten, Zeugen und Hoffen für sie wollen wir der biblischen Aufforderung folgen: »Werft euer Vertrauen nicht weg, welches eine große Belohnung hat. Geduld aber habt ihr nötig, damit ihr den Willen Gottes tut und das Verheißene empfangt« (Hebr 10,35f.).

Mit dem allem gilt es der List des Feindes zu begegnen, der mit Kräften der Verführung und mit seinen mißbrauchten Werkzeugen die Stützpunkte des kommenden Gottesreiches, die Gemeinden hin und her, von innen her zu verwirren, aufzubrechen und zu verwüsten droht. Gerade auch für die Gemeinde der angefochtenen Endzeitgeneration gilt: »Sie haben ihn (den Satan) überwunden durch des Lammes Blut und durch das Wort ihres Zeugnisses ...« (Offb 12,11).

Vorschlag zur Bibelarbeit über 2. Timotheus 2,14–26

1. Hinführung

Ein Trupp von Soldaten bildete einen Gefechtsvorposten, aus dem heraus einmal wieder Angriffe vorgetragen werden sollten, und nun wurden die Männer durch andere abgelöst. Dabei machten sie die Neuankömmlinge pflichtgemäß auf Gefahren aufmerksam, die hier drohten: »Hier aus dem tief eingeschnittenen Bachlauf da vorne haben sich immer wieder gegnerische Truppen in der Nacht heimlich bereitgestellt und griffen uns von dort aus an; da müßt ihr auf der Hut sein! Dieses kleine Wiesenstück muß von den Gegnern eingesehen werden können; wenn jemand darübergeht, setzt sofort das Feuer eines darauf eingerichteten schweren Maschinengewehrs ein; umgeht, wenn möglich, diese Stelle oder überquert sie in raschem Lauf! Hier in diesem Stück Ödland haben wir schon gegnerische Tretminen gefunden und ausgebaut; möglicherweise hat schon in der Zeit vor uns sie ein gegnerischer Trupp heimlich in der Nacht verlegt; und nun wissen wir nicht, ob wir alle gefunden haben. Wenn ihr über dieses Stück Land müßt, bleibt ihr am besten auf dem kleinen Trampelpfad, der dadurch führt.«

Die Gemeinde Jesu hat auch ihren Feind, den Teufel (V. 26), der auf allerlei Weise diesen Stützpunkt der großen, guten kommenden Herrschaft Gottes angreift und auszuradieren versucht. Daher ist es wichtig, daß die älteren Christen, spätestens, ehe sie durch den Tod abgelöst werden, nun die nachgewachsenen auf diese Gefahren von allen Seiten her entsprechend ihren Erfahrungen aufmerksam machen, damit sie auf der Hut bleiben und sich nicht von List und Gewalt des Feindes überraschen lassen und auf ihn hereinfallen.

2. Vorbereitende Fragen

Womit will der Feind in seiner List die Gemeinde Jesu verwirren und ihre Kräfte binden (V. 14)? Wie können wir positiv mit dem Evangelium zum Angriff übergehen (V. 15f.)? Wie kann sich im »Leib« unserer Gemeinde ein »bösartiger Prozeß« einnisten (V. 17)? Welcher Art waren damals solche »Prozesse«, und wie können sie heute aussehen (V. 18)? Wie müssen die führenden Leute in der Gemeinde beschaffen sein und sich verhalten, damit sie nicht dem Feind eine Angriffsfläche bieten, sondern auch den Gefährdeten zurechthelfen können (V. 22–26)?

3. Thema

Wie dem großen Feind und Zerstörer der Gemeinde entgegengetreten werden muß.

4. Gliederung

a) Wehre endlosen und nutzlosen Diskussionen, die die Mitchristen und die ganzen Gemeinden nur verwirren (V. 14)!

b) Teile demgegenüber das gute Wort Gottes einladend aus, so wie es jeder nötig hat (V. 15) – die Kampffronten sind nicht erstarrt, sondern in Bewegung; das Evangelium vermag vorzudringen; und wir dürfen nicht gegen, sondern um Menschen kämpfen, nicht mit dem Ziel ihrer Vernichtung, sondern ihrer Errettung.

c) Laß dich selbst nicht auf leeres, ungeistliches Gerede ein und nicht davon beeinflussen und bestimmen (V. 16)!

d) Gib keinen eigenmächtigen menschlichen Gedanken Raum, die – entgegen dem Evangelium – einen ungeduldigen Ausbruch aus dem heilsgeschichtlichen Ort, an dem wir uns nach dem Willen Gottes jetzt immer noch befinden, und eine gedankliche Verflüchtigung der biblischen Hoffnung bedeuten würden (V. 17f.)!

e) Gott stellt die Dinge klar: Er läßt sich seine Gemeinde, sein »Haus«, den Stützpunkt seiner guten kommenden Herrschaft, nicht zerstören (V. 19).

f) Gott will zu seinem Gebrauch und Dienst reine »Gefäße«, »Werkzeuge«, das heißt Menschen haben (V. 20f.). Daß wir das wahrhaft werden, dazu ist es nötig, uns auch *selber* ermahnen zu lassen (V. 22) und den *Regeln aller rechten Diener Jesu zu folgen* (V. 24–26).

5. Schluß

Der sterbende Völkerapostel Paulus macht uns aus seiner Erfahrung auf die Gefahren aufmerksam, die uns vom Feind her drohen, damit wir gegen ihn bestehen können, auch dann, wenn sich die Verhältnisse endzeitlich zuspitzen, und damit wir auch dann *noch Menschen auf die Seite Jesu herüberholen können.*

6. Die überhandnehmende Gesetzlosigkeit – Zeichen der Endzeit (3,1–9)

3,1–9: Das sollst du aber wissen, daß in den letzten Tagen schlimme Zeiten kommen werden. (2) Denn die Menschen werden viel von sich halten, geldgierig sein, prahlerisch, hochmütig, Lästerer, den Eltern ungehorsam, undankbar, gottlos (3), lieblos, unversöhnlich, verleumderisch, zuchtlos, wild, dem Guten feind, (4) Verräter, unbedacht, aufgeblasen. Sie lieben die Wollust mehr als Gott; (5) sie haben den Schein der Frömmigkeit, aber deren Kraft verleugnen sie; solche Menschen meide! (6) Zu ihnen gehören auch die, die sich in die Häuser einschleichen und gewisse Frauen einfangen, die mit Sünden beladen sind und von man-

cherlei Begierden getrieben werden, (7) die immer auf neue Lehren aus sind und nie zur Erkenntnis der Wahrheit kommen können. (8) Wie Jannes und Jambres dem Mose widerstanden, so widerstehen auch diese der Wahrheit: es sind Menschen mit zerrütteten Sinnen, untüchtig zum Glauben. (9) Aber sie werden damit nicht weit kommen; denn ihre Torheit wird jedermann offenbar werden, wie es auch bei jenen geschah.

6.1 Endzeitliche Entwicklungen – allgemein (V. 1)

6.1.1 Die Zeitangabe: »*in den letzten Tagen*«. Das ist im AT und NT durchgehend die Bezeichnung für die Zeit unmittelbar vor dem Anbruch des messianischen Friedensreiches, vor der Wiederkunft unseres Herrn Jesus Christus in Macht und Herrlichkeit. Für diese »letzte Zeit« sind im Blick auf verschiedene Bereiche – die Gemeinde Jesu, Israel, die Welt und die Natur – in der Bibel bestimmte Entwicklungen angekündigt, die damit den Charakter von Vorzeichen des nahenden Ziels erhalten (z.B. Dan 12,7; Mt 24; Lk 17,20–18,8; Lk 21; 2 Thes 2; Offb 13; 17).

6.1.2 *Welcher Art* werden diese letzten Tage sein? Es sind »*schlimme*« oder »*schwere*« Zeiten. Timotheus und alle Diener Jesu Christi, auch heute, müssen das »*wissen*«. Die in der Schrift angekündigten endzeitlichen Entwicklungen sind weitgehend beschwerender Art, insbesondere für die Gemeinde Jesu, die mit der Welt und auch unter der Welt leiden wird. Es ist das letzte Dunkel, das vor dem strahlenden Licht des großen Tages Jesu Christi zu einer letzten Bewährung noch durchschritten werden muß. So kündigt die Schrift, voran unser Herr selbst, an, daß die Völker von schweren politischen Krisen erschüttert werden und schließlich eine widergöttliche Weltmacht, ein antichristlicher Herrscher die Welt regiert (Mt 24,5–7; 2 Thes 2; Offb 13); daß auch die Natur in die schweren Erschütterungen und »Geburtswehen« einbezogen wird (Mt 24,7); daß der eigenmächtige Mensch weltweit die Gebote und Ordnungen Gottes zerbrechen will (Mt 24,12; 2 Thes 2,3; vgl. die folgenden Ausführungen); daß die Gemeinde Jesu weltweit bedroht ist, von außen durch Verfolgung, von innen durch Verführung (Mt 24,9.10.23.24; 2 Thes 2,9f.; Offb 13,7.13-17).

6.1.3 Inwiefern sind die »letzten Tage« *nach unserem Schriftabschnitt* **»schlimme Zeiten«?** Nach unserer Briefstelle geht es um den genannten *Zerbruch der Gebote und Ordnungen Gottes durch die Welt* und um die damit zusammenhängende *Verführung* und *Bewährungsprobe der Gemeinde Jesu*.

Gott hat seinem Volk schon im Alten Bund für den gefahrvollen Weg durch diese Welt der Sünde hilfreiche »Leitplanken« gesetzt: seine Gebote. Und er hat sie damit in einem gewissen Sinn auch der Welt gegeben. Denn Israel ist ein Volk von Priestern (2 Mo 19,6), was entsprechend auch für die ntl. Gemeinde aus Israel und den Völkern gilt (1 Petr 2,9). Und Priester zu sein heißt, vor Gott für die Welt zu stehen und auch vor der Welt zu stehen für Gott. Israel war berufen, Gottes heiligen und heilsamen Willen mit Wort und Wesen der Welt kundzutun; das gehört zur Erfüllung der Abraham gegebenen Verheißung: »In dir sollen gesegnet werden alle Geschlechter auf Erden« (1 Mo 12,3). Auch ist den Menschen aus den Heiden in gewissem Maß der Wille Gottes in Herz und Gewissen geschrieben (Röm 2,15).

Schon immer hat der Mensch diese »Leitplanken« mißachtet, die Gebote Gottes *übertreten*, in Bosheit, Leichtsinn oder Schwachheit. Doch eben für diese »letzte böse Zeit« ist in der Schrift angekündigt, daß der eigenmächtige Mensch sich nicht mehr mit einer Übertretung der Gebote begnügt: Er will sie grundsätzlich *»abschaffen«*, die »Leitplanken« *»demontieren«*. Wenn es neben einer von stabilen Leitplanken gesäumten Paßstraße im Hochgebirge Hunderte von Metern steil abfällt, sagt niemand: »Zwanzig Meter weiter rechts will ich fahren! Ich laß mir doch von den dummen Leitplanken keine Vorschriften machen; sie müssen weg!« Aber im Blick auf die so hilfreichen Gebote Gottes – Gottes Wille ist zugleich des Menschen Wohl – reden heute die Menschen weltweit so (vgl. Offb 3,10). Der rätselhafte Feind Gottes, der Satan, der uns Menschen »als Geliebte Gottes haßt« (Ph.F. Hiller), will in seiner abgrundtiefen Bosheit rasch noch, solange seine Frist noch währt, die Menschen zu allem nur Möglichen aufstacheln, was Gott und seine Liebe beleidigt und die Menschen ins Verderben führt. Er »hat einen großen Zorn und weiß, daß er nur noch wenig Zeit hat« (Offb 12,12). Auf »allen Registern« spielt er. In der »Gesetzlosigkeit« (griech. *anomia*), wie das NT sagt, eben in der Absicht, die Gebote und Ordnungen Gottes nicht nur zu übertreten, sondern zu zerbrechen, abzuschaffen, ja den göttlichen Gesetzgeber selbst »abzuschaffen«, gelangt das böse, satanische Wesen in den Menschen zu einer letzten Zuspitzung und sie selbst zur letzten Gerichtsreife (Offb 14,17–20). So heißt der Träger der letzten widergöttlichen Weltmacht, der Antichrist, der »Mensch der Gesetzlosigkeit«, der *anomia* (2 Thes 2,3 wörtlich).

Schon sehr früh, im zweiten seiner uns erhaltenen Briefe (2 Thes), sprach Paulus von dieser endzeitlichen Gesetzlosigkeit, und nun machte er hier in seinem wohl letzten Brief noch einmal abschließend auf diese furchtbare Gefahr aufmerksam. So beginnt er unseren Schriftabschnitt: »Das sollst du aber wissen ...« (V. 1); das mußt du selbst wissen, um nicht auf die List des Feindes hereinzufallen. Und das mußt du deinen Mitchristen warnend sagen, daß auch sie das wissen und trotz aller Arglist des Feindes und seiner vielen »Helfer und Helfershelfer« (Mt 24,11) das Ziel erreichen. – Unser Herr selbst sagt von der Gesetzlosigkeit, daß sie nicht etwa nur auf den Antichristen und den nächsten Kreis um ihn beschränkt ist, sondern daß »die Gesetzlosigkeit« (auch hier steht das Wort *anomia*) »überhandnehmen wird« (Mt 24,12).

6.1.4 Paulus macht deutlich, daß dieser Geist, dieses Wesen der menschlichen Eigenmacht gegen Gott und sein Gebot auch in die *Gemeinde* Jesu einzudringen versucht. Und auch das wird in den »letzten Tagen« eine schlimme Zuspitzung erfahren. Das gehört mit zu der »Stunde der Versuchung«, die über den »ganzen Erdkreis« kommen wird (Offb 3,10). Und auch dabei fehlt es dem Feind nicht an den dazu nötigen Hilfstruppen. Unser Herr Jesus Christus warnt die Seinen bereits für ihren gesamten Weg durch diese Welt vor den »falschen Propheten«, die »in Schafskleidern kommen und inwendig reißende Wölfe« sind (Mt 7,15). Sie tun, als ob auch sie Schafe des guten Hirten, ja, sogar seine Gehilfen wären. In Wirklichkeit aber betreiben sie das Geschäft des großen »Wolfs«, des Satans (Joh 10,12), und wollen die, die bereits hinter

Jesus getreten sind, doch noch in den Rachen des Feindes führen. Im Blick auf die »letzte Zeit« redet Jesus nun von »*vielen* falschen Propheten«, die kommen werden (Mt 24,11); es muß also damit gerechnet werden, daß es von derartigen Geistern und Gestalten geradezu wimmeln wird.

6.1.5 Eine *besondere* Gefahr gerade in den »letzten Tagen« für die Gemeinde Jesu ist es, daß die biblische »Freiheit vom Gesetz« mit »Gesetzlosigkeit« *verwechselt* wird. Biblische »Freiheit vom Gesetz« ist es, daß der »verlorene Sohn« im Gleichnis (Lk 15, 11–32) vor seiner Wiederannahme nicht etwa Vorbedingungen erfüllen mußte, daß er bei seiner Rückkehr nicht etwa an der verschlossenen Tür zum Vaterhaus ein Blatt antraf: »Wenn ..., dann ...«. »Wenn du wieder dein Geld beieinander hast, wenn du den guten Namen der Familie wieder hergestellt hast, wenn du wieder ein gemachter Mann bist, dann kannst du kommen, dann bist du willkommen.« Der Vater öffnete vielmehr voraussetzungslos die Türe, lief ihm sogar entgegen, schloß ihn in die Arme und setzte ihn wieder in die vollen Sohnesrechte ein (Lk 15,11ff.; vgl. Röm 3,21–31). Sträfliche »Gesetzlosigkeit« dagegen wäre es gewesen, wenn der Sohn nun nach dem Empfang der ganzen Liebe des Vaters im Vaterhaus und unter den Augen des Vaters hätte weiterleben wollen wie zuvor bei den Schweinen und bei den Dirnen. So wäre der Sohn nicht wahrhaft heimgekehrt, und so wäre er auch nicht lange zu Hause geblieben. Gott nimmt uns an, wie wir sind, aber er läßt uns nicht, wie wir sind. Gott will gehorsame Kinder haben. Paulus ist in besonderem Maß ein Bote der »Freiheit vom Gesetz« gewesen. Und dennoch betont er, daß er nicht nur den Glauben unter den Völkern aufrichte, sondern den »*Gehorsam des Glaubens*« (Röm 1,5; 16,26; vgl. Röm 12,1).

6.1.6 Dieses auffallende Einreißen der menschlichen Eigenmacht, dieser *anomia*, dieser »Gesetzlosigkeit« in der Welt und mancherorts auch in der Gemeinde wird geradezu zu den *Vorzeichen* der Wiederkunft Jesu, ist geradezu ein Zeugnis dafür, daß die »letzten Tage« angebrochen sind. – Paulus nennt hier in einer auffallend langen Liste vieles *einzelne*, das auch in die Gemeinde einzudringen versucht und dem von vielen ein »schönes Mäntelchen« umgehängt wird: Das sei nun eben rechte »evangelische Freiheit«, die man nun endlich zu leben wage. Die Länge der Liste ist ein Hinweis darauf, daß das alles sehr vielgestaltig sein wird und sich das Böse, der Böse auch hier sehr phantasievoll und flexibel erweist.

6.2 Der endzeitliche Zerbruch der Ordnungen Gottes im einzelnen (V. 2–5)

6.2.1 »*Denn die Menschen werden viel von sich halten*« (V. 2; wörtlich: »sich selbst liebend«, »selbstsüchtig« sein). Der Mensch in seinem gesamten Denken und Wollen dreht sich um sich selbst, will sich selbst verwirklichen, statt in der Nachfolge Jesu Gott und Menschen zu lieben, selbstlos für andere dazusein (vgl. Mt 20,28).

6.2.2 »*Geldgierig sein*« (wörtlich: »geldliebend«) statt, wie Gottes Wort es lehrt, Gott zu lieben und mit dem Vorhandenen »wohlzutun und mitzuteilen« (Hebr 13,16). Daran, wofür ein Mensch seine Hand öffnet oder nicht öffnet, tritt in Erscheinung, was er vor allem liebt.

6.2.3 »*Prahlerisch*«, »laut, großtuerisch«, statt Gottes Ehre zu suchen, ihm alle Ehre zu geben und »andere höher zu achten als sich selbst« (vgl. Joh 8,50; Phil 2,3). Ein solcher Mensch rückt sich überall schnell in die Mitte.

6.2.4 »*Hochmütig*«, »überheblich«, vor allen »in Erscheinung treten zu wollen«, statt wie Jesus »von Herzen demütig« (Mt 11,29) zu sein vor Gott und Menschen.

6.2.5 »*Lästerer*«: Da wird Gottes Name und Ehre geschändet, erniedrigt, statt »seinen Namen zu erhöhen« (Ps 34,4; vgl. Ps 115,1), ihn hoch zu preisen und, wie unser Herr es tat, für Gottes Ehre zu eifern (vgl. Joh 2,17 und auch die erste Bitte im Vaterunser und das erste Gebot, 2 Mo 20,5; Mt 6,9).

Kapitel 3,1–9

6.2.6 »*Den Eltern ungehorsam*«: Jene Menschen setzen sich von ihren Eltern ab, setzen sie herab und wollen sich von aller von Gott gesetzten Autorität befreien, ganz anders als der zwölfjährige Jesus das tat, der gerade, als es sich auch vor andern herausstellte, daß er etwas ganz Besonderes war, »mit seinen Eltern wieder nach Nazareth *hinabging* und ihnen *untertan* war« (Lk 2,51). Besonders wo es sich um die von Gott gesetzten Autoritäten handelt, vom Elternhaus bis zur staatlichen Ordnung (2 Mo 20,12; Röm 13,1–7; vgl. Luthers Erklärung zum 4. Gebot), zeigt es sich, daß der eigenmächtige Mensch die hilfreichen Leitplanken der Gebote Gottes zerbrechen will.

6.2.7 »*Undankbar*« gegenüber Gott und Menschen, auch im Blick auf die Nächsten, die Eltern, den Ehegatten usw. Und wenn vergessen ist, was der andere einem Gutes getan hat, wenn man es mit Selbstverständlichkeit dahinnimmt, dann wird auch die Treue leichthin abgeschafft, auch die eheliche Treue. Und wenn einer bedenkenlos weitergeht, wie der Schmetterling von Blüte zu Blüte schaukelt, dann werden leicht auch die so behandelten Menschen bitter: »Die Liebe erkaltet« auch in ihnen (Mt 24,12). Ja, der, der so mit Menschen umspringt, wird schließlich selbst sterneneinsam oft schon auch in diesem Leben. Dieses »Erkalten der Liebe« ist für die Zeit der *anomia* (Mt 24,12), für »die letzten Tage«, besonders kennzeichnend. Ganz anders verhalten sich die Nachfolger Jesu: Wie ihr Herr »treu« ist (Offb 19,11), so sind auch sie treu und dankbar (vgl. Gal 5,22).

6.2.8 »*Gottlos*«, »unheilig«: Sie lassen sich ganz und gar nicht durch Gottes Wesen und Willen bestimmen und passen deshalb auch nicht zu ihm, taugen nicht im Geringsten für seine Gemeinschaft. Jünger Jesu dagegen können sich in der Gemeinschaft mit ihrem Herrn und unter dem Einfluß seines Geistes als Kinder ihres himmlischen Vaters erweisen (vgl. Mt 5,45; Joh 15,4; 2 Kor 5,17). Durch Gottes Wort und Geist kommt Christi Wesen in ihrem Leben zur Ausgestaltung (Gal 4,19).

6.2.9 »*Lieblos*« (V. 3), »herzlos«, »unverträglich«: Wenn einer nur an sich denkt, dann geht er kalt über das hinweg, was der andere nötig hat; Rücksichtnahme auf die Situation des andern ist ihm fremd; er stellt nur seine Forderungen. An Jesus Glaubende dagegen sind in der Nachfolge ihres Herrn und in Beantwortung dessen, was er ihnen tat, barmherzig, ohne darin müde zu werden (2 Kor 4,1); sie versetzen sich in die Lage des andern, wie sich unser Herr in unsere Lage versetzt hat; sie sehen aus dem Blickwinkel des andern die Dinge und handeln dementsprechend.

6.2.10 »*Unversöhnlich*«: Soviel sie auch selbst Böses tun, wollen sie andern das Böse, das diese ihnen getan haben, nicht vergeben; sie bieten die Friedenshand nicht und stoßen die dargebotene Friedenshand anderer zurück. Wer dagegen als an Jesus Glaubender selbst täglich von der Vergebung Gottes lebt, davon, daß Gott ihm in großer Treue und Langmut seinen Frieden schenkt und erhält, davon, daß Jesus Blut und Leben geopfert hat, um auch ihm den Frieden mit Gott zu ermöglichen, der gewährt jederzeit gern die Vergebung, ja er trägt den andern nichts nach, schon ehe sie ausdrücklich um Vergebung gebeten haben, und reicht und ergreift willig und mit Freuden die Friedenshand.

6.2.11 »*Verleumderisch*«: Im Griechischen steht dasselbe Wort, das auch »Teufel« bedeutet und von dem unser deutsches Wort »Teufel« kommt. Der Feind freut sich diebisch, wenn er Menschen, vor allem Gotteskinder, verklagen kann (vgl. Hi 1,9; 2,4; Offb 12,10), wenn er bei ihnen etwas »ankreiden«, im Blick auf sie einen Verdacht aussprechen kann. Und da er ein »Lügner«, ein »Vater der Lüge« ist, ist ihm dabei jedes Mittel recht, auch die Lüge. Die Menschen »in den letzten Tagen«, von denen Paulus hier redet, reden und handeln aus diesem satanischen Geist heraus. – Jesus dagegen hat uns von den Anklagen befreit, auch von den berechtigten, indem er alles gerechte Gericht über uns stellvertretend trug und alles gerechte Urteil über uns ebenso an sich vollstrecken ließ. Das gilt für alle, die ihn um Vergebung bitten und ihm ihr Leben anvertrauen, das heißt an ihn glauben. So redet nun unser Herr gut für uns, vor allem an der entscheidenden Stelle, vor dem heiligen Gott. »Wir haben einen Fürsprecher beim Vater, Jesus Christus, der gerecht ist« und uns vor Gott gerecht macht (1 Joh 2,1; vgl. 2 Kor 5,21). »Wer will die Auserwählten Gottes beschuldigen? Gott ist hier, der gerecht macht. Wer will verdammen? Christus Jesus ist hier, der gestorben ist, ja vielmehr, der auch auferweckt ist, der zur Rechten Gottes ist und uns vertritt« (Röm 8,33f.). Als Nachfolger Jesu werden auch wir für unsere Mitmenschen eintreten, vor Gott, wie unser Herr am Kreuz (Lk 23,34), und auch vor den Menschen: »Sie entschuldigen, Gutes von ihnen reden und alles zum Besten kehren« (M. Luther, Erklärung zum 8. Gebot).

6.2.12 »*Zuchtlos*«, »unbeherrscht«, »ohne Kraft über sich selbst«: Denn »wer Sünde tut, der ist der Sünde Sklave« (Joh 8,34). So können sie ihren Einfällen, Stimmungen, Aufwallungen, Zornausbrüchen weitgehend keinen Einhalt gebieten, auch wenn sie damit ihre Umgebung belasten und gefährden und auch für sie selbst die Folgen schlimm sind. Nachfolger Jesu dagegen sind durch Jesus freigemacht (Joh 8,36), nicht mehr »sich selbst zu leben, sondern dem, der für sie gestorben und auferstanden ist« (2 Kor 5,15). Jesus leitet sie nun durch seinen Heiligen Geist (Röm 8,14).

6.2.13 »*Wild*« (wörtlich »unsanft«, »gewalttätig«): Ihren eigenen, eigenliebigen Willen wollen sie möglichst schnell und mit allen Mitteln durchsetzen. So wollen sie anderen nicht für deren eigene Entscheidung Raum und Zeit geben; sie nehmen sie nicht ernst. Jesus dagegen sagt: »Ich bin sanftmütig« (Mt 11,29), behutsam. Sogar als der erhöhte Herr spricht er: »Siehe, ich stehe vor der Tür und klopfe an« (Offb 3,20). Wer klopft, fragt, ob man ihn überhaupt aufnehmen will. Er drängt sich nicht auf, gebraucht nicht das Brecheisen. So sind auch rechte Nachfolger Jesu im Umgang mit den anderen Menschen behutsam, insbesondere auch, wo es sich um deren Glaubensentscheidung handelt. Sie geben Raum und Zeit zu eigenen Überlegungen und Entscheidungen. So nehmen sie die andern und die Geschichte, die der Herr gerade mit ihnen macht, ernst. Ja, sie bedenken: »Letzte werden die Ersten sein.« Auch das gehört zum Gehorsam gegenüber der Mahnung des Apostels: »Einer achte den andern höher als sich selbst« (Lk 13,30; Phil 2,3).

6.2.14 »*Dem Guten feind*« (wörtlich: »nicht das Gute liebend«): Das Gottgefällige ist ihnen zuwider; gegen solches meldet sich bei ihnen eine auffallende, rätselvolle Aversion. Gottwidriges dagegen findet ihren Beifall: »Sie tun es nicht allein selbst, sondern haben auch Gefallen an denen, die es tun« (Röm 1,32). Nachfolger Jesu dagegen »freuen sich nicht über die Ungerechtigkeit, sondern über die Wahrheit« (vgl. 1 Kor 13,6); sie denken mit Gott und sie freuen sich mit Gott, insbesondere über die Heimkehr eines bußfertigen Sünders (vgl. Lk 15,5–7.9.10.23.24.32). Sage mir, worüber du dich freust, und ich will dir sagen, wer du bist, wem du eigen bist, wes Geist in dir wohnt, auf welcher Seite du stehst in der großen unsichtbaren Kampffront zwischen Licht und Finsternis, die durch diese Welt geht.

6.2.15 »*Verräter*« (V. 4): Jesus schenkte Judas Iskariot das hohe Vertrauen, ihn in den engsten Jüngerkreis zu berufen, ja, er vertraute seine Gemeinschaft, sich selbst ihm an. Doch Judas ließ sich vom Feind dazu bewegen, Jesus gegen Treu und Glauben wieder »wegzugeben« (auch das bedeutet das Wort für »verraten«), seine Feinde den Weg zu ihm zu führen, ihn an sie auszuliefern, so daß sie ihn unauffällig in ihre Gewalt bringen konnten. Um einige Silberstücke war Jesus ihm feil. – So kann Jesus auch heute von solchen, denen er einmal den Zugang zum Glauben geschenkt hat, gegen äußere Vorteile, verächtlich, ja mit Spott und Hohn wieder »weggegeben« werden. Berichte interner Art aus der Gemeinde, über die Mitglaubenden, insbesondere die leitenden Mitchristen, werden der Welt ohne Skrupel, ja mit spürbarem Vergnügen preisgegeben. Nachfolger Jesu dagegen, die sich der wundervollen Treue ihres Herrn bewußt sind, der sie geliebt hat bis in den Tod, können ihm, seinem Wort, seiner Gemeinde, ihren Mitchristen, v.a. den in ihr besondere Verantwortung Tragenden, auch nur treu sein, koste es, was es wolle; auf jeden Fall wollen sie sich nicht durch solch einen Verrat irgendeine Erleichterung verschaffen.

6.2.16 »*Unbedacht*«, »vorschnell« (wörtlich: »vornüber fallend«, »voreilig«; Apg 19,36 steht derselbe Ausdruck). Dieses Wort ist gebraucht in dem Sinn, daß in der Hast der Leidenschaft etwas

Verkehrtes getan wird. Jünger Jesu dagegen geben nicht schnellfertig Urteile ab, treffen nicht in der Erregung Entscheidungen, greifen nicht im Zorn zu harten Maßnahmen, brechen nicht sofort, im Ärger, in scharfe Worte aus. Vielmehr hören sie auf den *Herrn* und in der Regel auch auf Menschen, ehe sie in entsprechender Lage reden. Sie reden zuerst mit ihrem Herrn, bevor sie Menschen gegenüber den Mund auftun; das ist sehr wichtig auch für die Erziehungsarbeit von Christen. »Des Menschen Zorn tut nicht, was vor Gott recht ist« (Jak 1,20); mit rotem Kopf erzieht sich's schlecht.

6.2.17 »*Aufgeblasen*« (wörtlich: »mit Rauch gefüllt sein«, »hoffärtig«): Es kommt sich jemand ganz groß vor und zeigt sich auch andern gegenüber entsprechend, und er ist doch »aufgebläht« mit nichts. Die Leute Jesu dagegen denken wie Johannes der Täufer: »*Er* muß wachsen, ich aber muß abnehmen« (Joh 3,30). Sie nehmen gern den unteren Platz ein und erscheinen den Leuten klein, wenn nur ihr *Herr* den Menschen ihres Lebenskreises groß und lieb gemacht wird. Zu ihnen bekennt sich dann Gott wunderbar: »Wer sich selbst erniedrigt, der wird erhöht werden« (Lk 14,11); und so werden sie auch anderen Menschen zum Segen. Jesus ging ihnen darin voran (Phil 2,5–11).

6.2.18 »*Sie lieben die Wollust mehr als Gott*« (wörtlich: »Vergnügen liebend mehr als Gott liebend«). Israel ließ sich von dem König Balak zu Götzenfest und Ausschweifung einladen; dieser handelte auf den Rat Bileams. Er konnte nicht mit einem Fluchwort den Gott Israels von seinem Volk trennen; so riet er umgekehrt, das Volk Israel mit dieser Einladung von seinem Gott zu trennen. Und viele Glieder dieses Volkes wandten sich kurzerhand von dem treuen Gott ab, der sie aus der Sklaverei Ägyptens befreit und sie nun auch väterlich in der Wüste geleitet und versorgt hatte. Oder sie wollten mindestens eine Zeitlang von Gott und seinen Geboten Urlaub nehmen. So machten es auch jene immer wieder, von denen Paulus hier spricht, und meinten, das ungestraft tun zu können (4 Mo 22–25; 31,16; vgl. Offb 2,14). Gottes Wort sagt: »Ihr Abtrünnigen, wißt ihr nicht, daß die Freundschaft mit der Welt Feindschaft mit Gott ist? Wer der Welt

Freund sein will, der wird Gottes Feind sein« (Jak 4,4). – Demgegenüber blieb Josef in Ägypten seinem Gott in jedem Fall treu, auch als er's im Haus des Potiphar und mit dessen Frau hätte »schön« haben können. Doch er sprach: »Wie sollte ich denn nun ein solch großes Übel tun und gegen Gott sündigen?« (1 Mo 39,9). Lieber wollte Josef alles andere verlieren, als *Gott* zu verlieren, lieber hundertmal Menschen mißfallen, als einmal Gott zu mißfallen.

Entsprechend leben, wenn's recht ist, auch die Leute Jesu. Und so kommen sie dann auch in den endzeitlichen Versuchungen durch.

6.2.19 »*Sie haben den Schein der Frömmigkeit, aber deren Kraft verleugnen sie*« (V. 5; wörtlich: »Sie haben die Gestalt der Frömmigkeit ...«). Es geht hier deutlich um Leute *in* der Gemeinde. Sie machen den Eindruck, daß sie Menschen sind, die »vor Gott«, unter Gott leben; das ist »Frömmigkeit« (1 Mo 17,1). Doch die das Leben umwandelnde Kraft der Frömmigkeit, des Glaubens, des in uns wirkenden »Heiligen Geistes«, »verleugnen sie«. Entsprechend sieht auch ihr Leben aus. Solche angeblichen Lehrer der Gemeinde können durchaus »in Schafskleidern« kommen (Mt 7,15); sie vermögen sich den Anschein zu geben, als seien auch sie Schafe, ja Gehilfen des guten Hirten. Aber an ihren »Früchten« können sie erkannt werden. Es fehlt an der »Frucht des Geistes«; Jesu Wesen kommt in ihrem Leben nicht zur Ausgestaltung. Sie sind nicht »in Christus«, nicht so völlig in seiner Gemeinschaft, daß sie an keiner Stelle aus ihm heraustreten. Deshalb ist Christus auch nicht durch seinen neuschaffenden Geist in ihnen. Und darum sind sie auch nicht »eine neue Kreatur« (Mt 7,15–16; Joh 15,4f.; 2 Kor 3, 17a; 5,17; Gal 4,19; 5,22). Vielmehr zeigt sich das hier beschriebene Wesen (V. 2–5) mindestens auf die eine oder andere Weise.

Deshalb ist es unendlich wichtig, daß gerade in Zeiten der in der Umwelt um sich greifenden »Gesetzlosigkeit« (*anomia*) – so wie das für die Endzeit angekündigt ist und wie es heute weltweit in Erscheinung tritt – die Gemeinde Jesu sich solchen Gedanken verschließt, auch wenn sie scheinbar fromm sind und mit einer scheintheologischen Begründung propagiert werden, so, als ob sie die

»rechte evangelische Freiheit« wären, zu der die Christen endlich heute durchgefunden hätten. Wir wollen auf keinen Fall zu denen gehören, die die heiligen und heilsamen Leitplanken Gottes übertreten, ja demontieren. Vielmehr wollen wir, wenn Derartiges zur starken Versuchung wird, um so anhaltender bitten: »Bring uns völlig in die Schranken, die dein Liebesrat gesetzt« (Joh. Andreas Rothe).

Auch wenn die V. 2-5 genannten Punkte nicht alle sehr schwerwiegend erscheinen mögen, so sind sie dennoch nicht nur »Schönheitsfehler«. Es verrät sich damit der böse Geist, der die betreffenden Menschen erfüllt. Und desto wichtiger ist es auch für uns, stets in Christus zu sein, im Hören auf ihn, im Reden mit ihm, in der Hingabe an ihn, in seiner Gemeinschaft und seiner Nachfolge. Denn unser Herr spricht: »*Bleibt* in mir und ich in euch« (Joh 15,4 a).

6.3 Wegweisung

Paulus gibt dem jungen Timotheus die Weisung: »*Solche Menschen meide!*« (V. 5). Es gab also diese Menschen damals schon, nicht erst »in den letzten Tagen« im engeren Sinn des Worts; im weiteren Sinn ist Endzeit schon seit Jesu Geburt, Kreuz, Auferstehung und Himmelfahrt (Hebr 1,2). *Warum* soll Timotheus »solche Menschen meiden?« (wörtlich: »sich von ihnen abwenden«)? Zum einen um seiner selbst willen, damit er nicht sogar noch selbst von ihrem Geist beeinflußt, mit ihm infiziert wird. Zum anderen aber auch um der Gemeindeglieder willen, damit diese nicht verwirrt werden und denken, der Unterschied sei gar nicht so groß und wichtig; es handle sich nur um verschiedene Spielarten in der Ausdrucksweise. Auf keinen Fall sollten die Gegner falsch beruhigt und in der Meinung bestärkt werden: Alle haben recht, Timotheus und wir auch. Der Stachel in ihrem Gewissen und die innere Unruhe über ihren eigenen Weg sollte ihnen erhalten bleiben.

6.4 Wie die Verführer Anhänger werben (V. 6f.)

Unser Herr spricht: »Ein böser Baum bringt böse Früchte« (Mt 7,17). So kommt heraus, welcher Art er ist. Etwas von jenen bösen Früchten, die bei denen hervortreten, die sich vom lauteren Evangelium gewandt haben, kann auch die Weise sein, wie sie *Anhänger werben* und an sich binden. Paulus schreibt: »*Zu ihnen*«, die sich dem falschen Geist geöffnet haben, »*gehören auch die, die sich in die Häuser einschleichen und gewisse Frauen einfangen, die mit Sünden beladen sind und von mancherlei Begierden getrieben werden, die immer auf neue Lehren aus sind und nie zur Erkenntnis der Wahrheit kommen können.*« Da waren in Ephesus Frauen, die vielleicht im Begriff waren, sich der Gemeinde Jesu anzuschließen, und die ein belastetes Leben hinter sich hatten. Das beunruhigte sie offenkundig. Aber sie waren auch noch von ihrem alten Wesen umgetrieben und drangen deshalb nicht recht durch. Die Verwirrtheit dieser armen Frauen machten sich die Verfälscher des Evangeliums zunutze, besuchten sie viel und warben um sie für ihren Anhängerkreis. Hätten jene angeblichen Lehrer den Sinn unseres Herrn Jesus Christus gehabt, dann hätten sie diesen armen Frauen uneigennützig und ohne sie an sich binden zu wollen zurechtgeholfen, sie zur Bitte um Vergebung und zur Hingabe des Lebens an Jesus geführt. Sünde wird Sünde genannt, aber die Gnade Gottes in Jesus Christus gibt Freiheit und Hoffnung (vgl. Joh 4,1–42; 8,1–11). Rechte Jünger Jesu folgen auch angesichts solcher Menschen dem Vorbild ihres Meisters.

6.5 Eine alttestamentliche Parallele

Timotheus muß damit rechnen, daß infolge des Auftretens der Verkündiger eines solchen verfälschten Evangeliums *zweierlei* Lehrer in der Gemeinde vorhanden sind und »Propheten« mit zweierlei Auftraggebern, damit, daß zweierlei Geist am Werk ist: »*Wie Jannes und Jambres dem Mose widerstanden, so widerstehen auch diese der Wahrheit: es sind Menschen mit zerrütteten Sinnen, untüchtig zum Glauben. Aber sie werden damit nicht weit kommen;*

denn ihre Torheit wird jedermann offenbar werden, wie es auch bei jenen geschah« (V. 8.9).

6.5.1 Paulus gebraucht eine *atl.* Parallele zum Vergleich. Vor Pharao traten einst Mose und Aaron als Boten des lebendigen Gottes auf und taten zum Erweis ihres Auftrags und ihrer Vollmacht vor Pharao Wunder und Zeichen. Nun traten aber noch andere Boten eines anderen Auftraggebers mit einem andern Geist auf; in unserer Schriftstelle sind sogar, im Unterschied zum AT, Namen genannt, die in Israel außerhalb der Schrift festgehalten wurden.

6.5.2 Sie waren nicht nur Gegenspieler von Mose und Aaron, sondern Gegner des Befreiungswerks, das der lebendige Gott im Blick auf Israel unter Händen hatte. Auch sie taten *Wunder* und *Zeichen*, aber in Kraft eines andern Geistes; nicht Gottes, sondern des Bösen. Die Schrift sagt deutlich, daß *keineswegs jeder recht hat, der Wunder tut*; gerade in der Endzeit ist überaus wichtig, das festzuhalten, wenn die Gemeinde Jesu nicht auf den großen Betrüger hereinfallen soll (vgl. Mt 24,24; 2 Thes 2,9–12; Offb 13,13f.).

6.5.3 Paulus zeigt: Wo es um das Heilswerk Gottes geht, um die Wahrheit des Evangeliums, sind in jedem Fall *klare Konturen* nötig: um Gottes willen und um der Menschen willen, der bereits Glaubenden und der noch nicht Glaubenden. Hier wäre jede Relativierung Sünde. Die, die das Evangelium so verfälschen, sind selbst betrogene Betrüger, irregeleitete Irrlehrer. Sie sind selbst »*Menschen mit zerrütteten Sinnen*« (wörtlich: »mit verdorbenem Verstand«). Christus spricht: »Wenn jemand dessen (d.h. Gottes) Willen tun will, wird er innewerden, ob diese (d.h. meine) Lehre von Gott ist« (Joh 7,17). Umgekehrt, wer Jesus nicht gehorchen will, bei dem werden die Sinne getrübt. Sie können »immer auf neue Lehren aus sein und doch nie zur Erkenntnis der Wahrheit kommen« (V. 7). Ihr Vermögen zu verstehen, wird verdunkelt; die Erkenntnis, die sie bereits gewonnen haben, entschwindet ihnen wieder: Gehorsam und Erkenntnis im Blick auf Jesus sind wie »im Verbund miteinander«.

6.5.4 Jene ägyptischen Zauberer in Moses Tagen, die zunächst scheinbar bei den Wundern der Propheten des lebendigen Gottes mithalten konnten (2 Mo 7,11.22; 8,3), wurden bald zuschanden. Insbesondere konnten sie die Plagen nicht beseitigen und mußten schließlich die Übermacht Gottes zugeben (2 Mo 8,14f.). So werden auch jene falschen Propheten, die vor der Gemeinde Jesu auftreten (Mt 24,11.24), zuschanden werden, nicht selten jetzt schon auf dem Weg durch diese Welt und vor allem am Ziel, nach diesen »letzten Tagen«, an dem großen Tag Jesu Christi.

6.5.5 Diese Menschen mit ihren Lehren soll Timotheus »meiden« (V. 5). Doch auch sie, die »Widerspenstigen«, soll Timotheus »mit Sanftmut zurechtweisen« (2 Tim 2,25), in der Hoffnung und mit der anhaltenden Bitte, daß »Gott vielleicht auch ihnen Buße gebe«, damit sie die »Wahrheit erkennen« und »wieder nüchtern werden, aus der Verstrickung des Teufels heraus«, so daß sie *Gottes* Willen tun (2 Tim 2,25f.; Joh 8,36). Denn »bei Gott sind alle Dinge möglich« (Mt 19,26). So brauchen wir keine »hoffnungslosen Fälle abzuschreiben«. Auf jeden Fall gilt: »Werft euer Vertrauen nicht weg, welches eine große Belohnung hat« (Hebr 10,35). Was rechte »Nüchternheit« ist, sagt die Schrift in 1 Petr 1,13: »Seid nüchtern und setzt eure Hoffnung *ganz* auf die *Gnade*, die euch angeboten wird in der Offenbarung Jesu Christi.«

Vorschlag zur Bibelarbeit über 2. Timotheus 3,1–9

---

1. Hinführung

So ereiferte sich jemand, den ein anderer auf Ordnung und Gebot Gottes in seinem Leben aufmerksam machte: »Ich hau' mir selber meine Tafeln! Was recht ist, bestimme ich! Ich lasse mir grundsätzlich von niemandem Vorschriften machen! Einen Gott, der über uns bestimmen will, lehne ich ab! Ihr Frommen seid immer so gesetzlich; das behagt mir nicht. Wie ich mit meiner Freundin zusammenlebe, ob verheiratet oder nicht,

Kapitel 3,1–9

und ob ich zugleich auch noch andere habe, das ist meine Privatsache. Hierin lasse ich mir von niemandem dreinreden, auch nicht von einem Gott!«

2. Vorbereitende Fragen

Wie ist die erwähnte Auffassung von der Bibel her zu beurteilen? Was bedeutet es, wenn eine solche Haltung weltweit überhandnimmt und wenn sie sogar auch in die Gemeinde Jesu eindringt? Wohin führt diese Haltung bei den Menschen in Welt und Gemeinde (V. 9), und was ist auch diesen Leuten gegenüber zu tun (vgl. 2 Tim 2,25f.)?

3. Thema

Die überhandnehmende Gesetzlosigkeit – Zeichen der Endzeit

4. Gliederung

a) Endzeitliche Entwicklungen allgemein (V. 1).

b) Der endzeitliche Zerbruch der Ordnungen Gottes im einzelnen (V. 2–5).

c) Die Weisung, diejenigen, die diesen Geist und dieses Verhalten in die Gemeinden hereintragen wollen, zu meiden (V. 5).

d) Wie die Verführer Anhänger werben (V. 6f.).

e) Eine atl. Parallele (V. 8f.).

5. Schluß

Unser Herr sagte, daß es zu den Zeichen der Endzeit gehöre, daß die »Gesetzlosigkeit überhandnehme« (Mt 24,12 wörtlich). In einem seiner frühesten Briefe schreibt Paulus, daß der Antichrist der »Mensch der Gesetzlosigkeit« sei (2 Thes 2,3 wörtlich); die antichristliche Bewegung der Endzeit bringe diesen Menschentyp in großer Zahl hervor. Da muß dann um so mehr darauf geachtet werden, daß in der Gemeinde Jesu nicht die *biblische »Freiheit vom Gesetz« verwechselt* wird mit *»Gesetzlosigkeit«*, daß also der heimgekehrte verlorene Sohn nach dem Empfang der ganzen Liebe des Vaters nun unter seinen Augen weiterleben will wie bei den Schweinen und den Dirnen. Auch das gehört zu den Punkten, auf die Paulus vor seinem Tod noch einmal nachdrücklich den Finger legte. Der weltweite Zerbruch der Ordnungen und Gebote Gottes (vgl. Offb 3,10) in der Welt und in Kirchen ist heute geradezu zum Zeichen des nahenden Ziels geworden. Um so aktueller sind die Dinge in unserer Zeit. Um so wichtiger ist es, selbst klar in den Bahnen biblischen Glaubensgehorsams (Röm 1,5; 16,26) zu leben und andere dazu liebevoll und nachdrücklich einzuladen.

7. Der rechte Lehrer – Timotheus ist so anders als die Irrlehrer (3,10–13)

3,10–13: Du aber bist mir gefolgt in der Lehre, im Leben, im Streben, im Glauben, in der Langmut, in der Liebe, in der Geduld, (11) in den Verfolgungen, in den Leiden, die mir widerfahren sind in Antiochia, in Ikonion, in Lystra. Welche Verfolgungen ertrug ich da! Und aus allen hat mich der Herr erlöst. (12) Und alle, die fromm leben wollen in Christus Jesus, müssen Verfolgung leiden. (13) Mit den bösen Menschen aber und Betrügern wird's je länger, desto ärger: sie verführen und werden verführt.

7.1 Timotheus bei Jesus und bei Paulus in der Lehre

7.1.1 »*Du aber*«: Timotheus verhielt sich ganz anders als die, von denen Paulus eben sprach, die ausbrachen aus dem Weg der Jesus-Nachfolge und auch noch andere dazu verführten, dasselbe zu tun. »Du aber« – das bedeutete für Timotheus: »Geh weiter auf diesem Weg! Mach weiter so!« Früher schon einmal, in der Zeit seiner ersten römischen Gefangenschaft, stellte Paulus für Timotheus ein schönes Zeugnis aus: »Ich habe keinen, der so ganz meines Sinnes ist, der so herzlich für euch sorgen wird ... wie ein Kind dem Vater hat er mit mir dem Evangelium gedient« (Phil 2,20.22). Dabei war es inzwischen geblieben.

7.1.2 »Du aber *bist mir gefolgt*«: Die Leute Jesu folgen ihrem *Herrn*. Doch in Praxis folgen sie, eben um der Nachfolge Jesu willen, oft dem Vorbild von für sie sichtbaren Menschen, die ihrerseits von Herzen Nachfolger Jesu sind. Die Schrift sagt: »Einer ist euer Meister (Christus); ihr aber seid alle Brüder« (Mt 23,8–10). Bei ihm sind alle Jünger Jesu »in der Lehre«; ihn selbst gilt es zu lernen; in sein Wesen gilt es sich gestalten zu lassen (Gal 4,19). Doch es kann hilfreich sein, wenn jüngere Christen zugleich bei älteren, erfahreneren in gewissem Sinn in der Lehre sind. Dann sind die älteren wie die »Alt-Lehrlinge« in einem Handwerksbetrieb, die einerseits auch noch vom Meister lernen und andererseits doch auch schon die jüngeren, insbesondere die neu eingetretenen Lehrlinge anleiten. Gott schenke uns viele solche älteren Christen! Und er mache die jüngeren willig, von ihnen etwas zu lernen und anzunehmen und dennoch vor allem sich unmittelbar vom Herrn, seinem Wort und Geist erziehen und führen zu lassen.

7.1.3 Das tat Timotheus im Verhältnis zu Paulus. Darum schreibt dieser jetzt: »Du bist mir gefolgt.« Die Sprachform des Zeitworts ist so gewählt, daß hier v.a. an den Eintritt des Timotheus in die Mitarbeit bei Paulus zu denken ist. Von dieser Zeit redet Paulus gleich noch im selben Satz (V. 11). Paulus lobt also, daß Timotheus einen guten Anfang machte. Und der Fortgang war von gleicher Art (vgl. Phil 2,20.22). Nun ging es darum, daß Timotheus dem Vorbild des Paulus auch in der nun veränderten Lage folgte, insbesondere, wenn Timotheus nun mehr oder weniger in die Aufgaben des Paulus eintreten sollte. Dieser ganze letzte Brief des Paulus hat ja deutlich den Charakter eines *Vermächtnisses*. Und der Apostel wußte nicht, ob seine Hinrichtung nicht so rasch schon erfolgte, daß Timotheus bis dahin noch nicht in Rom sein konnte.

7.2 Worin Timotheus dem Apostel gefolgt war

Nun spricht Paulus anerkennend, dankbar und bestärkend im einzelnen davon, worin Timotheus ihm gefolgt war – und davon, worin auch wir ihm und unseren geistlichen Vätern und Müttern folgen sollen:

7.2.1 *»In der Lehre«*: Timotheus folgte der Verkündigung des Paulus. Er erfaßte ihre Botschaft und nahm sie in sich auf. Er verarbeitete innerlich seine Worte. Seine Überzeugung machte er sich zu eigen. Die Botschaft von unserem Herrn Jesus Christus, seinem Kreuz, seiner Auferstehung, seiner Wiederkunft verstand er und nahm er an. Den Herrn selbst nahm er an; er glaubte. Er erkannte, was rechter Glaubensgehorsam in sich schließt und auch, was die Gemeinde Jesu bedeutet und was ihre Aufgabe und ihre Hoffnung ist. Und ihm wurde durch das alles klar, was auch er zu lehren hatte, und verkündigte demgemäß.

7.2.2 *»Im Leben«* (wörtlich: »in der Lebensführung«): Die Botschaft davon, was Gott nach dem Einbruch der Sünde durch unseren Herrn Jesus Christus getan hat, tut und tun wird, um uns Menschen und die Menschheit doch noch zu retten und neu zu schaffen, war für Timotheus nicht etwa nur Theorie; sie bestand für ihn nicht nur aus hohen Gedanken. Dem Beispiel des Paulus folgend richtete er seine ganze Lebensführung, auch seinen Alltag darnach aus. Er wußte nicht nur, was »Glaubensgehorsam« ist (Röm 1,5; 16,26); er lebte ihn selbst.

7.2.3 *»Im Streben«*: Timotheus sah Paulus brennen für die Aufgabe, daß möglichst viele Menschen in die Hand des guten Hirten

Jesus Christus kamen und durch ihn gerettet wurden und so auch viele ihm ihr Heil dankten, ja, daß bald schon der Herr Jesus wiederkommen würde, wenn bald schon sein Auftrag erfüllt wäre (Mt 24,14; 28,18–20; vgl. Lk 14,22; Röm 11,25; Offb 7,9). Dafür schlug nun auch das Herz des jungen Timotheus, und dafür war auch ihm nichts zuviel. Er hatte von Paulus gelernt, daß das eigene Christsein zwar für uns das erste sein muß, aber nicht das einzige bleiben darf.

7.2.4 »*Im Glauben*«: So hatte der langjährige Begleiter des Apostels diesen erlebt, auch in Zeiten der Gefangenschaft: in der steten Hingabe an Jesus, im unablässigen Umgang mit Jesus, insbesondere auch in der Fürbitte, im unerschütterlichen Vertrauen zu Jesus in jeder Lage. Timotheus wollte täglich und stündlich dem Beispiel des Paulus folgen; sein Leben sollte gleicher Art werden. – Daß doch auch wir heute jüngeren Christen solche Anschauungsbeispiele im Glauben werden, so daß das Christsein für sie vorstellbarer und so auch im Alltag eher vollziehbar wird!

7.2.5 »*In der Langmut*«: Timotheus konnte an Paulus unablässig, im Großen und im Kleinen, beobachten, wie er keinesfalls schnell aufgab, sondern den »langen Atem« bewahrte; er war ja ein Werkzeug der Langmut *Gottes*. Wenn er zum Beispiel an *einem* Ort hinausgedrängt wurde oder gehen mußte, um die junge Gemeinde vor der Öffentlichkeit nicht mit seiner Anwesenheit zu belasten – Paulus war für die Gegner des Evangeliums wie »ein rotes Tuch« –, dann brach er seinen Missions-Feldzug nicht etwa ab, sondern ging in die nächste Stadt weiter, dann in die übernächste usw. Mit erstaunlicher Ausdauer pflanzte er überall das Evangelium ein und pflegte die jungen Gemeinden so, daß bald auch sie, auf sich allein gestellt, sich im Glauben bewähren konnten (Apg 13; 14; 16–18). Und der junge Timotheus ging in dem allem mit und kündigte sein Geleit und seine Mitarbeit nicht etwa auf, so wie das früher einmal Johannes Markus getan hatte, der sich später allerdings auch sehr bewährte (Apg 13,5.13; 15, 37–41; 2 Tim 4,11; 1 Petr 5,13).

7.2.6 »*In der Liebe*«: Paulus tat seinen Dienst als Werkzeug der Liebe Gottes in Jesus Christus an einer verlorenen, hoffnungslosen Welt (vgl. Joh 3,16). So folgte er auch dem Ruf jenes Mannes aus Mazedonien, den er im Traumgesicht sah: »Komm herüber und hilf uns!« (Apg 16,9). Das machte eine Schiffahrt nötig, möglicherweise die erste im Leben des Timotheus (vgl. Apg 16,1-3; 9-11). Timotheus erlebte das schreiende Unrecht, das Paulus und Silas in Philippi erfuhren, und ebenso die lebensgefährlichen Krawalle gegen Paulus in Thessalonich (Apg 16,16-24; 17,5-9). Da hätten Paulus und Silas verständlicherweise sagen können: »Dann fahrt eben in die Hölle, wenn ihr uns den Dienst so schwer macht!« Aber Paulus mit Silas blieben dabei: »Die Liebe Christi drängt uns« (2 Kor 5,14). Und auch sein junger Mitarbeiter Timotheus ließ sich dazu drängen.

7.2.7 »*In der Geduld*«: Paulus war der eilige Sonderbotschafter des Evangeliums für die Völker. Dazu hatte ihn sein Herr berufen (Apg 9,15; Röm 1,5; Gal 1,16), damit beauftragt. Und nun saß er Jahr und Tag im Gefängnis (Apg 21-28). Etwa vier Jahre gingen wohl so vorüber. Und auch in dieser Zeit der Untersuchungshaft seines sehr lang dauernden Gerichtsverfahrens dachte Paulus unablässig an seine Missionsaufgabe; er brannte für sie. Er schrieb mühsam Briefe; er betete und flehte für seine Arbeit, für die Gemeinden, die er gegründet hatte und die jetzt einen Besuch von ihm wieder so nötig gehabt hätten. Er tat treue Fürbitte für seine Mitarbeiter, die seinen Rat dringend gebraucht hätten. Aber wir lesen kein Wort der Ungeduld in den Briefen, die er aus der Gefangenschaft schrieb (Eph, Kol, Phil, Phlm). Und nun war Paulus schon wieder im Gefängnis. Timotheus konnte in den verschiedensten Situationen die Geduld des Apostels beobachten; er hatte sie einfach miterlebt, denn er war ja viel bei Paulus. In Phil, Kol und Phlm ist Timotheus sogar mit als Briefabsender genannt. Und auch diese Geduld hatte Timotheus von Paulus gelernt; auch darin ist er seinem Vorbild »gefolgt«.

7.2.8 »*In den Verfolgungen, in den Leiden*« – von ihnen spricht nun Paulus am ausführlichsten –, »*die mir widerfahren sind in Antiochia, in Ikonion, in Lystra.*« Der Apostel redet hier nicht von all dem vielen, das später geschah, sondern nur von dem, was ihm auf der ersten Missionsreise widerfuhr damals, als Timotheus zum Glauben kam: In Antiochien/Pisidien, unweit der Heimat von Timotheus, wurde Paulus mit Barnabas schon bald nach dem Beginn der Arbeit aus der Stadt hinausgestoßen (Apg 13,13-52). In Ikonion entzogen sich Paulus und Barnabas nach einem guten Anfang durch Flucht der Steinigung (Apg 14,1-7). Und in Lystra, der Heimat des Timotheus (Apg 16,1), wollten sie Paulus und Barnabas zunächst als Götter anbeten, weil ihnen eine Wunderheilung geschenkt war. Dann aber ließen sich die Leute dazu aufhetzen, die beiden zu steinigen und sie, in der Meinung, sie seien tot, zur Stadt hinauszuschleifen (Apg 14,8-19). Als Paulus später, auf seiner zweiten Missionsreise, Timotheus bat, als sein Mitarbeiter mit ihm zu kommen (Apg 16,1-3), da hatte dieser Anschauungsbeispiele genug dafür vor Augen, wie es Paulus und seinen Begleitern ergehen konnte. Dennoch scheute Timotheus nicht zurück, sondern folgte Paulus willig auch in Verfolgung und Leiden hinein.

Jene anfechtungsreiche Zeit am Beginn der Arbeit in Lystra und Umgebung, auf der ersten Missionsreise, stand Paulus offenkundig auch nun sehr lebendig vor Augen. So fügte er die Worte ein: »*Welche Verfolgungen ertrug ich da!*« Und vor allem setzte er dankbar hinzu: »*Aus allen Verfolgungen hat mich der Herr erlöst*«, auch aus jenen, die damals noch folgten. – Doch Paulus meinte nicht, solche Durchhilfen müßten immer den Weg des Herrn mit seinen Leuten bestimmen. Mit einer auffallenden Gewißheit schrieb er vielmehr nun, daß es jetzt zu seinem Märtyrertod komme: »Ich werde schon geopfert, und die Zeit meines Hinscheidens ist gekommen« (2 Tim 4,6).

7.3 Die Regel für alle Christen

Gewiß, Paulus, als auserlesenes Werkzeug seines Herrn in der Völkerwelt, traf auch in besonderem Maß die Feindschaft des Feindes (Apg 9,15f.). Auch hatte er im Rahmen der Aufgabenteilung in der Gemeinde Jesu ein besonderes Maß an Leiden zu tragen (Kol 1,24). Dennoch war Paulus im Grund kein Ausnahmefall, »denn« – so fährt Paulus fort – »alle, die fromm leben wollen in Christus Jesus, müssen *Verfolgung* leiden«. Vor allem ging unser Herr im Leiden voran, und er sprach zu den Seinen: »Will mir jemand nachfolgen, der verleugne sich selbst und nehme sein Kreuz auf sich und folge mir« (Mt 16,24). In ähnlicher Verallgemeinerung sprach das Paulus gerade gegenüber den durch seine Steinigung erschütterten »Jüngern« Jesu in Lystra aus: »Wir müssen durch viel Bedrängnisse in das Reich Gottes eingehen« (Apg 14,22). Und hier, in seinem letzten Brief an seinen engsten Mitarbeiter, der damals in Lystra noch ein Knabe war, spricht er es noch einmal aus: »Alle, die fromm leben wollen in Christus Jesus *werden* verfolgt werden« (so wörtlich). Das wird hier von dem Apostel Paulus mit solcher Bestimmtheit und Vollmacht ausgesprochen, daß die Übersetzung Luthers: »... *müssen* verfolgt werden« ihr Recht hat. Damit steht das Wort in der Nähe der Leidensankündigungen Jesu, in denen das »Muß« auf eine Anordnung *Gottes* hinweist: »Der Menschensohn muß viel leiden« (vgl. Mt 16,21; Lk 12,50; 24,7; Joh 3,14).

7.4 Wer muß so in der Nachfolge Jesu leiden? »Alle, die fromm leben wollen in Christus Jesus.«

7.4.1 »*Fromm*«: Ganz hingegeben an Gott, im Bewußtsein seiner Gegenwart und willig, unter ihm in seinem Gehorsam zu leben (vgl. 1 Mo 17,1; 1 Tim 4,7 und das dort Ausgeführte).

7.4.2 »*In Christus Jesus*«: Allein unser Herr Jesus Christus lebte in dieser Welt im Vollsinn »fromm«, so völlig an Gott hingegeben und so willig unter ihm. Darum wurde das Zeugnis Gottes über ihn laut: »Dies ist mein lieber Sohn, an dem ich *Wohlgefallen* habe« (Mt 3,17). Nur *in ihm*, in seiner Gemeinschaft, unter seiner Anleitung können wir wahrhaft fromm leben, zumal er dann als der Heilige Geist selbst in uns wohnt und wirkt (Joh 15,4f.).

7.4.3 *Warum* werden denn die so in Christus fromm Lebenden *verfolgt*? Weil sie für den Satan, den »Fürsten dieser Welt« (Joh 12,31; 14,30; 16,11), die größte Beunruhigung und Störung bedeuten, denn sie sind erste Stützpunkte des kommenden herrlichen Gottesreiches in dieser Welt. Darum »hat er einen großen Zorn« (Offb 12,12). Und Gott läßt ihm zu dieser Verfolgung seiner Gemeinde Raum, damit sie sich in der erforderlichen Weise bewähren kann. Doch Gott führt in den Belastungsproben seiner Kinder dennoch selbst die Aufsicht (1 Kor 10,13). Und auch trotz all seinem satanischen Ungehorsam kann der Feind nicht weiter gehen, als Gott es ihm zuläßt (vgl. Hi 2,6); er ist wie ein Hund an der Kette.

7.4.4 »*Alle ... werden Verfolgung leiden*«: Irgendwo wird sich's bei jedem echten Nachfolger Jesu zeigen, daß sich der große Widerwille des Feindes gegen ihn wendet und der Widerwille derer, die sich von ihm, ihnen selbst kaum bewußt, aufhetzen lassen. Auf jeden Fall wollen wir auch Anfeindung, Haß und Verfolgung in unserem Christsein bewußt in Kauf nehmen; insbesondere dann, wenn allerlei in der Schrift angekündigte Vorzeichen darauf hinweisen, daß der große Tag unseres Herrn nahe sein kann, wollen wir uns darauf einstellen. Denn unser Herr sagt den Seinen für die letzte Zeit voraus: »Ihr werdet gehaßt werden um meines Namens willen von allen Völkern« (Mt 24,9). Von dem allem gilt es auch in der Verkündigung zu sagen, insbesondere der jüngeren Generation, die bei uns die Glaubensfreiheit so sehr gewöhnt ist, daß sie sich kaum noch etwas anderes vorstellen kann; auch sie soll einmal nicht beirrt werden. Der Glaube muß sich ja in der Anfechtung bewähren und darin ausreifen. Petrus schreibt: »Jetzt ... seid ihr traurig in mancherlei Anfechtungen, damit euer Glaube als echt und viel kostbarer befunden werde als das vergängliche Gold, das durchs Feuer geläutert wird ... Ihr werdet euch aber freuen mit unaussprechlicher und herrlicher Freude, wenn ihr das Ziel eures Glaubens erlangt, nämlich der Seelen Seligkeit« (1 Petr 1,6–9).

7.5 Auch das böse Wesen reift aus

Paulus schreibt: »*Mit den bösen Menschen aber und Betrügern wird's je länger, desto ärger: sie verführen und werden verführt*«

(wörtlich: »Aber böse Menschen und Betrüger werden Fortschritte machen hin zum Schlimmeren ...«) (V. 13).

7.5.1 »*Böse*«: Im Griech. steht hier ein Wort, das in der Schrift oft für den Feind gebraucht wird. Es sind also Leute, die dem Feind gehören, von seinem Geist inspiriert sind und die, ihnen vielleicht unbewußt, seine Sache betreiben. Paulus denkt offenkundig wieder an die Irrlehrer jener Tage, die das Evangelium verfälschen: Die das Wort vom Kreuz, von der Heilandsbedürftigkeit des Menschen und von der Notwendigkeit der Buße und Bekehrung und ebenso auch des Glaubensgehorsams unterschlagen, die verschweigen, daß die Reiche dieser Welt und überhaupt »die Welt mit ihrer Lust« (1 Jo 2,17) »vergehen« und allein unser Herr mit seinem Reich kommt, die nicht sagen, daß der Mensch auch ewig verlorengehen kann, sondern so tun, als ob ohnehin einmal alle in den Himmel kämen. Das hören die Leute gern. Die so reden, läßt die Welt gewähren, auch ein sich selbst vergötzender Staat, und sie haben bei den vielen eine »gute Presse«. Und durch den Beifall, den sie finden, lassen sie sich dazu ermuntern, auf ihren Irrwegen noch weiterzuschreiten. So »*machen sie zum Schlimmeren hin Fortschritte*«.

7.5.2 Aber »*sie verführen und werden verführt*«: Sie sind selbst verführte Verführer, selbst-betrogene Betrüger. Der Feind läßt seine von ihm mißbrauchten Werkzeuge schließlich im Elend stecken; er kann das gar nicht anders. Und endlich bricht über sie alle – über die Verführten und insbesondere über die, die zugleich auch Verführer sind – das Gericht Gottes herein. Das ist ein Grund mehr dafür, daß Timotheus selbst in der Jesus-Spur bleibt (1 Petr 2,21) und in der Spur, die Paulus hinterlassen hat, die dieselbe ist, weil dieser ja in der treuen Jesus-Nachfolge stand. Und daß Timotheus in den Gemeinden der Verführung *wehrt* und ihr die klare einladende Verkündigung des Evangeliums *entgegensetzt*. Ja, daß er auch noch um die Irrlehrer ringt in der Hoffnung, daß Gott doch noch auch ihnen Buße schenkt (2 Tim 2,25f.).

7.5.3 Wir alle wollen bleiben in dem von unserem Herrn vorgezeichneten Weg, »dem Lamm nach, wohin es geht« (Offb 14,4), und wo er uns, gerade »in den letzten Tagen«, in seiner Leidensnachfolge hinführt. Wir bleiben damit zugleich auch in der Spur der »Wolke von Zeugen« (Hebr 12,1), des Paulus und vieler anderer.

7.5.4 Suchen wollen wir dabei das Leiden nicht; das wäre Vermessenheit. »Wer meint, er stehe, mag wohl zusehen, daß er nicht falle« (1 Kor 10,12). Doch wir wollen und dürfen es unserem Herrn *zutrauen*, daß er uns, auch wenn Leiden, endgeschichtliches Leiden an uns herantritt, in seiner Treue und Allmacht durchbringt (vgl. Joh 10,28–30; Röm 8,38f.; Phil 1,6; Hebr 12,2a).

Vorschlag zur Bibelarbeit über 2. Timotheus 3,10–13

1. Hinführung

Zur guten Tradition des Handwerks gehört, daß Generation um Generation in solider Weise Lehrlinge ausgebildet werden. Das geschieht u.a. jeweils durch den Meister, aber auch in gewissem Maß durch die »Altlehrlinge«, insbesondere die im letzten Lehrjahr; sie lernen selbst noch und leiten doch auch schon die Anfänger mit Wort und Vorbild an. – In der Gemeinde Jesu gilt: »*Einer* ist euer *Meister*; ihr aber seid alle Brüder« (Mt 23,8). Dennoch dürfen alte, erfahrene Christen, die ihrerseits bei dem Meister Jesus Christus noch in der Lehre sind, schon als »Altlehrlinge« für die jüngeren Christen und Dienstleute Anleitung geben und Vorbild sein, so, wie das hier Paulus für Timotheus und uns tat und war.

2. Vorbereitende Fragen

Was sagt hier Paulus über einen rechten Lehrer im Gegensatz zu den Irrlehrern, von denen er vorausgehend sprach (»du aber ...«)? Worin ist Timotheus dem Apostel Paulus gefolgt? Was ist die rechte Stellung zum Leiden, wenn es uns begegnet? Wohin führt das Leiden? Worin reifen die Irrlehrer und »Betrüger« aus und worin die wahren Lehrer in der Gemeinde Jesu?

3. Thema

Recht in der Lehre bei dem Meister Jesus Christus sein und bei dem, der uns persönlich als Nachfolger Jesu voranging, auch in der Willigkeit, zu leiden.

4. Gliederung

a) Timotheus – bei Jesus und so auch bei Paulus in der Lehre. – Und wir?

b) Worin Timotheus dem Apostel Paulus gefolgt ist? Wo bleiben wir da zurück?

c) Zum normalen Leben eines Nachfolgers Jesu gehört in der Regel das Leiden.

d) Auch das böse Wesen reift aus.

5. Schluß

Wenn viele solche Irrlehrer (2 Tim 3,1–9) vorhanden sind, was für die letzte Zeit angekündigt ist (Mt 24,11), dann ist es um so dringlicher, daß sich viele rechte Lehrer der Gemeinde für Lehre *und* Vorbild vom Herrn heranbilden lassen durch sein Wort und seinen Geist und auch durch das Vorbild früherer Nachfolger Jesu, früherer Lehrer (vgl. Hebr 13,7). Auch das ist es, was Paulus in seinem letzten Brief betont, gerade für die »letzten Tage« (2 Tim 3,1), wenn alles vollends dem großen

Erntetag entgegenreift, die Gemeinde Jesu und auch alles, was ihm widerstrebt (vgl. Mt 13,38–43; Offb 14,14–20).

8. Das Geschenk der Heiligen Schrift (3,14–17)

3,14–17: Du aber bleibe bei dem, was du gelernt hast und was dir anvertraut ist; du weißt ja, von wem du gelernt hast (15) und daß du von Kind auf die heilige Schrift kennst, die dich unterweisen kann zur Seligkeit durch den Glauben an Christus Jesus. (16) Denn alle Schrift, von Gott eingegeben, ist nütze zur Lehre, zur Zurechtweisung, zur Besserung, zur Erziehung in der Gerechtigkeit, (17) daß der Mensch Gottes vollkommen sei, zu allem guten Werk geschickt.

Paulus kommt nun darauf zu sprechen, was in jedem Fall, auch in Verführung (V. 1–9) und Verfolgung (V. 10–12), selbst endzeitlicher Art, volle Klarheit und Gewißheit gibt: die apostolische Lehre und die Heilige Schrift des AT. Für uns, die späteren Generationen, entspricht dem die Heilige Schrift, AT und NT.

8.1 Die apostolische Lehre

»Du aber bleibe bei dem, was du gelernt hast, und was dir anvertraut ist; du weißt ja, von wem du gelernt hast« (V. 14).

8.1.1 Timotheus hatte von Paulus das Evangelium empfangen, »*gelernt*«. Der Apostel Paulus seinerseits hatte, wie die andern Apostel, das Evangelium unmittelbar von dem Herrn Jesus Christus empfangen, wenn auch auf eine andere Weise als sie. So schreibt er: »Ich habe es (das Evangelium) nicht von einem Menschen empfangen noch gelernt, sondern durch eine Offenbarung Jesu Christi« (Gal 1,12). Und nun hörte Timotheus schon im Jünglingsalter von Paulus bei dessen erstem Besuch in seiner Heimatstadt Lystra das Evangelium und kam mit seiner Mutter und seiner Großmutter zum Glauben; so war Timotheus der »geistliche Sohn« des Apostels Paulus (Apg 14,8–23; 16,1–3; 1 Tim 1,2;

2 Tim 1,2). Von dem Apostel Paulus also hatte Timotheus damals schon das Evangelium »gelernt«, und er lernte es von Paulus weiter; er wuchs in der Erkenntnis (vgl. Kol 1,11). Ungezählte Male hörte Timotheus den Apostel Paulus bei seiner Verkündigung, denn er war ja während Jahren der Begleiter und Mitarbeiter des Apostels. Und er »folgte seiner Lehre« (2 Tim 3,10); er machte sie sich zu eigen, er lebte darin.

8.1.2 Mehr noch: Paulus lehrte das Evangelium den jungen Timotheus nicht nur zu dessen eigener Seligkeit, sondern er »*vertraute*« ihm die Botschaft auch zur Verkündigung »an«; das besagen ja besonders klar auch die uns erhaltenen beiden Briefe des Apostels Paulus an Timotheus. Auch was den Inhalt der Botschaft betrifft, ist hier vieles noch einmal abschließend zusammengefaßt. Des weiteren sind gewiß auch andere Briefe, in denen Paulus Wichtiges zur Botschaft des Evangeliums ausführte, Timotheus bekannt geworden, zumal er bei mehreren sogar als Mit-Absender genannt ist (2 Kor, Phil, Kol, 1 und 2 Thes, Phlm). In Röm 16,21 wird er als Mitgrüßender erwähnt. Und in 1. Kor 16,10 wird er der Gastfreundschaft der Gemeinde anbefohlen; möglicherweise hat er den Brief überbracht.

8.1.3 »*Du weißt ja, von wem du gelernt hast*«: Timotheus kannte ja seinen Apostel Paulus aufs beste, seinen Gewährsmann des Evangeliums. Seine Sorgfalt und Zuverlässigkeit, seine Gebundenheit an die Wahrheit (2 Kor 13,8). Er wußte, wie er als Zeuge zugleich vor Gott stand, wie lauter er die Ehre seines Herrn und die Rettung und Förderung der Menschen suchte, in welch treuer Fürbitte er die von ihm gegründeten Gemeinden trug, wie selbstlos er diente, wie er auch Blut und Leben für seinen Herrn hinzugeben bereit war. Ja, wenn an »ihren Früchten« die Echtheit der Diener Jesu erkannt werden kann (Mt 7,16–20), dann lagen für den jungen Timotheus die Dinge bei dem inzwischen alt gewordenen Apostel Paulus völlig klar; die Echtheit seines Christseins konnte er ja in den verschiedenen Lagen wahrnehmen, auch nun in der neuen römischen Gefangenschaft.

8.1.4 »Du weißt ja, von wem du gelernt hast.« Das gilt auch in einem *allgemeineren Sinn*. Das Verhältnis von Paulus und Timotheus zeigt besonders klar, wie das Evangelium von der ersten zur zweiten Generation der Christen weiterging und wie dann zugleich Dokumente aufbewahrt und gesammelt wurden: Berichte über das Leben, Leiden, Sterben und Auferstehen Jesu aufgrund der Darstellung von Augenzeugen und grundlegende Briefe an Gemeinden und einzelne Christen. Und die zweite und dritte Generation der Christen, die die Zeugen kannten und sie erlebten im Wirken und Leiden und nicht selten auch beim Martyrium, diese wußten, »von wem sie gelernt« hatten. Mehr und mehr wurden die ntl. Schriften gesammelt und gegen anderes abgegrenzt. *Das Evangelium wurde Heilige Schrift.* Die Kanonbildung des NT kam zum Abschluß. Menschen waren am Werk, aber zugleich und vor allem und in allem war Gott mit seinem Geist am Werk. Die Quelle des Lebens, die in Jesus Christus mitten in dieser Welt aufgebrochen war, wurde gefaßt und uns, die wir nicht Augenzeugen waren, verläßlich zugeleitet. Es ist ein Wunder Gottes, daß trotz der Turbulenzen jener Jahrzehnte diese Schriften erhalten blieben, und es ist auch ein schönes Zeichen dafür, welch eine Kostbarkeit für eine Gemeinde etwa ein Brief des Apostels Paulus war. Es war von größter Bedeutung, daß in der frühen Christenheit zur Heiligen Schrift des AT so die Heilige Schrift des Neuen Testaments *hinzutrat* und nun die Christenheit ihre »Bibel« hatte.

8.2 Die Schrift des Alten Testaments

Und von größter Bedeutung war es, daß die frühe Christenheit die Heilige Schrift des *Alten Testaments* als einen Teil ihrer »Bibel« behielt. AT und NT *zusammen* lassen die Geschichte erkennen, die *Gott* zum Heil des Menschen und der Menschheit nach dem Einbruch der Sünde gemacht hat, macht und machen wird. Das NT ist die Fortsetzung des AT; es ist ohne dieses nicht zu verstehen. Das NT setzt das AT voraus.

Es war erfreulich, daß Timotheus auch hier kein Neuling war: unser »Altes Testament« ist ja die »*Heilige Schrift*«, die er »von

Kind auf« kannte (V. 15a). Auch dabei sollte er »*bleiben*«. Früh schon sollten in Israel die Kinder in die Schrift eingeführt werden. Normalerweise war das die Aufgabe der Väter. Doch der Vater von Timotheus war Grieche. Nur die Mutter war Jüdin (Apg 16, 1-3). Und diese übernahm es, das Kind mit der Heiligen Schrift vertraut zu machen; auch die Großmutter mütterlicherseits mag mitgewirkt haben; die beiden Frauen kamen ja dann durch die Missionsarbeit des Paulus in Lystra zum Glauben (vgl. 2 Tim 1,5). Mit solcher Unterweisung der Kinder wird ein guter Grund gelegt, auf dem später aufgebaut werden kann.

8.3 Was uns mit der Heiligen Schrift des Alten und Neuen Testaments gegeben ist

»*Sie kann unterweisen zur Seligkeit durch den Glauben an Christus Jesus*« (V. 15b). Die Rede ist hier nach dem Zusammenhang zunächst vom AT. Auch hier tritt schon die ganze Diagnose und Therapie Gottes im Blick auf den Menschen und die Menschheit in Erscheinung: die vollkommene Gerichts- und Todesverfallenheit des Menschen (1 Mo 3), seine Rettung durch das stellvertretende Sterben des angekündigten »leidenden Gottesknechts« (Jes 53), sein Neugeschaffenwerden durch Gottes Geist, der verheißen ist (Hes 36,26f.), und das wunderbare Reich des Friedens und der Gerechtigkeit, dem Gott die Welt entgegenführt (Jes 2,1-5; Dan 7,13f.; Sach 14,9). Allein »*durch den Glauben an Christus Jesus*« gibt uns Gott an dem allem Anteil (Röm 3,21-24.28). An Jesus vorbei rettet auch das AT nicht. In erster Linie Israel und seiner offiziellen Vertretung, dem Hohen Rat, sagte Petrus: »Es ist in keinem andern das Heil, auch ist kein anderer Name unter dem Himmel den Menschen gegeben, durch den wir sollen selig werden«, als allein der Name Jesus (Apg 4,10-12). »*Die Heilige Schrift unterweist*« uns so »*zur Seligkeit*«, daß sie uns im »*Glauben an Christus Jesus*« unterweist.

Es genügt also nicht, der Schrift – auch dem AT – nur einige Worte zu entnehmen, die uns »schön erscheinen«, die die Leute als »Lebensregeln« ins Poesie-Album schreiben. Gewiß, Worte der Schrift sind auch schön; sie lehren uns auch wahre Lebensweisheit. Doch Gottes Absicht mit der Schrift ist unendlich viel mehr; diesen ihren Gesamtzusammenhang gilt es zu erkennen und festzuhalten: Gott will uns Menschen nach dem furchtbaren Zwischenfall der Sünde doch noch retten, selig machen, als seine Kinder in seine ewige Gemeinschaft führen. Und das alles schenkt er durch den, dessen Kommen er im AT vorbereitete und der die Erfüllung aller atl. Verheißung ist: seinen Sohn Jesus Christus (vgl. 2 Kor 1,20).

8.4 Die besondere Qualität der Schrift

»Alle Schrift (ist) von Gott eingegeben« (wörtlich: »von Gott«, seinem Geist,»durchhaucht«) (V. 16).

Gott machte den Menschen zum Menschen, indem er etwas aus sich selbst in ihn hineinschenkte: seinen Lebenshauch, seinen Geist (1 Mo 2,7; »Hauch« und »Geist« sind in der Ursprache dasselbe Wort). Aber entzieht Gott dem ihm widerstrebenden Menschen seinen Geist wieder, dann ist dieser »tot in Sünden« (Eph 2,1; vgl. Offb 3,1). Doch nun gab Gott sein Wort, die Heilige Schrift, »*von Gottes Geist durchhaucht*«. Sie ist einst durch Gottes Geist entstanden; gewiß waren bei ihrer Entstehung auch Menschen am Werk, aber zugleich, in allem, vor allem und durch alles hindurch Gott mit seinem Geist. Das gilt für die Schrift des Alten und Neuen Testaments. Und nun redet und handelt Gott, unser Herr Jesus Christus, durch die Schrift und gibt mit ihr seinen Geist, sein neues Leben. So spricht Jesus Christus: »Meine Worte sind Geist und sind Leben« (Joh 6,63). Ja, mit, unter und im Wort der Heiligen Schrift, wenn wir betend auf sie hören, schenkt uns Gott seinen Geist und redet und handelt durch seinen Geist an uns. Und dieses Wort hat es in sich: Wo und wie Gott es will, springt unter diesem Wort auf Menschen der Funke neuen Lebens aus Gott über. Dabei bindet sich der Geist an die Schrift (vgl. Joh 14,26; 16,14; 1 Kor 4,6).

Die die biblischen Schriften abfassenden, sammelnden und abgrenzenden Zeugen waren nicht an sich unfehlbare Menschen; aber sie konnten, was sie sollten: »uns den ganzen Ratschluß Gottes«, so wie es für uns nötig und heilsam ist, »verkündigen«

(vgl. Apg 20,27). Denn wo Gott Aufgaben stellt, gibt er auch die erforderlichen Gaben, in seiner Gemeinde die entsprechenden Geistesgaben (vgl. Röm 12,4–8), auch jenen, die die Aufgabe hatten, die Heilige Schrift, etwa die Schriften des NT, abzufassen und zu sammeln. Wir dürfen das *Vertrauen* haben, daß Gott in seiner väterlichen Fürsorge für so viele Generationen seiner Kinder bis zu dem großen Tag Jesu Christi der Schrift die Gestalt schenkte, die für uns nötig und heilsam ist, so daß »unser Gang« fest zu sein vermag »durch sein Wort« (Ps 119,133).

8.5 Was Gott durch die Schrift an uns Menschen tut und was sie demzufolge an uns wirkt und bei uns fruchtet

»Denn alle Schrift, von Gott eingegeben, ist nütze zur Lehre, zur Zurechtweisung, zur Besserung, zur Erziehung in der Gerechtigkeit, daß der Mensch Gottes vollkommen sei, zu allem guten Werk geschickt« (V. 16f.).

»Denn«: Die Wirksamkeit dessen, was Timotheus von Paulus und auch von seiner Mutter und Großmutter gelernt hat (V. 14), ist nur ein Beispiel dafür, was die Schrift an allen wirkt, die sich ihr öffnen: Zunächst ist das Wort der Schrift der Keim neuen Lebens, der in uns Menschen gelegt wird. So spricht unser Herr: »Der Same ist das Wort Gottes« (Lk 8,11). Auf diese Weise kommt ein Mensch durch die Schrift zum Glauben, empfängt den Heiligen Geist (Joh 6,63) und wird wiedergeboren (Joh 3,3.5). Und auch danach arbeitet Gott durch das Wort der Schrift – AT und NT – am Menschen weiter. – Was in V. 15 im Blick auf Timotheus in dem Ausdruck »unterweisen zur Seligkeit« (oder: »weise machen zur Seligkeit«, wie auch übersetzt werden kann) zusammengefaßt ist, wird in V. 16f. für alle Glaubenden entfaltet:

8.5.1 *»Die Schrift ist nütze zur Lehre«*: Durch die Schrift wird ein Mensch dazu angeleitet, den Plan Gottes mit den einzelnen Menschen, mit der Menschheit, mit der Welt zu erfassen. In der Schrift hat uns Gott ins Vertrauen gezogen (Joh 15,15). Durch die Schrift lernt ein Mensch, mit Gott zu denken, zu reden und zu handeln, d.h. Jesus zu folgen, sich von Seinem Geist leiten zu lassen und überhaupt in Seinen Bahnen zu leben, im Gehorsam des Glaubens (Röm 1,5; 16,26; 1 Petr 2,21).

8.5.2 »*Zur Zurechtweisung*« (wörtlich: »zur Überführung«): Durch Gottes Wort und Geist wird ein Mensch von seiner Sünde überführt (in Joh 16,8 steht im Griech. derselbe Wortstamm) und der Vergebung, des Heilandes bedürftig. Zunächst ist der natürliche Mensch immer geneigt, alles in seinem Leben zu beschönigen und sich selbst zu rechtfertigen. Doch der Spiegel des Wortes Gottes vermag ihm deutlich zu machen, wie es um ihn steht, so daß er zu Jesus eilt – im Wissen, daß dieser keinen, der zu ihm kommt, hinausstößt (Joh 6,37).

8.5.3 »*Zur Besserung*«, »zur Wiederherstellung«, »zur Aufrichtung«: Die Schrift hilft nicht nur zur Erkenntnis der Sünde, sondern der Herr hilft uns durch sie auch zurecht und den richtigen Weg weiterzugehen. Das Wort der Schrift ist überaus vielgestaltig, das ist insofern sachgemäß und nötig, als Gott durch dieses Wort auf die vielgestaltigste Weise an uns wirkt und auch durch uns, indem er auch uns sein Wort austeilen läßt – worauf alle Sorgfalt zu verwenden ist (vgl. 2 Tim 2,15).

8.5.4 »*Zur Erziehung in der Gerechtigkeit*«: Der himmlische Vater arbeitet an uns, seinen Kindern; er erzieht uns. Sein *Erziehungsmittel* dabei ist vor allem sein Wort, das Wort der *Schrift*. Durch dieses zeigt er uns auch sein *Erziehungsziel*, das heißt, er zieht uns dabei ins Vertrauen, worauf er bei uns hinwirken will. Das ermöglicht es uns, innerlich recht mitzugehen: Gott will uns zur »*Gerechtigkeit*« erziehen, dahin, daß wir Gott recht sind, ihm ganz gefallen, seinem Willen ganz entsprechen. Er will uns zum wahrhaft Guten anleiten (vgl. Mt 19,17), zur Ausgestaltung in das Wesen Jesu; ihm, dem eingeborenen Sohn, sollen wir ja als Gotteskinder ähnlich werden (vgl. Gal 4,19). Dabei will uns auch Gott manches abgewöhnen und nehmen, das ihm mißfällt. Wichtig ist es, in dem allem dem stillen, unaufdringlichen Mahnen von Gottes Wort und Geist zu gehorchen.

8.6 Das Ziel der gesamten Erziehungsarbeit Gottes durch sein Wort und seinen Geist

»... daß der Mensch Gottes vollkommen sei, zu allem guten Werk geschickt« (V. 17). »Der Mensch Gottes« ist der, den der Sohn von der Herrschaft der Finsternis für Gott mit seinem Blut erkauft hat (Offb 5,9; vgl. 1 Kor 6,20; Kol 1,13; 1 Petr 1,19), und der das von Herzen gelten läßt, d.h., der glaubt (Joh 3,16; Röm 1,16). Es ist der Mensch, »der durch das Wort gezeuget und von dem Wort sich nährt, der vor dem Wort sich beuget und mit dem Wort sich wehrt« (Ph. Spitta). Es ist der, der in Christus vor Gott recht ist (2 Kor 5,21), der Gottes Geist in sich Raum gibt und ihm gehorcht (Röm 8,14), der sich von Gott als brauchbares Werkzeug schmieden und sich nach seinem Willen und Wohlgefallen – ohne Wenn und Aber – einsetzen läßt. Der ist als »Mensch Gottes vollkommen, zu allem guten Werk geschickt« oder »als Gottes-Mensch voll ausgebildet, zu jedem guten Werk ausgerüstet« (wie auch übersetzt werden kann).

8.7 »Du aber bleibe bei dem, was du gelernt hast« – bei der »heiligen Schrift« (V. 14f.)

Dazu gehört auch, daß wir nicht nur in einzelnen Lieblingsworten aus der Schrift, sondern in der *ganzen Schrift* leben, täglich. Das schließt zweierlei mit ein:

8.7.1 Daß wir einerseits von der Schrift *nichts abstreichen*, was auch immer der Grund dafür ist, auch dann, wenn wir die Botschaft der Schrift andern verkündigen. Es gibt Aussagen in der Schrift, die leicht aus Menschenfurcht weggelassen werden, weil man fürchtet, daß dann die Leute nicht mehr zu unseren Veranstaltungen kommen. So etwa das schriftgemäße Reden von Sünde, Satan und ewigem Gericht, davon, daß ein Mensch auch ewig verlorengehen kann, daß es nötig ist, uns in Buße vor Gott zu beugen, und daß wir ausnahmslos alle auf Gnade und Barmherzigkeit Gottes angewiesen sind (vgl. Offb 22,19).

8.7.2 Andererseits ist es ebenso schlimm, aus menschlichen Gedanken heraus etwas *hinzuzufügen*. Auch das steht unter dem Gericht Gottes (Offb 22,18). Das Hinzutun ist ebenfalls eine Gefahr, besonders heute. In der Schrift wird angekündigt, daß wir am Ziel einmal »von Angesicht zu Angesicht« mit unserem Herrn reden dürfen und daß er so auch mit uns redet (1 Kor 13,12). Jetzt dagegen spricht unser Herr mit uns durch das Wort der Schrift und nur durch dieses Wort. Der Heilige Geist sagt uns im Blick auf die Schrift nichts Neues. So spricht unser Herr im Blick auf den Heiligen Geist: »Von dem Meinen wird er's nehmen«, aus meinem ein für allemal gegebenen Wort, wie es in der Schrift für euch festgehalten ist, »und euch an alles erinnern, was ich euch gesagt habe« (Joh 16,14; 14,26). Der Heilige Geist geht in dem allem »nicht über das hinaus, was geschrieben steht« (1 Kor 4,6).

Und nun ist unter manchen eine gewisse *Tendenz der Ungeduld* vorhanden. Man möchte jetzt auf dem Weg wenigstens teilweise das schon haben, was uns am Ziel geschenkt ist: daß der Herr unmittelbar mit uns redet. So ist man in solchen Kreisen ganz Ohr, wenn einer mit der Behauptung auftritt: »Heute nacht stand der Herr an meinem Bett und sagte mir dies und jenes ...« Das ein für allemal gegebene Wort der Schrift erscheint demgegenüber wie altbackenes Brot. Nun wird aber eingewendet: »In der Schrift ist doch auch von der Gabe der ›Weissagung‹ die Rede, um die wir bitten, nach der wir streben sollen« (1 Kor 14,1). Doch was ist nach der Schrift »Weissagung«, d.h. die Gabe, »von Gott her zu reden«, wenn doch der Heilige Geist, der einst die Schrift gegeben hat, sich nun auch an sie bindet und uns »erinnert« an das, was unser Herr uns ein für allemal gesagt hat? Es ist die durch den Heiligen Geist geschenkte Gabe, das Wort der *Schrift* in eine bestimmte Situation hinein und zu einer bestimmten Frage so auszulegen, daß diejenigen unter den Zuhörern, die bereits glauben und deshalb ebenfalls den Heiligen Geist in sich tragen, nur »Amen« – d.h. »ja, so ist es« – sagen können. Der Heilige Geist in ihnen bestätigt das Gehörte als Gottes Wort.

8.7.3 Es ist ein *Entscheid der Weisheit und Liebe unseres Gottes*, daß er uns so *ausschließlich* an das Wort der Schrift verwiesen hat; er selbst »bleibt« während dieser Weltzeit mit seinem Heiligen

Geist bei der Schrift – einschließlich seiner Verheißungen in ihr –, die er uns bereits durch seinen Geist geschenkt hat (V. 16a; 2 Petr 1,21). Um so mehr wollen wir bei ihr bleiben. Wie verwirrend wäre es, wenn jedes wirkliche oder angebliche neue Reden Gottes in »neuen Offenbarungen« gleichen Rang mit der Schrift hätte! So wäre das Evangelium längst von anderem völlig überdeckt und überwuchert. Denn wer könnte hier durchgehend Echtes von Unechtem unterscheiden? – So aber ist das ein für allemal gegebene, unendlich reiche Wort der Schrift für uns die *eine Quelle*, aus der uns Gott das Wasser des Lebens schenkt, und zugleich das *eine zuverlässige Kriterium*, anhand dessen Echtes und Trügerisches unterschieden werden kann. Immer dann, wenn im Laufe der Kirchengeschichte ein neuer Durchbruch echten geistlichen Lebens erfolgte, dann geschah das so, daß im Glauben gehorsame Menschen all das, was sich wieder einmal an Fremdem auf die biblische Botschaft gelegt hatte, durchgruben bis hin zur Schrift und ihren großen Grundaussagen, so daß das geistliche »Grundwasser« des Evangeliums wieder rein sprudelte. Das ist das verheißungsvolle Werk auch heute und morgen, von dem im Psalm steht: »Wohl den Menschen ..., die durch das Jammertal gehen und machen daselbst Brunnen; und die Lehrer werden mit viel Segen geschmückt« (Ps 84,6f.; alte Luther-Übers.).

8.7.4 So ist die *Grundvoraussetzung* dafür, daß wir Zeiten der besonderen Verführung und Verfolgung, auch der endzeitlichen (V. 1), recht durchstehen können, das *Bleiben bei der Schrift*, ohne Wenn und Aber, ohne etwas davon und ohne etwas dazu zu tun. »Du aber bleibe bei dem, was du gelernt hast ... worauf der alte Apostel Paulus kurz vor seinem Märtyrertod in seinem letzten Brief, sozusagen in seinem *Testament* für Timotheus, für die ganze nachkommende Generation der Christen, für alle Generationen, insbesondere für die Endzeit-Generation (V. 1), so nachdrücklich den Finger legte. Die Schrift ist doch wahrlich nichts Geringes! Diese kostbare Gabe, dieser Brief der Liebe des Vaters an uns, seine Kinder! Es könnte eine besondere List des Feindes sein, uns auf allerlei Weise – auf eine angeblich fortschrittliche oder auch auf eine schein-fromme – dieses besondere Arbeitsmittel, dieses Saatgut Gottes, dieses »Brot« Gottes (Mt 4,4), dieses Schwert des

Geistes, dieses Instrument der Erziehung und der Wegleitung Gottes für seine Kinder uns mehr oder weniger zu entwinden. Lassen wir uns die »eine köstliche Perle«, den wahren »Schatz« (vgl. Mt 13,44–46) nicht gegen den Plunder von wertlosen bunten Glasperlen austauschen! »Herr, dein Wort, die edle Gabe, dieses Gold erhalte mir, denn ich zieh es aller Habe und dem größten Reichtum für. Wenn dein Wort nicht mehr soll gelten, worauf soll der Glaube ruhn? Mir ist's nicht um tausend Welten, aber um dein Wort zu tun« (Zinzendorf).

Vorschlag zur Bibelarbeit über 2. Timotheus 3,14–17

1. Hinführung

Wir können uns denken, wie der Satan mit seinen »Unterteufeln«, seinen Dämonen, Kriegsrat hielt gegen Christus, die Gemeinde Jesu und die Christen und dabei als Ziel ausgab, den Christen, der Gemeinde Jesu die Heilige Schrift zu nehmen, diesen sicheren Grund, auf dem sie mit ihrem Glauben zu stehen vermögen, dieses Werkzeug, durch das der Herr mit seinem Geist an ihnen wirkt und sie anleitet und durch das sie zu wirken und zu kämpfen vermögen. Diese Schrift soll den Christen nun als unzuverlässig und überholt erscheinen, so daß sie diese sich entwinden lassen. Wieviel ist doch hier dem Feind, insbesondere in den letzten Jahrhunderten, immer wieder gelungen! So unterstrich der Apostel Paulus in diesem seinem letzten Brief, seinem »Testament«, auch nicht zuletzt die Bedeutung der Schrift für jene Zeit, für alle Zeit der ganzen Geschichte der Gemeinde Jesu und im besonderen für das letzte Wegstück.

2. Vorbereitende Fragen

Was ist die Stellung des Apostels Paulus zum AT? Woher kannte Timotheus das AT? Woher kannte er das Evangelium?

Wie kam es zur Entstehung des NT? Was ist die besondere Qualität der Schrift? Was ist das Mittel der Erziehungsarbeit Gottes an uns? Was ist das Erziehungsziel Gottes?

3. Thema

Das Geschenk der Heiligen Schrift.

4. Gliederung

a) Die apostolische Lehre.

b) Die Schrift des Alten Testaments.

c) Was uns mit der Heiligen Schrift des Alten und Neuen Testaments gegeben ist.

d) Die besondere Qualität der Schrift – unser Vertrauen zur Schrift.

e) Was Gott durch die Schrift an uns Menschen tut und was demzufolge die Schrift an uns wirkt und bei uns fruchtet.

f) Das Ziel der ganzen Erziehungsarbeit Gottes an uns.

5. Schluß

Gerade wenn die Verwirrung groß und größer wird, zuletzt in der Endzeit, wenn der Feind alle Reserven in den Kampf wirft, weil er wegen seiner nun sehr begrenzten Frist einen großen Zorn hat (Offb 12,12), dann ist es um so nötiger, an der Schrift festzuhalten, an der ganzen Schrift, voran am Zeugnis von den *großen Taten Gottes in Jesus Christus*, an dem großen *Vertrauen* zur Schrift, auf die sich unser Glaube gründet und »wonach wir unser Leben zu richten haben und wonach wir von

Gott gerichtet werden« (A. Bengel). Dann muß jeder einzelne von uns der Christ sein, »der durch das Wort gezeuget und von dem Wort sich nährt, der vor dem Wort sich beuget und mit dem Wort sich wehrt« (Ph. Spitta).

9. Sei getreu bis in den Tod – das Vermächtnis des sterbenden Paulus (4,1–8)

4,1–8: So ermahne ich dich inständig vor Gott und Christus Jesus, der da kommen wird zu richten die Lebenden und die Toten, und bei seiner Erscheinung und seinem Reich: (2) Predige das Wort, steh dazu, es sei zur Zeit oder zur Unzeit; weise zurecht, drohe, ermahne mit aller Geduld und Lehre. (3) Denn es wird eine Zeit kommen, da sie die heilsame Lehre nicht ertragen werden; sondern nach ihren eigenen Gelüsten werden sie sich selbst Lehrer aufladen, nach denen ihnen die Ohren jucken, (4) und werden die Ohren von der Wahrheit abwenden und sich den Fabeln zukehren. (5) Du aber sei nüchtern in allen Dingen, leide willig, tu das Werk eines Predigers des Evangeliums, richte dein Amt redlich aus. (6) Denn ich werde schon geopfert, und die Zeit meines Hinscheidens ist gekommen. (7) Ich habe den guten Kampf gekämpft, ich habe den Lauf vollendet, ich habe Glauben gehalten; (8) hinfort liegt für mich bereit die Krone der Gerechtigkeit, die mir der Herr, der gerechte Richter, an jenem Tag geben wird, nicht aber mir allein, sondern auch allen, die seine Erscheinung lieb haben.

Das ist nun der Beginn des letzten Kapitels des letzten Briefes, den der Apostel Paulus kurz vor seinem Märtyrertod, dem er bewußt entgegenging, schrieb, sozusagen sein *Testament*, sein *Vermächtnis* speziell für seinen engsten Mitarbeiter Timotheus, der in besonderer Weise in seine Arbeit eintreten sollte, aber auch für jeden anderen Diener Jesu Christi bis in die letzte Zeit und besonders in ihr (vgl. 2 Tim 3,1).

9.1 Die feierliche In-Pflicht-Nahme (V. 1)

9.1.1 »So ermahne ich dich inständig« (oder: »ich beschwöre dich«, »ich nehme dich feierlich in Pflicht«). »So ...«: Das nimmt auf das Vorausgehende Bezug, auf die Wichtigkeit der Heiligen Schrift als Arbeitsmittel Gottes bei der Neuschaffung des Menschen nach dem Sündenfall. Eben darum ist es so dringlich, das zu tun, wozu Paulus hier, kurz vor seinem Tod, Timotheus und alle Diener Christi so herzandringlich ermahnt.

9.1.2 Paulus tut das »*vor Gott*«, im Angesicht Gottes, des Allmächtigen und Allwissenden, in dessen Dienst beide, Paulus und Timotheus, stehen; Gott ist dafür Zeuge, daß der sterbende Paulus den jungen Timotheus so herzlich ermahnt. Und er tut es »*vor Christus Jesus*«, der »erschienen ist« (2 Tim 1,10) – in der Vergangenheit als Mensch, um uns von Sünde, Tod und Satan zu erlösen –, und der »kommen«, »erscheinen« wird – in der Zukunft (1 Tim 6,14; 2 Tim 4,1.8) in Macht und Herrlichkeit Gottes, »zu richten die Lebenden und die Toten«. Zwischen diesen beiden Weisen der Erscheinung unseres Herrn liegt die Frist unseres Lebens, unsere Möglichkeit, uns zu bekehren, zu bewähren und als Diener Jesu zu wirken. Eben vor dem gewaltigen Horizont dieser großen Zukunft, »seiner Erscheinung«, seines Gerichts und seines kommenden »Reichs« nimmt der scheidende Apostel seinen Mitarbeiter, der im Begriff ist, mehr oder weniger in seine Aufgabe einzutreten, in seine hohe Pflicht. So – unter den Augen unseres Herrn und angesichts seines herannahenden großen Tages – sind auch wir als Leute Jesu in Pflicht genommen. Das ergibt für unser Leben und Wirken den richtigen Maßstab. »Ewigkeit, in die Zeit leuchte hell herein, daß uns werde klein das Kleine und das Große groß erscheine!« (Marie Schmalenbach).

9.1.3 *Der wiederkommende Herr wird* »*die Lebenden und die Toten richten*«: Das NT redet deutlich von *zweierlei Gericht:*

a) Vom Endgericht, in das grundsätzlich alle Menschen kommen, das keiner im Tod verschlafen kann (Offb 20,11ff.). Das griech. Wort »richten« bedeutet zugleich »scheiden«, »ausscheiden«. Wer an Jesus glaubt, kommt in diesem Sinn nicht ins

Gericht; er wird nicht ausgeschieden. Denn unser Herr spricht: »Wahrlich, wahrlich, ich sage euch: Wer mein Wort hört und glaubt dem, der mich gesandt hat, der hat das ewige Leben und kommt nicht in das Gericht, sondern er ist vom Tode zum Leben hindurchgedrungen« (Joh 5,24). Jesus hat ja das Gericht über die, die an ihn glauben, bereits getragen, das Zorngericht Gottes, das den Menschen aus der Gemeinschaft mit Gott ausscheidet (Jes 53,5; Mt 1,21; Joh 3,16; 1 Thes 1,10).

b) Sodann redet das NT auch davon, daß wir »*alle* vor dem Richterstuhl Christi offenbar werden müssen«, »damit jeder seinen Lohn empfange für das, was er getan hat bei Lebzeiten, es sei gut oder böse« (2 Kor 5,10). Bei der Wiederkunft unseres Herrn werden wir auf jeden Fall unserem Herrn mit der Frage vorgestellt, ob und inwiefern wir ihm Frucht gebracht haben. Paulus weiß, daß auch er dem Herrn so vorgestellt werden wird (vgl. 1 Kor 4,3–5). Der Gedanke an diesen großen Augenblick bestimmt das Leben des Apostels in hohem Maß. Seine Heilsgewißheit gründet sich allein auf das Wunder der Gnade Gottes in Jesus Christus (Röm 3,21–31; 1 Tim 1,12–17). Doch um so mehr möchte er seinem Herrn gefallen und für ihn Frucht tragen. Bei dieser Begegnung der Glaubenden mit dem Herrn werden entsprechend ihrer Treue auch die zukünftigen Aufgaben zugeteilt: »Du bist über wenigem treu gewesen, ich will dich über viel setzen« (Mt 25,21). Seligkeit ist nicht etwa ein ewiger Ruhestand, sondern neuer, erfüllender, beseligender Dienst durch Gottes Gnade.

9.1.4 Paulus sagt nirgends, daß Timotheus sein Apostelamt übernehmen werde. Doch tatsächlich tritt Timotheus dennoch weitgehend *in seine Aufgabe ein*, durch die Verkündigung des Evangeliums Gemeinden zu sammeln, aufzubauen, geistlich zu ernähren und zu Heiligung und Dienst anzuleiten. Und eben vor dem großen Horizont der Zukunft, der Begegnung mit dem wiederkommenden Herrn, werden diese Aufgaben in ihrer ganzen Bedeutung gesehen. Es sind die Aufgaben, mit denen die Diener Jesu auch heute betraut sind, insbesondere dann, wenn die in der Schrift längst genannten Vorzeichen der Wiederkunft Jesu hervortreten.

9.2 Wozu ermahnt Paulus seinen Mitarbeiter Timotheus und alle Dienstleute Jesu? (V. 2)

9.2.1 »*Predige das Wort*«: Das Zeitwort im Griech. ist aus dem Ausdruck für »Herold« gebildet. »Verkündige es, rufe es aus, mache es bekannt; es ist dir aufgetragen!« Nicht jeder hatte die Aufgabe, auf dem Marktplatz in Athen und in der Synagoge zu Korinth (Apg 17,17; 18,4) das Evangelium von Jesus Christus bekanntzumachen. Aber auch die zum Glauben gekommenen Sklaven und Sklavinnen sprachen darüber mit ihren hoffnungslosen, verzweifelten und bitter gewordenen Leidensgenossen und Leidensgenossinnen. Von Jesus sagten die zum Glauben gekommenen Frauen ihren Männern und umgekehrt; die zum Glauben gekommenen Eltern ihren Kindern und umgekehrt. Die vielen namenlosen Missionare in den Häusern und an den Arbeitsplätzen, sogar beim römischen Heer, waren das Geheimnis der raschen Ausbreitung des Evangeliums in jener Zeit, trotz der bald einsetzenden harten Verfolgungen. Sie alle lebten die Weisung: »Predige das Wort!« Sie wußten: Das, was dein wundervoller Trost ist im Leben und im Sterben, das müssen doch auch die andern wissen; es wäre lieblos, ihnen nicht davon zu sagen.

»Das Ende kehrt sich zum Anfang« – dieses Wort aus dem frühen schwäbischen Pietismus ist eine aus der Schrift gewonnene Einsicht: So wie es am Anfang der Geschichte der Gemeinde Jesu war, so wird es auf ihrem letzten Wegstück sein, auch in dieser Hinsicht. Deshalb gilt auch dann und heute in einem angeblich »nachchristlichen Abendland«: »Predige das Wort!« Sag's allen weiter, auch wenn wir den Wind der öffentlichen Meinung scharf im Gesicht haben! Denn Jesu Weisung gilt gerade dann für *alle* die Seinen: »Ihr ... werdet meine Zeugen sein ... bis an das Ende der Erde« (Apg 1,8; vgl. Mt 24,9.14).

9.2.2 »*Steh dazu*!« Tritt dafür ein! Nimm die Gelegenheit wahr! Zieh dich nicht in den Winkel zurück! Genier' dich nicht! (Vgl. Röm 1,16). Wag ein Wort für Jesus! Bleib mit dem Evangelium im Angriff, mit dem Friedensangebot, mit der freundlichen Einladung Gottes! Sei damit zur Stelle, »*es sei zur Zeit oder zur Unzeit*«, bei passender und bei nicht passend scheinender Gelegenheit:

Wenn man jemandem gerade geschickt begegnet, wenn man mit jemandem zusammen ist, wenn die Gesprächslage mit jemandem dem entspricht, wenn jemand über seine Not und Anfechtung klagt – auf keinen Fall die Gelegenheit ungenützt vorübergehen lassen! Lieber zu oft vom Evangelium, von Jesus etwas sagen als zu selten! Das Wort Gottes ist der Same Gottes in die Menschenherzen (Lk 8,11). Wenn nicht gesät wird, kann auch keine Ernte reifen. Unser Herr Jesus Christus war sogar vor Pilatus Zeuge (Joh 18,33 ff.; 1 Tim 6,13) und Paulus vor dem König Herodes und dem Statthalter Festus. Ja, er war bereit, auch sein Zeugnis vor dem Kaiser abzulegen; er wußte, daß ihm nicht zuletzt dazu sein Leben bei dem Schiffbruch vor Malta erhalten geblieben war (Apg 9,15; 26; 27,24).

9.2.3 »*Weise zurecht*!« (oder: »überführe«, »rede ins Gewissen!«): Das Wort Gottes ist auch ein Spiegel, der dem Menschen deutlich macht, wie es um ihn steht. Doch zugleich und vor allem zeigt und bringt Gottes Wort dem Menschen auch das, was ihm hilft: Jesus und sein Vergeben, seinen Geist und die Gotteskindschaft, die Nachfolge Jesu und die Kraft, sie zu leben, so daß der Mensch schließlich gewiß, froh und dankbar im Glauben steht.

9.2.4 »*Drohe*« d.h. »tadle«, »rede ernstlich zu«: Rechte Verkündigung kann den Hörer nicht nur in all dem bestätigen, wie er ist und was er tut. Es muß auch gesagt werden, wohin es führt, wenn ein Mensch den Herrn, der vor seiner Tür steht und anklopft (Offb 3,20), abweist: daß er dann einmal selbst, wenn's hier in dieser Welt zu Ende geht, an Gottes Tür abgewiesen wird. Es ist ein Gebot der Liebe, ihm rechtzeitig zu sagen, was auf dem Spiel steht: daß auf diese Weise »Gottes Gnade versäumt« wird (Hebr 12,15), was unendlich viel schlimmer ist, als wenn das letzte in die Heimat gehende Schiff versäumt wird.

9.2.5 »*Ermahne mit aller Geduld und Lehre*!«, oder: »Ermuntere in ständiger geduldiger Belehrung!«: Es gibt auch die, die nicht an sich widerwillig sind, aber das Evangelium schwer begreifen, schwer zu einem heilsamen Entschluß kommen und ihn durchhalten, die schwer die Gnadenzusage Gottes und die Gewißheit des Heils fassen, schon von ihrer psychischen Verfassung, von ihrer vielleicht depressiven Art her. Hier ist nicht ein scharfes »Zurechtweisen« oder gar ein »Drohen« am Platz. Hier hilft nur, die Betreffenden immer wieder sozusagen an die Hand zu nehmen, sie aufzurichten, zu trösten, aufzumuntern; das alles bedeutet das Wort, das hier üblicherweise mit »ermahnen« übersetzt ist. Und wenn man nach einem ausführlichen Gespräch schon am darauffolgenden Tag mit ihnen wieder von vorne anfangen muß, dann gilt es dennoch, »nicht müde« zu werden (2 Kor 4,1). Unser Herr in seiner Langmut und seinem Erbarmen wird auch unser nicht müde. Um so mehr wollen wir, nachdem uns doch »Barmherzigkeit widerfahren ist«, auch anderer nicht müde werden (vgl. 2 Kor 4,1). So praktisch, den alltäglichen Umgang mit den Leuten betreffend, redet Paulus in diesen Worten des Abschieds und der Dienstübergabe mit Timotheus und so auch mit uns, weil er die alltägliche Arbeit des Timotheus und aller Diener Jesu Christi aus eigener langjähriger Erfahrung so gut kennt. Keineswegs hält das Wissen um den nahen, jederzeit möglichen Märtyrertod die Sinne des Paulus gefangen; im Gegenteil, er vermag auch nun durchaus mit Timotheus und allen Dienern Jesu Christi zu denken, so daß er ihm und uns allen sehr wohl hilfreiche Wegleitung für die künftige Arbeit geben kann.

9.2.6 Das letzte, was hier Paulus nennt, ist die Ermahnung mit der »*Lehre*«: Wenn die Gemeinde Jesu Verfolgung und Verführung, schließlich endzeitlicher Art (2 Tim 3,1), durchstehen soll, dann ist sie darauf mit rechter Lehre vorzubereiten. Die Mitchristen müssen einen biblischen Durchblick haben für die großen heilsgeschichtlichen Schritte, die Gott mit seinem Sohn Jesus Christus zu seinem wundervollen Ziel hin tut, den Menschen, die Menschheit, die Welt neu zu machen (2 Kor 5,17; Offb 21,5). Ebenso müssen sie Jesus sehr genau kennen, wie er uns rettet und zu seinem Ziel mitnimmt und was er uns dabei heißt. Ja, biblische Lehre ist nicht etwa nur Theorie, ein »Lehrbuch« mit Lehrparagraphen, sondern etwas höchst Praktisches: Wir sind als Leute Jesu bei unserem Herrn »in der Lehre«; wir lernen *ihn*. So, wie ein Lehrling beim Tischlermeister das Tischlerhandwerk lernt, so lernen wir bei dem Meister Jesus Christus eben »Jesus«. Das griech. Wort für »Jünger« im NT heißt zugleich »Lernwilliger«, »Lehrling«. So beanstandet Paulus einmal: »Ihr habt Christus nicht also gelernt« (Eph 4,20, alte Luther-Übers.). Ziel ist, »daß Christus in uns eine Gestalt gewinnt« (Gal 4,19). »In Wort und Werk und allem Wesen sei Jesus und sonst nichts zu lesen« (G. Tersteegen). Auf dieses Ziel arbeitet Gott unter der Verkündigung des Wortes der Schrift hin durch den unter diesem Wort und durch dieses Wort wirkenden Heiligen Geist (Joh 6,63; 2 Tim 3,16f.).

9.3 Die drohende Fehlentwicklung macht den von Paulus hier beschriebenen Dienst um so dringlicher (V. 3f.)

9.3.1 »*Denn es wird eine Zeit kommen*«, die so anders sein wird als die gegenwärtige, in der noch im Sinne von V. 2 gearbeitet werden kann. Wegen der bevorstehenden Veränderung der Verhältnisse, in deren Folge die Gemeinde Jesu nicht nur von außen her angegriffen, sondern vor allem durch Vorgänge in ihrem Innern bedroht wird – durch das Auftreten von Menschen, die das Evangelium verfälschen bzw. die Gemeindeglieder von Jesus und seinem Wort wegführen wollen –, ist es um so wichtiger, durch einen treuen Verkündigungs- und Seelsorgedienst die Leute im Glauben und in der Erkenntnis, an Jesus selbst und an seiner Gemeinde zu befestigen. Das gilt v. a. dann, wenn die Gemeinde Jesu in die Schatten endzeitlicher Entwicklungen eintritt. Gerade wenn Vorzeichen um der Wiederkunft Jesu – etwa um Israel (Dan 12,7) – in Erscheinung treten, muß früher oder später auch mit Vorgängen der genannten Art gerechnet werden.

Damals, in der Zeit, als dieser Brief hier entstand, versuchte der Feind nach einigen Jahrzehnten der Missionsarbeit deutlich mit Verfolgung und Verführung einen *Gegenschlag* durchzuführen. Paulus wunderte sich nicht darüber, daß auf die Aktion Gottes eine Reaktion des Feindes folgte. Er schreibt: »Uns ist wohl bewußt, was er im Sinn hat« (2 Kor 2,11). – Und erst recht brauchen wir uns nicht zu wundern, wenn Gott unverkennbar auf den großen Tag Jesu Christi zueilt. Da wird dann der Teufel »nervös«

(Offb 12,12). Die Schrift redet von der »Versuchung, die kommen wird über den ganzen Erdkreis« (Offb 3,10), und von dem großen »Abfall« (2 Thes 2,3). Das wird uns gesagt, damit wir uns nicht beirren lassen, sondern uns darauf einstellen und uns und andere in rechter Weise darauf vorbereiten.

9.3.2 Paulus sagt, was diese kommende Zeit der Gefahr kennzeichnet: »Es wird eine Zeit kommen, *da sie die heilsame Lehre nicht ertragen werden*« (V. 3): Gott hat die »*heilsame Lehre*« geschenkt, die Botschaft von seinem Heiland Jesus Christus, das Wort vom Kreuz und Auferstehung Jesu, durch das der an der Sünde todkranke Mensch heil, gesund, neu und für alle Ewigkeit lebendig wird. Doch der eigenmächtige, selbstherrliche, von Satan und seinem Geist infizierte und irregeleitete Mensch trägt oft einen rätselvollen abgrundtiefen Widerwillen gegen dieses heilsame Wort in sich. Es ist ihm insbesondere die Feststellung unerträglich und im Tiefsten zuwider, daß er ein Bankrotteur ist, der ganz und gar außerstande ist, sich selbst zu helfen, und daß er nur gerettet werden kann dadurch, daß ein anderer, unser Herr Jesus Christus, als Bürge für ihn eintritt und Blut und Leben für ihn opfert. Er ist auch der Überzeugung, er habe es »herrlich weit gebracht«. Ja, »das Wort vom Kreuz ist eine Torheit denen, die verloren werden; uns aber, die wir selig werden, ist's eine Gotteskraft« (1 Kor 1,18).

9.3.3 Was tun sie demgegenüber? »*Nach ihren eigenen Gelüsten werden sie sich selbst Lehrer aufladen*« (wörtlich: »sich Lehrer aufhäufen«, »sich Lehrer in Menge verschaffen«, sich solche herbeiholen, die genau das sagen, was man gerne hört), »*nach denen ihnen die Ohren jucken*« (wörtlich: »die das sagen, was ihnen in den Ohren kitzelt«, was ihnen süß eingeht), die ihnen etwa bestätigen, daß der Mensch natürlich einen »guten Kern« habe, daß er es durchaus schaffe, sich selbst zu erlösen und zu vollenden, wenn er nur die richtige Methode – etwa der Meditation – dazu entwickle und die guten Kräfte in sich recht zur Entfaltung bringen würde. Dieses könne er etwa in einer Reihe von aufeinanderfolgenden Menschenleben, durch Reinkarnation, erreichen. Oder der Mensch bzw. die menschliche Gesellschaft könne natürlich durch Fortentwicklung des Moralempfindens selbst bestimmen, was gut und was böse ist – etwa hinsichtlich der Ehe und des ungeborenen Menschenlebens. Ein Gott – falls es ihn überhaupt geben sollte – habe sich darauf zu beschränken, kopfnickend zuzusehen, hinter den Menschen auf deren eigenen, selbstgewählten Wegen zu gehen und sie zu segnen – und sie alle einmal in seinen Himmel aufzunehmen.

9.3.4 »*Sie werden die Ohren von der Wahrheit abwenden und sich den Fabeln zukehren*«: Da, wo eine gründliche Bekehrung nötig wäre, eine Abkehr von der Welt und ihrem Wesen und eine bußfertige Zukehr zu dem lebendigen Gott, kehren sie sich »von der Wahrheit« Gottes ab und »kehren sich den Fabeln zu«, den »Mythen«, den von den Menschen selbst erdichteten. Wenn man ihnen gegenüber biblisch argumentieren will, dann heißt es: »Damit können Sie uns heute nicht mehr kommen; das gehört zu einer jetzt überwundenen Kulturstufe; nur noch einige primitiv Fromme glauben das.« In einem Gefühl und in einem Ton hoher Überlegenheit reden sie von ihren »Fabeleien«. Die Produktion von Derartigem hat heute auch in unserem Abendland, in unserer angeblich »nachchristlichen« Zeit, Hochsaison und findet reißenden Absatz. Das zeigt, wie akut die Worte des sich zum Märtyrertod anschickenden Apostels Paulus in seinem letzten Brief heute sind und nach aller Voraussicht noch mehr werden.

9.4 Was daraufhin die Haltung und das Verhalten treuer Diener Jesu Christi ist, was Timotheus tun soll und was wir alle heute und morgen tun sollen (V. 5)

9.4.1 »*Du aber sei nüchtern*«: Die »Fabeleien«, die Ideologien, die angeblich neuen Heilslehren sind wie ein Rauschgift; sie benebeln die Leute, die auf Derartiges hin wie »süchtig« werden, so daß ihnen »die Ohren danach jucken«. Deshalb soll sich jeder redlich Glaubende, voran jeder rechte Verkündiger des Evangeliums, um so mehr völlig davon freihalten, »*nüchtern*« bleiben, mit klarem Sinn sehen, was er am Evangelium hat: Vergebung seiner Sünde, Gnade Gottes, Frieden mit Gott, Gottes Heiligen Geist, das neue Leben aus Gott, die Gotteskindschaft, die Möglichkeit zum Gebet, die Kraft zum Glaubensgehorsam (Röm 1,5; 16,26), zum Jesus-gemäßen Leben, die klare Wegweisung in Gottes Wort, die getroste Zuversicht im Leben und im Sterben, die Hoffnung für die Gemeinde, ja für die ganze Schöpfung (Offb 21,5). An jenen neuen »Heilslehren« dagegen ist rein nichts; sie lassen die Menschen im Leben und Sterben bettelarm. Diejenigen, die solches mit so viel Selbstbewußtsein vertreten, sind betrogene Betrüger. Weitgehend sind sie von der Gemeinde Jesu »ausgegangen« (1 Joh 2,19); sie sind auf den Feind hereingefallen, so wie Eingeborene an einer fremden Küste auf betrügerische Händler, die ihnen ihr Gold, ihre Edelsteine und ihre echten Perlen gegen wertlosen bunten Plunder von Glasperlen abgeschwatzt haben. So ließen sie sich den »Schatz« des Evangeliums, die »eine köstliche Perle«, den wahren »Schatz« (Mt 13,44–46) arglistigerweise vom Feind gegen einen schillernden, wertlosen Plunder austauschen. Das zu sehen gehört zur rechten »Nüchternheit«. Diese setzt die Hoffnung *allein* auf die Gnade in Jesus Christus (1 Petr 1,13).

9.4.2 »*In allen Dingen*« gilt es nüchtern zu sein, zu sehen, wer Gott, wer Jesus Christus ist, wer wir sind, und was uns allein hilft, welchen Fortgang und welchen Ausgang diese Welt nimmt, was das Ziel ist, auf das Gott zuschreitet und zu dem uns unser Herr Jesus Christus mitnehmen will; was da unsere vornehmste Aufgabe ist im Blick auf uns und andere, was uns nie gereuen wird.

9.4.3 »*Leide willig*«: Ja, das ist ein Stück Leiden, im Gewissen an die Wahrheit Gottes gebunden zu sein, zu wissen, was den Menschen allein hilft, schriftgemäß die biblische Botschaft zum Heil und zur Förderung der Hörer auszurichten und mehr oder weniger deutlich den Widerstand zu spüren: »Das wollen wir doch gar nicht hören! Du bist ein unverbesserlicher Konservativer! Deine Sache ist hoffnungslos überholt!« Die Reihen lichten sich; die Verachtung, die einem begegnet, ist unverkennbar. Da mahnt Paulus: »Leide willig! Nimm's in Kauf! Sei unbeirrt! Du bist genau auf dem richtigen Weg!« Unser Herr Jesus Christus sagt: »Selig seid ihr, wenn euch die Menschen hassen um meinetwillen. Freuet euch und hüpfet; denn siehe, euer Lohn im Himmel ist groß!« (Lk 6,23, wörtlich).

Echt bei Jesus Bleibende verstehen die andern besser, als sie sich selbst verstehen. Deshalb ergreift sie auch im Blick auf diese Menschen ein tiefes *Erbarmen*. Sie wollen und können sie nicht anfeinden, denn ihr Herr, der große Gott, tut das nicht. »Über Böse und Gute« läßt er gleicherweise »seine Sonne aufgehen« (Mt 5,45). Er »leitet durch Güte zur Buße« (Röm 2,4). Das ist ein Grund mehr, warum rechte Diener Jesu, auch wenn ihnen Verachtung und Feindschaft begegnet, in unveränderter Freundlichkeit weiterarbeiten.

9.4.4 Deshalb mahnt Paulus auch bei einer Entwicklung der Gemeinde, wie sie V. 3 f. beschrieben ist: »*Tu das Werk eines Predigers des Evangeliums*« (wörtlich: eines »Evangelisten«)! Lade ein zu Jesus! Rufe zu Buße und Glauben! Tröste die Menschen der Gnade Gottes! Rühme das Geschenk, beten zu können! Leite dazu an, sich der guten Herrschaft Jesu zu unterstellen, dem Geist Gottes im Leben Raum zu geben, zum Glaubensgehorsam, zur Heiligung! Rufe dazu auf, auch anderen mit Glaubenszeugnis und Liebestat *Jesus* zu bringen und ihn den Menschen lieb und groß zu machen! Zeige, welche Würde es ist, um Jesu und des Zeugnisses willen für ihn zu leiden, und welche Freude es ist, an der Hoffnung des Evangeliums teilzuhaben!

»Tu das Werk eines Predigers des Evangeliums!« Schon mancher Diener Jesu hat erfahren, wie goldrichtig diese Mahnung des Apostels Paulus gerade für die Zeit der Anfechtung, der Anfeindung und des Widerstands ist: Es ist wichtig, sich nicht entmutigen zu lassen und sich auch mit den andern nicht in dauerndem Streit anzulegen, sondern unbeirrt und einfältig positiv das Brot des Lebens auszuteilen für alle, die es wollen. Schon oft wurde erfahren, wie die Irrlichter aufflackern und wieder verschwinden, wie Modemeinungen kommen und gehen, und wie dagegen das Wort Gottes *bleibt* in Ewigkeit, auch dann, wenn solche Krisen durchschritten werden müssen. Ja, dieses Wort wird uns auch durch die letzte Bewährungsprobe, bevor unser Herr kommt, sicher hindurchgeleiten (vgl. auch Offb 12,11).

9.4.5 Paulus fügt noch hinzu: »*Richte dein Amt redlich aus*« (wörtlich: »deinen Dienst vollbringe!«). Laß dein Werk nicht liegen! Zieh dich nicht ganz oder teilweise zurück! Mach keine halbe Sache! Verschweige nicht eine Seite des Evangeliums, die deine Hörer besonders stört, etwa, daß Gott auch zürnen und richten kann und Menschen ewig verloren gehen können! »*Vollbringe*«: Verfolge nach bestem Wissen und Gewissen das Ziel, daß du die ganze biblische Botschaft ausrichtest, so daß die dir anbefohlenen Menschen ganze Christen werden können – in der Gewißheit des Heils, durch die Gnade Gottes in Jesus, im Glaubensgehorsam und in der Heiligung, mit dem Zeugnis in Wort und Tat, in der Liebe auch gegenüber den Feinden, in der Leidensbereitschaft, in der lebendigen Hoffnung. Darauf achte, wie du dementsprechend das Wort »recht austeilst« in Verkündigung und Lehre, in Einzelzeugnis und Seelsorge (2 Tim 2,15). Tu das, bis der Herr dich ruft, vielleicht auch durch ein Martyrium, oder, was uns noch viel lieber wäre, dadurch daß er wiederkommt, damit er sich dann über dich freut und spricht: »Recht so, du tüchtiger und treuer Knecht, du bist über wenigem getreu gewesen, ich will dich über viel setzen; geh hinein zu deines Herrn Freude!« (Mt 25,21).

Damit hat Paulus das abgeschlossen, was er Timotheus als letzte schriftliche Anleitung sagt, sozusagen als Vermächtnis übergibt. So soll er weiterarbeiten, und so sollen auch wir weiterarbeiten, bis der Weg der Gemeinde Jesu zu dem hohen, lichten Ziel kommt, dem Tag Jesu Christi.

9.5 Nun redet Paulus darüber, wie sein eigener Weg weitergeht

9.5.1 »*Denn ich werde schon geopfert*« (V. 6). »*Denn*«: Das knüpft an das Vorausgehende an. Um so mehr soll Timotheus seinen Dienst wohlbedacht und treu tun, als er in einem gewissen Maß die Lücke ausfüllen soll, die der Apostel Paulus nun hinterläßt.

»Ich werde schon *geopfert*«; der griech. Ausdruck bedeutet »als Trankopfer dargebracht«, so wie im Tempel zu Jerusalem »Trankopfer« dargebracht, ausgeschüttet wurden. Schon bei seiner früheren Haft, als ihm ebenfalls eine Hinrichtung drohte, schrieb

Paulus in dem wohl letzten Brief vor seiner damaligen entscheidenden Gerichtsverhandlung an die Christen in Philippi: »Und wenn ich auch geopfert werde« (hier steht derselbe griech. Ausdruck), »... so freue ich mich« (Phil 2,17). Da Paulus das römische Bürgerrecht hatte (Apg 22,28), war im Fall eines Todesurteils gegen ihn nicht etwa eine Kreuzigung zu erwarten, sondern eine Enthauptung. Paulus erschien es wohl geradezu als eine Krönung seines ganzen Dienstes für seinen Herrn, der Blut und Leben für ihn gelassen und ihm das Leben geschenkt hatte, wenn er nun vor dem Block, vor dem Herrn selbst niederknien sollte und Blut und Leben für ihn verströmen. Auf jeden Fall, er starb seinem Herrn (Röm 14,8).

9.5.2 Was bei seiner Hinrichtung geschieht, drückt er nun weiter damit aus, daß er schreibt: »*Die Zeit meines Hinscheidens ist gekommen*«, meines »Abschieds«, meines »Aufbruchs«, meiner »Herauslösung« aus dieser Welt, auch aus dem engen römischen Kerker, um zum Herrn nach Hause zu gehen. So schrieb Paulus an die Christen in Philippi schon früher in ähnlicher Lage aus dem Gefängnis: »Christus ist mein Leben, und Sterben ist mein Gewinn ... Ich habe Lust, aus der Welt zu scheiden und bei Christus zu sein« (Phil 1,21.23). – Auch hier gilt es, »nüchtern« (V. 5) zu sein und nicht in eine falsche Todessehnsucht zu verfallen. Doch »wir wissen, daß denen, die Gott lieben, alle Dinge zum Besten dienen« (Röm 8,28a). So muß der Tod, auch wenn er schmerzhaft, ja gewaltsam ist, für Nachfolger Jesu Gehilfe ihrer Heimfahrt sein. – Als Paulus den Philipperbrief schrieb, sah er noch die Möglichkeit einer Wiederbefreiung (Phil 1,22–26). Nun aber stellte er sich ganz auf das Martyrium ein.

9.5.3 Paulus befindet sich nun sozusagen vor dem Ziel, am Zielband nach dem »Marathonlauf« eines langen, ihn weit führenden Dienstes für das Evangelium. So geht sein Blick zurück: »*Ich habe den guten Kampf gekämpft*«, den »schönen«, den »edlen« Kampf, nicht einen Kampf gegen Menschen, sondern *um* Menschen, *zur Ehre Gottes*, zum Preis des *Heilandswerkes unseres Herrn* und zur ewigen Errettung und *Seligkeit der Menschen*, denen der Kampf galt. Paulus gebraucht die Perfektform: Nun ist's durchgekämpft;

der Kampf ist jetzt abgeschlossen. Paulus weiß, daß ihm allein die Gnade Gottes den Frieden und die ewige Gemeinschaft mit Gott, die Seligkeit schenkt. Daß allein die Gnade rettet, hat Paulus unzählige Male andern eingeprägt. Darauf setzt auch er selbst seine Hoffnung allein; das hat er in seinem ersten Brief an Timotheus in einem eindrucksvollen Lobpreis ausgesprochen (1 Tim 1,12-17). Doch im Dank an Gott für seine Treue darf nun Paulus dennoch sagen: »Ich habe den edlen Kampf gekämpft.« Ein wunderbarer Kampf ist es gewesen, in dem ich stehen durfte, in dem gnädigen »Kampf« Gottes um seine Menschen zu ihrer Rettung.

9.5.4 Mit einem zweiten Perfektsatz spricht Paulus nicht nur von seiner Missionsarbeit, sondern auch von seinem Weg als Christ überhaupt: *»Ich habe den Lauf vollendet.«* Auch sonst redet das NT vom Lebensgang der Glaubenden als von einem Lauf (Apg 20,24; Gal 2,2; 5,7; Phil 2,16). »Laßt uns laufen mit Geduld in dem Kampf, der uns bestimmt ist, und aufsehen zu Jesus, dem Anfänger und Vollender des Glaubens« (Hebr 12,1f.). Paulus konnte jetzt sagen: »Der Lauf liegt nun hinter mir.« Die Dankbarkeit und die Freude ist ihm abzuspüren, obschon er noch im Gefängnis war, eine schwierige Gerichtsverhandlung bevorstand und schließlich sogar sein Todesurteil und seine Hinrichtung. Er blickt über das alles hinweg, wie Jesus im Hohenpriesterlichen Gebet (Joh 17) über Gethsemane und Golgatha hinwegschaute und auf die Heimkehr zum Vater sah. So kann Gott auch uns die Kraft schenken, daß wir über ein schmerzhaftes Todesleiden hinwegschauen können auf unsere Heimkehr zu ihm.

9.5.5 *»Ich habe Glauben gehalten«*, schreibt Paulus. Er sagt nicht mehr von seiner Arbeit, nur noch von dem *einen*, dem Glauben, der der Rettung teilhaftig macht (Röm 3,28). Zu ihm half ihm die vorlaufende Gnade Gottes, der Zug des Vaters zum Sohn (vgl. Joh 6,44; 1 Kor 12,3; Gal 1,15). So versiegelte ihn sein Herr mit seinem Geist und barg ihn in seiner Treue (Joh 10,27-30; Röm 8,38.39; Eph 1,13). Es mag in Saulus/Paulus immer noch eine gewisse Sorge gewesen sein, ob er denn nicht seinem atl. Namensvetter ähnlich werde, der gut begann und schlecht endete (1 Sam 10,27; 11,13; 15,11). Ob die strenge Selbstzucht des Paulus und auch seine strenge Erziehung durch Gott damit zusammenhingen (1 Kor 9,27; 2 Kor 12,7)? Nun aber konnte Paulus, am Ziel angekommen, erleichtert, dankbar und Gott zum Lob feststellen: »Ich habe Glauben gehalten«; Gottes Treue hat mir die Treue bewahrt.

9.5.6 »*Hinfort liegt für mich bereit die Krone der Gerechtigkeit*«, »der Kranz der Gerechtigkeit«. Nach dem siegreich beendeten Lauf bzw. Wettkampf gab es in der griechischen Welt den Lorbeerkranz aufs Haupt. Was ist nun hier dieser »Kranz«? Die »Gerechtigkeit« vor Gott, daß Gott zu einem Menschen sagt: »Du bist mir recht, du gefällst mir«, so, wie er über Jesus sagte: »Dies ist mein lieber Sohn, an dem ich Wohlgefallen habe« (Mt 3,17). Wie wird denn nun ein Mensch vor Gott gerecht? Das hat Paulus oft genug gesagt und geschrieben, zum Beispiel: Gott hat Jesus, »der von keiner Sünde wußte, für uns zur Sünde gemacht, damit wir *in ihm* die Gerechtigkeit würden, die vor Gott gilt« (2 Kor 5,21). In Christus sind wir Gott recht. Denn wenn er uns in Christus anblickt, sieht er nicht mehr uns in unseren Sünden, sondern den mit der Dornenkrone und mit den Wundmalen, seinen lieben Sohn. Und so sagt er dann auch über uns: »Dies ist mein liebes Kind, an dem ich Wohlgefallen habe.« Es gibt keinen anderen Weg, vor Gott gerecht zu sein, auch nicht für den Frömmsten und Treuesten, als allein in Christus zu sein und zu bleiben. Und eben darin hat Paulus »Glauben gehalten«, daß er nicht wieder aus Jesus heraustrat, nicht in Eigenmacht, nicht in Ungehorsam, nicht im Stolz oder wenn sein Herr mit ihm ins Leiden ging. So durfte er nun auch, wo's in dieser Welt mit ihm zu Ende ging, *in Christus* vor den Vater treten; so war er Gott recht; so lag nun der »Kranz«, die »Krone der Gerechtigkeit« für ihn bereit. Auch der ganze Fleiß, die ganze Treue des Paulus war nur ein Stück dieses »In-Christus-Bleiben«; so brachte er auch für seinen Herrn Frucht (Joh 15,4f.).

9.6 Ordnung und Reihenfolge der letzten Ereignisse

9.6.1 Der Kranz, die Krone wird zunächst für Paulus nur »*bereitgelegt*«. Und doch war Paulus *schon gleich* mit seiner Enthauptung *bewußt* beim Herrn und nicht etwa in einem bewußtlosen Todesschlaf. So schrieb er schon früher, als ihm ebenfalls ein Todesurteil drohte: »Ich habe Lust, aus der Welt zu scheiden *und* bei Christus zu sein« (Phil 1,23). Einige weitere Schriftstellen, die deutlich machen, daß Verstorbene in der jenseitigen Welt bewußt leben: Mose war gestorben, aber er erschien, wie Elia, unserem Herrn auf dem Berg der Verklärung und redete mit ihm (5 Mo 34; Mt 17,3). Abraham konnte Lazarus trösten und dem Reichen antworten, der seinerseits, als die Brüder des Reichen noch lebten, Abraham bat (Lk 16,19–31). Jesus sprach zum Schächer: »Wahrlich, ich sage dir: Heute wirst du mit mir im Paradies sein« (Lk 23,43). Zwar hatten die Alten keine Satzzeichen, so könnte auch gelesen werden: »Wahrlich, ich sage dir heute: Du wirst mit mir im Paradies sein«; aber daß Jesus »heute«, »an diesem Tag«, sagte, das verstand sich von selbst, und er sprach keine unnötigen Worte. Die Märtyrer am himmlischen Altar, am Thron Gottes fragen: »Herr, wie lange schaffst du nicht Recht ...?«, während die Leiden der Gemeinde Jesu in dieser Welt noch weitergehen, also der große Tag noch nicht angebrochen ist (Offb 6,9–11). Wir sehen aus dem allem: Die im Herrn Verstorbenen sind in einer vorläufigen Seligkeit bei ihm, und die gottlos Verstorbenen in einer vorläufigen Unseligkeit in der Totenwelt.

9.6.2 »*An jenem Tag*«, wenn Christus wiederkommt, kurz vorher, dürfen die zuvor im Glauben an Jesus Verstorbenen auferstehen (1 Thes 4,16); sie haben an der »ersten Auferstehung« teil (Offb 20,4–6), an der »Auferstehung aus den Toten heraus« (Phil 3,11, wörtlich). Sie empfangen dabei die neue Leiblichkeit, die »Geistleiblichkeit«, das dem kostbaren Inhalt, dem neuen Leben aus Gott, dem Heiligen Geist, dem »Christus in uns« ganz angemessene Gefäß (1 Kor 15,44.46; 2 Kor 3,17a). In diesem Erdenleben hatten sie den »Schatz« des neuen Lebens aus Gott in »irdenen Gefäßen«, das heißt in Leibern aus Erde (1 Mo 3,19; 2 Kor 4,7).

Paulus schreibt über die Ordnung, das Nacheinander der Auferstehung (1 Kor 15,23): »Als Erstling Christus«, an Ostern, »danach, wenn er kommen wird, die, die Christus angehören« – das ist die erste Auferstehung –; »danach das Ende«, oder, wie auch übersetzt werden kann, »der Rest« (eine Übersetzung, die hier sinnvoll ist). Das ist dann die allgemeine Auferstehung, auf die das Weltgericht folgt (Offb 20,11–15); in dieses kommen diejenigen nicht, die in diesem Leben an Jesus geglaubt haben (Joh 5,24). – Die Nachfolger Jesu, die bei der Wiederkunft des Herrn bzw. dann, wenn die erste Auferstehung erfolgt, noch in dieser Welt leben, müssen nun nicht mehr sterben, sondern werden unmittelbar in die neue Geistleiblichkeit verwandelt und dürfen dem wiederkommenden Herrn entgegengehen bzw. ihn einholen (1 Kor 15,51–55; 1 Thes 4,17).

Eben im unmittelbaren Anschluß an die erste Auferstehung bzw. die Verwandlung und Entrückung (1 Thes 4,17), bei der festlichen Begegnung mit dem Herrn, bei dem Fest der Vereinigung mit ihm, vor seinem Einzug in diese Welt als der wiederkommende Herr mit den Seinen (Offb 19,7.11.14; vgl. 1 Thes 3,13), *»an jenem Tag« überreicht der Herr als der »gerechte Richter« den Seinen den »Kranz«, die »Krone der Gerechtigkeit«.* »Gerecht« vor Gott sind Menschen allein »in Christus«, im Glauben an ihn (Röm 3,28; 2 Kor 5,21). Doch der »Kranz«, die »Krone der Gerechtigkeit« ist zugleich ein Zeichen dafür, daß der Glaubende aus Dank und Liebe den Glaubensgehorsam durchhielt, auch im Leiden, und für seinen Herrn fruchtbar war. Dem folgt eine Beauftragung mit neuen, erfüllenden Aufgaben im kommenden Friedensreich unseres Herrn und in der Vollendung (Mt 25,21). – Die so von dem Herrn Gekrönten werden dann gewiß auch, wie die Ältesten an Gottes Thron, vor Gott und dem Lamm bewundernd und dankbar ihre Kronen »niederwerfen« mit dem Ruf: »Herr, du bist würdig ...!« (Offb 4,10f.; 5,8f.). »Dort wird's tönen bei dem Krönen: Gott ist's der erschafft!« (Ph.F. Hiller).

9.7 Nicht nur Paulus

Paulus betont abschließend, daß er keine Ausnahme bilde, daß das wundervolle künftige Geschehen nicht auf ihn beschränkt sei: *»... nicht aber mir allein, sondern auch allen, die seine Erscheinung lieb haben«* (V. 8). Was Paulus verheißen ist, gilt auch all den anderen, die an Jesus glauben, die ihm vertrauen, die ihm ihr

Leben anvertrauen, die ihm willig folgen in Dienst und Leiden treu bis in den Tod (Offb 2,10). Und das alles aus *Liebe* zu dem, der sie zuerst geliebt hat (vgl. 1 Jo 4,19), der Blut und Leben für sie hingab. Diese ihre Liebe ist eine Frucht von Gottes Geist, der sie erfüllt (Gal 5,22). Auch bei all ihrem Dienst geht es ihnen vor allem darum, daß ihr Herr doch »durch vieler Danksagung hoch gepriesen wird« und daß sie zum Heil und Wohl der Menschen Werkzeuge der Barmherzigkeit Gottes sind, die nicht sich selbst suchen, sondern die Ehre ihres Herrn und die ewige Errettung ihrer Mitmenschen.

Und die Liebe zu ihrem Herrn drückt sich insbesondere auch darin aus, daß sie »*seine Erscheinung lieb haben*«, daß sie sich ausstrecken nach dem großen Tag Jesu Christi, an dem endlich alle Verunehrung und Schändung seines hohen, heiligen Namens ein Ende hat, auch das Leiden und die Anfechtung seiner Kinder und ebenso das »ängstliche Harren« aller Kreatur (Röm 8,18–23); nach dem Tag, an dem der Feind weggetan sein wird (Offb 20, 1–3). Aus diesem Grund bitten wir so sehr:»Vater, wie du einst, als die Zeit erfüllt war, deinen lieben Sohn zu uns als Menschen sandtest, so laß nun ebenfalls die Zeit erfüllt sein und sende ihn uns in Herrlichkeit« (vgl. Gal 4,4). »Amen, ja komm, Herr Jesus!« (Offb 22,20).

Vorschlag zur Bibelarbeit über 2. Timotheus 4,1–8

---

1. Hinführung

Wir wissen nicht, ob Timotheus rechtzeitig vor der Hinrichtung des Apostel Paulus in Rom ankam und Paulus noch besuchen und dieser ihn sprechen konnte. Auf jeden Fall werden ihm die letzten Zeilen, die er aus des Paulus Hand erhielt, eine Kostbarkeit, ein Vermächtnis an ihn gewesen sein.

Auch uns sollen diese letzten Worte des besonderen Lehrers der Christenheit, des Sonderbotschafters unseres Gottes für die Heidenvölker, sehr wichtig sein, insbesondere für eine

Zeit, etwa der letzten, in der die Treue zu Jesus unter Umständen auch mit dem Zeugentod bewährt werden muß.

2. Vorbereitende Fragen

Warum nimmt Paulus hier seinen Mitarbeiter so ernst in Pflicht? *Wozu* verpflichtet er ihn dabei? Wo nehmen wir heute ein Widerstreben wahr nach Art dessen, was hier Paulus beschreibt? Was hatte Timotheus und was haben wir heute dem allem entgegenzusetzen? Wie weit kann, besonders in der Endzeit, unsere Opferbereitschaft reichen müssen? Und wie beantwortet der Herr solche Treue?

3. Thema

»Sei getreu bis in den Tod ...« (Offb 2,10) – das Vermächtnis des sterbenden Paulus.

4. Gliederung

a) Zeugen Jesu Christi, Lehrer der Gemeinde, sind in Pflicht genommene Leute (V. 1).

b) *Wozu* ermahnt Paulus seinen Mitarbeiter Timotheus und alle Dienstleute Jesu? (V. 2).

c) Die drohende endzeitliche Fehlentwicklung, die den Dienst der Zeugen Jesu um so dringlicher macht (V. 3f.).

d) *Was* sollen daraufhin die Diener Christi tun? (V. 5).

e) Wie Paulus »durchs Ziel geht« (V. 6) – »... ihr Ende schaut an und folgt ihrem Glauben nach« (Hebr 13,7f.).

f) Die zukünftigen Ereignisse im Leben der an Jesus Glaubenden (V. 7f.).

5. Schluß

Der sterbende Zeuge übergibt sein Leben Jesus und das »Stafettenholz« des Evangeliums, das durch die Generationen läuft, den Zeugen der nächsten und aller folgenden Generationen, in der Erwartung, daß sie in gleicher Leidens- und Opferbereitschaft ihren Dienst tun, insbesondere wenn sich die Menschen auf Anstiften des Feindes (vgl. Offb 12,12) mit einem letzten Trotz gegen Gottes Willen aufbäumen werden.

10. Letzte Bitten, Nachrichten und Grüße (4,9–22)

4,9–22: Beeile dich, daß du bald zu mir kommst. (10) Denn Demas hat mich verlassen und diese Welt liebgewonnen und ist nach Thessalonich gezogen, Kreszens nach Galatien, Titus nach Dalmatien. (11) Lukas ist allein bei mir. Markus nimm zu dir und bringe ihn mit dir; denn er ist mir nützlich zum Dienst. (12) Tychikus habe ich nach Ephesus gesandt. (13) Den Mantel, den ich in Troas ließ bei Karpus, bringe mit, wenn du kommst, und die Bücher, besonders die Pergamente. (14) Alexander, der Schmied, hat mir viel Böses angetan; der Herr wird ihm vergelten nach seinen Werken. (15) Vor dem hüte du dich auch; denn er hat sich unsern Worten sehr widersetzt. (16) Bei meinem ersten Verhör stand mir niemand bei, sondern sie verließen mich alle. Es sei ihnen nicht zugerechnet. (17) Der Herr aber stand mir bei und stärkte mich, damit durch mich die Botschaft ausgebreitet würde und alle Heiden sie hörten, so wurde ich erlöst aus dem Rachen des Löwen. (18) Der Herr aber wird mich erlösen von allem Übel und mich retten in sein himmlisches Reich. Ihm sei Ehre von Ewigkeit zu Ewigkeit! Amen. (19) Grüße Priska und Aquila und das Haus des Onesiphorus. (20) Erastus blieb in Korinth, Trophimus aber ließ ich krank in Milet. (21) Beeile dich, daß du vor dem Winter kommst. Es grüßen dich Eubulus und Pudens und

Linus und Klaudia und alle Brüder. (22) Der Herr sei mit deinem Geist! Die Gnade sei mit euch!

10.1 Timotheus soll rasch kommen (V. 9)

»Beeile dich, daß du bald zu mir kommst« (oder: »rasch zu mir zu kommen«). Paulus möchte vor seiner Hinrichtung gern Timotheus noch einmal sehen, ihm persönlich seinen Dienst übergeben und wohl auch seinen Segen auf ihn legen wie der sterbende Jakob auf seine Söhne (1 Mo 49). Möglicherweise war es auch der Wunsch des Apostels, daß Timotheus als Zeuge seines Martyriums bei seiner Hinrichtung zugegen war, als Zeuge dafür, daß Paulus sein Zeugnis für Jesus in Wort und Schrift vor den Gemeinden an so vielen Orten nun auch noch mit seinem Zeugentod besiegelte: »Darauf und dafür gebe ich Blut und Leben!« Das hatte auch für alle kommenden Generationen der Christen große Bedeutung. *Beeilen* sollte sich Timotheus vor allem deshalb, weil nicht bekannt war, wie bald schon die nächste Gerichtsverhandlung mit dem zu erwartenden Todesurteil und der gleich anschließenden Urteilsvollstreckung erfolgte. Auch für Timotheus selbst war es gewiß gut, wenn er beim Hinscheiden seines geistlichen Vaters dabei war, wie für Elisa, als Elia von dieser Welt weggenommen wurde (2 Kö 2).

10.2 Timotheus soll kommen, weil Paulus verhältnismäßig einsam geworden ist (V. 10–12)

Manche seiner früheren Mitarbeiter sind nicht mehr bei Paulus. »Denn«: Auch mit dem nun Folgenden begründet Paulus, warum Timotheus zu ihm kommen soll, schnell kommen.

10.2.1 *»Denn Demas hat mich verlassen und diese Welt«* (wörtlich: »die jetzige Welt«) *»liebgewonnen und ist nach Thessalonich gezogen.«* Demas war ein Mitarbeiter des Paulus, der sogar um ihn war, als er sich früher, zur Zeit der Abfassung zweier Briefe (Kol und Phlm), im Gefängnis befand. In diesen Briefen grüßt Paulus von Demas (Kol 4,14; Phim 24; vgl. Kol 4,18; Phlm 13.23). Doch nun waren der Mut und die Opferbereitschaft des Demas an ihre Grenze gekommen. Die Lage war auch deutlich *an*gespannter als zur Zeit der früheren Gefangenschaft des Paulus. Demas hing zu sehr am Leben, an dieser Welt, als daß er sich in Rom mit und wegen Paulus einer solch großen Gefahr aussetzen wollte; er liebte die »jetzige Welt« mehr als die kommende »Erscheinung« des Herrn und seines Reiches (V. 1.8). Es wird nicht gesagt, daß Demas völlig vom Glauben abgefallen sei, aber er zog es vor, sich aus Rom nach Thessalonich – das war möglicherweise seine Heimat – in Sicherheit zu bringen; es wird sich möglicherweise damals schon in Rom das schwere Gewitter über den Christen zusammengeballt haben, das sich ein Jahr später in der ersten großen Christenverfolgung gegen sie entlud. Doch ein solches Ausweichen, eine solche Leidensscheu konnte der Anfang vom Ende seines Glaubenslebens werden.

10.2.2 »*Kreszens nach Galatien*«: Wir wissen nicht, ob die parallele Formulierung zu dem Weg des Demas darauf schließen läßt, daß auch Kreszens der Gefahr in Rom ängstlich ausgewichen ist, oder ob er von Paulus, der selbst vom Gefängnis aus noch die missionarische Arbeit lenkte, auf ein neues Wirkungsfeld gesandt worden war. Nach frühen außerbiblischen Nachrichten handelt es sich hier nicht um »Galatien« im Innern Kleinasiens (vgl. Gal), sondern um »Gallien« d.h. Frankreich; beides waren Siedlungsgebiete desselben Volkes, der Gallier (= Kelten). »Gottes Wort« war »nicht gebunden« (2 Tim 2,9), auch nicht im Rom Neros und auch nicht, wenn der Apostel Paulus, der Hauptmotor der Missionsarbeit, gefangenlag.

10.2.3 »*Titus nach Dalmatien*«: Dieser war nicht lange zuvor im Auftrag des Paulus auf Kreta tätig gewesen (Tit 1,5). Dann berief ihn der Apostel zu sich nach Nikopolis im Nordwesten Griechenlands zu kommen (Tit 3,12). Und nun war er, wohl wieder im Auftrag des Paulus, noch weiter nördlich, in Dalmatien, tätig, wohin auch bereits das Evangelium gedrungen war (vgl. Röm 15,19). Paulus war nach wie vor in gewissem Sinn der Kopf und Stratege der Missionsbewegung jener Zeit. Doch indem er die jüngeren Brüder auf verschiedene Arbeitsfelder schickte, wurde der damals sehr angefochtene Mann deutlich einsamer.

10.2.4 »*Lukas ist allein bei mir.*« Der »geliebte Arzt« (Kol 4,14; vgl. Phim 24) war auch schon früher viel um den gefangenen Apostel gewesen. Nicht nur bei einigen Missionsfeldzügen des Paulus war Lukas dabei und auf seiner letzten Reise nach Jerusalem, sondern ebenso auf der Fahrt des gefangenen Paulus nach Rom und bei dem Schiffbruch, den er damals vor Malta erlitt (vgl. die »Wir«-Berichte der Apg, z.B. Apg 28,1). Wie vielfältig mögen die Verbindungen gewesen sein, die der gebildete und sehr bewegliche Mann zwischen dem gefangenen Apostel und den Gemeinden bzw. den andern Mitarbeitern unterhielt! Dazuhin tat er den Gemeinden den großen Dienst, auf Grund sorgfältiger Quellenforschungen einen Bericht über Leben, Sterben und Auferstehen Jesu zu schreiben (vgl. Lk 1,1-4) und ebenso einen Bericht über den Fortgang der Ausbreitung der jungen Gemeinde, beginnend mit Jesu Himmelfahrt und Pfingsten: die »Apostelgeschichte«. Möglicherweise lagen diese beiden wichtigen Schriften damals schon vor und konnten auch im Prozeß eingesetzt werden als Nachweis dafür, daß weder Jesus noch Paulus sich je als politische Revolutionäre betätigten. Offenkundig konnte Lukas den Apostel Paulus nun auch bei seiner zweiten Gefangenschaft in Rom regelmäßig besuchen. Welch unschätzbar großen und mutigen Dienst hat doch dieser Mann, über den wir nur wenig wissen, in der frühen Christenheit getan!

10.2.5 Paulus fügt in Ergänzung zu V. 9 hinzu: »*Markus nimm zu dir und bring ihn mit dir; denn er ist mir nützlich zum Dienst.*« Paulus ging es nicht um persönliche Belange, sondern um seinen »*Dienst*«, seine Aufgaben, wohl auch die, daß er eine gewisse Verantwortung für die Gemeinde in Rom sah. Markus hatte einerseits gute Verbindung zu Petrus und war dessen geistlicher Sohn (1 Petr 5,13), andererseits aber auch zu Paulus wie zu weiteren mitverantwortlichen Brüdern in der frühen Christenheit. Das konnte bewirken, daß er die wohl recht vielgestaltige Gemeinde in Rom mit ihren mancherlei Gruppierungen *zusammenzuhalten* vermochte.

– Markus reiste, als Paulus in der Zeit seiner ersten Gefangenschaft den Kol geschrieben hatte, nach Kleinasien (Kol 4,10) und befand sich möglicherweise noch dort. Wenn Timotheus ihn »*mitbringen*« sollte, dann mußte er auch selbst damals in Kleinasien, wohl nach wie vor in Ephesus, gewesen sein (vgl. 1 Tim 1,3). Das spricht dafür, daß sich Timotheus auch noch in Ephesus befand, als Paulus seinen zweiten Brief an ihn schrieb.

Paulus wollte seinerzeit Markus, entgegen dem Rat des Barnabas, nicht auf seine zweite Missionsreise mitnehmen, weil er auf der ersten insofern versagt hatte, als er angesichts drohender Gefahren die beiden Missionare verlassen hatte und angstvoll heimgekehrt war (Apg 13,13; 15,37–41). Paulus hatte dabei gewiß nicht unrecht: So, wie sein Herr ihn vorwärtseilen hieß und wie er ihn wieder in Gefahren führte (Philippi, Thessalonich, Athen, Korinth; Apg 16–18), wäre der damals wohl noch ängstliche Johannes Markus überfordert gewesen. Dafür gab Gott dem Apostel Paulus wenig später eben in Timotheus einen geeigneten jungen Mitarbeiter (Apg 16,1–3). Doch es war gewiß auch recht, daß Barnabas den jungen Markus nicht fallen ließ. Er ist unter der Anleitung dieses trefflichen Christen (Apg 4,36f.; 9,26–28; 11, 22–30; 13,1–3), seines Onkels (Kol 4,10), ein treuer und bewährter Diener Jesu geworden, insbesondere ein tüchtiger Mitarbeiter des Petrus (1 Petr 5,13). Auch verfaßte er, wohl insbesondere nach Angaben des Petrus, das MkEv. Sein Verhältnis zu Paulus war durch das frühere Geschehen (Apg 15,37–41) nicht belastet. Er war in der Zeit von dessen erster Gefangenschaft teilweise um ihn; in Kol und Phim richtet Paulus auch Grüße von Markus aus (Kol 4,10; Phim 24). Wie sehr Paulus Markus nun schätzte, geht auch aus unserer Schriftstelle hervor. Nach außerbiblischen Nachrichten starb Markus den Märtyrertod.

10.2.6 »*Tychikus habe ich nach Ephesus gesandt*« (V. 12). Tychikus stammte aus der Provinz Asia, also West-Kleinasien (Apg 20,4), und gehörte zeitweise zur Mitarbeiterschaft und Begleitung des Paulus, der in der Regel mit einem Missionsteam reiste und arbeitete. Auch während der ersten Gefangenschaft des Paulus besuchte er diesen und überbrachte möglicherweise von ihm her den Epheser- und Kolosser-Brief an die Empfänger-

Gemeinden (Eph 6,21; Kol 4,7), Paulus nennt ihn in diesen Briefen seinen »lieben Bruder und getreuen Diener und Mitknecht in dem Herrn«. Nach der Entlassung des Paulus aus seiner ersten Gefangenschaft gehörte er wohl wieder zu dessen Missionsteam und reiste möglicherweise im Auftrag des Apostels nach Kreta zu Titus, um diesen zu unterstützen bzw. abzulösen (Tit 3,12). Nun reiste Tychikus auf Geheiß des Paulus in seine Heimat, die Provinz Asia, nach Ephesus, wohl zur Ablösung von Timotheus, damit dieser desto eher zu Paulus nach Rom reisen konnte.

Wieviel stille, opferbereite, wie selbstverständlich geleistete Treue gab es doch in jener Frühzeit der Gemeinde Jesu, als das Evangelium im Sinne des Missionsbefehls unseres Herrn den ersten großen Sprung in die Völkerwelt tat! Dabei war ja das Reisen damals, zu Land und zu Meer, sehr beschwerlich und gefährlich. Wir Heutigen können von der Opferbereitschaft jener Menschen viel lernen, insbesondere, wenn es dem Ziel entgegengeht.

10.3 Äußere Aufträge (V. 13)

10.3.1 »*Den Mantel, den ich in Troas ließ bei Karpus, bringe mit, wenn du kommst*«: Paulus ging wohl davon aus, daß Timotheus von Ephesus aus der Küste entlang zu Land oder zu Meer, nordwärts nach Troas reiste, um dann mit dem Schiff nach Mazedonien zu fahren, so wie er das seinerzeit mit Paulus auf der zweiten Missionsreise getan hatte (Apg 16,10f.). Von dort ging's durch Mazedonien zu Fuß weiter bis zur Westküste Griechenlands, von wo aus die Schiffsreise nach Rom folgte. Paulus wollte wohl seinerzeit bald wieder nach Troas kommen, weshalb er seine Habseligkeiten dort ließ. Es kam aber seine erneute Verhaftung dazwischen. Den Mantel brauchte er nun, weil der Winter vor der Tür stand und es in der Gefängniszelle kalt war. Es war wohl nun Herbst 63 n. Chr.; im Herbst 64 folgte dann die schreckliche allgemeine Christenverfolgung in Rom unter Kaiser Nero.

10.3.2 »*... und die Bücher, besonders die Pergamente.*« Paulus hatte bei Karpus, wohl einem führenden Christen in Troas, auch

Schriftrollen zurückgelassen, solche aus dem billigeren Papyrus und solche aus dem wertvollen Pergament. Die Heilige Schrift sollte nach jüdischer Ordnung nur auf Pergament geschrieben werden; so handelt es sich bei den Pergamentrollen wohl um Abschriften von Teilen des AT, die Paulus besaß, bei den Papyrusrollen um Schreibmaterial für künftige Briefe, die Paulus eventuell noch schreiben wollte, oder auch um Briefe von Gemeinden für Paulus, die er im Prozeß zu seiner Entlastung vorlegen wollte, oder gar um Ev.n, etwa das des Lukas, und die Apg, auf die er sich ebenfalls in seinem Prozeß hätte berufen können: Eine politische Gefahr für Rom waren weder Jesus noch er.

10.4 Gegner (V. 14f.)

Nun, da Paulus in seinen Gedanken in Troas war, wurde er an einen unguten Gegner erinnert, an »*Alexander, den Schmied*«; vor ihm mußte er Timotheus warnen. Bereits in seinem ersten Brief an Timotheus sagte Paulus, daß er den Mann einer ernsten Züchtigung übergeben habe, um ihn vor weiterer schwerer Sünde zu bewahren (1 Tim 1,20; vgl. 1 Kor 5,5). Paulus schreibt nun: *Er »hat mir viel Böses angetan; der Herr wird ihm vergelten nach seinen Werken.«* Er sagt nicht: »...der Herr möge ihm vergelten.« Er bringt keinen entsprechenden Wunsch, keine Bitte zum Ausdruck; er stellt nur fest, daß der *Herr* ihn richtet, im Sinne des Wortes: »Schaffet euch nicht selber Recht, Gott wird Recht schaffen« (freie Übersetzung von Röm 12,19). Dennoch muß Paulus Timotheus vor ihm warnen; Alexander war wohl aus Troas, und Timotheus konnte ihm, wenn er Karpus aufsuchte, begegnen. So schreibt Paulus: »*Vor dem hüte du dich auch; denn er hat sich unsern Worten sehr widersetzt.*« Er hat wohl nicht nur für sein eigenes Leben Gottes Wort nicht rechtgegeben, sondern auch die Wirkung von Gottes Wort in andern gestört. Timotheus sollte möglicherweise in Troas als Gast auch in der Gemeindeversammlung verkündigen; also mußte er wissen, aus welcher »Ecke« dabei möglicherweise Widerstand kam. Um so klarer, eindeutiger, tapferer hatte er zu reden. War in Troas, der alten Stadt des »Trojanischen Pferdes«, Alexander etwas wie ein vom Feind in die Gemeinde eingeschleustes »Trojanisches Pferd«? Mit Derartigem haben u. U. auch wir zu rechnen.

10.5 Erfahrungen (V. 16-18)

Paulus sagt nun am Ende seines Briefes noch von einer *schmerzlichen* und von einer *tröstlichen Erfahrung*:

10.5.1 »*Bei meinem ersten Verhör*«, »bei meiner ersten Verteidigung« (wie auch übersetzt werden kann): Es handelte sich um die erste Gerichtsverhandlung vor dem kaiserlichen Gericht; die zweite Gerichtsverhandlung stand bevor, bei der Paulus bereits mit dem Urteil, einem Todesurteil, über ihn rechnete. Möglicherweise führte bei derartigen Gerichtsverhandlungen der Kaiser selbst den Vorsitz; dem Apostel Paulus wurde vor seinem Schiffbruch vor Malta von einem Engel angekündigt: »Fürchte dich nicht, Paulus, du mußt vor den Kaiser gestellt werden« (Apg 27,24). Paulus klagte: »Bei meinem ersten Verhör *stand mir niemand bei, sondern sie verließen mich alle.*« Die Gerichtsverhandlungen waren öffentlich. Der neue Glaube war in Rom Stadtgespräch. Wahrscheinlich war bei dem Prozeß gegen einen Wortführer der Christen eine große Zuhörerschaft zugegen. Im Prozeß konnten Belastungs- und Entlastungszeugen auftreten. Und nun berichtet Paulus schmerzlicherweise: Bei der ersten Gerichtsverhandlung »stand mir niemand bei«. Er erwartete wohl, daß insbesondere Gemeindeglieder aus Rom für Paulus, zu seiner Entlastung, eintraten. Doch alle, die für ihn hätten reden können, schwiegen. »Sie verließen mich alle; sie ließen mich alle im Stich.« Wahrscheinlich hielten sie die Lage der Christen in Rom, sonderlich unter den Augen von Nero, damals für so gefährlich, daß sie sich nicht vorwagten. Sie fürchteten, daß sie mit einem Eintreten für einen Mann wie Paulus ins offene Messer liefen. Das war verständlich; die grausame Verfolgung der Christen durch Nero warf gewiß ihre Schatten voraus. Doch für Paulus war damals alles recht beschwerend. Aber er äußerte den Wunsch und die Bitte: »*Es sei ihnen nicht zugerechnet.*« Belasten sollte es die Mitchristen auf keinen Fall. Paulus betete *für* seine Mitchristen und nicht gegen sie, auch wo sie versagten. Jesus hat ja auch in Liebe und Fürsorge *für* den ihn verleugnenden Petrus gebetet und nicht gegen ihn (Lk 22,32).

10.5.2 Die *stärkende* Erfahrung des Apostels Paulus bei dieser Gerichtsverhandlung: »*Der Herr aber stand mir bei.*« Er war sein Rechtsbeistand, wie es kein Mensch hätte sein können, eben weil *er* »der *Herr*« ist und nicht etwa der angebliche »Gerichts-Herr« Nero. »*Der Herr stärkte mich*«, »machte mich stark«: Er tut das vor allem durch seinen Geist. So sprach Jesus zu seinen Jüngern: »Wenn sie euch nun überantworten (d.h. vor Gericht stellen) werden, so sorgt nicht, wie oder was ihr reden sollt. Denn nicht ihr seid es, die da reden, sondern eures Vaters Geist ist es, der durch euch redet« (Mt 10,19f.).

Wozu wurde Paulus damals vor Gericht gestellt? Was war Zweck und Ziel Gottes? Paulus schreibt: »*... damit durch mich die Botschaft ausgebreitet würde und alle Heiden sie hörten*«, d.h. »damit durch mich die Verkündigung vollbracht wurde und sie alle Völker hören konnten«. Der römische Kaiser, das römische Weltreich sahen sich als Repräsentanten aller Völker. Und nun hatte Paulus die Gelegenheit und die Kraft dazu empfangen, die Botschaft des Evangeliums klar und deutlich »vor Kaiser und Reich« auszurichten, in gewissem Sinn bereits »zum Zeugnis für alle Völker«; das hatte größte heilsgeschichtliche Bedeutung (vgl. Mt 24,14). Daß das durch Paulus geschehen konnte, hatte »der Beistand des Herrn«, die »Stärkung« durch seinen Geist bewirkt.

10.6 Die Rettung des Paulus (V. 17b–18)

10.6.1 Die vorläufige Rettung: »*So wurde ich erlöst aus dem Rachen des Löwen.*« Die Worte des Paulus blieben nicht ohne Eindruck auf die Richter und auf die Zuhörerschaft. Das Urteil wurde nicht jetzt schon gefällt. Wenn Paulus auch wußte, daß das nur ein kurzer Aufschub war (V. 6), so war er dennoch dafür dankbar, gab ihm doch dieser Aufschub Gelegenheit, auch noch diesen Brief hier zu schreiben. Im Blick auf den Fortgang der Missionsarbeit und des Gemeindeaufbaus an den verschiedenen Orten konnte er so manches noch ordnen. Und vielleicht ermöglichte ihm dies, noch einmal mit Timotheus zu sprechen, was ihm besonders am Herzen lag (V. 9), weil vor allem dieser in die Lücke treten sollte, die Paulus hinterließ.

»... erlöst aus dem Rachen des Löwen«: Was meinte Paulus damit? Etwa, daß er nicht, wie später viele Christen, wilden Tieren vorgeworfen wurde? Wohl nicht; für ihn als römischen Bürger (Apg 22,25-29) war die Enthauptung mit dem Schwert die Weise der Hinrichtung; davon ging er auch selbst aus (vgl. V. 6 und das dort Ausgeführte; Phil 2,17). Oder ist mit dem »Löwen« der Satan gemeint, wie Petrus schreibt: »Der Teufel geht umher wie ein brüllender Löwe und sucht, wen er verschlinge« (1 Petr 5,8)? Wohl nicht; der Teufel bedroht die Glaubenden immer, auch in guten Tagen; die Gefahr durch ihn war nicht das Besondere in jener Gerichtsverhandlung. Paulus dachte wohl vielmehr an die römische Staatsmacht, die hier nicht Ordnungsmacht war (Röm 13,1-7), sondern in ihrem Vorgehen gegen die Christen, insbesondere unter Kaiser Nero, zur Macht der Willkür und der Ungerechtigkeit entartet war. Vor ihr und einer sensationslüsternen Menge, die den Tod der Christen forderte, hatte Gott den Apostel Paulus noch einmal gerettet.

10.6.2 Doch nun dachte Paulus vor allem an seine endgültige Errettung: »*Der Herr wird mich erlösen von allem Übel*«, »von jedem bösen Werk«, jedem bösen Anschlag, von jedem Anschlag des Bösen. Hier steht im Urtext ein Wort, das im griech. NT oft die Bezeichnung für den Satan und sein Wesen ist.

Diese Errettung wird einmal gleichzeitig für alle Glaubenden, die dann noch in dieser Welt leben, erfolgen, wenn der Herr, unmittelbar vor seiner Wiederkunft, die Seinen verwandelt und »entrückt«, zu sich heimholt (1 Kor 15,51; 1 Thes 4,17). Dann hat der Teufel mit allen seinen dämonischen und menschlichen Helfern und Helfershelfern das Nachsehen. Und er kann so wenig etwas gegen sie unternehmen wie Isebel gegen Elia, als er mit feurigen Wagen und feurigen Rossen gen Himmel fuhr (2 Kö 2,11). – Ebenso ist es aber auch, wenn der Herr seine Leute im Tod zu sich heimholt. Aus diesem Grund konnte Paulus früher schon im Blick auf seinen möglichen Märtyrertod schreiben: »Ich habe Lust, aus der Welt zu scheiden und bei Christus zu sein« (Phil 1,23). Gerade wenn der Feind den härtesten Schlag gegen die Kinder Gottes führt, verliert er daraufhin alle Möglichkeit, etwas gegen sie zu tun; denn im Himmel sind sie jedem Zugriff des Feindes ganz und endgültig entnommen.

So spricht Paulus hier noch ausdrücklich davon, *wohin* der Herr die Seinen errettet: »*in sein himmlisches Reich*«, dorthin, wo Gott, Jesus Christus, sichtbar gegenwärtig ist und auch sichtbar allein regiert, wo der Feind auf jeden Fall ausgeschlossen ist, auch mit Anklagen gegen die an Jesus Glaubenden, wo der gekreuzigte, auferstandene und zur Rechten des Vaters erhobene Herr die Seinen wunderbar vertritt (vgl. Hi 1,6ff.; Röm 3,23f.; 1 Joh 2,1; Offb 12,7-12). – Mit der Wiederkunft Jesu kommt in einem gewissen Sinn der Himmel auf die Erde, und der Feind wird dazu ganz ausgeschaltet, in den Abgrund verschlossen (Offb 20,1-3). Mit der Vollendung sind Himmel und Erde, *Gott* und die Menschen sozusagen vereinigt; die gesamte schreckliche Auswirkung der menschlichen Sünde ist endgültig überwunden (Offb 21,1-5).

10.6.3 Von diesem wunderbaren Ziel, für das der Vater durch den Sohn und den Heiligen Geist alles in die Wege geleitet hat und für das auch jetzt in dieser Welt die Menschen, die sich zu Jesus rufen lassen, zubereitet werden, kann Paulus nicht reden, ohne in das große Staunen, die Bewunderung, die Ehrung und die Anbetung Gottes, des Vaters, und unseres Herrn Jesus Christus auszubrechen: »Ihm sei Ehre von Ewigkeit zu Ewigkeit!« Uneingeschränkt für immer! Das »Amen« (»ja, so ist es«) soll die Gemeinde dazu einladen, anleiten und ermuntern, doch auch in diesen Lobpreis, in den Ausdruck der Ganzhingabe an Gott, einzustimmen und ebenfalls dieses »Amen« zu sprechen.

10.7 Grüße, Mitteilungen und Segenswünsche (V. 19-22)

10.7.1 Paulus läßt noch Grüße an »*Priska*« (sonst heißt sie »Priscilla«) und »*Aquila*« folgen, die Paulus immer wieder Quartier gaben und die offenkundig streckenweise mit ihm wanderten, um ihm auch andernorts diesen Dienst erweisen zu können. Zunächst zogen sie von Korinth nach Ephesus, dann von Ephesus nach Rom (wohin Paulus damals wollte), und jetzt waren sie wieder in Ephesus, wo Paulus erneut tätig gewesen war (Apg 13,1.2.18,19.26; Röm 1,11–15; 15,24; 16,3; 1 Tim 1,3). Ihnen sollte Timotheus von Paulus Grüße ausrichten. Bei diesem gläubigen Ehepaar fand der Apostel in seinem so unruhigen Leben wiederholt ein Stück Heimat.

10.7.2 Weiter sollte Timotheus das »*Haus des Onesiphorus*« grüßen, d.h. dessen noch in Ephesus lebende Familie, nachdem der Hausvater in seinem treuen Bemühen um Paulus wohl kurz zuvor in Rom ums Leben gekommen war (vgl. 2 Tim 1,16–18 und die Ausführungen dazu). Solches »Grüßen« von an Jesus glaubenden und in der Fürbitte eintretenden Menschen wird zum »*Segnen*«, auch wenn es im Alltag geschieht.

10.7.3 Wohl um noch einmal deutlich zu machen, daß er z.Zt. verhältnismäßig einsam sei, erwähnt Paulus nachträglich zu V. 10–12: »*Erastus blieb in Korinth*.« Auch Erastus gehörte zu den Mitarbeitern des Paulus; gemeinsam mit ihm erfüllte Timotheus während der dritten Missionsreise des Paulus einen Dienstauftrag in Mazedonien (Apg 19,22). Beruflich war Erastus im Kassenwesen der Stadt Korinth tätig (Röm 16,23). In diese seine Heimatstadt war er wieder zurückgekehrt – möglicherweise mit einem besonderen geistlichen Auftrag des Apostels.

10.7.4 Ebenfalls wohl als Hinweis auf seine derzeitige Einsamkeit macht Paulus die Angabe: »*Trophimus ließ ich krank in Milet*.« Auch Trophimus gehörte zeitweise zum Missionsteam des Paulus und stammte aus Ephesus (Apg 20,4; 21,29). Es fällt auf, daß Paulus, der sonst nicht selten Menschen im Namen Jesu heilte (z.B. Apg 14,10; 19,11; 28,8), Trophimus krank zurückließ. Er wußte, daß es nicht in jedem Fall Gottes Wille ist, daß Gotteskinder, die krank sind, geheilt werden; solche Not kann auch zur Prüfung des »Glaubens ohne zu schauen« (vgl. 2 Kor 5,7) gehören. So müssen Glaubende ja auch noch sterben, wenn der Herr nicht zuvor seine Gemeinde verwandelt und entrückt (1 Kor 15,51; 1 Thes 4,17), obschon doch der Herr ihre Krankheit trug und ihren Tod starb (Jes 53,4f.). Auch schrieb Paulus an Timotheus, dieser solle »um seines Magens willen ein wenig Wein nehmen«, weil er »oft krank« sei. Paulus äußerte sich hier nicht in dem Sinn, daß er sagte, Timotheus wäre wohl nicht krank und könnte auf solche »Hausmittelchen« verzichten, wenn er recht glauben würde (vgl. 1 Tim 5,23 und die Ausführungen im Kommentar z.St.).

10.7.5 Eben weil auch diese Brüder nicht bei ihm waren, wiederholte Paulus hier noch einmal seine Bitte von V. 9, *rasch* zu ihm zu kommen, auch deshalb, weil bald der »*Winter*« hereinbreche und dann die Schiffahrt stilliegen mußte (vgl. Apg 27,9 ff.).

10.7.6 Nun fügte Paulus Grüße *an* Timotheus bei von »*allen Brüdern*«, also wohl von der Gemeinde in Rom; die Verbindung zu ihr war wegen des in V. 16 Gesagten keineswegs abgebrochen. – Hier sind auch noch einzelne Namen genannt, die sonst im NT nicht vorkommen: »*Eubulus, Pudens, Linus und Klaudia ...*« Timotheus wird sie alle wohl gekannt haben aus der Zeit, als er anläßlich der früheren Gefangenschaft des Apostel Paulus in Rom um diesen war (vgl. Kol 1,1; Phil 1,1; Phlm 1) und in der Gemeinde zu Rom ein- und ausging. »*Linus*« war nach außerbiblischen Nachrichten einer der ersten Vorsteher der Gemeinde in Rom.

10.7.7 Zwei Segensworte, die damals – wie heute die Unterschrift – eigenhändig unter Briefe gesetzt wurden, sind das letzte, was wir von der Hand des Paulus haben, der damals getrost seinem Märtyrertod entgegenging.

a) Ein Segenswort für Timotheus, den unmittelbaren Briefempfänger: »*Der Herr sei mit deinem Geist!*« Früher schrieb Paulus an die Gemeinde in Rom: »Sein Geist gibt Zeugnis unserem Geist, daß wir Gottes Kinder sind« (Röm 8,16). Der Geist des glaubenden Menschen ist also das Empfangsorgan für das Reden des Herrn durch seinen Geist mit ihm. Und nun wünscht und erbittet Paulus für Timotheus – und er darf's ihm als Segenswort von Gott her zusagen –, daß der Herr mit dem Geist des Timotheus ist, daß er ihm dieses Organ lebendig, wach, empfangsbereit, sensibel macht und erhält, auch mitten im Tun und Lassen, im Reden und im Schweigen, so wie der junge Timotheus das schon in der ersten Zeit des gemeinsamen Weges mit Paulus an diesem erlebte (Apg 16,1-3. 6-10). Paulus wünscht und erbittet für Timotheus die feine Geistesleitung und spricht ihm segnend das Vermögen dafür zu. – Möge auch uns diese feine, sensible Geistesleitung geschenkt und erhalten werden!»Merk, Seele, dir dies große Wort: Wenn Jesus winkt, so geh; wenn Jesus zieht, so eile fort; wenn Jesus hält, so steh!« (Zinzendorf). – Nun ist Paulus gewiß, daß der Herr seinen jungen Freund Timotheus auf diese Weise auch nach Rom lenken wird, an diese wichtige Weichenstelle der Geschichte der Gemeinde Jesu überhaupt: Der Fortgang der Sache des Evangeliums hing wesentlich davon ab, daß der Übergang von der ersten zur zweiten Generation reibungslos erfolgte, daß das Stafettenholz richtig übergeben wurde. Das gilt auch bei allen späteren, einschließlich der letzten Generationen der Gemeinde Jesu.

b) Das Segenswort für die Gemeinde, in der sich Timotheus gerade befindet (wohl Ephesus): »*Die Gnade sei mit euch*!« Dieses Wort *Gnade* umschließt alles: Gott ist ihnen gut, was immer auch je in ihrem Leben gewesen sein mag. Er beugt sich liebevoll zu ihnen nieder, gibt ihnen das bewahrende Geleit und geht als sein Geist in sie ein; er macht sie zu seinen Kindern und zu seinen Mitarbeitern, jetzt und in Ewigkeit (Mt 25,21; Röm 8,14-17; 1 Kor 3,9; Offb 3,21; 22,3-5). Er führt sie durch Leiden zur Herrlichkeit (Apg 14,22), heim zu sich in seine ewige, selige Gemeinschaft. Das alles wird mit diesen Worten zugesprochen. Timotheus wird den Brief auch der *Gemeinde* vorgelesen haben; sie alle waren mit »*euch*« gemeint. V.a. gab Timotheus den Brief denjenigen bekannt, denen er die Arbeit für die Zeit nach seinem Weggang nach Rom anbefahl (2 Tim 2,2). Sie durften wissen: Das ist nicht nur ein Brief des Paulus an Timotheus, sondern er gilt auch uns; v.a. der wunderbare Schlußgruß betrifft uns alle. – Und so beziehen wir den ganzen Reichtum dieses Briefes mit Recht auch auf uns, die wir ihn *heute* lesen und die wir heute Verantwortung für die Gemeinde Jesu tragen – in einer weltweit sich endzeitlich zuspitzenden Zeit, die der damaligen in vieler Hinsicht gleicht, insbesondere in dem, was die geistliche Situation betrifft.

Vorschlag zur Bibelarbeit über 2. Timotheus 4,9–22

1. Hinführung

Ein junger Handwerksmeister hatte ein eigenes Geschäft begonnen. Doch nun folgte für ihn eine sehr harte Zeit: Seine Kollegen in dem Städtchen machten es ihm schwer, ebenso manche seiner Kunden und insbesondere seine Bank und andere Kreditgeber; im ungeschicktesten Augenblick forderte einer sein Geld zurück. Nur ein wohlhabender alter Freund seines verstorbenen Vaters hielt ihm die Treue, half in der erforderlichen Weise, überbrückte immer wieder, stand in jedem Fall zu ihm, bis er schließlich aus den Engpässen heraus war. Dem jungen Mann, einem Christen, war die Treue des alten Freundes geradezu ein Abbild der Treue und Zuverlässigkeit Gottes und ein Hinweis auf sie.

Paulus mußte es noch ganz anders erleben, daß er, menschlich gesehen, einsamer wurde, daß manche, weil sie die Gefahr scheuten, von ihm abrückten. »Aber der Herr« (V. 17) erwies sich gerade nun als um so treuer und zuverlässiger. Und er schenkte ihm auch Menschen, die ihm die Treue hielten.

2. Vorbereitende Fragen

Woraus erkennen wir, daß Paulus einsamer wurde? Wie erlebte es Paulus, daß der Herr ihm die Treue hielt? Was konnte Paulus daraus für die Zukunft lernen? Wo erlebte er etwas von menschlicher Treue?

3. Thema

Der Herr hält uns auf jeden Fall die Treue.

4. Gliederung

a) Paulus wurde einsamer. – Wie können auch wir einsamer werden?

b) Aber um so tröstlicher waren die wunderbaren Erfahrungen mit dem Herrn. Können wir, um andern den Herrn lieb- und großzumachen, auch von solchen Erfahrungen sagen?

c) Was in der Zukunft von ihm erwartet werden darf.

d) Auch Menschen sind Tröster: Lukas, der nun wieder, wie schon früher, bei Paulus aushält. Auch darf Paulus weiteren menschlichen Trost erbitten; auch aus dem Grund – nicht nur aus diesem – schrieb er Timotheus: »Komm bald!« (V. 9.21).

5. Schluß

Zweimal lesen wir: »*Aber* der *Herr* ...« (V. 17 f.). Schon das AT nennt dieses »Aber der Herr ...« (vgl. Ps 93,4). Es war ihre vielfältige Erfahrung, wenn die Väter und Mütter im Glauben sagten: »Der beste Freund ist in dem Himmel, auf Erden sind die Freunde rar. In diesem öden Weltgetümmel ist Redlichkeit oft in Gefahr; drum hab ich's immer so gemeint: Mein Jesus ist der beste Freund.«

Wie aber, wenn wir in dieser Welt, in der wir »im Glauben und nicht im Schauen« leben (2 Kor 5,7), oft keine Erfahrungen sehen? Dann können wir dennoch gewiß sein, daß Gott für uns ist: Wir wissen es vom Kreuz seines lieben Sohnes. So schreibt Paulus: »Ist Gott für uns, wer kann wider uns sein? Der auch seinen eigenen Sohn nicht verschont hat, sondern hat ihn für uns alle dahingegeben – wie sollte er uns mit ihm nicht alles schenken? Wer will die Auserwählten Gottes beschuldigen? Gott ist hier, der gerecht macht. Wer will verdammen? Christus Jesus ist hier, der gestorben ist, ja vielmehr, der auch auferweckt ist, der zur Rechten Gottes ist und uns vertritt« (Röm 8,31–34).

Der Brief des Apostels Paulus an Titus

1. Briefeingang mit Absender, Empfänger und Gruß (1,1–4)

1,1–4: Paulus, ein Knecht Gottes und ein Apostel Jesu Christi, nach dem Glauben der Auserwählten Gottes und der Erkenntnis der Wahrheit, die dem Glauben gemäß ist, (2) in der Hoffnung auf das ewige Leben, das Gott, der nicht lügt, verheißen hat vor den Zeiten der Welt; (3) aber zu seiner Zeit hat er sein Wort offenbart durch die Predigt, die mir anvertraut ist nach dem Befehl Gottes, unseres Heilands; (4) an Titus, meinen rechten Sohn nach unser beider Glauben: Gnade und Friede von Gott, dem Vater, und Christus Jesus, unserm Heiland!

1.1 Absender

1.1.1. »*Paulus*« (V. 1): Vor Augen steht uns damit der Mann, über dessen Lebensgang wir aus dem NT viel erfahren: Er war Auslandsjude aus Tarsus und ein theologisch gebildeter Pharisäer (Apg 9,11; 22,3; 23,6), entstammte einer gesetzestreuen Familie aus dem Geschlecht Benjamin (Röm 11,1; 2 Tim 1,3). Zunächst leistete er, in der Absicht, den Glauben Israels rein zu erhalten, gegen das Evangelium erbitterten Widerstand und schreckte dabei auch nicht vor Gewaltanwendung zurück (Apg 8,1.3; 9,1).

Als er sich einmal auf den Weg zu einem weiteren Vorgehen gegen die Christen, nun auch im Ausland, befand, offenbarte sich ihm der gekreuzigte und auferstandene Jesus von Nazareth als der Messias Israels und Herr der Welt (Apg 9). Das gab seinem Leben eine völlige Wende: Christus stellte seinen bisherigen Gegner gnädig in seinen Dienst; das war für Paulus ein Grund immer neuen Staunens, was sein Leben in besonderer Weise für seinen Herrn in Dank und Liebe brennend erhielt (1 Tim 1,12–17).

Nach einer Zeit der Stille, des Sich-Vorbereitens und des Wartens ließ sich Paulus in die Arbeit rufen, insbesondere zu seinen drei großen Missionsfeldzügen (Apg 11,25f.; 13–20), wohl in den Jahren 48–56 n. Chr. Vor Beginn eines vierten Missionsfeldzugs, über Rom in den westlichen Mittelmeerraum nach Spanien (Röm 1,15; 15,22–25), wurde Paulus in Jerusalem verhaftet. Die »Schutzhaft«, in die er zunächst genommen worden war, wurde, nachdem er die Behandlung seines »Falles« vor dem Reichsgericht in Rom beantragt hatte, zur »Untersuchungshaft« (Apg 21,27ff.; 25,10–12). Diese Haft bestand wohl von 57–62 n. Chr. (vgl. Apg 21,33–28,31).

Danach wurde er – außerbiblischen Nachrichten zufolge – noch einmal freigelassen, brachte seinen Plan eines Missionsfeldzugs nach Spanien doch noch zur Ausführung und kehrte wieder in den Ostteil des Römischen Reiches zurück, missionierte auch noch auf der Insel Kreta, besuchte erneut Ephesus, Milet, Troas und Korinth und arbeitete schließlich im Nordwesten Griechenlands (1 Tim 1,3; 2 Tim 4,13.20; Tit 1,5; 3,12; vgl. die kurze Einleitung zu den beiden Timotheus-Briefen und dem Titus-Brief in Bd. 18 dieser Reihe, Teil 1.). Anschließend wurde Paulus, wie außerbiblische Nachrichten besagen, unter Nero aufs neue verhaftet und erlitt schließlich – wohl im Jahr 64 n. Chr. – nach höchstens zweijähriger erneuter Arbeit, der eine fünfjährige Haft vorausgegangen war, den Märtyrertod.

Dieser Mann redet hier, nun schon alt geworden, aus der letzten, kurzen Phase seiner Arbeit in Freiheit, als sich, was die Lage der frühen Christenheit betraf, die Verfolgung und Verführung deutlich zuspitzten (vgl. Einleitung [w.o.], 7.) mit seinem jungen Freund, der seine auf Kreta begonnene Arbeit weiterführen sollte.

1.1.2 »*Knecht Gottes*« nennt sich hier Paulus. Das Urtext-Wort bedeutet auch »*Sklave*«, »Leibeigener«.

a) Im Altertum konnte ein Mensch, der in Schulden geraten war, in »Schuldhaft« genommen werden. Es wurde damals wegen der Schulden nicht nur in das Vermögen des Schuldners »vollstreckt«, sondern auch in seine Person und Arbeitskraft, d.h. er wurde der Sklave des Gläubigers bzw. konnte von diesem in die Sklaverei verkauft werden. Wenn ihn dann etwa ein wohlhabender Verwandter oder Freund wieder loskaufte, was rechtlich möglich war, wurde er dadurch das Eigentum, der »Leibeigene«, des ihn so »Ablösenden«.

Nun hatte sich Paulus einst überaus feindselig gegen die Gemeinde Jesu und damit gegen den Christus, gegen den Messias Gottes, gewandt (Apg 9,4). Dadurch hatte er sich aufs schwerste verschuldet. Er war dem Gericht Gottes verfallen, weit mehr noch als die »Rotte Korah« (4 Mo 16), und auch der Zerstörungsmacht des Feindes preisgegeben. Doch nun hatte ihn unser Herr Jesus Christus losgekauft, nicht etwa nur mit »Gold und Silber«, sondern mit Blut und Leben. Leben war verwirkt, Leben mußte gegeben werden (1 Kor 6,20; 1 Petr 1,18f.). Das gilt ebenso für uns alle.

Doch Jesus erwarb das nicht für sich, sondern für den Vater. Unser Herr suchte nicht seine eigene Ehre und nicht sein eigenes Recht. So sprach er: »Ich suche nicht meine Ehre, sondern die Ehre des, der mich gesandt hat« (vgl. Joh 7,18; 8,50; Phil 2,11). Und: »Was mein ist, das ist dein« (Joh 17,10). So war Paulus »Knecht *Gottes*«. Und so hat Jesus auch uns für den Vater »teuer erkauft« (1 Kor 6,20; Offb 5,9), damit wir ihm gehören, unter seiner Herrschaft leben, ja seine Kinder sind und Gott an uns ganz zu seinem Recht kommt.

b) Zugleich bedeutet es, nach dem AT, eine hohe *Würde*, eine besondere Vollmacht, »Knecht Gottes« zu heißen. Insbesondere heißt dort der *Messias* »Knecht Gottes«, der Generalbevollmächtigte Gottes zur Heilung Israels und der Welt, der, der die »rechte Hand« Gottes ist in seinem ganzen Werk der Heiligung des Menschen und der Menschheit nach der Riesenkatastrophe der menschlichen Sünde (Jes 42,1-3; 49,1-6; 50,1-9; 52,13-53,12).

c) Paulus bezeichnet sich hier nun – ähnlich wie Jakobus (Jak 1,1) – im Unterschied zu seinen anderen Briefen, in seinem »Briefkopf«, seiner Absenderangabe, ebenfalls als »Knecht Gottes« und nicht nur als »Knecht Jesu Christi« (Röm 1,1). Paulus empfand es gewiß während seiner wohl fünfjährigen Gefangenschaft besonders schmerzlich, daß man so mit ihm umgehen und ihn Jahr und Tag so einsperren konnte. Da mag es ihm besonders tröstlich und gewißmachend erschienen sein: Ich bin Gottes Eigentum, sein »Knecht«. Und der allmächtige Gott läßt sich sein Eigentum nicht entreißen. Er überläßt es nicht dem Verderben (vgl. Joh 10,29). So gewiß Jesus ihn teuer erkauft hatte, so gewiß wußte er das (vgl. Röm 8,31 f.; 1 Kor 6,20). Darin hielt Paulus unbeirrt fest, auch wenn Gott nun selbst während fünf Jahren der Gefangenschaft nicht wieder ein Befreiungswunder schenkte wie einst für Petrus in Jerusalem und ihm selbst in Philippi, sondern er ihn in der Prüfung des Nicht-Sehens-und-doch-Glaubens ausharren ließ (Joh 20,29; Apg 12,3–17; 16,26–40; 2 Kor 5,7). Paulus durfte in jedem Fall »Knecht Gottes« sein. Das war ihm inzwischen nun so hilfreich und stärkend geworden, daß er das wenigstens in *einem* seiner Briefe nach der langen Gefangenschaft bei der Absenderangabe erwähnte. Auch schien ihm wohl nötig, gegenüber den so verwirrenden Irrlehrern einmal in solcher Weise seine ihm von Gott geschenkte Legitimation und Autorität gegenüber den Menschen zu betonen, die so sicher mit ihren angeblichen neuen Offenbarungen auftraten.

d) »Knechte Gottes«, seine Werkzeuge, die er nicht dem Verderben überläßt, die er legitimiert und autorisiert und durch die er etwas tut, dürfen auch *wir* als Glaubende heute sein und ebenso auf dem letzten, anfechtungsreichen Wegstück der Gemeinde Jesu. Auffallend nachdrücklich redet der erhöhte Herr gerade im letzten Buch der Bibel von den an ihn Glaubenden als *seinen* »Knechten«, die er ins Vertrauen zieht und die er legitimiert bis zur Teilhabe an seinem Weltregiment in der Vollendung (Offb 1,1; 22,3–6). Die glaubenden Frauen sind mit gemeint, denn die Geschlechterunterschiede sind nach den Worten unseres Herrn auf den gegenwärtigen Äon, diese Weltzeit jetzt, begrenzt (Mt 22,30); so schreibt der Apostel Paulus: »Hier ist nicht Mann noch Frau« (Gal 3,28).

Gerade in der endzeitlichen Verfolgung haben wir innere Gewißheit dringend nötig und ebenso sehr in der antichristlichen Versuchung, in der alles relativiert wird, so als ob »alles und niemand recht« hätte, in der alle Religionen und Weltanschauungen mit dem Evangelium in den großen »Mixer« sollen, damit der gewünschte synkretistische Einheitsbrei herauskommt, in der alles sozusagen mit der geistigen »Planierraupe« eingeebnet werden soll, damit ein um so weiteres und bequemeres Tummelfeld für den antichristlichen Geist entsteht. Gerade dann ist es nötig, uns in Gewißheit als »Knechte Gottes« zu sehen, die keine eigene Sache vertreten, sondern die von Gott ins Vertrauen gezogen und legitimiert sind und die in aller Anfechtung und Versuchung bis ins Innerste von ihm wunderbar bewahrt werden (vgl. Röm 8,37–39; Eph 1,13).

1.1.3 »*Apostel Jesu Christi*« nennt sich Paulus weiter, wie in den meisten seiner Briefe, so auch hier.

a) »*Jesus*« ist eine spätere Form des Namens Josua (»Gott hilft«, »Gott kommt zur Hilfe«). Jesus ist die entscheidende Hilfsaktion Gottes für uns Menschen, für die ganze Menschheit. Josua, der Israel ins verheißene Land geführt hat, ist mit seinem Dienst ein kleines Modell, eine Vorausabbildung dessen, was Jesus für uns getan hat, tut und tun wird. Jesus tut uns sozusagen den Dienst Moses und Josuas: Unser Herr befreit uns aus der Sklaverei des Feindes, geleitet uns durch die »Wüste«, einer Zeit der Anfechtungen – bis an sein Ziel (5 Mo 18,15; Hebr 4,6–10).

b) »*Christus*«: »Jesus« ist der *Name* unseres Herrn, »Christus« (hebr. »Messias«, »Gesalbter«) sein *Titel*; er ist der im AT von Gott angekündigte, durch ihn eingesetzte und mit der Fülle seines Geistes und seiner Gaben für seinen Dienst ausgestattete König des ntl. Gottesvolks (Jes 11,2), der Glaubenden aus Israel und den andern Völkern (Röm 1,16), dann auch *ganz* Israels (Sach 12,10; Röm 11,26.29). Schließlich wird er sich als der Herr der ganzen Welt offenbaren (Dan 7,13f.; Mt 28,18; Offb 11,15; 19,11ff.). Wir wollen ihn jetzt schon uneingeschränkt als unseren Herrn annehmen; so werden wir Gottes Kinder (Joh 1,12; 15,4.5; Röm 8,14; 2 Kor 3,17a), und unser Leben ist bereits heute für Zeit und Ewigkeit in die Gott-gefällige Ordnung gebracht.

c) »*Apostel*« sind besondere Boten, Botschafter unseres Herrn Jesus Christus: die zwölf, die er aus der Gesamtzahl seiner Jünger auswählte (Lk 6,13) und damit betraute, als erste in der Stafette das Evangelium in die Welt zu tragen, das sie unmittelbar von ihm empfangen hatten. Die Apostel begleiteten Jesus während der Zeit seiner Wirksamkeit in seinem Erdenleben, waren Zeugen seiner Auferstehung und empfingen daraufhin einen entsprechenden Auftrag (Mt 28,19f.; Mk 16,15; Joh 20,21; Apg 1,8). Paulus kam später durch den Entscheid des auferstandenen Herrn noch als »unzeitige Geburt« hinzu. Aber auch er sah den auferstandenen Herrn und empfing als Apostel das Evangelium vom Herrn unmittelbar (Apg 9,3–6.15; 1 Kor 15,8–10; Gal 1, 1.11–24).

Wo der Apostel, der »Botschafter« des Königs aller Könige (Offb 19,16), steht, steht der Herr, der »Souverän« selbst. Doch der Botschafter repräsentiert ihn nicht nur so, wie in der Diplomatie ein Botschafter seinen abwesenden Souverän repräsentiert und vertritt, sondern unser Herr Jesus Christus ist zugleich selbst gegenwärtig, wo der Botschafter steht (Mt 28,20). Dabei liegt die Botschaft der Botschafter Christi fest; sie dürfen nichts Eigenes mitteilen, sondern nur das, was ihr Herr durch sein Wort und Werk festgelegt hat.

All das, was hier für die Apostel gesagt ist, gilt zugleich für *alle* Boten Jesu, auch heute, ausgenommen das eine: Die Zwölf waren Augenzeugen der Erdenwirksamkeit Jesu, seines Leidensweges, Kreuzes und seiner Auferstehung (Apg 1,21f.; 2 Petr 1,16; 1 Joh 1,1). Paulus ist dabei, wie gesagt, ein Sonderfall. Die ersten in der Stafette haben uns im Wort der Schrift das Evangelium verbindlich weitergereicht. Wie wichtig den Aposteln das einmütige, unverfälschte Weiterreichen des einen Evangeliums von der Rechtfertigung des Sünders allein aus Gnaden an die Gemeinde Jesu aller Zeiten war, sehen wir besonders klar aus Apg 15, und ebenso, wie sie das Erfordernis des Glaubensgehorsams festhielten, auch der Liebe, die auf manche persönliche Freiheit mit Rücksicht auf andere Christen zu verzichten bereit ist.

Da Paulus als Völkerapostel (Apg 9,15; Röm 1,5.13; 16,26; Gal 1,16; Eph 3,1–3) ein Bote besonderer Art war, mußte es für ihn eine außergewöhnliche Anfechtung gewesen sein, daß er so lange, etwa fünf Jahre, gefangen war. Doch »Gottes Wort ist nicht gebunden« (2 Tim 2,9). Die Botschaft, die Paulus verkündigt und auch geschrieben hat, lief und läuft dennoch weiter. Ja, Gott bewirkte es sogar, daß Briefe aus dem Gefängnis die Empfänger erreichten und bis heute erhalten geblieben sind (Eph, Kol, Phil, Phlm und später 2 Tim).

Ähnlich wollten die Gegner auch Johannes auf der Verbannungsinsel Patmos mundtot machen (Offb 1,9). Aber Gott hat ihm mit dem letzten Buch der Bibel gerade von dort aus in besonderem Maß einen Mund gegeben; und so redet er ebenfalls noch.

Auch in dieser Hinsicht gilt: »Der im Himmel wohnt, lachet ihrer, und der Herr spottet ihrer« (Ps 2,4). Man kann sogar die Boten töten – ihre Feinde müssen dabei zu Gehilfen ihrer Heimfahrt werden (vgl. Apg 7,55–60) – und ihre Botschaft läuft dennoch weiter. Auf jeden Fall sollen »die Pforten der Hölle sie (seine Gemeinde) nicht überwältigen« (Mt 16,18). Das gilt und bewährt sich auch heute und ebenso auf dem letzten, anfechtungsreichen Wegstück der Gemeinde Jesu vor dem großen Ziel.

1.1.4. Der *Inhalt der Botschaft* aller wahren Boten Jesu

Auf diesen Inhalt sorgfältig zu achten, war damals besonders wichtig, als sich die Verhältnisse deutlich zuspitzten, sowohl was den schweren, langanhaltenden Konflikt der Gemeinde Jesu mit dem mächtigen römischen Staat bzw. ihre Verfolgung durch ihn betraf, als auch was die Verführung, die hereindrängenden, wildwuchernden Verfremdungen des Evangeliums anging.

Das gilt ebenso auch heute, in einer Zeit, in der die Gemeinde Jesu weltweit durch ideologisierte Staatsmächte und durch den Druck der öffentlichen Meinung bedrängt wird und insbesondere, wenn jetzt die Botschaft der Gemeinde Jesu durch immer wieder neue Wellen fremden Geistes von allen Seiten her verfälscht zu werden droht. Der Feind zeigt in unserer Zeit großen Einfallsreichtum. Das gehört wohl zu den endgeschichtlichen Entwicklungen. Da wird der Satan »nervös«, weil er »weiß, daß er wenig Zeit hat« (Offb 12,12).

In keinem andern Brief – abgesehen von dem, grundsätzlichen an die Römer – hat Paulus so ausführlich wie gerade hier in dem verhältnismäßig kurzen Titus-Brief bereits bei der Absenderangabe so bedacht vom Inhalt seiner Botschaft gesprochen. Dahinter steht in diesem wohl ersten Brief nach seiner Entlassung aus dem Gefängnis gewiß die ganze gewichtige Erfahrung seiner langen Gefangenschaft. Er weiß, wie gerade in Zeiten der Verfolgung und insbesondere auch der Verführung klare Profile der Botschaft nötig sind. Im einzelnen sagt Paulus hier:

a) Er tut seinen Botschafterdienst für unsern Herrn Jesus Christus »*nach dem Glauben der Auserwählten Gottes*«, d.h. gemäß dem Glauben der von Gott Auserwählten. Der Inhalt der Botschaft liegt fest. Einst wählte Jesus aus der Gesamtzahl derer, die auf ihn hörten und ihm folgten, entsprechend der Weisung seines Vaters, den Zwölferkreis aus. Die ganze Nacht hindurch war er im Gebet, bevor er diesen Schritt tat; jeden einzelnen ließ er sich von seinem Vater zeigen und geben (Lk 6,12–16; Joh 17,6.11 f.). Ja, im Wählen des Sohnes war der Vater selbst am Werk; wer den Sohn sieht, sieht ja den Vater (Joh 14,9).

Diese von Jesus zunächst Erwählten standen miteinander im Glauben an ihren Herrn. Petrus sprach das Bekenntnis dieses Glaubens zugleich im Namen seiner Mitjünger aus: »Du bist Christus, des lebendigen Gottes Sohn« (Mt 16,16). »Wir haben geglaubt und erkannt ...« (Joh 6,68 f.). So priesen und verkündigten die Jünger an Pfingsten auch die großen Taten Gottes in Jesus Christus, Kreuz und Auferstehung ihres Herrn (Apg 2,11.14 ff.).

Was Inhalt ihres Glaubens war, war zugleich auch Inhalt der Botschaft, mit der sie andere zum Glauben an Jesus einluden. Von der ersten Generation der Gemeinde Jesu festgehalten, ist das der Inhalt auch unseres Glaubens und der Botschaft, mit der wir heute und bis unser Herr wiederkommt, Menschen zum Glauben an Jesus einladen.

Ja, was zur Botschaft der Glaubensboten gehört, steht seit den Aposteln und der ersten Christenheit unveränderlich fest. Und dennoch geht es für uns nicht nur um die Übernahme einer Glaubenslehre, sondern um das eigene, persönliche Leben mit dem lebendigen, gegenwärtigen Herrn im jeweiligen Heute. Unter der Verkündigung der zum Glauben an ihn einladenden Botschaft wählt Jesus Christus, wählt Gott Menschen aus, (vgl. Joh 6,44) und macht sie als zum Glauben Gekommene zu seinen Boten.

Doch weil der Herr gestern und heute und in Ewigkeit derselbe bleibt (Hebr 13,8), bleibt auch die Botschaft dieselbe, so wie sie in der Schrift, im ntl. Kanon, festgehalten ist (vgl. Joh 14,26; 16,14), und bleibt der Glaube derselbe. Keine noch so ehrwürdige, später hinzugekommene Tradition, kein »Vätererbe«, darf hier abwandeln, auch keine noch so eindrucksvollen angeblich »neuen Offenbarungen« und neuen klugen, aber unbiblischen theologischen »Entwürfe«. Auch macht der Auftrag der Verkündigung »nach dem Glauben der Auserwählten Gottes« spröde gegen alle synkretistische Vermischung. Wie wichtig ist das alles gerade in den Turbulenzen endzeitlicher Verführung, in denen es mit der alten, bösen Regel geradezu hektisch wird: »Sie bringen stets was Neues her, zu fälschen Deine reine Lehr.«

b) Weiter sagt Paulus, er tue seinen Botschafterdienst »*nach der Erkenntnis der Wahrheit*«: Der Mensch kann allein unter Gott, aus Gott und in der Gemeinschaft mit Gott leben. So allein, als Mensch unter Gott, ist er in Wahrheit Mensch, Mensch, der das wahre Leben hat (vgl. Ps 36,10). Demgegenüber ist es die große Lüge, die »Lebenslüge« des Menschen, zu der ihn der »Lügner von Anfang an« (Joh 8,44) verführt hat, zu meinen, er könne ohne Gott, aus sich selbst, in Eigenmacht leben. So wird er selbst zur Lüge; so ist er »tot in Sünden« (vgl. Eph 2,1), in seiner »Sonderung« von Gott. Zur Wahrheit führt den Menschen allein wieder unser Herr Jesus Christus, der die Wahrheit in Person ist. Das ist die große, wunderbare Therapie, die Heilbehandlung Gottes nach seinem Heilsplan im Zuge seiner Heilsgeschichte durch seinen Heiland Jesus Christus, mit dessen Kreuz und Auferstehung, durch sein neuschaffendes Wort und seinen heiligen, heiligenden Geist. Allein damit führt Gott den Menschen schließlich in das Friedensreich Jesu und zur Vollendung (Offb 20,1–6; 21,1–22,5). Die Wahrheit Gottes ist, alles in allem, unser Herr Jesus Christus (Joh 14,6).

Im Blick auf das alles hat uns Gott in seinem Wort ins Vertrauen gezogen (vgl. Joh 15,15). Wir können durch Wirkung des Heiligen Geistes (vgl. Joh 15,4f.; 1 Kor 12,3; 2 Kor 3,17a) die großen, uns geoffenbarten Gedanken Gottes »nachdenken«, die großen heilsgeschichtlichen Schritte Gottes nachvollziehen, mitgehen und darin unserem Herrn nachfolgen. Das nimmt auch unser ganzes Denkvermögen, unsere »Vernunft« in Anspruch. Sie ist dadurch recht in Gebrauch genommen, in Dienst gestellt. So schreibt Paulus: »Wir nehmen gefangen alles Denken in den Gehorsam gegen Christus« (2 Kor 10,5). Das ergibt wahre Weisheit und Erkenntnis. »Weisheit« und »Erkenntnis« waren die großen Modewörter jener Zeit (vgl. 1 Kor 1,22; 1 Tim 6,20). Doch eigenmächtige menschliche »Weisheit« und »Erkenntnis« folgt Irrlichtern und verirrt sich in den Sumpf. Wenn wir dagegen den uns in der Schrift geoffenbarten großen Gedanken Gottes folgen, wird unsere Bitte erhört: »Laß meinen Gang in deinem Wort fest sein« (Ps 119, 133; vgl. Ps 40,6; 92,6).

Wie wichtig war es doch damals in den sich in Verfolgung und Verführung zuspitzenden Verhältnissen, eine klare biblische Erkenntnis zu haben, um den Weg finden zu können! Und wie wichtig ist das erst recht heute, wenn mehr und mehr endzeitliche Verhältnisse und Gefahren hereindämmern!

c) Paulus stellt klar: Er meint hier eine »Erkenntnis, *die dem Glauben gemäß*« ist (wörtlich: »der Frömmigkeit entsprechend«). Bei biblischer Erkenntnis handelt es sich keinesfalls um einen bloßen Intellektualismus. Was »Frömmigkeit« ist, macht 1 Mo 17,1 deutlich. Der Herr sprach dort zu Abram: »Ich bin der allmächtige Gott; wandle vor mir und sei fromm.« Der gesamte Mensch muß, kann und darf sich von dem hier Erkannten ergreifen und in Anspruch nehmen lassen. So wird biblische Erkenntnis zum Leben in der Gegenwart Gottes, zum Leben unter Gott, aus Gott, in der Gemeinschaft mit Gott und in dem einen großen Streben, ihm doch ja ganz zu gefallen. Johann Albrecht Bengel sagte, es sei nötig, auch bei jedem einzelnen Schritt wissenschaftlich-theologischer Arbeit an der Schrift bereit zu sein, sich durch das betreffende Wort von Gott anreden zu lassen. Gerade in Zeiten großer Anfechtung, insbesondere in der endgeschichtlichen, ist es unabdingbar, in der persönlichsten Gemeinschaft mit dem Herrn zu leben, im steten Gebetsumgang mit ihm. Allein das trägt durch (vgl. Lk 21,36). Darüber und durch sein Wort schmiedet uns Gott zu seinen Werkzeugen und gebraucht uns als solche in seiner Hand. Und er bleibt, auch wenn die Wetter sich über unserem Leben und der Welt zusammenballen, durch uns mit dem Evangelium im Angriff und rettet Menschen, selbst da, wo wir's nicht zu hoffen wagen. Auch das ist's, was der Apostel Paulus nach seiner in langer Haftzeit erhärteten Erfahrung in gedrängten, ungemein gefüllten Worten seinem jungen Mitarbeiter und uns allen sozusagen ins Stammbuch geschrieben hat.

d) »*In der Hoffnung auf das ewige Leben*« (V. 2) richtet der Apostel Paulus seinen Botendienst aus. Uns Christen verstellt nicht die dunkle, drohende Wand des Todes, den auch wir vor Augen haben, den Blick. Unser Horizont ist nach vorne offen. »Ihr Christen seid seltsame Leute«, sagte ein heidnischer Afrikaner zu einem Missionsehepaar, dessen Kind gestorben war, »ihr seid in solch einem Fall traurig wie wir und auch wieder nicht: Ihr könnt durch den Horizont sehen.« Diesen Horizont hat unser auferstandener Herr uns aufgebrochen, ja durch ihn führt er uns einmal nach Hause. Er hat versprochen: »Ich lebe, und ihr sollt auch leben« (Joh 14,19). »Wenn ich hingehe, euch die Stätte zu bereiten, will ich wiederkommen und euch zu mir nehmen, damit ihr seid, wo ich bin« (Joh 14,3). Wir können und dürfen hoffen.

»Ewiges Leben«, das uns geschenkt wird, ist Leben aus Gott – verborgen ist es uns schon jetzt gegeben –, Leben mit Gott, Leben für Gott und Leben bei Gott, ist Leben nach Gottes Art, in aller Ewigkeit enthüllt (Kol 3,4; Offb 22,3–5). Je dunkler es in dieser Welt wird, desto rascher kommt die Zeit, da der Tod keinerlei Macht mehr über uns hat (1 Kor 15,51; 1 Thes 4,16.17; vgl. Lk 21,28). Dieser Horizont der Hoffnung ist gewaltig weit; die ganze Erde, die ganze Schöpfung umschließt er (Offb 19,11–16; 20,1–6; 21,1–5). Wie vermag uns doch das Licht dieser gewaltigen Hoffnung das Dunkel gerade auch der endzeitlichen Bedrängnisse zu erhellen!

e) *Paulus betont die Zuverlässigkeit dieser Hoffnung.* Es gibt zwei sehr unterschiedliche Redensarten: »Hoffen und harren macht manchen zum Narren.« Und: »Harren und hoffen hält den Himmel offen.« Warum sind die Aussagen so widersprüchlich? Es kommt darauf an, *auf wen* wir hoffen: auf Menschen, auf uns selbst, auf das gute Glück? Da erleben wir viele Enttäuschungen. Oder hoffen wir auf den großen, allmächtigen, barmherzigen und treuen *Gott*? Dann »läßt Hoffnung nicht zu Schanden werden« (Röm 5,5).

So redet Paulus hier von der Hoffnung auf das ewige Leben, »*das Gott, der nicht lügt, verheißen hat vor den Zeiten der Welt.*« Gott hat sozusagen sein Wort dafür verpfändet, daß der Mensch nicht in dem Elend bleiben muß, in das er mit seiner Sünde durch eigenes Verschulden geraten, infolge des »Sündenfalls« gestürzt ist (vgl. 1 Mo 3,15). Von langer Hand schon hat Gott unsere Rettung, unser Heil in die Wege geleitet.

Menschen wollen oft ihre Versprechen nicht erfüllen, und sie können sie oft auch nicht erfüllen. Gott dagegen, der Wahre, Treue und Allmächtige, will und kann seine Versprechen einlösen und uns tatsächlich retten. So bezeugt es schon der atl. Psalmsänger: »Des *Herrn* Wort ist wahrhaftig, und was er zusagt, das hält er gewiß« (Ps. 33,4).

Der wiederkommende Christus trägt den Namen »Treu und Wahrhaftig« (Offb 19,11). Auch manche Christen mögen – insbesondere, wenn der Antichrist seine Macht entfaltet – angefochten werden durch den Spott der Welt: »Daß er so lange nicht gekommen ist, ist Beweis genug dafür, daß er nie kommen wird.« Doch einst werden wir alle beschämt sein: »Treu und Wahrhaftig« heißt er und ist er; so hat er sich erwiesen. Gott selbst hat die große Verheißung gegeben, und er »trügt nicht«. »Dein Wort ist wahr und trüget nicht und hält gewiß, was es verspricht, im Tod und auch im Leben. Du bist nun mein, und ich bin dein; dir hab ich mich ergeben« singt der Liederdichter angesichts seiner unwandelbaren Treue.

f) Ein wesentlicher Teil der Verheißungen Gottes ist bereits erfüllt; es ist in Erscheinung getreten. Und indem das bekanntgemacht wird, können die Leute des Heiles teilhaftig werden. So schreibt Paulus: »*Aber zu seiner Zeit hat er sein Wort offenbart durch die Predigt, die mir anvertraut ist nach dem Befehl Gottes, unseres Heilandes*« (V. 3). Den Christen in Galatien schrieb Paulus: »Als aber die Zeit erfüllt war, sandte Gott seinen Sohn«, zu der von Gott festgesetzten Zeit (Gal 4,4). Der Opfertod Jesu am Kreuz und seine Auferstehung – die entscheidenden Heilsereignisse also – sind geschehen. Nun wird das durch die »Predigt«, die Verkündigung (wörtlich: durch den »Heroldsruf«) einladend bekanntgemacht. Und indem die Menschen das offen, vertrauend, glaubend hören, geschieht das, heilschaffend, in ihnen, wovon diese Botschaft sagt. Denn Gottes Wort ist zugleich Tat (Ps 33,9). Es geht also um mehr als nur um Informationen. Und doch sind die Informationen, auch im persönlichen Glaubenszeugnis, von dem, was Gott in Jesus Christus für uns getan hat, tut und tun wird, unerläßlich. Dadurch wird den Menschen »offenbart«, vermag es ihnen aufzugehen, wie es um sie steht und was Gott für sie getan hat, tut und tun wird und auch welche Antwort darauf von seiten des Menschen nötig ist: Glaube und Glaubensgehorsam.

Paulus war dieses Wort nach Gottes »Befehl« und Weisung in besonderer Weise anvertraut, aufgetragen. Er vermochte klar zu sagen, was das Heilshandeln Gottes in Jesus, was die Botschaft davon für uns bedeutet. Davon profitieren auch wir heute noch sehr viel. Und davon, daß er seinen Auftrag nicht nur mündlich, sondern auch schriftlich erfüllt hat und uns durch Gottes Gnade und Vorsehung viele seiner Briefe erhalten geblieben sind. Er konnte durch die Kraft des Heiligen Geistes und seiner Gaben tun, was er sollte: auch uns »den ganzen Heilsratschluß verkündigen« (Apg 20,27).

Gott heißt hier »*unser Heiland*« (wörtlich »unser Retter«). Sonst heißt im NT v.a. Jesus so. Aber von Gott selbst ging das ganze Heilswerk aus; von seiner Barmherzigkeit und seiner Liebe; (vgl. Lk 1,68ff.; Joh 3,16; 2 Kor 5,19; Gal 4,4). Darum können, müssen und dürfen wir ihm danken und ihn ehren (Phil 2,11; 1 Tim 1,17). Der Sohn ließ sich vom Vater mit dem Heilswerk beauftragen. Er war sozusagen »ausführendes Organ«, die »rechte Hand« Gottes, mit der er zum Heil des Menschen und der Menschheit am Werk war, ist und sein wird. »Der Heiland ist die heilende Hand Gottes«, haben die Väter gesagt.

1.2 Der Empfänger

»*An Titus, meinen rechten Sohn nach unser beider Glauben*«, schreibt Paulus (V. 4a). Titus war ursprünglich Heide (Gal 2,3) und kam durch den Dienst des Paulus zum Glauben (Tit 1,4); deshalb konnte ihn Paulus seinen geistlichen »Sohn« nennen und auch, weil er bleibend sein Schüler und Mitarbeiter war. Titus war wohl Mitglied der Gemeinde in Antiochien/Syrien; Paulus nahm ihn als ein Beispiel eines aus den Heiden zum Glauben an Jesus Gekommenen mit zum »Apostelkonzil« nach Jerusalem (Apg 15; Gal 2,1.3)

Auf der dritten Missionsreise des Paulus begleitete Titus den Apostel als Mitarbeiter. Dabei betraute ihn Paulus mit schwierigen Aufträgen: Der Gemeinde in Korinth, die nicht nur gegen den Willen des Herrn selbst eigenartig widersetzlich geworden war, sollte er einen »Zwischenbrief« – den uns nicht erhaltenen »Tränenbrief« (2 Kor 2,4) – des Apostels überbringen, und mit der Gemeinde verhandeln. Diese Aufgabe bewältigte er mit Demut, Weisheit und Geschick recht zufriedenstellend (2 Kor 2,13ff.; 7,13ff.; 8,6; 12,17f.). Mit guten Nachrichten reiste er erfreut dem Apostel Paulus entgegen. Dieser schrieb sodann an die Gemeinde den uns erhaltenen 2. Korintherbrief. Auch diesen überbrachte Titus und bereitete dabei in Korinth den neuen Besuch des Apostels vor (2 Kor 8,6.16-9,5).

Nun, als Paulus an Titus den uns erhaltenen Brief schrieb, befand sich Titus auf der Insel Kreta. Dort hatte der Apostel Paulus in der Zeit zwischen seiner langen Gefangenschaft (Apg 21-28) und seiner Wiederverhaftung, der sein Märtyrertod folgte (vgl. die kurze Einleitung, Bd. 18), missioniert. Titus hatte ihn dabei begleitet und war anschließend auf Kreta geblieben, um im Auftrag des Apostels die neugegründeten Gemeinden zu ordnen (Tit 1,5). Während dieser Arbeit erreichte ihn unser Brief, in dem ihm Paulus weitere Anleitungen gab. Später ging er, wohl ebenfalls im Auftrag des Apostels, nach Dalmatien (2 Tim 4,10). Nach außerbiblischen Nachrichten starb Titus in hohem Alter als Leiter der Gemeinde auf Kreta. Titus wird in einigen Paulus-Briefen häufig erwähnt (2 Kor 2,13; 7,6.13.14; 8,6.16.23; 12,18; Gal 2,1.3; 2 Tim 4,10), nie dagegen in der Apg.

Titus ist der »rechte Sohn«, der »echte Sohn« des Apostels Paulus. Selbst aus den Heiden stammend, war er durch den großen Heidenapostel zum Glauben gekommen und stand nun mit ihm im selben Glauben. Er ließ sich auch von Paulus wie ein Sohn zum Dienst anleiten. Und als guter Zeuge ließ er sich von unserem Herrn Jesus Christus bilden und gebrauchen. Obwohl Alter und Erfahrung der beiden sehr verschieden waren, stellte sich Paulus mit Titus völlig auf *eine* Stufe unter dem einen Herrn. Er spricht von ihrer beider »gemeinsamem« Glauben, wie es wortlich heißt. So sind sie auch miteinander Kinder des *einen* Vaters, des großen Gottes (Joh 1,12; 7,39; Röm 8,14).

1.3 Der Gruß

»*Gnade und Friede von Gott, dem Vater, und Christus Jesus, unserm Heiland!*« (V. 4b).

Als aufgrund von Jesu Opfer gerechtfertigte und begnadigte Menschen haben wir Frieden *mit* Gott, wie Paulus im Römerbrief schreibt: »Nun wir denn sind gerecht geworden durch den Glauben, so haben wir Frieden mit Gott« (Röm 5,1). Und es ist Gnade und Friede »von« Gott und Jesus, von Gott und Jesus her, durch Gott, durch Jesus (2 Kor 5,18–21). Damit ist die große Menschheitsfrage, die seit der ersten Sünde über aller Menschen Leben steht (1 Mo 3), die beherrschende Frage auch unseres persönlichen Lebens, gelöst. »Mein Hauptgesuch auf Erden soll die Vergebung werden« (Ph.F. Hiller). Und Gott erhört die Bitte um sein Vergeben, seine Gnade, seinen Frieden, um Jesu willen (vgl. Mt 7,7; 1 Joh 2,1).

Nichts ist auch im Blick auf die andern, die einzelnen und die vielen, so wichtig wie dieses eine: die große »Frieden-mit-Gott-Bewegung«, das persönlich einladende Glaubenszeugnis und die biblische Verkündigung in Evangelisation und Mission.

»Gnade und Friede« werden hier nicht nur »angesprochen«, gewünscht, in Aussicht gestellt, sondern von Gott her zugesprochen. Und auch hier gilt, daß bei Gott das Wort zugleich Tat ist (Ps 33,9). Es handelt sich also um keinen »leeren« Gruß. Dieser ist vielmehr beladen, gefüllt. Er bringt, wie alles Gotteswort, das, wovon er sagt. Paulus durfte also von Gott, dem Vater, und dem Sohn einen Gruß ausrichten, und wir dürfen das als an Jesus Glaubende und so priesterliche Menschen ebenfalls (1 Petr 2,9; Offb 1,6).

Der »*Vater*« ist's, der Gnade und Friede schenkt. Und »*Christus Jesus*«, d.h. »Jesus, der Messias«, der an seinem Kreuz die Voraussetzungen für das alles geschaffen hat (2 Kor 5,18–21; Kol 1,20), ist »unser Heiland«, unser »Retter« (so wörtlich), unser »Seligmacher«. Der Vater ist das (V. 3) und ebenfalls der Sohn (V. 4). – Bemerkenswert ist, daß im germanischen Sprachraum sehr bald die Bezeichnung »Heliand«, »Heiland«, als Übersetzung des griech. Wortes *soter* für Jesus (»Retter«) aufkam. Es ist ein Partizip Präsens, ein Mittelwort der Gegenwart: Jesus ist der »Heilende«, der Arzt des durch die Sünde zutiefst verwundeten, kranken, ja des »in Sünden toten« Menschen (Mt 9,12; Lk 5,31; Eph 2,1). Zwischen den beiden Buchdeckeln der Bibel steht die Diagnose Gottes im Blick auf den Menschen und die Menschheit und vor allem seine Therapie, seine Heilbehandlung, nach seinem Heilsplan im Zuge seiner Heilsgeschichte durch seinen *Heiland Jesus Christus*.

2. Ordnung für Dienste der Leitung in den Gemeinden (1,5–9)

1,5–9: Deswegen ließ ich dich in Kreta, daß du vollends ausrichten solltest, was noch fehlt, und überall in den Städten Älteste einsetzen, wie ich dir befohlen habe: (6) wenn einer untadelig ist, Mann einer einzigen Frau, der gläubige Kinder hat, die nicht im Ruf stehen, liederlich oder ungehorsam zu sein. (7) Denn ein Bischof soll untadelig sein als ein Haushalter Gottes, nicht eigensinnig, nicht jähzornig, kein Säufer, nicht streitsüchtig, nicht schändlichen Gewinn suchen; (8) sondern gastfrei, gütig, besonnen, gerecht, fromm, enthaltsam; (9) er halte sich an das Wort der Lehre, das gewiß ist, damit er die Kraft habe, zu ermahnen mit der heilsamen Lehre und zurechtzuweisen, die widersprechen.

In der Gemeinde Jesu ist eine gewisse Ordnung nötig. Es müssen Gemeindeglieder vorhanden sein, die in besonderem Maß dafür die Verantwortung tragen: daß in der erforderlichen Weise das Wort Gottes ausgeteilt wird, denn davon lebt die Gemeinde; daß alle so, wie sie es nötig haben, der Dienst der Liebe erreicht; daß die Gemeindeglieder so, wie sie die Gaben haben, auch in Dienst gestellt werden für die Mitchristen und für die noch nicht an Jesus glaubenden Menschen.

Immer ist eine solche Ordnung erforderlich, aber ganz besonders beim Gang der Gemeinde in die Schlacht. Solch eine Situation war damals: *Verfolgung* und *Verführung* gefährdeten die Gemeinden mehr und mehr. Das Wesen des römischen Kaisers Nero ließ vermuten, daß früher oder später der übermächtige römische Staat sich feindselig gegen die junge Christenheit wenden würde, was in der Folge auch geschah. Es wurde zugleich immer deutlicher, daß der Teufel, der »umhergeht wie ein brüllender Löwe und sucht, wen er verschlinge« (1 Petr 5,8), in großer Beweglichkeit auch Kräfte der Verführung gegen die Christen einzusetzen wußte.

Eine derartige Zeit ist vielerorts auch heute, wobei an dem einen Ort mehr die Verfolgung, auch die Bedrängnis durch die öffentliche Meinung, im Vordergrund steht, am andern die oft noch gefährlichere Verführung. Und vor allem wird »erdumspannend« eine solche Zeit auf dem letzten Wegstück der Gemeinde Jesu sein, ehe sie ihr herrliches Ziel, den »Tag Jesu Christi«, erreicht (Off 3,10; vgl. Mt 24,9.24).

2.1 Auf Kreta

Auf »*Kreta*« (V. 5) sollte Titus damals im Auftrag des Apostels Paulus arbeiten. Menschen von dieser Insel kamen wohl schon an Pfingsten zum Glauben (Apg 2,11). Danach mögen sie wieder in ihre Heimat zurückgekehrt sein. Doch Gemeinden entstanden offenkundig erst durch eine Missionsarbeit, zu der Paulus mit Titus, der ihn bereits auf seiner dritten Missionsreise begleitet hatte (vgl. 2 Kor 7,6.13.14; 8,16f.), auf die Insel kam. Von einem Dienst auf Kreta berichtet die Apostelgeschichte die den Dienst des Apostels Paulus bis zu seiner Verhaftung in Jerusalem (Apg 21) ziemlich lückenlos darstellt, nichts. So muß diese Arbeit während einer späteren Zeit der wiedererlangten Freiheit geschehen sein. Paulus mochte ahnen, daß diese Arbeitsmöglichkeit nicht allzu lange währte; außerbiblische Nachrichten sagen, daß er nach anderthalb Jahren wieder verhaftet und wenig später, im Jahr 64 n. Chr., hingerichtet wurde. So strebte Paulus in seiner Missionsarbeit zu anderen Orten weiter und ließ seinen Begleiter Titus auf seinem bisherigen Arbeitsfeld Kreta zurück, damit er »vollends ausrichte, was noch fehlt«. Damit war nicht daran gedacht, daß Titus für die Dauer auf Kreta blieb. Jene Männer damals haben ja, treu dem Missionsbefehl ihres Herrn, unablässig weitergestrebt. Nach alten Nachrichten kam Titus später wieder auf die Insel und leitete dort die Gemeinden bis zu seinem Tod.

2.2 Was fehlte noch?

Woran es damals in den Gemeinden auf Kreta noch fehlte? Titus sollte »*Älteste*« (wörtlich: »Ältere«), ältere, erfahrenere Gemeindeglieder aus denen einsetzen, die gleich in der Anfangszeit Christen wurden. Die Bezeichnung »Älteste« bezieht sich auf das Lebensalter und das Maß der Erfahrung jener Dienstleute in den

Gemeinden. Die Bezeichnung »Bischof« sagt etwas über die Aufgabe der Betreffenden. »Bischöfe« waren »Aufseher« in den örtlichen Gemeinden, Gemeindeleiter; in den Gemeinden gab es mehrere »Bischöfe« (vgl. Phil 1,1). Das entsprechende Wort ım Griech. ist auch die Bezeichnung für »Vorarbeiter«, den »Capo« auf dem Bau. Entsprechend also wird die Aufgabe der »Bischöfe« beim »Hausbau« der Gemeinde gesehen (vgl. 1 Kor 3,9-11; 1 Petr 2,5). – Bei dem Dienst eines »Ältesten« und dem eines »Bischofs« handelte es sich damals um dasselbe. Darauf läßt das Wort »denn« am Anfang von V. 7 schließen: Es ist nach dem Zusammenhang die Rede von den Voraussetzungen einer Berufung als Gemeindeältester. Und dann fährt Paulus fort: »Denn ein Bischof soll untadelig sein ...«

Die Berufung der »Ältesten« bzw. »Bischöfe« konnte in jener Frühzeit den Gemeinden noch nicht selbst überlassen werden; dafür waren sie geistlich noch nicht reif genug. Eine Gemeinde muß geistlich gewachsen sein, ehe ihr gesagt werden kann: »Seht euch nach sieben Männern in eurer Mitte um, die einen guten Ruf haben und voll heiligen Geistes und Weisheit sind« (Apg 6,3). Titus sollte die geeigneten Dienstleute auswählen und einsetzen. Paulus konnte das noch nicht selbst tun; es mußte sich erst etwas deutlicher zeigen, wer mit den Leitungsaufgaben betraut werden konnte. Der entsprechende Personenkreis mußte sich deutlicher herausschälen.

Es wird ja früher oder später erkennbar, wer sich von den Gemeindegliedern in der Erziehung von Gottes Wort und Geist befindet, sich das alte Wesen nehmen und das neue, Christus gemäße Wesen schenken läßt (2 Kor 5,17; Gal 4,19), wer den »alten« Menschen in Christi Tod gibt und in einem neuen Leben mit Christus durch die Tage geht (Röm 6,4). Früher oder später trat auch damals deutlicher hervor, welchen von den zum Glauben Gekommenen der Herr gerade die für die Leitungsaufgaben erforderlichen Gaben des Geistes schenkte. Gottes Geist, den der Herr allen Glaubenden schenkt (Joh 7,39; Eph 1,13), ist ja in jedem Fall Heilsgabe *und* Dienstgabe, ein Geschenk, das der eigenen Errettung teilhaftig macht *und* zum Dienst für andere ausrüstet, zu dem Dienst, den der Herr den einzelnen in seiner Weisheit, der Arbeitsteilung in seiner Gemeinde gemäß, zuweist (vgl.

Röm 12,4–8; 1 Kor 12,1ff.). Paulus hatte Titus bereits mündlich den Auftrag gegeben, Brüder für den Leitungsdienst in den Gemeinden einzusetzen: »... wie ich dir befohlen habe.« Nun gab er die Weisung auch noch schriftlich.

Titus sollte auf Kreta alle grüßen, die Paulus »im Glauben liebten« (Tit 3,15). Deshalb zeigte Titus den Brief wohl auch den Gemeindegliedern oder las ihn vor. So war er durch die ausdrücklich gegebenen schriftlichen Aufträge des Apostels Paulus desto mehr in seiner Arbeit vor den Leuten legitimiert, auch in der Erfüllung seines Auftrags, leitende Brüder in den Gemeinden einzusetzen. Gerade ihr Dienst mußte um so rascher in Gang kommen, als der Feind deutlich von mehreren Seiten her zerstörerisch gegen die Gemeinden arbeitete: durch Verführung und Verfolgung, durch Irreleitung und Widerstand der umgebenden Welt. So ist auch heute in den Gemeinden sehr darauf zu achten, daß klargerichtete Mitchristen in solche Aufgaben gestellt werden. Und insbesondere ist das nötig, wenn die Gemeinde Jesu in die Schatten des letzten Dunkels vor Erreichung des wunderbaren Tages Jesu Christi eintritt. Wichtig ist es vor allem, nach geistlichen Grundsätzen zu berufen und sich nicht durch Rücksicht auf Menschen an den Zeitgeist angepaßte Leute für diese Dienste aufdrängen zu lassen.

Und nun sagt Paulus weiter, was die Voraussetzungen einer Berufung sind und was eine Berufung ausschließt.

2.3 Grundvoraussetzung für eine Berufung

2.3.1 Nach Apg 6,3 ist die Voraussetzung einer Berufung von Dienstleuten in der Gemeinde Jesu, daß sie »voll Heiligen Geistes« sind. Das bedeutet vor allem, daß sie an Jesus *Glaubende* sein müssen, denn allein diese sind vom Geist erfüllt (Joh 7,39; Eph 1,13). Es ist fraglos auch die Auffassung des Apostels Paulus, daß die Ältesten der Gemeinde nicht etwa nur einem (griechischen) »Tugendkatalog« entsprechen, sondern daß es im Glauben stehende Männer sein müssen, d.h. Leute, die Gottes Wort und Angebot damit beantworten, daß sie ihr Leben Jesus übergeben, anvertrauen, ihn um Vergebung bitten und sich seiner Herrschaft unterstellen.

Wie wird nun ein Mensch »*voll*« Heiligen Geistes? Indem er Jesus, wenn er an seiner Tür klopft (Offb 3,20;vgl. 2 Kor 3,17a), nicht etwa nur in die »Sonntagsstube« seines Lebens setzt, sondern ihm alle Bereiche seines Lebens einräumt, auch das Berufliche und Geschäftliche und ebenso das Privateste. Was der Mensch Jesus und seinem Geist eröffnet, das erfüllt er auch (vgl. Apg 5,32).

2.3.2 Den Glauben anderer sehen wir nicht, aber die *Früchte*, die daraufhin Gottes Geist bei ihnen zeitigt. So ermahnt unser Herr, insbesondere bei denen, die in der Gemeinde das Wort führen wollen, auf ihre Früchte zu achten, ob es Früchte des Heiligen Geistes oder eines andern Geistes sind: »An ihren Früchten sollt ihr sie erkennen« (Mt 7,15.20). Wie kann denn einer die Gemeinde zur Nachfolge Jesu anleiten und dazu, sich von Gottes Geist erziehen und führen zu lassen (vgl. Röm 8,14), wenn er selbst nicht unserem Herrn folgt und sich von Gottes Geist erziehen und führen läßt? Es geht hier um die innere Vollmacht vor Gott, um den Einfluß, den einer auf die Gemeinde und die einzelnen Mitglaubenden nimmt, und ebenso auch um den Eindruck, den er auf die umgebende Welt macht.

In Zeiten der Bedrängnis der Gemeinde Jesu, vor allem in endzeitlicher Verfolgung, wird über die Christen in jedem Fall »allerlei Böses geredet«. Doch Gottes Verheißung ruht nur auf uns,»wenn sie damit lügen«. Denn unser Herr spricht:»Selig seid ihr, wenn euch die Menschen um meinetwillen schmähen und verfolgen und reden allerlei Übles gegen euch, wenn sie damit lügen« (Mt 5,11). Wenn wir aber zugeben müssen:»Leider ist vieles von dem wahr, was sie sagen«, dann stehen wir nicht unter dem Segen Gottes und sind nicht für die andern ein Segen, sondern geben Anstoß und Ärgernis. Paulus lehrt uns, auf den Glaubensgehorsam (Röm 1,5; 16,26) derer zu achten, die als Dienstleute in der Gemeinde berufen werden sollen, insbesondere, wenn es für die Gemeinde Jesu in den Kampf geht.

2.4 Was eine Berufung ausschließt – wie die zu Berufenden nicht sein dürfen

2.4.1 »*Nicht eigensinnig*« (V. 7) sollen sie sein, nicht »eigenmächtig«, »selbstgefällig«, »rechthaberisch« (wie auch übersetzt werden kann). Gottes Geist macht einen Menschen leitsam für Gottes Willen, wie Jesus für Gottes Willen leitsam war: »Ich tue nichts, als was ich sehe den Vater tun« (vgl. Joh 5,19). Und da wir als Christen wissen, daß die Mit-Glaubenden in der Gemeinde ebenfalls Gottes Geist haben, werden wir auch als Führende in der Gemeinde aufmerksam für das, was unser Herr uns unter Umständen durch unsere Mitchristen sagt, auch durch unscheinbare. Deshalb wäre es kein Zeichen dafür, daß wir uns von Gottes Geist erziehen und führen lassen, wenn wir schnellfertig und stolz über die Worte der andern weggingen.

2.4.2 »*Nicht jähzornig*«: Ein rechter Christ wird von Gottes Geist gezügelt. In Röm 8,14 ist ein Wort aus der Sprache der Reiter und Kutscher gebraucht: »Welche der Geist Gottes treibt«, »führt«, »die sind Gottes Kinder«; wer sich dagegen von Gottes Geist nicht zügeln läßt, ist kein Nachfolger Jesu und kein Kind Gottes. Jakobus schreibt: »Des Menschen Zorn tut nicht, was vor Gott recht ist« (Jak 1,20). Ein Jünger Jesu spricht in heiklen Situationen zuerst mit seinem Herrn, bevor er vor Menschen den Mund auftut; nur so wird auch hier sein Reden, was immer der Anlaß ist, recht. Der Jähzornige dagegen überfährt alle »roten Ampeln«; vor allem nimmt er sich keine Zeit für einen Augenblick der Stille vor Gott, sondern läßt sich gleich von seiner alten, nicht in Christi Tod gegebenen Art (vgl. Röm 6,1–6) fortreißen. Zu dem, »was vor Gott nicht recht ist«, gehört auch, daß der Zornige seine Mitchristen verletzt und die Gemeinschaft der Gemeinde, die unserem Herrn so wichtig ist (Joh 13,34f.), stört und zerstört, und ebenso, daß er Nichtglaubenden Anstoß gibt und sie abstößt. Wer weiß, wie sehr er selbst von der Geduld seines Herrn lebt, wird auch mit seinen Mitmenschen, insbesondere mit seinen Mitchristen, Geduld haben.

2.4.3 »*Kein Säufer*«: Ein Mensch, dem es ein dringendes Anliegen ist, doch ja in seinem Leben ganz Jesus, seinem Wort und seinem

Geist die Führung zu überlassen und Gott zu gefallen, wird nicht zugleich – etwa als Gewohnheitstrinker, ohne suchtkrank zu sein – teilweise auch dem Alkohol die Führung in seinen Gedanken, Worten und Taten, in seinem Gesamtverhalten überlassen. Der Heilige Geist teilt die Herrschaft in uns nicht mit dem »Weingeist«. Und wenn jemand, der nun Jesus gehören möchte, unter irgendwelchen Umständen sogar suchtkrank geworden ist, dann wird er in jedem Fall, vor allem um der Alleinherrschaft seines Herrn über sein Leben willen, davon wieder frei werden wollen und sich auch demütigerweise den Dienst in einer entsprechenden Fachklinik gefallen lassen. Und vor allem wird er nicht ablassen, auf die Verheißung des Herrn zu hoffen: »Wenn euch nun der Sohn frei macht, so seid ihr wirklich frei« (Joh 8,[34].36) und ihn anhaltend entsprechend bitten. Wenn sich jemand dagegen, mit sich selber zufrieden, in einer solchen Lage auf den Standpunkt stellt: »So bin ich eben! Andere Menschen haben auch ihre Fehler«, der ist nicht für den Dienst als Ältester in der Gemeinde geeignet.

2.4.4 »*Nicht streitsüchtig*«, nicht ein »Schläger« (wie auch übersetzt werden kann): Diese Wesensart würde von einem andern Geist zeugen als von dem Geist unseres Herrn. Gott ist ja der »Gott des Friedens« (Röm 15,33; 16,20; 1 Thes 5,23; Hebr 13,20). Das ist geradezu die »Berufsbezeichnung«, die sich Gott in seiner Wirksamkeit für die Welt gibt; sie ließ sich ja durch den teuflischen Infekt der Sünde von Gott scheiden und untereinander entzweien. Gott hat dabei vor allem »Frieden gemacht durch das Kreuz« seines Sohnes (Eph 2,14f.; Kol 1,20), und er führt die Seinen der großen Wiedervereinigung am Ziel entgegen (Offb 21,3f.; vgl. 1 Mo 3,24). Unser Herr Jesus Christus ist der wundervolle »Friedensmacher«; Blut und Leben hat er für die Ermöglichung dieses Friedens geopfert. Und nun erscheint er auch noch heute als der erhöhte Herr an unseren Türen, um seinen wunderbaren Frieden anzubieten: »Siehe, ich stehe vor der Tür und klopfe an« (Offb 3,20). Und er spricht zu den Seinen: »Selig sind die Friedfertigen« (wörtlich: die »Friedensmacher«, die »Friedensstifter«), »denn sie werden Gottes Kinder heißen« (Mt 5,9); so arten sie ihrem himmlischen Vater nach. Wer hier anders handelt – gerade auch, was die Gemeinschaft innerhalb der Gemeinde betrifft –, der gibt einem andern Geist Raum. »Niederschlagen« können wir dabei unsere Mitmenschen nicht nur mit der Faust; auch mit Worten können wir sie niedergeschlagen machen, sie verletzen, sie geringschätzig behandeln und der Lächerlichkeit preisgeben. Auch wer sich in der Gemeinde gar so gern selbstherrlich auf den Fechtboden der Wortgefechte begibt, der festigt damit keinesfalls das »Band des Friedens« (Eph 4,3) um die Gemeinde; er wirkt auch nicht aufbauend. Gewiß, es muß manches in der Gemeinde Jesu um der Wahrheit willen ausgesprochen und ausgetragen werden; aber es muß Wahrheit in Liebe sein und in dem Bewußtsein geschehen: Unser *Herr* spricht über uns alle das letzte Wort. So werden wir in dem nötigen Ringen um die wahre Lehre und das rechte Leben in der Gemeinde der Weisung gehorsam bleiben: »Einer achte den andern höher als sich selbst« (Phil 2,3).

2.4.5 »*Nicht Menschen, die schändlichen Gewinn suchen*« – allgemein nicht und insbesondere nicht im Berufs- und Geschäftsleben, und erst recht nicht bei dem Dienst in der Gemeinde und im Auftrag der Gemeinde an Nichtglaubenden mit Wort und Tat: Unser Herr ist arm geworden um unsertwillen, auf daß wir durch seine Armut reich würden (vgl. 2 Kor 8,9). Bettelarm ist er geworden; sogar die Kleider ließ er sich vom Leib reißen, um uns in aller Ewigkeit unausdenklich reich zu machen (Röm 8,17). Da können wir doch als von ihm so Beschenkte nicht vorrangig darauf bedacht sein, wohlhabend zu werden. Nicht aufs Nehmen, sondern aufs Geben führt uns Jesu Vorbild, Wort und Geist (vgl. Apg 20,35). In jeder Hinsicht soll es für uns heißen: »Wie Er mir, so ich dir!«

Gewiß muß auch ein Christ, wenn er z.B. ein Geschäft betreibt, um seiner Familie willen und um die Arbeitsplätze seiner Mitarbeiter zu erhalten, nach einem entsprechenden Ertrag streben. Aber die Geschäfts- und Arbeitswelt folgt nicht eigenen Gesetzen, sondern auch hier gilt für uns Gottes Gebot. Und es ist wichtig, mit empfindsamem Gewissen sich auch hier danach zu richten. Es gibt Länder auf der Erde, in denen es die Stellung, die Freiheit, ja das Leben kosten kann, Christ zu sein – es ist damit zu rechnen, daß sich auch bei uns die Verhältnisse noch dahin entwickeln (Mt 24,9; Offb 3,10; 13,7.17) –, und bei uns heute kann es

Geld kosten. Kosten wird es auf jeden Fall etwas; und das ist auch ganz in Ordnung, denn unseren Gott und Vater, unseren Herrn Jesus Christus hat unser Heil am meisten gekostet. Da würden wir uns doch einem falschen Geist öffnen, wenn uns nahezu jedes Mittel recht wäre, um zu »schmutzigem Gewinn« (wie das Wort übersetzt werden kann) zu kommen.

Natürlich müssen die, die vollzeitig im Dienst des Evangeliums und der Gemeinde Jesu tätig sind, etwas zu ihrem und ihrer Familie Unterhalt annehmen. Einerseits sagt Gottes Wort: »Umsonst habt ihr's empfangen, umsonst gebt es« (Mt 10,8), andererseits aber auch: »Die das Evangelium verkündigen, sollen sich vom Evangelium nähren« (1 Kor 9,14). Es ist eine gute Sache, daß die Gemeinde Jesu Männer und Frauen dazu freistellt, sich ungeteilt im Dienst des Evangeliums in ihren eigenen Reihen und darüber hinaus, in nah und fern, einzusetzen. Aber es wäre wieder ein falscher Geist, hier im Sinn höherer Besoldungsordnungen und der Vergleiche mit andern Ansprüche zu stellen. Menschen für Jesus wollen wir gewinnen (1 Kor 9,19f.), damit auch sie ihm ihr Heil danken und ewig selig werden. Dafür soll unser Herz schlagen und nicht dafür, daß wir mehr Geld »gewinnen«.

Manchen geht es, schon von ihrer Naturanlage her, nicht so sehr um Geld als um Geltung. Doch das ist nicht besser. Auch so sind wir nicht in der Spur Jesu und folgen nicht seinem Geist; denn er lebte nach dem Wort: »Ich suche nicht meine Ehre, sondern die Ehre des, der mich gesandt hat« (vgl. Joh 5,41; 7,18; 8,50). Auch um »schmutzigen Ehrgewinn« darf es uns an Jesus Glaubenden nicht gehen.

Gerade wenn die Verhältnisse sich zuspitzen, wenn's in den Kampf, in Verfolgung und Verführung, vor allem in endzeitlichem Ausmaß geht, dann ist es sehr wichtig, daß die Dienstleute der Gemeinde echte Nachfolger Jesu mit lauteren Motiven sind, die sich durch Gottes Wort und Geist korrigieren, erziehen und führen lassen. Sonst könnten sie die Gemeinde vom »Braut«-Sein ins »Hure«-Sein, von der einfältigen Nachfolge Jesu zu den falschen Bündnissen mit der Welt, dem Zeitgeist, dem Antichristen, ja dem Feind selbst führen (Jak 4,4f.; Offb 14,4; 17; 18; 19,7; 22,17; vgl. Eph 5,32).

2.5 Was des weiteren die Voraussetzungen einer Berufung zum Gemeindeleiter sind

2.5.1 Der Betreffende »soll *untadelig*« (V. 6), nach menschlichen Maßstäben »unbescholten« sein: Das erleichtert es den Mitchristen, jemanden mit einem Dienst in der Gemeinde Beauftragten für diesen Dienst anzuerkennen. Und es schließt auch so manchen Vorwand der umgebenden Welt gegen das Evangelium aus. Die Leute können nicht leichthin sagen: »Wie die Frommen sind wir immer noch!«, wenn gerade die, die Verantwortung in der Gemeinde tragen und v.a. die, die verkündigen, unverkennbar in jeder Lage dem Willen Jesu gehorsam sein wollen. Deshalb ist es wichtig, auf den Glaubensgehorsam, auf die Heiligung des Wesens und Lebens bei der Berufung von Gemeindeältesten zu achten, auch aus Liebe zu den Mitchristen und zu den uns umgebenden Menschen, damit ihnen der Glaube und der Glaubensgehorsam erleichtert wird. Und vor allem aus Liebe zum Herrn, damit ihm vor der Gemeinde und der Welt nicht Schande, sondern Ehre bereitet wird.

Dieser ganze Schriftabschnitt ist ein »Gewissensspiegel« für alle, die irgendein Amt in der Gemeinde haben oder sich für seine Übernahme vorbereiten. Dabei geht es nicht um das Streben, menschlichen Vorstellungen, einem »Tugendkatalog«, wie ihn die alte griechisch-römische Welt kannte, zu genügen, und ebensowenig auch den Erwartungen von heute. Vielmehr geht es darum, dem Herrn um jeden Preis zu gefallen, auch um der inneren Vollmacht willen. Wir können uns diese nicht verdienen, aber unser Herr pflegt in Gnaden solch ein Bemühen mit dem Geschenk seiner Vollmacht zu beantworten, während wir umgekehrt durch Vernachlässigung der Heiligung unsere innere Vollmacht beeinträchtigen können.

Es ist gerade in Zeiten der Verfolgung, der verschärften Ablehnung des Evangeliums durch die Allgemeinheit von besonderer Bedeutung und kann zu einer neuen Offenheit bei vielen führen, wenn die Umwelt z.B. mit Verwunderung sieht: »Aber die Christen sind anders; sie arbeiten, auch wenn sie niemand beaufsichtigt, und sie vertrinken am Freitagabend ihr Geld nicht, sondern bringen's ihren Familien.« In dem allem sollten gerade die

Kapitel 1,5–9

»Ältesten«, die Gemeindeleiter vorangehen. Es ist ein Zeichen der Echtheit des Christseins eines Menschen, wenn es unverkennbar ist, daß er in der Erziehung von Gottes Geist lebt, wenn »Frucht« wächst (vgl. Mt 7,16; Röm 8,14; 2 Kor 5,17; Gal 5,22).

2.5.2 *»Mann einer einzigen Frau«*: Damals ging es um die Ablehnung der Polygamie, darum, daß einer zu seiner Ehegattin nicht noch Nebenfrauen hinzunahm. Jesus hat ja, entgegen dem, was in der griechisch-römischen-vorderasiatischen Welt vorherrschte, und dem, was auch in Israel eingerissen war, die göttliche Schöpferordnung der Einehe auf Lebenszeit wieder klar hergestellt (Mt 19,3–12). Heute geht es etwa darum, daß ein Christ keinen außerehelichen geschlechtlichen Umgang haben darf. Wenn er mit seinem Herrn, in der Hingabe an ihn, im lebendigen Glauben und so unter der Leitung von Gottes Geist lebt, würde er darüber innerlich sehr gestraft werden. Wenn ein jüngerer Christ wegen längerer Erkrankung oder gar Tod seines Ehegatten auf geschlechtliche Vereinigung verzichten muß, so wird er dennoch nicht einen Ausweg dieser Art rechtfertigen wollen, sondern sich sagen: »Lieber möchte ich sterben, als meinen Herrn und seinen Geist betrüben und die, denen ich dienen soll, durch Beeinträchtigung meiner inneren Vollmacht um den Segen bringen, den ich ihnen durch meine Verkündigung mitteilen darf!« – und sich mit Jesu Überwunderkraft beschenken lassen (2 Tim 1,7; 1 Joh 5,4).

In späteren Jahrhunderten der Alten Kirche wurde dann dieses Wort so verstanden: Ein Verkündiger des Evangeliums dürfe im Falle des Todes seiner Frau nicht in eine neue Ehe eintreten. Doch das sagt Paulus hier nicht; es geht bei dieser Weisung um die gegenwärtige Situation des betreffenden Dieners der Gemeinde. – Schwierig wird die Frage der Wiederverheiratung eines Christen, und eines Dieners der Gemeinde Jesu im besonderen, wenn ihn etwa seine Frau treulos verlassen und sich mit einem andern Mann verbunden hat, vielleicht sogar so, daß sie ihrem ersten Mann die Kinder aus der Ehe mit ihm zurückließ. Was soll dieser Mann dann tun? Jesus sagt: »Wer eine Geschiedene«, eine von ihrem Mann verlassene Frau »heiratet, der bricht die Ehe« (Mt 5,32). Und Paulus schreibt: »hat sie (die gläubige Frau) sich aber geschieden, soll sie ohne Ehe bleiben ...« (1 Kor 7,11). Ent sprechendes gilt natürlich für den gläubigen Mann. Doch wenn die Frau, die ihren Mann verlassen hat, sich inzwischen bereits wieder mit einem andern Mann verbunden hat, dann ist ja ihre frühere Ehe gebrochen, bereits zerbrochen. Dann ist hier durch ihren gläubigen Mann mit einer Wiederverheiratung nicht noch etwas zu zerbrechen. In diesem Sinn sagt Jesus, im Falle des Ehebruchs der Frau könne der Mann sich scheiden lassen und (gewiß) auch wieder heiraten. Entsprechendes gilt für eine Frau in vergleichbarer Situation. Wörtlich sagt unser Herr: »Wer sich von seiner Frau scheidet, es sei denn wegen Ehebruchs, und heiratet eine andere, der bricht die Ehe« (Mt 19,9). Im Falle des Ehebruchs der Frau gilt das also nicht, die Ehe ist bereits zerbrochen. Von daher ist es kein Unrecht, wenn der Mann mit der Zeit doch wieder eine Mutter für seine Kinder und für sich und seine Arbeit eine Gehilfin heimholt. Das aber wird gewiß nicht ohne viel Beugung geschehen können. Denn gerade in der Rückschau wird der Mann möglicherweise erkennen, daß er seine nicht zum Glauben gekommene frühere Frau vernachlässigte, ihr zu wenig Zeit und Liebe schenkte, ihr nicht genügend geistige Gemeinschaft gewährte und nicht ausreichend auf sie einging, oder zu ungeduldig war und sie schnellfertig abschrieb. Auch hier heißt es: »Wer kann merken, wie oft er fehlet? Verzeihe mir die verborgenen Sünden!« (Ps 19,13). Alleinschuldig wird die Frau kaum sein. Auf jeden Fall gilt, gerade auch im geistlichen: »Wem viel anvertraut ist, von dem wird man um so mehr fordern« (Lk 12,48).

2.5.3 »*... der gläubige Kinder hat, die nicht im Ruf stehen, liederlich oder ungehorsam zu sein ...*«

Es gehört zu den allgemein menschlichen Aufgaben, wenn einem Mann bzw. einer Frau Kinder geschenkt sind, daß sie diese auch nach bestem Wissen und Gewissen erziehen. Bei an Jesus glaubenden Eltern gehört dazu auch die Erziehung unter dem Evangelium und – soweit möglich – auch behutsam zum Evangelium. Darauf richtet sich dann in besonderer Weise auch die Weisung in Gottes Wort (Eph 6,4). Dabei können Väter und Mütter bei der Erziehungsarbeit Gottes an Hand der Schrift in die Lehre gehen bei dem, »der der rechte Vater ist«, »von dem alles Vater-

Sein den Namen hat« (Eph 3,15 wörtlich). Doch wenn die Erziehung trotz aller Sorgfalt und aller treuen Fürbitte dennoch, wie's den Anschein haben kann, nicht gelungen ist, so ist das keine Sünde und läßt bei Gott nicht in Ungnade fallen; ebensowenig wird es uns zur Last gelegt, wenn wir trotz eifrigen, wohlbedachten Zeugnisgebens für unseren Herrn niemanden gewinnen.

Dennoch werden in der Gemeinde Jesu zu Recht die Aufgaben entsprechend den vorhandenen Gaben verteilt, nach den natürlichen Gaben und nach den geistlichen Gaben, den Gaben des Heiligen Geistes, den (wie es griech. heißt) *charismata*. Es handelt sich hier schlicht um eine naheliegende Arbeitsteilung innerhalb der Gemeinde Jesu (Röm 12,4–8). Wenn nun ein Mann aus der Gemeinde die Gabe hat, auf gute Weise seiner Familie vorzustehen und seine Kinder zum Glauben zu führen, dann ist das für die, die die Verteilung der Aufgaben in der Gemeinde entsprechend den von Gott geschenkten Gaben vornehmen sollen, ein Hinweis darauf, daß der Betreffende auch in der größeren »Familie« der gesamten Gemeinde mitverantwortlich tätig sein kann. Gott hat ihm erkennbar die Dienstausrüstung dazu gegeben. Das ist dann für ihn keine Auszeichnung und für andere keine Herabsetzung, sondern ein höchst sachlicher Vorgang, eben einer gewissen Arbeitsteilung.

Solche christlichen Familien, in denen schon vom Dienst des Vaters her andere Gemeindeglieder viel aus- und eingehen, sind eine große Hilfe für die Gemeinde, besonders dann, wenn sie von außen her angefochten ist. Gerade auch junge Menschen in der Gemeinde, die vielleicht Freunde der Kinder der Gemeindeleiter geworden sind, empfangen von daher unter Umständen eine entscheidende Hilfe, in der Gemeinde, ja in einem Leben mit Jesus heimisch zu werden, und sie haben auch Anschauungsbeispiele für ein späteres eigenes christliches Familienleben vor Augen.

Wenn jedoch die Kinder von Gemeindeleitern noch nicht zu einem eigenen, echten Glauben gekommen sind oder gar wieder abfallen, was insbesondere in dem großen endzeitlichen Abfall die Gefahr ist (vgl. 2 Thes 2,3), so ist das keineswegs ein Grund dafür, daß dann diese Mitarbeiter in der Gemeinde ihren Dienst auf- und ihr Amt abgeben. Wenn sich in der Endzeit die Not verschärft, daß »des Menschen Feinde seine eigenen Hausgenossen« sind, ja wenn sich die Kinder gegen die Eltern – wie auch Eltern gegen ihre gläubigen Kinder – wenden (Mt 10,21.36; Luk 21,16), dann wäre das ja ein zusätzlicher Triumph des Feindes, wenn es ihm in diesem Fall nicht nur gelungen wäre, die Kinder auf seine Seite herüberzuziehen, sondern auch noch den Vater etwa von seinem Verkündigungsdienst abzubringen.

Und vom Glauben abgekommene Kinder, auch wenn sie erwachsen sind, müssen wir ja nicht, was die Hoffnung für sie betrifft, aufgeben und abschreiben. Auf jeden Fall gilt es, unbeirrt für sie weiterzubeten und auch, soweit möglich, die Verbindung zu ihnen aufrechtzuerhalten. Wenn sie jetzt für das Evangelium verschlossen sind, kann das in einigen Jahren auch wieder anders werden. So gut Josua das schwerbefestigte Jericho eingenommen hat (Jos 6), so gut und noch viel besser kann Jesus, der große Josua, der lebendige Gott, Menschen, die vom Feind besetzt erscheinen, einnehmen. »Werfet euer Vertrauen nicht weg, welches eine große Belohnung hat« (Hebr 10,35). Vieles ist schon an Kindern gläubiger Eltern geschehen, auch ohne daß die Eltern das wahrnehmen konnten und zu einer Zeit, zu der die betenden Eltern schon nicht mehr in dieser Welt lebten.

Erforderlichenfalls können Väter und Mütter, deren Kinder nicht im Glauben stehen, dennoch auch neu in Dienste der Gemeinde berufen werden. Wenn David, als ihn hungerte, der Ordnung zuwider die Schaubrote essen durfte (Mt 12,3f.), dann dürfen noch vielmehr, der hier genannten Ordnung zuwider, im Glauben und durch Anfechtung gereifte Christen zu Diensten in der Gemeinde unter Alt und Jung, unter Männern und Frauen, berufen werden, damit doch ja die Gemeinde die erforderliche Speise, das Wort Gottes, das Brot des Lebens empfängt.

2.5.4 »*Untadelig als ein Haushalter Gottes*« (V. 7): Hier geht es nicht etwa nur allgemein um ein rundherum erfreuliches Wesen des Betreffenden vor den Gemeindegliedern und vor der Welt – die hier genannten »Bischöfe« sind dieselben wie die vorher erwähnten »Ältesten« (vgl. das zu V. 5 Gesagte!) –, sondern um eine erfreuliche Haltung und ein erfreuliches Verhalten speziell als ein *Haushalter Gottes*, darin, ein Haushalter Gottes zu sein. Was damit gemeint ist, zeigen die Haushalter-Gleichnisse Jesu, etwa von dem, den sein Herr über seine Leute setzte, damit er ihnen zur rechten Zeit gebe, was ihnen zusteht (Lk 12,42). Da hält einer nüchtern, sorgsam, treu und liebevoll daran fest: Ich bin von meinem Herrn hierher gestellt. Ich gehöre zu ihm. Und sein Auftrag soll mein ganzes Leben und Wirken ausfüllen. Ich bin nicht mein eigener Herr und Unternehmer; er ist es. Das Haus, in dem ich tätig bin, gehört ihm. Die Menschen, die hier ihr Leben und ihre Aufgaben haben, gehören ihm ebenso wie ich und stehen unmittelbar in seinem Dienst, nicht in dem meinen. Ich bin nicht eigentlich ihr Vorgesetzter, sondern Jesus ist aufs Unmittelbarste auch *ihr* Herr. Gewiß obliegt mir auch eine Führungsaufgabe für sie. Aber es geht dabei immer um die Frage: »Was sagt hier der Herr? Was will hier der Herr?« (vgl. Jer 23,35). Und mir ist insbesondere auch die nötige Versorgung dieser Knechte und Mägde von unserem gemeinsamen Herrn aufgetragen. Er hat mich dazu mit den nötigen Mitteln ausgestattet, v.a. mit seinem Wort. Alle Tage und alle Stunden will ich dem Herrn zuliebe und zu Gefallen, als in seiner Gegenwart, nach bestem Wissen und Gewissen den Dienst tun. Und zugleich geschieht das diesen Brüdern und Schwestern zuliebe. – So gilt es, im Dienst unseres Herrn und seiner Gemeinde zu stehen, was immer auch unsere Aufgabe ist. Allen, die so leben, gilt Jesu Wort: »Selig ist der Knecht, den sein Herr, wenn er kommt, das tun sieht« (Lk 12,43).

2.5.5. »*Gastfrei*« (V. 8): Das ist zunächst nötig gegenüber Gliedern der örtlichen Gemeinde. Insbesondere einsame und irgendwie belastete Mitchristen brauchen Häuser, in denen sie aus- und eingehen können. Psychisch Angeschlagene – in einer seelisch krankmachenden Zeit –, die man in der Welt lieber gehen als kommen sieht, brauchen Christenmenschen, bei denen sie willkommen sind. Hilfreich ist es, wenn auch die Familien der Gemeindeleiter von solcher Art sind. Wenn irgendwo, in Dorf oder Stadt, das geistliche Leben in aller Stille wuchs, dann hing das nicht selten mit einigen derartigen Häusern zusammen. – Allerdings sollten christliche Eltern darauf achten, daß ihre eigenen Kinder über einem solchen Dienst nicht ihr Zuhause verlieren. Es muß auch die Stunden geben, insbesondere die Abende, an denen die Familie unter sich ist, daß Mutter und

Vater dann ausschließlich für ihre Kinder Zeit haben und ihnen bewußt, ihrem Alter gemäß, schöne Stunden bereiten. Sonst würde solche Eltern das Wort treffen: »Wenn jemand die Seinen, besonders seine Hausgenossen, nicht versorgt, ist er schlimmer als ein Heide« (1 Tim 5,8). Denn zur Versorgung gehören nicht allein Speise, Kleidung, Wohnung usw., sondern auch Zeit, die gewidmet wird, das liebevolle Eingehen auf die Kinder, auch auf den Ehegatten und die alten Eltern.

Noch etwas anderes gehört zu dieser Gastfreundlichkeit: Es gab damals Brüder und Schwestern, die im Dienst der Gemeinden zu missionarischen und anderen Botendiensten unterwegs waren (vgl. Röm 16,1f.). Sie galt es liebevoll aufzunehmen, zumal in jener Zeit das Reisen mit vielen Opfern, Strapazen und Gefahren verbunden war. Außerdem gab es in der wenig später einsetzenden Verfolgungszeit Christen, vor allem führende, die auf der Flucht sozusagen »steckbrieflich verfolgt« waren und die nur unter mehr oder weniger großer Gefahr ins Haus aufgenommen werden konnten, wie das etwa bei den heimlich aufgenommenen Juden im Dritten Reich der Fall war. Auch da muß ein Gemeindeleiter mit gutem Beispiel vorangehen. In einer Zeit der sich endgeschichtlich zuspitzenden Entwicklungen kann ein Wort dieser Art neue Bedeutung erlangen.

2.5.6 »*Gütig*« (wörtlich: »das Gute liebend«): Gott ist gütig, gut; das bezeugt die Schrift an vielen Stellen. Ja, unser Herr sagt, daß Gott allein wahrhaft gut ist (Mt 19,17). Und er konnte weiter sagen: »Wer mich sieht, der sieht den Vater« (Joh 14,9). Darum also geht es hier: sich in jeder Situation, an jeder Weichenstelle Gott-gemäß, Jesus-gemäß zu entscheiden, wahrhaft gut nach göttlichen Maßstäben. Es klagte einer: »Ich habe keinen Menschen.« Daraufhin nahm sich Jesus seiner an. Nun hatte er einen, mehr als einen *Menschen* (Joh 5,6f.). Oder: Jesus war müde, er hätte Anspruch auf etwas Ruhe gehabt. Doch nun kam ein Mensch mit seinem Elend, eine von den andern verstoßene samaritische Frau, und Jesus wandte sich ihr gleich seelsorgerlich zu (Joh 4). Ein andermal wurde Jesus schrecklich mißhandelt. Doch er verfluchte nicht die, die das taten. Er betete liebevoll um Vergebung für sie zu seinem himmlischen Vater (Lk 23,34). In den Diensten der Gemeinden zu stehen macht es um so wichtiger, in jeder Lage ganz in der »Jesus-Spur« (1 Petr 2,21) zu gehen und zu handeln.

2.5.7 »*Besonnen*«, überlegt: Es handelt sich um mehr als nur um menschliche Bedachtsamkeit, etwa nach der alten Regel: »Erst wieg's, dann wag's!« Da werden die Gedanken zuerst und vor allem auf Gottes Wort gerichtet, auf die biblischen Zusammenhänge, und im Gebet auf den Herrn selbst, in der Willigkeit, ihm zu gehorchen. Gottes Geist kommt darüber zur Geltung, der zur rechten Zeit auch an das gerade hier und jetzt wichtige Wort der Schrift erinnert (Joh 14,26; 16,14). So von Gott und seinem Wort herkommend wird ein Mensch, gerade auch in einer Leitungsaufgabe der Gemeinde, in der Seelsorge und in dem Bemühen, Spannungen zu überwinden, weise und geschickt, recht zu reden und zu handeln. Insbesondere in Zeiten der Anfechtung von außen, vor allem in der endzeitlichen, muß ja die Gemeinde in sich ein Hort des Friedens sein.

2.5.8 »*Gerecht*« vor Gott und Menschen: In Christus, in seiner Nachfolge, im Glaubensgehorsam wollen wir in jeder Lage tun, was vor Gott recht ist, und wir wollen auch jedem Menschen gerechtwerden. Unparteiisch wollen wir reden und handeln, so daß alle Gotteskinder gleicherweise ernstgenommen werden und wir ihnen mit Ehrerbietung begegnen (Röm 12,10): dem angesehenen Gemeindeglied, dem namhaften Wissenschaftler oder Industriellen, auf den man natürlich ein wenig stolz ist, und ebenso dem sehr unscheinbaren Behinderten, mit dem man sich ein wenig zu genieren geneigt ist (vgl. Jak 2,1–4). Niemand in der Gemeinde soll versucht sein, bitter zu werden (Hebr 12,15). Und auch den noch nicht glaubenden, ja deutlich weit abgeirrten Menschen gilt es ernstzunehmen. Auch im Blick auf ihn kann es noch heißen: »Die Letzten werden die Ersten sein« (Mt 19,30).

2.5.9 »*Fromm*«: Schon zu Abraham sprach Gott: »Ich bin der allmächtige Gott; wandle vor mir und sei fromm« (1 Mo 17,1). Im Sinne der Schrift »fromm« zu sein heißt, im Bewußtsein der

Gegenwart des hohen, heiligen Gottes in Ehrfurcht, Liebe und Dank ihm zu leben. Den ganzen Horizont des Denkens füllt der große Gott, unser Herr Jesus Christus aus. Das gibt für alles die richtigen Motive und die richtigen Maßstäbe. All das, was sonst nach diesem Schriftabschnitt zum rechten Wesen und Verhalten eines im Dienst der Gemeinde stehenden Christen gehört, erhält durch das Wort, das hier steht und »fromm«, »heilig« bedeutet, die klare Ausrichtung auf den großen gegenwärtigen Herrn!

2.5.10 »*Enthaltsam*«, »zuchtvoll«, »beherrscht«: Um in ganzer Gesammeltheit vor Gott und für Gott und die von ihm gestellten Aufgaben an den Glaubenden und unter den Nichtglaubenden dasein zu können, gilt es, Dinge beiseite zu lassen, die andern unentbehrlich scheinen und nach denen einen auch gelüsten mag: mehr Essen und Trinken, Freizeit und Schlaf, mehr Unterhaltung, heute etwa durch Unterhaltungsliteratur, Fernsehsendungen, Hobbies, gesellige Veranstaltungen usw. Solcher Verzicht geschieht mit dem Ziel, genügend Raum für die Beschäftigung mit der Bibel und für die so dringende Fürbitte zu gewinnen, v.a. für die Menschen, die einem persönlich, etwa durch einen besonderen Dienst, aufgetragen sind. Paulus denkt nach 1 Kor 7,5 hier auch – im freien Einvernehmen beider Gatten – an eine vorübergehende sexuelle Enthaltung in der Ehe für eine dringliche Fürbitte oder einen besonders wichtigen Dienst. Das alles, im Sinne eines gewissen Fastens, vermag dann ohne Verkrampfung zu geschehen, wenn wir es im Bewußtsein der Gegenwart des uns so sehr liebenden Herrn tun. So sagte Gerhard Tersteegen: »Das Christsein ist auch wieder sehr einfach: Es ist das stete Bewußtsein der Gegenwart des uns unsagbar liebenden Herrn; alles andere ist nur die Folge dieses einen.«

2.6 Ein Haupterfordernis einer Berufung zum Dienst ist der rechte Umgang mit dem Wort Gottes

2.6.1 »*Er halte sich an das Wort der Lehre, das gewiß ist*« (V. 9a): Einerseits soll sich ein solcher Mitchrist »*enthalten*«, manches loslassen, andererseits aber um so mehr sich *halten an* das Wort, mit dem uns Gott ins Vertrauen gezogen hat über das, was er getan hat, tut und tun wird, um uns zu retten, und an das Wort davon, wie wir daraufhin recht den Weg gehen können, den Weg des Glaubensgehorsams, der Jesusnachfolge bis zum herrlichen Ziel, »durch Leiden zur Herrlichkeit« (Apg 14,22). Dazu gehört auch, daß gerade ein solcher Christ, der für andere zum Dienst berufen ist, auch in besonderer Weise in diesem Wort, so wie es uns von den Aposteln (Apg 2,42) übermittelt ist, lebt, in seinen Bahnen denkt und geht und ihm uneingeschränkt Vertrauen entgegenbringt, also dem Herrn selbst, der uns dieses Wort gegeben hat.

Noch einmal, wie bereits V. 2, betont Paulus die Gewißheit, die Zuverlässigkeit dieses Wortes: Wir können uns darauf verlassen, daß Gott tatsächlich das in der *Vergangenheit* zu unserem Heil getan hat – insbesondere mit Kreuz und Auferstehung Jesu –, was zu unserem und aller Welt Heil nötig ist. Wir können uns darauf verlassen, daß Gott das jetzt an uns tut, wovon das uns heute verkündigte, unsere *Gegenwart* betreffende Wort sagt. Auch da gilt: »Wenn er spricht, so geschieht's; wenn er gebietet, so steht's da« (Ps 33,9); Gottes Wort ist Tat. Und wir können uns weiter darauf verlassen, daß er all das in der Zukunft noch tun wird, was er verheißen hat und was einen neuen heilsgeschichtlichen Schritt betrifft, zumal bereits in der Vergangenheit alle Voraussetzungen dafür geschaffen sind, vor allem mit Jesu Sieg in Gethsemane, auf Golgatha und an Ostern (vgl. Offb 5). » Des *Herrn* Wort ist wahrhaftig, und was er zusagt, das hält er gewiß« (Ps 33,4).

2.6.2 Nicht nur darum geht es, daß wir *selbst* von diesem Wort leben, sondern daß wir es weitersagen und dazu mithelfen, daß auch *andere* von diesem Wort leben können. Das gilt insbesondere für die, die Aufträge und Dienste in der Gemeinde haben. Dazu auch sollen sie sich an das Wort halten, *damit sie die Kraft haben, »zu ermahnen mit der heilsamen Lehre und zurechtzuweisen, die widersprechen«* (vgl. V. 9b). Durch das Leben im Wort werden wir dazu befähigt, es auch in der rechten Weise weiterzusagen. Und gerade dadurch, daß wir selbst dem Wort gehorsam sein wollen und uns von ihm erziehen lassen, wird uns durch Gottes Gnade die innere Vollmacht geschenkt, es auch andern auszurichten. – Von zweierlei redet hier Paulus:

a) Vom »*Ermahnen* mit der heilsamen Lehre«. Das Urtextwort für »ermahnen« bedeutet »zurufen«, »herbeirufen«, »einladen«, »trösten«, »Seelsorge üben«, »aufmuntern«; in diesem Sinn wurde das Wort auch für die Anfeuerungsrufe im Sportstadion gebraucht. Kurz: Es ist nötig, so miteinander zu reden, daß wir doch ja zusammen auf dem Weg bleiben zu dem herrlichen Ziel und uns auf dem Weg die Heilbehandlung durch unseren Heiland Jesus Christus, durch seinen heiligen, heilenden und heiligenden Geist, gefallen und uns von ihm Aufträge geben lassen, damit wir in Ewigkeit miteinander bei unserem Herrn das wahre Leben haben. Und nötig ist auch, daß wir solchen, die noch ganz draußen sind, hereinhelfen in die Gemeinschaft mit unserem Herrn, auf die Spur seiner Nachfolge und in die Gemeinschaft seiner Gemeinde.

b) Auch dazu befähigt uns Gottes Wort, durch das wir ja immer zugleich unter dem wunderbaren Einfluß seines Geistes stehen (Joh 6,63), daß wir diejenigen »*zurechtweisen*, die widersprechen«. Das Urtextwort bedeutet auch, daß wir die »überführen«, die widersprechen. Diese gibt es überall, auch in den Gemeinden, die Gottes Wort, Gnade und Anspruch gegenüber Widerspruch anmelden: Nein, auf Gnade und Barmherzigkeit Gottes wollen sie nicht angewiesen sein; sie möchten viel lieber sagen können, daß sie Heil und Seligkeit selbst verdient und »geschafft« haben. Auch wollen sie Gott und seinem Gebot nicht Gehorsam leisten, sondern ihre eigenen Herren bleiben, sich selbst ihre »Tafeln bauen« und selbst das Maß aller Dinge sein. Letztlich wollen sie sich selbst, nach eigener Fantasie, ihre »Religion« zusammenstellen, sozusagen sich aus der bunten Wiese der Religionen und Weltanschauungen einiges herauspflücken und nach ihrem Geschmack einen »Strauß« winden. Nach ihrem Bild wollen sie sich einen »Gott« schaffen, der überall den Menschen bestätigt und ihn auf seinen selbstgewählten Wegen segnet und segnet. Wort und Geist des lebendigen Gottes haben es in sich, das Wort, das wie »ein Hammer« ist, »der Felsen zerschmeißt« (Jer 23,29), den Menschen von seiner Eigenmacht, seinem törichten Denken und seinen falschen Wegen zu »überführen«. Dazu sind Verkündiger und Seelsorger nötig, die selbst in Gottes Wort leben, sich selber nach Gottes Wort richten und sich von ihm korrigieren lassen, die

Gott in ihrem Leben recht geben. Gott tut durch solche Leute mehr, als ihnen bewußt ist und für sie in Erscheinung tritt. Solche leidensbereite Zeugen Jesu sind insbesondere in der Zeit des endgeschichtlichen Abfalls unentbehrlich (vgl. 2 Thes 2,3; Offb 11).

Vorschlag zur Bibelarbeit über Titus 1,1–9

1. Hinführung

Der Botschafter eines großen Staates in einem andern Land schrieb in Vollmacht seines Souveräns, des Staates und der Regierung *seines* Landes an den leitenden Mitarbeiter einer Niederlassung seines Staates in einem Teilbereich dieses Landes hier, der diplomatischen und konsularischen Vertretung in dieser Region: Er faßte in einigen Sätzen, im Sinne von Leitlinien, zusammen, was die Politik seiner Regierung war und gab dann Anweisung über die Ordnung der Niederlassung und ihrer Arbeit, für die der Empfänger zuständig war.

So schrieb hier der »Apostel«, der »Botschafter« des »Königs aller Könige« (Offb 19,16), einen Brief an Titus, den für die Niederlassung, die Gemeinden, auf der Insel Kreta damals besonders verantwortlichen Mann, nannte einige Grundlinien der Wirksamkeit ihres gemeinsamen Herrn, Jesus Christus, des lebendigen Gottes, und bestimmte einiges an Ordnung für die Gesamtniederlassung auf Kreta, die Gemeinden an den verschiedenen Orten. Jesus Christus ist gestern und heute derselbe (Hebr 13,8), und er tut gestern und heute dasselbe. So gilt, was Paulus seinem geistlichen »Sohn« Titus schrieb, auch uns; es ist in gewissem Sinn auch an uns adressiert. Mit den von Paulus genannten Grundlinien der Wirksamkeit und Zielsetzung Gottes in Jesus Christus werden auch wir ins Vertrauen gezogen (vgl. Joh 15,15), und die hier getroffenen Anordnungen sind auch für uns maßgebend.

2. Vorbereitende Fragen

Was ist über den Absender und unmittelbaren Empfänger des Briefes bekannt (vgl. Konkordanz)? Was geht aus der Beifügung zu dem Namen des Absenders über die Grundlinien der Wirksamkeit und Zielsetzung Gottes in Jesus Christus hervor (V. 1a.2.3)? Was wird in dem Gruß (V. 4b) dem Empfänger und allen Nachfolgern Jesu mitgeteilt und zugesichert? Welche Anordnung wird im Blick auf die Verantwortlichen für die einzelnen lokalen »Niederlassungen«, »Stützpunkte«, d.h. für die Gemeinden getroffen, und was bedeutet das für die Berufung von Pfarrern, Pastoren, Predigern, Gemeindeältesten, Kirchengemeinderäten, Presbytern, Brüderräten ...?

3. Thema

Ein Botschafter Jesu Christi gibt Informationen und für die Ordnung örtlicher Niederlassungen nötige Anweisungen.

4. Gliederung

a) Absender.

b) Der Inhalt der Botschaft aller wahren Boten Jesu – wie sie hier in der Beifügung zu der Absenderangabe zum Ausdruck kommt (V. 1b.2.3).

c) Der Empfänger – Mitarbeiter und möglicherweise Nachfolger des Botschafters für jenen Bereich (V. 4).

d) Ein Gruß, der nicht leere Formel ist, sondern Tat Gottes: Straffreiheit, Schuldenerlaß, Adoption und Erbrecht werden zugesprochen.

e) Anweisungen im Blick auf die Berufung von Verantwortlichen in den einzelnen lokalen »Niederlassungen«, »Stützpunkten«, den örtlichen Gemeinden:

aa) Was Grundvoraussetzung einer Berufung ist: der Glaube, die Erkenntnis der Wahrheit (V. 1).

bb) Was eine Berufung ausschließt (V. 7).

cc) Was weiter die Voraussetzung einer Berufung ist (V. 6.8).

dd) Ein Haupterfordernis einer Berufung zum Dienst: der rechte Umgang mit dem Wort Gottes (V. 9).

5. Schluß

Das Reich unseres Herrn Jesus Christus ist nicht von dieser Welt (Joh 18,36). Als Glaubende sind wir Bürger seines Reiches; »unser Bürgerrecht ist im Himmel; woher wir auch erwarten den Heiland, den Herrn Jesus Christus« (Phil 3,20). Die Gemeinden unseres Herrn sind Stützpunkte seines kommenden Reiches mitten in einer feindbesetzten Welt; Jesus nennt den Satan den »Fürsten dieser Welt« (Joh 12,31; 14,30; 16,11). Deshalb begegnet der Teufel der Gemeinde Jesu feindselig und versucht, sie durch Anschläge von außen und innen einzunehmen, »auszuradieren«.

3. Die Gemeinde Jesu – bedroht durch eine Unterwanderung und Überflutung mit irreführendem Geist und irreleitender Lehre (1,10–16)

1,10–16: Denn es gibt viele Freche, unnütze Schwätzer und Verführer, besonders die aus den Juden, (11) denen man das Maul stopfen muß, weil sie ganze Häuser verwirren und lehren, was nicht sein darf, um schändlichen Gewinns willen. (12) Es hat einer von ihnen gesagt, ihr eigener Prophet: Die Kreter sind immer Lügner, böse Tiere und faule Bäuche. (13) Dieses Zeugnis ist wahr. Aus diesem Grund weise sie scharf zurecht, damit sie gesund werden im Glauben (14) und nicht achten auf die jüdischen Fabeln und die Gebote von Menschen, die sich von der Wahrheit

abwenden. (15) Den Reinen ist alles rein; den Unreinen aber und Ungläubigen ist nichts rein, sondern unrein ist beides, ihr Sinn und ihr Gewissen. (16) Sie sagen, sie kennen Gott, aber mit den Werken verleugnen sie ihn; ein Greuel sind sie und gehorchen nicht und sind zu allem guten Werk untüchtig.

Die Gemeinden unseres Herrn Jesus Christus an den verschiedenen Orten sind mitten in einer feindbesetzten Welt Stützpunkte seines kommenden Friedensreiches. Der Feind, der »Fürst dieser Welt« (Joh 12,31; 14,30; 16,11), wie Jesus den Satan nennt, ist durch sie zutiefst beunruhigt und alarmiert (vgl. Offb 12,12). Da möchte er ihnen nicht nur in Verfolgungszeiten äußere Macht, mißbrauchte Staatsmacht (vgl. Offb 13,1–8) entgegenwerfen, sondern er will sie in jedem Fall auch in rasch wechselnder Taktik und Szenerie von innen her schwächen: Die Unterwanderung und Überspülung mit irreführendem Geist und irreleitender Lehre sind hier seine Mittel. Er tut alles ihm nur irgendwie Mögliche, um die Stützpunkte Jesu Christi in dieser Welt auszuradieren. Doch auch »die Pforten der Hölle« werden die Gemeinde unseres Herrn Jesus Christus nicht überwältigen (Mt 16,18).

3.1 Die Irreleitung (V. 10–12)

3.1.1 »*Denn*« (V. 10): Damit wird auf die »Widersprechenden« in V. 9 Bezug genommen. »*Viele*«: Die Gemeinden sind durchsetzt von solchen Leuten. Auch in unserer Zeit zeigt sich vielerorts etwas Derartiges, nicht nur in volkskirchlichen Verhältnissen. Insbesondere wenn der Feind »weiß, daß er wenig Zeit hat« (Offb 12,12), wird er auf allerlei Weise derartige Leute in die Gemeinde einzuschleusen versuchen (vgl. Mt 24,11). Wenn dann die Bedrängnis von außen und eine derartige Gefahr aus den eigenen Reihen für die Gemeindeglieder zusammenkommen, wird es für die Gemeinden besonders schwer, noch recht durchzukommen. Die Männer und Frauen in den Gemeinden, die vom Feind so eingesetzt und mißbraucht werden, müssen sich dessen keineswegs immer bewußt sein.

3.1.2 »*Freche*« (wörtlich: »nicht sich Unterordnende«) sind darunter: Sie ordnen sich Gott nicht unter und auch in der Gemeinde nicht ein. Daran wird deutlich, daß sie sich vom Satan und seinem Geist infizieren ließen, denn der Feind ist ein wahnsinnig stolzer, eigenmächtiger Geist. Gottes Geist, der »Christus in uns« (vgl. 2 Kor 3,17) dagegen macht demütig, wie unser Herr selbst »von Herzen demütig« ist (Mt 11,29). So ist der Mensch Gott untertan (Hebr 12,9) und ordnet sich auch in der Gemeinde unter und ein (1 Petr 5,5), »den andern höher achtend als sich selbst« (Phil 2,3). Es ist wichtig, immer wieder im Sinne von Gottes Wort und Geist in der Verkündigung die rechte, die Jesus-gemäße Haltung aufzuzeigen und zu ihr einzuladen.

3.1.3 »*Unnütze Schwätzer*« (wörtlich: »Nichtiges Schwätzende«): Nun wollen sie, mit ihren Worten, auch noch auf andere Einfluß nehmen. Aber aus einem innerlich leeren, von Gottes Geist entleertem Leben kann unmöglich etwas geistlich Hilfreiches kommen. Dennoch machen sie viele fromm und »tief« scheinende Worte. Ja, es geht nach dem Sprichwort: »Die leeren Fässer (wenn man sie wälzt) machen den größten Lärm.« Die im lebendigen Glauben, in der echten Hingabe an den Herrn Stehenden und so von Gottes Geist Erfüllten (Joh 7,38 f.; Eph 1,13) dagegen, vermögen mit ihren Worten durch Gottes Wort und Geist segensvollen Einfluß zu nehmen. Und sie reden dabei nicht einfach so leichthin daher. Wenn sie Gottes Wort weitersagen, bleiben sie innerlich fragend, hörend und bittend. Denn Gottes Wort in Menschenmund ist etwas unausdenklich Großes, Wichtiges, Verantwortungsvolles.

3.1.4 Jene dagegen sind »*Verführer*«, »Betrüger«. Sie führen trügerisch nicht zu Jesus und in seine Nachfolge, sondern von ihm und seiner Spur (1 Petr 2,21) weg, nachdem sie sich selbst von ihm abgewandt haben (vgl. 1 Sam 15,11). Um so mehr gilt es, in den Gemeinden durch Verkündigung und Seelsorge den Leuten liebzumachen, zur Herde des Guten Hirten zu gehören und ihm mit ganzem Vertrauen zu folgen.

3.1.5 »*Besonders aus den Juden*« (wörtlich: »aus der Beschneidung«) kamen die so redenden Verführer, also von denen, die schon einige biblische Erkenntnis hatten und die die entsprechende Sprache durchaus beherrschten und deshalb auf die anderen, die noch kein Unterscheidungsvermögen hatten, Eindruck machten und sie verwirrten. Das ist nicht selten auch heute so: Diejenigen, die offenkundig Fremdes, auch in einer fremden Sprache, bringen, wirken weit weniger verwirrend, weil alle in der Gemeinde die Fremdartigkeit empfinden. Der Feind dagegen zitierte, als er Jesus versuchte, Bibelworte (Mt 4,1ff.). So redet er unter Umständen auch mit den Nachfolgern Jesu, insbesondere in der letzten Verwirrungszeit. Um so nötiger ist es, daß in der Gemeinde treu und unablässig die echt biblischen Linien von AT und NT aufgezeigt werden. Der Mißbrauch kann nur durch rechten Gebrauch überwunden werden.

Aus der Bemerkung »besonders die aus der Beschneidung« kann keineswegs irgendeine Aversion des Apostels Paulus gegen die Juden überhaupt geschlossen werden, ebenso nicht aus 1 Thes 2,14-16. Gewiß war es Paulus eine große Not, daß sein Volk so weitgehend, auch nach Kreuz und Auferstehung, seinen Messias, Jesus von Nazareth, ablehnte. Aber er sagte: »Blindheit ist Israel (nur) *zum Teil* widerfahren« (Röm 11,25; vgl. 2 Kor 3,14f.). Andere erkannten und anerkannten Jesus als ihren Messias; die Apostel, einschließlich Paulus, und viele andere sind dafür wandelnde Beispiele. Und wie brennend er nach wie vor sein Volk liebte und wie große Hoffnungen er für Israel hatte, sagt er insbesondere in Röm 9,1-5 und 11,26.29.

3.1.6 Denen, die mit ihrem Gerede Gemeindeglieder verwirren und verführen, »*muß das Maul gestopft werden*«, schreibt Paulus seinem Mitarbeiter (V. 11). Wie? »Den Mund stopfen« hieß damals in der griechischen Welt nach dem Sprachgebrauch einiger Philosophen, »durch schlüssige und einsichtige Argumente einen andern mit seinen Behauptungen zum Schweigen bringen«. Das also soll Titus vor allem und sollen auch wir heute und morgen: biblisch argumentieren, überführend und überzeugend, auch vor den Ohren der andern Gemeindeglieder, so daß wir ihnen gegenüber die Dinge klarstellen und ihnen zu einem biblischen, Jesus-gemäßen, geistlichen Denken, Reden und Handeln helfen. Zugleich muß das »in der Liebe geschehen« (1 Kor 16,14), so daß wir damit auch um die Irrenden und Fehlenden werben; nicht, daß wir über sie triumphieren wollen, sondern das Ziel haben, mit ihnen zusammen unseren Herrn und Gott um so mehr zu preisen.

Allerdings war hier auch an Gemeindezuchtmaßnahmen zu denken (vgl. Mt 18,15–17), so daß, solange keine Änderung erfolgte, die Betreffenden zur Verkündigung in der Gemeinde nicht mehr zugelassen wurden. Die Verkündigung ist sozusagen auch ein Aufhängen von Wegweisern für die Glaubenden und für die Nichtglaubenden. Dies muß der Bibel, der göttlichen Wahrheit (2 Kor 13,8) entsprechend erfolgen. Eine Gemeinde darf es deshalb nicht zulassen, daß das anders geschieht. Damit ist nicht etwa über die Betreffenden selbst ein abschließendes Urteil gefällt; dieses ist allein die Sache des Herrn. Auch sind sie nicht abgeschrieben und aufgegeben. Nicht umsonst steht unmittelbar vor dem genannten Schriftabschnitt über die Gemeindezucht das Gleichnis von dem guten Hirten, der dem Verlorenen nachgeht (Mt 18,12–14). Doch die Umkehr ist unabdingbar. Für das echte Prüfen, das biblische Argumentieren und das Gemeindezuchtüben in rechtem, geistlichem Sinn ist geistliche Weisheit nötig. Und eben darum dürfen wir bitten (Jak 1,5).

3.1.7 Paulus sagt, daß jene »leeren Schwätzer« »*ganze Häuser verwirren*« (wörtlich: »umstürzen«, »zerrütten«). Zunächst bedeutet das Wort »Haus« in einem derartigen Zusammenhang »Familie«. Eine besondere Stärkung der Sache Jesu, seiner Gemeinde in Dorf oder Stadt, können christliche Familien bedeuten. Sie können einladende Beispiele für ein Leben mit Jesus und in seiner Gemeinde sein und damit eine Ermutigung für die Glaubenden und die Noch-nicht-Glaubenden, sich an Jesus zu halten. Naturgemäß legt es deshalb der Feind darauf an, sie und ihre segensvolle Wirkung zu zerstören. Für dieses Ziel kann er sich auch zunutze machen, daß einzelne Glieder der Familien bereits unter den Einfluß solcher »Verführer« geraten sind. Wenn dann die anderen Familienglieder auf dem klaren biblischen Kurs bleiben, ist die bisherige wohltuende Harmonie dahin. Auch werden viele Kräfte, die die Familie für den Dienst Jesu einsetzen könnte, nun durch die eigenen Probleme und Nöte gebunden. Und wenn die zunächst »Befallenen« die anderen mit dem falschen Geist infizieren und zu sich herüberziehen, es also zu einer bösen Einigkeit im falschen Geist kommt, dann ist die Familie erst recht für die Gemeinde und ihren Dienst blockiert.

»Haus« kann zugleich auch die Bedeutung von »Hausgemeinde« haben; in der Anfangszeit, als noch keine gottesdienstlichen Gebäude vorhanden waren, kamen die Christen vor allem »hin und her in Häusern« zusammen (Apg 2,46; Phlm 2). Solche »Hauskreise«, »Hausbibelkreise«, Zellen gesunden geistlichen Lebens, können auch heute durch derartige Einflüsse auseinandergesprengt, verwüstet, ja als Ganze von einem falschen Geist und seiner Wirkung »befallen« werden. Und auch die örtliche und überörtliche Gemeinde Jesu als Ganze ist nach der Schrift »Haus« (1 Kor 3,9; 1 Petr 2,5). Wieviel ist doch auch hier schon durch unbiblische Lehre und Verkündigung infiziert, gelähmt und zerstört worden! Es ist ein Wunder der Treue unseres Herrn und eine unverkennbare Erfüllung seiner Verheißung (Mt 16,18), daß die Gemeinde Jesu auch heute noch lebt. Und sie wird trotz allem leben, bis der Herr wiederkommt.

3.1.8 Die »Verführer« »*lehren, was nicht sein darf*« (wörtlich: »was sich nicht ziemt«). Diese Männer, sofern sie aus Israel waren, hatten schon immer Gottes Wort. Aber wenn ein Mensch diesem Wort nicht gehorsam ist, sich nicht von ihm korrigieren, erziehen und leiten läßt, wenn er sich ihm und damit Gott selbst nicht unterstellt, dann macht er von dem Wort einen entstellenden Gebrauch. Das zeigt sich auch heute nicht nur bei Menschen aus Israel, sondern aus vielen Völkern. Wir sehen auch aus der Apg, wie sie das Wort Gottes mit Menschenwort und -weisheit vermischten, Licht und Finsternis vertauschten, ja sich in Zauberei und anderem sogar auch die Macht der Finsternis nutzbar machen wollten (vgl. Apg 8,9ff.; 13,6; 19,13–16; vgl. 5 Mo 18,10ff.). Sie knüpften manche Spekulationen an Worte und Berichte des AT und bauten sie zu erdichteten Geschichten, »Mythen«, »Fabeln« (V. 14) aus, die die Leute neugierig machten.

Insbesondere redeten sie so, als ob der Mensch selber die Erreichung seines ewigen Zieles schaffen und verdienen müsse. Und gleich waren sie auch mit ausgefallenen Rezepten zur Hand, was der Mensch alles tun und was er unterlassen müsse (V. 14; Kol 2,21–23), was er nicht essen oder auch nicht anrühren dürfe. Das alles wurde dann als »Frömmigkeit« einer »Extraklasse« ausgegeben, die Bewunderung einbrachte. Die anderen dagegen, die auf die von Paulus verkündigte Rechtfertigung des Sünders allein durch die Gnade Gottes in Jesus Christus vertrauten, wurden als Anfänger, als »ABC-Schützen« im Christsein hingestellt, als solche, die sich's leichtmachen.

Wir sehen heute, wie all das und noch vieles andere mehr von allen Seiten her auf die Gemeinde Jesu eindringt – das wenigste von Menschen aus Israel, das meiste von andern. Der Feind ist hier außerordentlich beweglich und einfallsreich und spielt auf allen Instrumenten und mit allen Registern, um nur die Gemeinde Jesu zu verwirren und das teure Evangelium ganz und gar zu verschütten.

3.1.9 Das tun solche Menschen um »*schändlichen Gewinns willen*«. Sie binden die Leute fest an sich, und sie wissen ihnen auch ihr Geld abzunehmen, angeblich für die besten und selbstlosesten Zwecke, was doch gemeiner Betrug ist. Und noch wichtiger als der Gewinn an Geld ist ihnen der Gewinn an Geltung und Ehre; sie lassen sich bewundern und als ganz besondere Boten Gottes verehren.

Paulus mochte ahnen, daß dieser Brief einer seiner letzten war. Zwar war er jetzt nach langer Gefangenschaft wieder frei; aber er konnte sich denken, daß die Freude nicht lange währte, was dann auch der Fall war. Und er mochte auch ahnen, daß dieser Brief, wie alle seine Briefe, nicht nur von den unmittelbaren Empfängern gelesen werden würde, sondern auch von anderen Christen und ganzen Gemeinden, ja durch Generationen von Christen. Da wollte er ihnen allen, uns, als alter Mann nicht zuletzt auch das noch ins Stammbuch schreiben, insbesondere für die Zeit, wenn die Verhältnisse sich zu Verfolgung *und* Verführung zuspitzen, und vor allem, wenn es durch das letzte Dunkel vor Erreichung des hellen Tages Jesu Christi geht.

3.1.10 Paulus schrieb seinem Mitarbeiter Titus, dem er bei seinem Weggang die Weiterarbeit auf Kreta überließ (V. 5), ein ihn warnendes Wort, die offene und erschreckende Kennzeichnung und Beurteilung der Inselbevölkerung durch einen ihrer eigenen Landsleute, der einige Jahrhunderte früher gelebt hatte und der für einen »Propheten«, einen von der Gottheit her Redenden, gehalten wurde: »*Die Kreter sind immer Lügner, böse Tiere und faule Bäuche*« (V. 12). So wie damals »korinthisch« zu leben leichtsinnig und zuchtlos zu leben hieß, so hieß »kretisch« zu leben verlogen zu reden, »händelsüchtig« zu sein und träg herumzuliegen. Was alles mag die natürliche Unart und spezielle Bosheit auch unseres Volkes sein, unseres Stammes, unserer Stadt oder unseres Dorfes, unseres Lebenskreises, unseres Berufsstandes, unserer Familie, vielleicht seit Generationen, unseres persönlichen Lebens?

Es war gut, wenn Titus sich keinen Illusionen hingab. Und es ist gut, wenn auch wir uns keinen Illusionen hingeben, vor allem nicht im Blick auf uns selbst, aber dann auch nicht im Blick auf die, denen wir einen Dienst tun sollen. Grundvoraussetzung einer rechten Therapie ist eine nüchterne Diagnose. Wenn man helfen soll und will, muß man wissen, wo es fehlt. Mit den kretischen Christen stand es zunächst wohl wie bei ihren Landsleuten: Es war noch immer die Neigung vorhanden, mit der Wahrheit beliebig umzuspringen, auch mit der Wahrheit von Gottes Wort, um so leichter durchzukommen und um sich Vorteile zu verschaffen – die Neigung, »bissig« zu reagieren und anderen einen »Denkzettel« zu verabreichen, daß sie es ihr Lebtag nicht mehr vergaßen –, die Neigung, sich's auf Kosten anderer bequemzumachen, gut zu essen und zu trinken.

In solch einer Lage gilt es, angesichts der konkreten Neigungen, zunächst selbst das alte Wesen in Christi Tod zu geben und dem neuen, Jesus – gemäßen Leben Raum zu verschaffen (Röm 6,1–6; Gal 5,24) und dann auch andere dazu anzuleiten. Hier muß sich das Wort der Schrift bewähren: »Ist jemand in Christus, so ist er eine neue Kreatur« (2 Kor 5,17). Gott will uns durch sein Wort und seinen Geist erziehen (Röm 8,14; Hebr 12,6). Es ist nötig, hier die Heiligung (Hebr 12,14), den Glaubensgehorsam (Röm 1,5; 16,26) zu bewähren. Dringlich ist, daß wir auch einander, in Verkündigung und Seelsorge, d.h. in persönlicher »Ermahnung«, dazu helfen. Darauf muß sich auch unser Gebet ausrichten: »Dein Wille geschehe, wie im Himmel, so auf Erden«, so auch in meinem

Leben und in unserer Gemeinde. Und nicht zuletzt soll dem auch unsere Fürbitte im weiteren Bereich gelten.

3.2 Denen, die durch Lehre und Leben irreleiten, gilt es, entschieden entgegenzuwirken (V. 13–16)

3.2.1 »*Dieses Zeugnis ist wahr*« (V. 13).

Dies war bei jenen die Ausgangssituation. Bei uns ist sie anders, aber von Natur aus vor Gott kaum besser. »*Aus diesem Grund weise sie scharf* – streng zurecht« – im Blick auf ihr eigenes Leben und im Blick auf den Einfluß, den sie auf andere nehmen, sowohl mit ihrem Verhalten, als auch mit ihren Worten. Mit einer solchen Zurechtweisung »kommt man« natürlich bei den Leuten »nicht gut an«. Doch wir werden einmal von unserem Herrn nicht gefragt, ob wir bei den Leuten »gut ankamen«, sondern ob wir in Liebe die *Wahrheit* Gottes auftragsgemäß ausgerichtet haben: im Blick auf das, wie's um die Menschen steht, als auch und vor allem darauf, was Gott daraufhin tut und ihnen allein hilft. Bei einem Krebsgeschwür kann ein schmerzhafter Eingriff einem Menschen das Leben retten. Wir dürfen angesichts des Schadens, bei dem es um die Gefahr des *ewigen* Todes geht, noch viel weniger – etwa aus der Furcht heraus, uns unbeliebt zu machen – einen schmerzhaften »Eingriff« scheuen. Gerade wenn wir ahnen, daß das Ziel nahe ist und unser Herr bald kommt, dürfen wir hier um so weniger aus Menschen- und Leidensscheu etwas versäumen oder auch nur hinauszögern.

3.2.2 »*Damit sie gesund werden im Glauben*«:

Das ist das Ziel des Zurechtweisens der mit den so offenkundigen Fehlern behafteten Menschen. Es geht hier nicht um für Jesus »hoffnungslose Fälle« und um eine endgültige Verurteilung der falsch Lehrenden und der in Sünde Lebenden. Ihnen zurechtzuhelfen, soll das Ziel des Titus sein. Wahrscheinlich betrachtete Titus den Brief des Apostels nicht nur als ein an ihn gerichtetes Privatschreiben. Und er war es auch nicht, denn Paulus grüßt am Schluß: »Gnade sei mit euch allen!« (3,15). So mag Titus den Brief auch den Gemeinden vorgelegt oder vorgelesen haben. Dadurch wurde seinem eigenen Bestreben im Sinne des ihm von Paulus gegebenen Auftrags ein großer Nachdruck und eine starke Autorität verliehen. Auf jeden Fall konnten die Christen auf Kreta erkennen, daß Paulus mit Titus zwar in großem Ernst über ihre Mängel sprach, aber vor allem sein *ganzes* Sinnen und Denken sich auf ihre Seligkeit richtete und daß das alles in brennender Liebe zu ihnen geschah, in der Liebe Gottes durch Jesus Christus. Darauf soll sich mit nicht weniger Ernst auch unser liebevolles Streben im Blick auf die uns aufgetragenen Menschen richten, heute und auch in der Zeit des großen »Abfalls«, der nach der Schrift noch eintreten wird (2 Thes 2,3).

3.2.3 »Gesund« sollen sie »*im Glauben*« werden. Das griech. Wort für »glauben« bedeutet »vertrauen«, »sich anvertrauen«. Das also ist nötig, daß ein Mensch sozusagen sein Leben in beide Hände nimmt und mit dem Herrn, der »nahe ist all denen, die ihn anrufen« (Ps 145,18), so redet: »Herr, hier ist mein Leben, so gut und so schlecht ich's habe! Vergib mir, reinige es durch dein heiliges Opferblut von allem, was dir nicht gefallen hat. Und nun nimm's an! Du stößt ja nach deinem Wort den nicht hinaus, der so zu dir kommt (Joh 6,37). Dir vertrau ich's an! Unterstelle es ganz deiner Herrschaft! Gestalte es nach deinem Wohlgefallen! Setz mich ein, wo du willst! Führ mich auch durchs Leiden, wie du willst! Laß mich nur etwas werden zum Lobpreis deiner herrlichen Gnade! Sei täglich und stündlich bei mir und laß mich so auch bei dir sein, jetzt schon, im Glauben ohne zu schauen, und dann in Ewigkeit in deiner Herrlichkeit.« So ist der Glaube eines Menschen gesund, »gewurzelt und gegründet« in Christus (Kol 2,7), so wie ein Baum gesund ist, der fest im Wurzelgrund Halt und Nahrung hat, wie ein Haus vor allem dann »gesund« ist, wenn es ein zuverlässiges Fundament hat (vgl. Mt 7,24–27; 1 Kor 3,9–11). Solch ein Glaube trägt auch in der Zeit des letzten Abfalls durch (2 Thes 2,3; vgl. Lk 8,13).

3.2.4 Die scharfe Zurechtweisung der falsch Lehrenden und sündig Lebenden muß mit dem weiteren Ziel erfolgen: daß »*sie nicht achten auf die jüdischen Fabeln*« (griech. »Mythen«); (V. 14). Die Spekulationen um atl. Bibelworte und Geschichten sind nichts als Spielereien menschlicher Phantasie. So »tief« da manches zu sein scheinen mag, sind sie doch nicht wahre geistliche

Erkenntnis. Und vor allem machen sie keinen Menschen selig. Wie leicht hängen sich auch heute an guten und schweren Tagen, in Zeiten der Freiheit und der Verfolgung, die Gedanken, die Träume, die Hoffnungen an irgendwelche menschlichen Spekulationen, die sich um Bibelworte ranken, aber keinen klaren, eindeutigen biblischen Grund haben! Derartiges trägt nicht durch, nicht im Leben und nicht im Sterben, und insbesondere auch nicht in der anfechtungsreichen Endzeit, sondern allein das zuverlässige Wort der Schrift selbst (Ps 33,4; Mt 24,35).

3.2.5 Ein Drittes soll die scharfe Zurechtweisung zum Ziel haben: »Daß *sie nicht achten auf ... die Gebote von Menschen, die sich von der Wahrheit abwenden*«; auf *Gottes* Gebote gilt es zu achten, im Sinne des Glaubensgehorsams (vgl. Mt 5,17; Röm 1,5; 16,26). Jesus ist die Wahrheit (Joh 14,6); die Botschaft von der Rechtfertigung des Sünders allein aus Gnaden (Röm 3,21–30) ist die Wahrheit, Kern und Stern des Evangeliums: »Nichts habe' ich zu bringen, alles, Herr, bist du«, alles, Herr, tust du (C.F.A. Krummacher). Somit ist es ein eindeutiges Sich-Abwenden von der Wahrheit, von Jesus, von seinem Erlösungswerk, von seinem Evangelium, wenn Menschen nun plötzlich wieder selbst ihr Heil schaffen wollen, auch dadurch, daß sie dies und das nicht anrühren, nicht essen und sich nicht damit verunreinigen wollen (vgl. Kol 2,21; 1 Tim 4,3). Damit würden wir ja deutlich wieder hinter Jesus zurückgehen, der allein uns rein macht. Wen er gewaschen hat, der ist ganz rein (Joh 13,10). »Das Blut Jesu, seines Sohnes, macht uns rein von *aller* Sünde« (1 Joh 1,7; vgl. Offb 7,14).

3.2.6 Was sollen da noch Speisegebote? Unser Herr spricht: »Was zum Mund hineingeht, das macht den Menschen nicht unrein; sondern was aus dem Mund herauskommt« (Mt 15,11). So schreibt hier Paulus: »*Den Reinen ist alles rein*« (V. 15). Die so durch Jesus Gereinigten können also alle Speise mit Dank an ihren Herrn und zugleich als Stärkung für ihren Dienst in sich aufnehmen (vgl. 1 Tim 4,4f.). »*Den Unreinen aber und Ungläubigen ist nichts rein, sondern unrein ist beides, ihr Sinn*« (wörtlich: »ihr Verstand«, ihr Denken) »*und ihr Gewissen.*« Das bedeutet: Denen dagegen, die Jesus nicht aufgrund seines Opfers von Golgatha um Vergebung bitten, die alles selbst in Ordnung bringen und ihr Heil schaffen wollen, die ihm ihr Leben nicht anvertrauen, ist alles unrein, weil sie selbst noch unrein sind.

a) Das bezieht sich insbesondere auf ihr »*Gewissen*«, das heißt das Wissen um die Last der Schuld aus der *Vergangenheit* angesichts ihrer Verantwortung vor dem göttlichen Richter, der der große »Mitwisser« ist (darauf weist auch das Wort »*Gewissen*« hin).

b) Und das betrifft auch ihr »*Sinnen* und *Denken*« im Blick auf die *Gegenwart* und die *Zukunft*. Selbst vermag keiner sein Heil zu schaffen und sich neuzumachen. Das sagt Paulus auch hier wie in seinen früheren Briefen. Und deshalb können alle nur herzlich und dringend eingeladen werden zu Jesus, damit er ihre Schuld vergebe und ihre Vergangenheit bereinige und durch sein Wort und seinen Geist ihr Leben neuschaffe, zum Glaubensgehorsam befreie und stark mache (Joh 8,36; Röm 1,5; 16,26; Eph 6,10). – Auch wir heute, zumal wir ahnen, daß die Gnadenfrist nur noch eine beschränkte Zeit währt, können uns nur an die Nahen und die Fernen herzlich und dringend wenden: »So bitten wir nun an Christi Statt: Laßt euch versöhnen mit Gott!« (2 Kor 5,20).

3.2.7 Nun kommt Paulus auf das Modewort jener Zeit zu sprechen: »*Erkenntnis*«. »*Sie sagen*« (wörtlich: »sie behaupten«), »*sie kennen Gott*«. Doch wahrhaft kennen wir Gott nur durch Jesus; der »in des Vaters Schoß ist, der hat ihn uns verkündigt« (Joh 1,18). Er konnte sagen: »Wer mich sieht, der sieht den Vater« (Joh 14,9). Das geht allein dem auf, der sich auf Jesus einläßt, der sich von ihm beschenken läßt, der seinen Willen erfüllen will, der Schritte des Gehorsams tut (Joh 7,17). Philipp Melanchthon, der Mitarbeiter Martin Luthers, sagte: »Gott erkennen heißt seine Wohltaten erkennen.« Und diese erkennen wir, indem wir sie erbitten und annehmen: sein Vergeben, seine Gemeinschaft, seinen Frieden, seinen Geist, die Gotteskindschaft, die Möglichkeit, beten zu dürfen, ihn zu lieben und ihm, und von ihm her den Menschen, dienen zu dürfen.

3.2.8 »*Mit den Werken verleugnen sie ihn.*« Das nimmt nicht Wunder: Der Glaube ist die Wurzel – wir sind im Glauben »gegründet und gewurzelt« in Christus (Kol 2,7) –, die Liebe, die Werke sind die Frucht. Ohne Wurzel keine Frucht! »Verleugnen« heißt, mit den Worten oder mit dem Verhalten zum Ausdruck zu bringen, daß man mit jemandem nichts zu tun haben will. »Selbstverleugnung« heißt demzufolge, daß man von sich sagen kann: »Ich bin nicht mehr der Alte. Mit meinem alten Wesen und mit den Reaktionen, die früher von mir erwartet werden mußten, habe ich nichts mehr zu tun.« Als Petrus seinen Herrn verleugnete, sagte er, mit Jesus habe er nichts mehr zu tun (vgl. Mk 14,66–72). Und hier wird festgestellt, daß Menschen mit ihren *Werken*, mit ihrem Verhalten entgegen ihrer Behauptung unverkennbar zum Ausdruck bringen: »Mit Gott habe ich nichts zu tun.« Das bedeuten die Worte »mit den Werken verleugnen sie ihn«.

3.2.9 »*Ein Greuel sind sie*« (wörtlich: »verabscheuenswert«, »greuelhaft«). So ist jenen wohl die eine oder andere Speise erschienen (Kol 2,16.21; 1 Tim 4,3f.; vgl. Apg 10,14). Sie meinten, reiner zu sein als die andern, heiliger, vollkommener als die, die sich auf die Gnade Gottes in Jesus Christus verließen. Und nun wird ihnen gesagt: Ihr selber seid für *Gott* »verabscheuungswert«, »greuelhaft«, eben weil ihr noch in eurer Sünde seid, trotz aller euch selbst zurechtgelegter Reinigungsvorschriften, die ihr peinlich einhaltet. Allein »das Blut Jesu macht uns rein von aller Sünde« (1 Joh 1,7).

3.2.10 Und nicht nur durch die Vergangenheit seid ihr belastet, auch in der Zukunft kann von euch nichts anderes erwartet und erhofft werden. Eure guten Vorsätze haben keine Kraft, auch wenn sie noch so ernst gemeint sind. *Ungehorsam seid ihr und zu jedem Werk untüchtig*, zu jedem Gott wahrhaft gefälligen (Röm 3,23). Doch »sind die Sünden erst vergeben, *so* kannst du auch heilig leben«. Wer den Herrn um Vergebung bittet und an ihn glaubt – ihm also sein Leben ohne Wenn und Aber anvertraut –, dem schenkt Gott seinen Geist (Joh 7,39; Apg 2,38; Eph 1,13), die Kraft zum neuen Leben. Der Heilige Geist ist der »Christus in uns« (2 Kor 3,17). Und unser Herr spricht: »Bleibet in mir ... Ohne mich könnt ihr nichts tun« (Joh 15,4f.; vgl. Gal 5,22). »Ist jemand in Christus, so ist er eine neue Kreatur« (2 Kor 5,17), allein so.

Das alles ist ein eindringlicher Aufruf dazu, sich auf keinen Fall beirren zu lassen durch die, die jetzt in den Gemeinden hin und her so tun, als ob man über das »simple« Evangelium, das Paulus verkündigte, hinauskommen müsse. Dadurch werde der Mensch, so wird behauptet, noch viel weiser, heiliger und herrlicher. Doch so läuft der Mensch ins Leere, in die Nacht, in die Verdammnis. Der Herr spricht: »Meine Gnade ist genug für dich« (2 Kor 12,9 wörtlich); sie bedeutet und bringt dir alles für alle Ewigkeit, unausdenklich Großes, das durch nichts überboten werden kann. Halt dich an sie allein! Mit der Einladung zu dieser Gnade muß auch um diejenigen gerungen werden, die die andern verwirrt haben und verwirren, solange Gott noch Frist gibt, und um so mehr um die, die verwirrt worden sind, damit sie alle »gesund werden im Glauben«. In dem allem ist dieser Brief heute und morgen so aktuell, vielleicht noch aktueller als damals in den Tagen des Titus auf Kreta.

Vorschlag zur Bibelarbeit über Titus 1,10–16

1. Hinführung

Nach altgriechischer Sage belagerten die Griechen die Stadt Troja. Um die Stadt zu erobern, griffen sie zu einer Kriegslist: Die Belagerer zogen in der Nacht ab und ließen das »Trojanische Pferd« zurück. Es war aus Holz und innen hohl; darin hatten sich einige Männer der Griechen verborgen. Ehe die Trojaner ein großes Siegesfest feierten, transportierten sie mit großem Hallo das interessante Beutestück in die Stadt hinein. Als die Nacht hereinbrach, alle betrunken waren und keiner mehr an Wachsamkeit dachte, entstiegen die Männer dem Pferd und öffneten für die draußen wartenden Kampfgefährten heimlich die Stadttore. Das bedeutete den Untergang Trojas.

Der geheimnisvolle Feind Gottes und der Menschen, der Satan, der von Jesus der »Fürst dieser Welt« genannt wird (Joh 12,31; 14,30; 16,11), will die Gemeinden unseres Herrn, diese

Stützpunkte seines kommenden Reiches in dieser Welt, unter allen Umständen wieder beseitigen. Dazu will er mit Verfolgungen und anderer Bedrängnis ihm willfährige Menschen von außen her einsetzen, aber auch ebenso ihm hörige und gehörende Menschen einschleusen, damit sie von innen her die Gemeinde stören und zerstören. – Von Menschen, die, ihnen selbst bewußt *oder* unbewußt, dieses Geschäft des Feindes betreiben, spricht hier der Apostel Paulus.

2. Vorbereitende Fragen

Inwiefern sind diese Leute »Verführer«? Was sind ihre Beweggründe? Wie gilt es ihnen zu begegnen? Kann und muß auch ihnen noch zurechtgeholfen werden?

3. Thema

Die Gemeinde Jesu – durch eine Unterwanderung und Überflutung mit irreführendem Geist und irreleitender Lehre bedroht.

4. Gliederung

a) Die Irreleitung.

b) Den Irreleitenden gilt es entgegenzuwirken.

c) Wie den Betreffenden selbst zuerst zurechtgeholfen werden muß.

d) Wie wir allein zu wahrer Erkenntnis Gottes kommen: durch unsern Herrn Jesus Christus (vgl. Joh 1,18; 14,9).

5. Schluß

Der Satan hat einen großen »Zorn« auf unsern Herrn Jesus Christus, der gekommen ist, seine »Werke zu zerstören«, und auf die Christen, die er, der Sieger von Golgatha und Ostern, ihm entwunden hat. In Zeiten, in denen niemand an äußere Verfolgung, Bedrückung der Glaubenden denkt, will der Feind um so mehr mit verwirrend rasch wechselnder Taktik und bei ebenso sich wandelnder geistiger Szenerie Christenmenschen verwirren und verführen durch den jeweiligen Zeitgeist, die Zeitmeinungen, durch das, was gerade »in« ist an Ideologien, die ganze Länder, Völker, Kontinente, ja die Welt überfluten. Hier gilt es, »zu wachen und zu beten«, zu kämpfen, auch *um* Menschen, und die Gewißheit festzuhalten, daß auch »die Pforten der Hölle« die Gemeinde unseres Herrn nicht überwältigen werden (vgl. Mt 16,18; 26,41; 1 Jo 3,8; Offb 3,10; 12,12).

4. Anleitung der Mitchristen in ihrem jeweiligen Stand durch das heilmachende Gotteswort (2,1–10)

2,1–10: Du aber rede, wie sich's ziemt nach der heilsamen Lehre. (2) Den alten Männern sage, daß sie nüchtern seien, ehrbar, besonnen, gesund im Glauben, in der Liebe, in der Geduld; (3) desgleichen den alten Frauen, daß sie sich verhalten, wie es sich für Heilige ziemt, nicht verleumderisch, nicht dem Trunk ergeben. Sie sollen aber Gutes lehren (4) und die jungen Frauen anhalten, daß sie ihre Männer lieben, ihre Kinder lieben, (5) besonnen seien, keusch, häuslich, gütig, und sich ihren Männern unterordnen, damit nicht das Wort Gottes verlästert werde. (6) Desgleichen ermahne die jungen Männer, daß sie besonnen seien (7) in allen Dingen. Dich selbst aber mache zum Vorbild guter Werke, mit unverfälschter Lehre, mit Ehrbarkeit, (8) mit heilsamem und untadeligem Wort, damit der Widersacher beschämt werde und nichts Böses habe, das er uns nachsagen kann. (9) Den Sklaven sage, daß sie sich ihren Herren in allen Dingen unterordnen, ihnen gefällig seien, nicht widersprechen, (10) nichts veruntreuen, son-

dern sich in allem als gut und treu erweisen, damit sie der Lehre Gottes, unseres Heilandes, Ehre machen in allen Stücken.

4.1 Allgemein (V. 1 u. 10b)

4.1.1 »*Du aber*« *(V. 1):* Im Unterschied zu den Irrlehrern, zu den Irreleitenden, von denen vorher die Rede war, soll Titus sich so anders verhalten. Gerade in einer Zeit, in der der Feind gegen die Gemeinde Jesu Sturm läuft (vgl. Offb 12,12) mit äußerer Bedrängnis und mit Irreleitung durch Leute, die aus den eigenen Reihen der Christen kommen (vgl. 1 Jo 2,19), ist es unendlich wichtig, daß es in der Gemeinde nicht an Christen, an Lehrern fehlt, die selbst in Klarheit den Weg der Nachfolge Jesu gehen und die andere in Treue zu Gleichem anleiten. Besonders dann ist das wichtig, wenn »sich das Ende zum Anfang kehrt«, wenn die Gemeinde Jesu auf ihrem letzten Wegstück ähnlich und sogar noch mehr bedrängt wird als am Anfang ihres Weges (vgl. Mt 24,9).

4.1.2 »*Rede*«: Zwar ist es auch wichtig, daß solch ein Zeuge Jesu Christi mit seinem eigenen *Leben* ein Beispiel dafür gibt, was in der betreffenden Lage rechtes Christsein ist (V. 7). Er darf aber auch nicht aus Menschenscheu schweigen, denkend: »Ich lebe es ja!« Gottes Wort sagt: »Ich glaube, darum *rede* ich« (2 Kor 4,13). Dazu gehört auch, daß wir nicht zu den Übelständen und Fehlentwicklungen in der Gemeinde schweigen. Gerade wenn wir allezeit im Gebetsumgang, in der Gemeinschaft mit unserem Herrn und so im Zustrom seines Geistes leben, werden wir im großen Vertrauen zu ihm und in der Vollmacht des Heiligen Geistes es auch in jeder Lage wagen, nach seinem Willen zu reden.

4.1.3 »*Wie sich's ziemt nach der heilsamen Lehre*«, wie es der gesunden Lehre entspricht: Sünde ist Krankheit zum Tod, zum ewigen Tod. Und nun hat Gott in seiner Barmherzigkeit nach seinem Heilsplan durch seinen Heiland Jesus Christus unsere Heilbehandlung in die Hand genommen. Er benützt dabei sein Wort, unter dem sein Heiliger Geist, sein heilender, uns heilmachender, uns heiligender Geist an uns wirkt. Unser Herr spricht:

Meine »Worte sind Geist und sind Leben« (Joh 6,63). So ist dieses sein Wort »heilsame Lehre«. Es richtet an uns aus, was es sagt. Denn es ist Schöpferwort Gottes, das uns neuschafft (vgl. Ps 33,9). Dem müssen und können unsere Worte entsprechen. Sie bergen die Kraft in sich, Menschen neuzumachen, sie in das Wesen Jesu umzugestalten (vgl. Gal 4,19).

4.1.4 So nennt unser Schriftabschnitt das *Ziel* dieses Redens, Verkündigens, Ermahnens, Seelsorge-Übens: »*...damit sie*« (die von uns so angesprochenen Mitchristen) »*der Lehre Gottes, unseres Heilandes, Ehre machen in allen Stücken*« (V. 10b). Das »Werk soll ja den Meister loben«. Mehr: Wir sind ja nicht nur die »Werkstücke« unseres Gottes, unseres Herrn Jesus Christus, sondern wir sind als lebendige Menschen, ja als Kinder Gottes bei Jesus, unserem großen »Bruder«, in der »Lehre«. Und wir leben auch nicht nur mit einem Lehrbuch, sondern mit dem lebendigen, gegenwärtigen Herrn, mit unserem »Meister« Jesus Christus. Wie ein junger Mensch bei einem Meister lernt, so lernen wir bei dem Meister Jesus Christus. Paulus tadelt einmal: »Ihr habt Christus nicht so gelernt« (Eph 4,20; alte Luther-Übers.). Unser Herr hat ja das Ziel, daß er »in uns Gestalt gewinne« (Gal 4,19), daß er in unserem Leben und Wesen zur Ausgestaltung kommt. »In Wort und Werk und allem Wesen sei Jesus und sonst nichts zu lesen« (G. Tersteegen). So werden wir etwas unserem Gott und seinem Wort zur »Ehre« und ein an unsere Umwelt gerichteter, durch Gottes Geist geschriebener »Brief Christi« (2 Kor 3,2f.). – »In allen Stücken«, betont Paulus. Da darf nichts in unserem Leben eine Ausnahme bilden, kein Lebensgebiet darf vernachlässigt oder gar dem Herrn entzogen werden, wenn immer wir etwas zur Ehre unseres Herrn und zum Zeugnis für ihn vor unserer Umwelt werden wollen.

4.1.5 Was war das alles so wichtig in jener Anfangszeit der Gemeinde Jesu, in der die Leute doch erst einmal auf das Evangelium aufmerksam und für das Evangelium neugierig gemacht werden mußten! Und wie wichtig ist das auch heute, etwa in Ländern, in denen eine atheistische Ideologie bestimmend ist: Einerseits werden die Christen dort entrechtet und bedrängt. Andererseits sind viele von der herrschenden Ideologie enttäuscht, weil sie den »neuen Menschen« nicht, wie versprochen, zu schaffen vermochte. Und nun sehen sie Beispiele dafür, wie der so verächtlich gemachte Glaube an Jesus in aller Stille Menschen verwandelt, so daß diese sich nun am Arbeitsplatz, in der Familie und in ihrem ganzen Lebensbereich hilfreicher verhalten als die andern. Solch ein zu Jesus einladendes Lebenszeugnis in Wort und Tat wird gewiß auch dann noch zur Wirkung kommen, wenn in einer letzten Bedrängniszeit kaum noch missioniert und evangelisiert werden kann.

4.1.6 Und damit die Anleitung zum neuen Leben nicht nur ins Allgemeine geschieht, sondern konkret wird, soll Titus die Gemeindeglieder nun in ihrer jeweiligen Aufgabe ansprechen, die sie in den Familien, am Arbeitsplatz und in der Gemeinde innehaben. Es ist insbesondere auch an den Fall zu denken, daß ein einzelner Christ in einem Lebenskreis steht, in dem sich bis dahin noch keine an Jesus Glaubenden befinden.

4.2 Wen soll Titus auf diese Weise ansprechen?

4.2.1 Die alten Männer

4.2.1.1 »*Den alten Männern sage, daß sie nüchtern seien*« (V. 2): In V. 3 wird ausdrücklich vom Alkoholmißbrauch gesprochen. Ein alter Mensch kann sich in einem langen Leben auch viel Schlimmes angewöhnt haben. Er muß nicht gleich »suchtkrank«, er kann auch »Gewohnheitstrinker« sein. Wenn er nun zum Glauben gekommen ist, will sich auf keinen Fall der Heilige Geist (Röm 8,14) mit dem »Weingeist« in die Führung des Menschen teilen; er würde sonst wieder weichen (vgl. Röm 13,13; 1 Kor 5,11; 6,10). Auch von anderen Süchten, von Ideologien und von eigenen Gefühlen darf sich ein Mensch nicht berauschen lassen. Vor allem die eigenen Kinder, Schwiegerkinder und Enkelkinder sollen merken: »Andere mögen so sein, aber unser Vater und Großvater ist anders. Er lebt mit Jesus und seinem Wort; das bestimmt sein Leben ganz.«

4.2.1.2 »*Ehrbar*« – auch vor den Augen der Umwelt rechtschaffen, so daß man einen solchen Mann ernst nehmen, ja schätzen muß. Das kann der Eindruck auch heute sein und wird gelegentlich auch ausgesprochen, etwa da, wo Menschen unter dem allgemeinen moralischen Niedergang leiden: »Aber diese Frommen sind deutlich anders. Da muß doch etwas dran sein an der Bibel und dem Glauben an Jesus.«

4.2.1.3 »*Besonnen*«: Das Innehalten im Aufblick zum Herrn, bevor geredet, gehandelt und eine Entscheidung getroffen wird, die Prüfung der Frage des persönlichen Weges unter Gottes Wort und im Gebet, das Ringen um Klarheit vor dem Herrn macht besonnen und hilft zu Entscheidungen, die sich bewähren. Gut, wenn solche Besonnenheit der besondere Beitrag alter Christen für die Meinungsbildung und Entschlußfassung im Familienkreis, in der Gemeinde und in anderen Bereichen ist!

4.2.1.4 »*Gesund im Glauben*«: Es wird demütig daran festgehalten, daß alles Gnade Jesu Christi, Geschenk der Barmherzigkeit Gottes ist. Alle Gewißheit beruht auf Jesus und dem Vertrauen zu ihm; ihn dürfen wir bitten. Zum Glauben tritt der Glaubensgehorsam hinzu (Röm 1,5; 16,26). »Gesund im Glauben« sein und bleiben wollen muß einschließen, sich falschen, nicht in den Bahnen von Gottes Wort liegenden, Lehren und Einflüssen zu verschließen, auch wenn sie noch so verlockend wären.

4.2.1.5 »*Gesund in der Liebe*«: Dazu gehört es, die uns von Gott geschenkte Liebe in der selbstlosen, von Gott gegebenen Art weiterzugeben, ohne Parteilichkeit und Ansehen der Personen, und sich dabei jeglicher »Menschenhängerei«, dem »Schwärmen« für jemanden oder gar einer unguten »Liebelei« – »Alter schützt vor Torheit nicht« – zu verschließen.

4.2.1.6 »*Gesund in der Geduld*«: Es gilt, in der Jesusart unter den Lasten zu bleiben, bis *Gott* sie abnimmt. Dabei dürfen wir die Dinge nicht einfach über uns ergehen lassen, sondern es ist entscheidend wichtig, das alles dem Herrn zulieb und zu Lob zu tun, ohne aufzubegehren und ohne »der Sache müde« zu werden. Und ebenso gilt es dabei, unaufdringlich mit der Liebestat und dem Glaubenszeugnis im »Angriff« zu bleiben, auch auf die, die es uns schwermachen (vgl. Röm 12,20f.; Offb 3,20; 12,11).

Das alles sollte Titus den älteren Männern sagen, obschon er doch einer der jüngeren war, und das deshalb, weil es zu seinem Dienst und Auftrag gehörte. So können wir auch solchen dienen, die gebildeter, begabter, erfahrener und höhergestellt sind als wir, schlicht, in aller Bescheidenheit von unserem Herrn her, der durch uns redet und handelt.

4.2.2 Die alten Frauen
»Den alten Frauen (sage), daß sie sich verhalten ...« (V. 3)

4.2.2.1 »*...wie es sich für Heilige geziemt.*« Das Wort für »Heilige« hängt mit dem Ausdruck für »Heiligtum« zusammen. Das Verhalten der alten Frauen soll also dem entsprechen, daß sie als Priesterinnen »im Heiligtum stehen«. Wie vorbildlich hat doch Hanna gelebt, die »nicht vom Tempel wich« (Lk 2,36–38)! Die Gesamthaltung alter Frauen kann und darf also durch ihren priesterlichen Dienst, durch ihr fürbittendes Eintreten für die andern – die Glaubenden und die noch nicht Glaubenden – bestimmt sein. Welch eine Würde und Erfüllung empfängt dadurch gerade der alte Mensch! Welch eine Bedeutung kann da eine unscheinbare alte Großmutter für ihr ganzes Haus, ihre ganze Familie, die ganze Verwandtschaft haben! Wann immer sie so aus dem »Heiligtum« kommt und Menschen begegnet, hat sie auch innere Vollmacht vor diesen. Wenn sie so mit Gott für die Menschen redet, kann sie dann auch recht mit den Menschen vor allem über Gott sprechen. Ein guter Kenner der Sowjetunion der letzten 50 Jahre sagte: »Rußland ist das Evangelium durch die Großmütter erhalten geblieben, ja, es ist in weiten Teilen durch die Großmütter erweckt worden.«

4.2.2.2 »*Nicht verleumderisch*«: Das Wort im Urtext hängt mit dem für »Teufel« zusammen. Was wäre das doch für eine schreckliche Verirrung, ja eine Infizierung mit teuflischem Geist, wenn die »Priesterinnen«, statt vor allem mit *Gott für* die Menschen zu reden und entsprechend dem Erbarmen Gottes auch *mit* ihnen, nun – mehr oder weniger lügenhaft – *gegen* Menschen reden würden! Als alte Menschen leiden wir, zumal wir dann schwächer geworden sind, ganz besonders unter der Bosheit der Welt. Dann kann es zur großen Versuchung werden, sich nur noch über alles zu »entrüsten«, ohne daß wir noch recht mit Gottes Möglichkeiten des Neuschaffens rechnen. Ja, wir können darüber bitter werden, und auch hier gilt: »Wes das Herz voll ist, des geht der Mund über« (Mt 12,34). Und: »Wo viele Worte gemacht werden, geht's ohne Sünde nicht ab« (Spr 10,19).

4.2.2.3 *»Nicht dem Trunk ergeben«* (wörtlich: »nicht vielem Wein versklavt«): Alte Menschen kommen sich oft übergangen und einsam vor. Ihr Leben scheint ihnen keinen rechten Inhalt mehr zu haben. Da können selbst Frauen zu dem »Tröster« Alkohol greifen und auch in andere böse Dinge hineingeraten. Wenn jemand zum Glauben gekommen ist, ist er damit noch nicht »über alle Berge« und auch nicht über alle Versuchung erhaben. Deshalb schreibt der Apostel Paulus seinem Mitarbeiter Titus: »Sage den alten Frauen, daß sie sich nicht dem Trunk ergeben.« »Wer meint, er stehe, mag zusehen, daß er nicht falle« (1 Kor 10,12). Auch wir müssen und wollen uns deshalb Ermahnungen gefallen lassen und sie auch andern gegenüber aussprechen.

4.2.2.4 *»Sie sollen aber Gutes lehren und die jungen Frauen anhalten ...«* (V. 3b–4a): Ältere, gereifte Christen dürfen sich also durchaus auch nach vorne wagen und von ihrer Erkenntnis und der Erfahrung ihres Lebens anderen etwas mitteilen. Sie brauchen sich nicht so sehr zurückzuhalten und denken: »Die Jüngeren hören ja doch nicht auf mich!« Wenn es aus einfühlsamer, verstehender Güte heraus geschieht, wenn wir nicht tun, als ob wir noch nie einen Fehler gemacht hätten, sondern durchaus auch sagen, daß wir da und dort erst nach schmerzlichen Umwegen zu einer bestimmten Erkenntnis gekommen sind, dann wird uns nicht selten mehr »abgenommen« als wir denken.

4.2.3 Die jungen Frauen
Damit, speziell *junge* Frauen zum Christsein in ihrem Lebensbereich anzuleiten, beauftragte Paulus seinen Mitarbeiter Titus

nicht unmittelbar. Dazu sind gläubige ältere Frauen und Mütter aus ihrer langen Lebenserfahrung heraus viel geeigneter. Ein rechter Diener Jesu Christi meint nicht, alles selbst tun zu müssen. Er weiß, daß Gott auch andern Glaubenden ihre Gaben schenkt und ihnen ihre Aufgaben stellt. Doch diese bedürfen eben darin der Anleitung. Und auch das kann zum Dienst dessen gehören, der in der Gemeinde eine leitende Aufgabe hat.

Wie wichtig war doch gerade der Dienst der jungen Frauen! Häufig war auch damals die Frau und Mutter die einzige Christin in der Familie. Besonders als das Evangelium nach Europa herüberkam, fällt auf, daß zunächst v.a. Frauen zum Glauben kamen (Apg 16,13f.; 17,4.12). Auch Petrus redet ausdrücklich von Frauen, die ungläubige Männer hatten (1 Petr 3,1). Die Frauen waren damals vielfach entrechtet und geringgeschätzt. Und sie verhielten sich oft, was außerbiblische Nachrichten besagen, entsprechend dem Satz: »Die List ist die Waffe der Schwachen.« So haben sie dann eben ihre Männer hintergangen und sich mit Lug und Trug durchgeholfen. Wenn nun ein Mann andere über derartiges berichten hörte und dachte: »Aber meine Frau ist ganz anders!«, dann war das ein Zeugnis besonderer Art (1 Petr 3,1f.). Und wenn die Kinder von ihren Schulkameraden und Spielgefährten hörten, wie es bei ihnen zu Hause wieder zugegangen war, dann mögen auch sie dankbar empfunden haben: »Aber unsre Mutter verhält sich da so anders!« Welche vorbildhafte Einladung war das doch auch für die heranwachsenden Kinder zum Glauben an Jesus!

Wozu sollten nun die älteren Frau die jüngeren anleiten?

4.2.3.1 »... *daß sie ihre Männer lieben*«: Der griech. Ausdruck, der hier im Urtext steht, meint vor allem eine liebevolle Art; das Wort für die Sexualität ist ein anderes und ist hier nicht gebraucht. Wie oft haben gerade auch Männer, nicht bloß die Kinder, solch eine liebevolle Art nötig, etwa wenn sie von der Arbeit nach Hause kommen und es dort wieder so unbarmherzig zuging und sie vielleicht auch viel »einstecken« mußten. Wie mancher ist da niedergestimmt! Sehr hilfreich ist es, wenn die Frau, vom Empfang der Liebe Gottes herkommend, bei ihrem liebevollen Ton und Verhalten bleibt, auch dann, wenn ihr der Mann zunächst auch unwirsch begegnet, ja seinen Ärger an ihr ausläßt.

4.2.3.2 »*Ihre Kinder lieben*«: Diese werden keineswegs nur als Störung, als Last, als Anlaß zu täglichem Ärger empfunden, sondern immer wieder als »Gabe Gottes«, wie die Schrift sagt (Ps 127,3), angenommen. Die rechte, beständige Liebe einer weisen Mutter, ohne Verhätschelung, ist für einen jungen Menschen ein besonderer Rückhalt bei seinem Gang ins Leben und durchs Leben. Und kaum etwas anderes ist für einen jungen Menschen eine solche Einladung zu einem Leben mit Jesus wie eine solche im lebendigen Glauben stehende Mutter. Wichtig ist, daß sie in ihrer Erziehungsarbeit ständig bei Gott und seiner Erziehungsarbeit »in der Lehre« ist. Das gleiche gilt auch für die Väter. Gott in seiner Barmherzigkeit gewährt z.B. immer wieder einen Neuanfang: Gottes Barmherzigkeit »ist alle Morgen neu, und deine Treue ist groß« (Klgl 3,22f.). Es ist eine große Hilfe für die heranwachsenden jungen Menschen, auch was ihren Zugang zu einem Leben mit Gott betrifft, wenn ihnen gläubige Eltern bei allem Ernst, der Bosheit auch Bosheit zu nennen wagt, dennoch immer wieder solch einen Neuanfang gewähren.

4.2.3.3 »*Besonnen sein*« (V. 5): Eine Mutter, die nur aus ihrer Augenblicksstimmung und ihren momentanen Einfällen heraus redet und handelt, ihrem Mann und ihren Kindern gegenüber, tut meist nicht »Gutes« (V. 3), Jesus-Gemäßes, Gott-Gemäßes (vgl. Gal 4,19). Vor allem tut in der Kindererziehung »des Menschen Zorn« meist »nicht, was vor Gott recht ist« (Jak 1,20); mit rotem Kopf wird in der Regel nicht weise erzogen. Auch hier ist »Besonnenheit« nötig, von der Art, daß gerade in heiklen Augenblicken die Mutter bzw. der Vater einen Augenblick vor Gott still wird, wenigstens kurz prüft, was hier Gottes Wort gemäß ist, und sich in Gedanken an Gott wendet, ehe der Mund gegenüber den Kindern aufgetan wird.

4.2.3.4 »*Keusch*« (wörtlich »rein«): Was vermag doch eine Frau solcher Haltung und solchen Geistes schon durch ihre Anwesenheit gegen eine ungute Redeweise und Atmosphäre zu wirken, so daß manches schon durch ihre Gegenwart ausgeschlossen ist bzw. von den meisten Anwesenden als fehl am Platz empfunden wird.

4.2.3.5 »*Häuslich*« (wörtlich: »gute Hauswerkerinnen«): Ihrem Herzen zu Lob und den Ihren zu lieb, wie auch um derer willen, die als Gäste ins Haus treten, wird sie auch auf die äußeren, praktischen Dinge ganze Sorgfalt verwenden, selbst wenn ihr, vielleicht von ihrem Herkommen und einem früheren Beruf her, das alles nicht so sehr »liegt«. Man kann sich aus Liebe mit einiger Mühe und Ausdauer im Lauf der Zeit auch in derartiges gut einarbeiten. Und was man gut kann, das tut man dann meist auch einigermaßen gern.

4.2.3.6 »*Gütig*«: Dieses Eigenschaftswort, das in der Luther-Übersetzung als sich allgemein auf die »jungen Frauen« beziehend angesehen wird, gehört wohl zu »Hauswerkerinnen« und bedeutet hier »gut«; es bezeichnet den Grad ihrer Tüchtigkeit auf diesem Gebiet. Doch »gütig« zu sein gehört auf jeden Fall zu einer Frau und Mutter, die Gott gemäß leben und ihm gefallen möchte. Denn Gott selbst ist »gütig«, besonders den in Not geratenen Menschen gegenüber. »Der Herr ist gütig und eine Feste zur Zeit der Not« (Nah 1,7). Was ist es doch für ein Zeugnis und eine Einladung zu unserem Herrn, wenn eine Frau und Mutter in der Güte Gottes den Menschen begegnet, angefangen bei ihren eigenen Kindern, bis hin zur nichtglaubenden Umwelt!

4.2.3.7 Sie sollen »*sich ihren Männern unterordnen, damit nicht das Wort Gottes verlästert werde*«: Letztlich geschieht auch das »als dem Herrn und nicht den Menschen« (Kol 3,23). So ist das sowohl einem glaubenden *als auch* einem nichtglaubenden Ehemann, einem vernünftigen *und* einem unvernünftigen gegenüber möglich. Es ist nicht eine falsche Unterwürfigkeit vor einem Menschen, sondern ein für den Herrn williges Stehen an dem Platz, an den Gott stellt, allerdings immer mit der Maßgabe: »Man muß Gott mehr gehorchen als den Menschen« (Apg 5,29).

Unser Herr sagt – das sei in diesem Zusammenhang erwähnt –, daß die Geschlechterunterschiede nur vorübergehender Art sind, während dieser Weltzeit; danach sind alle, als Glaubende, als zu

Gottes Volk Gehörige, »wie die Engel Gottes« (Mt 22,30; vgl. Röm 1,16). So schreibt auch Paulus: »Hier ist nicht Mann noch Frau« (Gal 3,28). Und Petrus betont, daß die Frauen wie die Männer – was damals im Judentum keinesfalls unbestritten war – »Miterbinnen« der Seligkeit sind und ermahnt ihnen gegenüber zu Liebe und Ehrerbietung (1 Petr 3,7).

Wenn und sofern der Mann eine besondere Verantwortung für den Weg der Familie im ganzen trägt (vgl. Eph 5,23), so soll die Frau, das sagt hier Paulus, ihm auch ermöglichen, daß er diese Verantwortung wahrnehmen kann. Auch war ihm wichtig, in einer Welt und Zeit, in der die Führung des Mannes – wenigstens grundsätzlich – keine Frage war (in der Praxis wird's auch damals oft anders gewesen sein), den heidnischen Männern gegenüber, die das alles so gewohnt waren, nicht den Eindruck entstehen zu lassen, das Evangelium würde die Leute aufwiegeln, sie stolz und eigensinnig machen, auch die Ehefrauen, so daß kein harmonisches Zusammenleben mehr möglich sei. Das hat man wohl dem »neuen Glauben«, dem Evangelium, unterstellt, der ja den Menschen einen so hohen Adel der Gotteskindschaft verleiht. Und Paulus wollte nicht, daß »das Wort Gottes verlästert« wird.

4.2.4 Die jungen Männer

»Desgleichen ermahne die jungen Männer – das soll Titus wieder selbst tun; er ist ja selber noch ein junger Mann –, *daß sie besonnen seien in allen Dingen«*, (»zuchtvoll in allen Dingen« kann auch übersetzt werden; V. 6). Das Wort für *»ermahnen«*, das hier steht, bedeutet »zurufen«, »herbeirufen«, »anspornen«, »einladen«, auch »anfeuern« im Sportstadion und »Seelsorge üben« in der Gemeinde Jesu. In der Verkündigung und in Einzelgesprächen soll also Titus darauf hinwirken, daß die jungen Männer *»in allen Dingen«*, »rundherum«, *»besonnen«*, beherrscht, zuchtvoll seien, sich zügeln lassen durch unseren Herrn, sein Wort und seinen Geist. Und das in allen Lebensbereichen: gegenüber dem Ehegatten, in der täglichen Zusammenarbeit, auch in sexueller Hinsicht, in der gemeinsamen Kindererziehung, in der Begegnung mit den beiderseitigen Verwandten, im Umgang mit Untergebenen, etwa den Sklaven im Haus, und auch sonst, wo die Männer tätig waren. Nie sollten sie sich gehen-, nie ihrem alten Wesen »die Zügel schießen« lassen.

Auch eine nichtglaubende Frau sollte am Verhalten ihres gläubigen Mannes etwas von der verwandelnden Kraft des Evangeliums, des Geistes Gottes, erfahren, so daß sie, wenn etwa ihre Freundin über ihren Mann bitter klagte, dankbar denken konnte und vielleicht auch sagte: »Mein Mann war früher ähnlich. Aber nun ist er deutlich anders, offenkundig durch seinen neuen Glauben. Ich kann nicht mehr klagen.« Und wie mögen es auch Kinder empfunden haben, die von ihren Altersgenossen hörten, welch schreckliche Auftritte bei ihnen zu Hause an der Tagesordnung waren, wenn der Vater die Mutter unbarmherzig schlug! Was mag's für sie bedeutet haben, wenn sie sagen konnten: »Unser Vater verhält sich ganz anders, auch bei unterschiedlicher Meinung der Eltern und selbst, wenn die Mutter einen Fehler gemacht hat; er will einfach Jesus – ähnlich leben.«

4.2.5 Das Verhalten des Titus selbst
Hier fügte Paulus für Titus, der ebenfalls noch ein jüngerer Mann war, den Satz ein: »*Dich selbst aber mache zum Vorbild guter Werke, mit unverfälschter Lehre, mit Ehrbarkeit, mit heilsamem und untadeligem Wort, damit der Widersacher beschämt werde und nichts Böses habe, das er uns nachsagen kann*« (V. 7f.).

4.2.5.1 Titus, der sich durch Gottes Wort und Geist in Jesu Bild und Wesen gestalten läßt (Gal 4,19), wird dadurch seinerseits zum »*Vorbild*«, an dem andere, insbesondere die jetzt ebenfalls jüngeren Männer, sich ein Beispiel nehmen können, zum »Typus« (wie das Urtextwort lautet), zur »Schreibvorlage« (was dieser Ausdruck bedeutet). Sie bekommen in ihrem Christsein nicht nur durch das Wort des Titus, sondern auch durch sein Verhalten, sein Wesen und Leben, eine praktische Anleitung:

4.2.5.2 »*Vorbild guter Werke*«: Titus soll ein Vorbild darin sein, wie ein Christenmensch Rücksicht auf andere nimmt; wie er die Not anderer beachtet und sich selbstlos für diese Menschen einsetzt; wie er seine Aufgaben erfüllt; wie er mit seinen Gaben umgeht, ohne andere zu überfahren oder sie »in den Schatten zu stellen«; wie er mit seinen Grenzen umgeht, ohne sich durch sie lähmen zu lassen, sondern daran festhält: Die Kraft meines Herrn ist »in den Schwachen mächtig« (2 Kor 12,9). Und wie er auch dann nicht empfindlich reagieren muß, wenn man ihm die Grenzen seiner Begabung vorhält.

4.2.5.3 »*Mit unverfälschter Lehre*«: Nicht nur für sich selbst sollen die Gemeindeglieder durch die Verkündigung und das Vorbild des Titus etwas lernen können, sondern auch, wie sie ihrerseits Dritten gegenüber Zeugnis geben können: in der eigenen Familie, unter den Verwandten, am Arbeitsplatz, in der Nachbarschaft, im ganzen Lebenskreis. Die Lehre, wie Titus sie in der Gemeinde verkündigt, soll »*unverfälscht*« (wörtlich: »unverdorben«) sein. Die andern sollen dadurch lernen, auch ihrerseits richtig zu reden und auch zu prüfen, wenn andere verkündigen: Einerseits darf nicht plötzlich das große Angebot Gottes dadurch zerstört werden, daß daraus wieder eine Gesetzesforderung gemacht wird, so, als ob der Mensch irgendwelche Forderungen erfüllen müsse, ehe er von Gott angenommen wird. Andererseits darf aus dem Evangelium auch nicht eine »billige Gnade« gemacht werden, so daß der Ernst der nötigen Entscheidung (Joh 3,36), die Wichtigkeit des darauffolgenden Glaubensgehorsams (Röm 1,5; 16,26) und der Heiligung (Hebr 12,14) verleugnet werden. Wie oft wird doch auch heute das Evangelium verfälscht und zerstört! Und wie sehr wird gerade in der Endzeit die Gemeinde Jesu bedroht – nicht nur durch Verfolgung, sondern noch viel mehr durch Verführung! Jesus sagt, daß schon immer »falsche Propheten«, die von ihm wegführen, auftreten. Aber dann werden es »*viele* falsche Propheten« sein (Mt 7,15; Mt 24,11).

4.2.5.4 »*Mit Ehrbarkeit*«, »Würde« (wie auch übersetzt werden kann). Wir müssen uns dessen bewußtbleiben, vor wem wir stehen (vgl. 1 Kö 17,1) und wen wir vertreten: unsern Herrn Jesus Christus, den König aller Könige (Offb 19,16), den heiligen Gott. Daher können wir uns doch in keiner Hinsicht »gehenlassen«. Es handelt sich hier nicht um ein überzogenes Selbstbewußtsein oder um eine übertriebene Feierlichkeit, sondern darum, daß unser Verhalten etwas von der Reinheit und Lauterkeit unseres Herrn widerspiegelt. Die Alten haben im Blick auf die Kinder Gottes (vgl. Joh 1,12; Röm 8,14; 1 Joh 3,1) gesagt: »Auserkorne, Wohlgeborne, standsgemäß man wandeln muß.«

4.2.5.5 »*Mit heilsamem Wort*« (V. 8): Nicht nur Titus, sondern auch die anderen »jüngeren« Männer – wie V. 6 wörtlich sagt – in der Gemeinde sollen dieses Wort weitergeben, auch im persönlichen Gespräch: das Wort Gottes, das Heil verkündet und bringt, das die Vergebung zusagt, mit, unter und in dem Gott seinen Geist und damit das neue Leben jetzt und für alle Ewigkeit schenkt (vgl. Joh 6,63) und durch das er nach seinem Heilsplan auf seinem Heilsweg mit uns, nach unserer tiefen Versehrtheit durch die Sünde, völlig zu seinem herrlichen Ziel kommt.

4.2.5.6 »*Mit untadeligem Wort*«, mit »unanfechtbarem Wort« (wie auch übersetzt werden kann): Himmel und Erde werden vergehen, aber die Worte unseres Herrn werden nicht vergehen (Mt 24,35). Alle, die dagegen Sturm laufen, werden zuschanden. Der Herr selbst ist »treu« – zuverlässig – »und wahrhaftig« (Offb 19,11). Allein wer sich auf den Felsengrund dieses Wortes rufen läßt, wird nie enttäuscht (Mt 7,24f.). Wohl dem, der das jetzt schon erkennt und anerkennt und sich diesem Grund, dem Herrn selbst, anvertraut!

4.2.5.7 Auf das alles soll Titus um der ihm anvertrauten Gemeinden willen bedacht sein; aber auch darauf, daß »der Widersacher beschämt werde und nichts Böses habe, das er uns nachsagen kann.« »*Der Widersacher*«, der eine und einzigartige, ist letztlich der Satan; das bedeutet sein Name. Titus soll mit seinen Augen und Gedanken nicht zu sehr an den verschiedenen menschlichen Widersachern hängenbleiben; sie sind mißbrauchte Werkzeuge eines andern (vgl. Offb 2,10).

Wörtlich heißt es: »... der von der entgegengesetzten Seite«. Im ganzen Neuen Testament wird klargestellt: Es geht eine unsichtbare Kampffront durch die Welt: die Scheidung zwischen Licht und Finsternis, Gott und Satan. Eine Theologie, die das aus den Augen läßt, verschließt die Augen gegen den in der Schrift klargestellten Tatbestand, gegen die biblische Diagnose. Und die Frage ist, ob wir richtig zu kämpfen vermögen, wenn wir die Lage nicht kennen, anerkennen und in Rechnung stellen, ob wir in der rechten Weise Gehilfen des großen Arztes sein können, wenn wir seine Diagnose nicht wahrhaben wollen. Diese Lage gilt es um so klarer zu sehen, wenn die Weltgeschichte sich ihrem Ende zuneigt: Der Feind will zum letzten Schlag ausholen (Offb 12,18; 13,1-18), und er tut es besonders erbittert, weil er »weiß, daß er wenig Zeit hat« (Offb 12,12).

4.2.5.8 »*Daß der Widersacher beschämt werde*«, daß er sich über seinen Fehlschlag schämen muß, weil sein Angriff und seine Anklage gegen die Leute Jesu ins Leere stößt: Vergangene Schuld ist vergeben, was die Anklage ausschließt; die Schuld ist nicht mehr existent, weil Jesus sie getilgt hat (Röm 8,33f.; Offb 12,11). Und für Gegenwart und Zukunft sind die Leute Jesu in ihm geborgen und so vor Gott gerecht (Röm 8,1; 2 Kor 5,21). Sie sind zwar nicht fehlerlos, sondern immer noch der Vergebung bedürftig; so lehrt Jesus seine Jünger, täglich um das Brot *und* die Vergebung zu bitten (Lk 11,2-4). Aber in ganzer Einfalt und Demut bleiben sie an ihrem Herrn und befehlen sich der Leitung und Heiligung durch seinen Geist an (Joh 15,4f.; Röm 8,14-17).

4.2.5.9 »*... und (der Widersacher) nichts Böses habe, das er uns nachsagen kann*«: Paulus bezieht sich hier mit ein. Titus steht nicht nur für sich, sondern auch für Paulus; die Glaubwürdigkeit der Botschaft der beiden Pioniermissionare auf Kreta steht zur Frage. Und sie beide stehen für ihren Herrn Jesus Christus und in ihm. Wenn sie mit nichts aus ihm heraustreten, mit keiner Eigenmacht, dann kann der Feind nicht an sie heran. Und wenn Gott sie anblickt, dann sieht er einen andern Mann, den mit der Dornenkrone und mit den Wundmalen, unsern Herrn Jesus Christus, im Blick auf den er sagt: »Dies ist mein lieber Sohn, an dem ich Wohlgefallen habe« (Mt 3,17). Das galt auch für die andern Glaubenden auf Kreta, die älteren und die jüngeren, wenn sie so in Christus waren. Und das gilt auch für uns, wenn wir »in Christus« sind, uns in ihm bergen, in seiner für uns erworbenen und uns geschenkten Gerechtigkeit (Röm 8,1; 2 Kor 5,21). Und wie nötig haben wir das doch, gerade wenn der Feind auf allerlei Weise zum Angriff, schließlich zum letzten, auf uns übergeht!

4.2.6 Die Sklaven

Sklaven waren damals »leibeigene« Menschen, häufig Kriegsgefangene oder Abkömmlinge von solchen. Die römischen Eroberungskriege waren weitgehend zugleich auch Sklavenjagden; mit dem Verkauf der jungen Männer und Mädchen, die man aus den Kriegen nach Hause brachte und die man auf den Sklavenmarkt stellte, wurden diese Unternehmen teilweise finanziert. Sklaven waren weitgehend rechtlos. Sie versuchten natürlich, so gut das möglich war, sich selbst zu helfen, auch mit Lug und Trug, mit Drückebergerei und Unterschlagung, gelegentlich ebenso durch Aufstände, etwa dem des Sklavenführers Spartakus, die allerdings grausam niedergeschlagen wurden.

Nun waren solche Menschen im Glauben an Jesus, in der Gemeinde, »in dem Herrn«, nicht nur irgendwelchen Menschen, sondern in erster Linie und noch ganz anders Jesus Christus gehörig, sein seliges Eigentum, wunderbar geadelt als Gottes Kinder (Joh 1,12; Röm 8,14–17; 1 Joh 3,1) und aller Hoffnung, die unser Herr schenkt, teilhaftig.

4.2.6.1 Sie sollten sich »*ihren Herren in allen Dingen unterordnen*« (V. 9): Das bedeutet nicht, daß sie unterwürfig sein sollten und alles stumpf und dumpf über sich ergehen lassen. Sie brauchten nicht willenlose Werkzeuge ihrer Herren sein, auch nicht für alle Schlechtigkeit. Paulus schreibt den Sklaven in der Gemeinde zu Kolossä unmittelbar: »Alles, was ihr tut, das tut von Herzen als dem *Herrn* und nicht den Menschen« (Kol 3,23). So ist auch alle Augendienerei, mit der sich jemand bei seinen menschlichen Herren »lieb Kind« machen wollte, ausgeschlossen. Diese Christen im Sklavenstand wußten sich unter den Augen ihres Herrn Jesus Christus, ihres großen Bruders, und ihres himmlischen Vaters. Und deshalb hatte auch ihr Gehorsam gegenüber ihren menschlichen Herren seine Grenze am Willen Gottes nach dem Wort: »Man muß Gott mehr gehorchen als den Menschen« (Apg 5,29). Aber um Gottes willen und ihm zuliebe hielten sie treu an dem Platz aus, an den sie nun gestellt waren, bis ihr himmlischer Herr sie herauslöste, sei's durch eine Änderung der Verhältnisse oder dadurch, daß er sie heimnahm zu sich, in seine Freude, in seine Herrlichkeit, von wo aus dieses kurzräumige

Leben gering erscheint im Vergleich zu dem, was er für alle Ewigkeit schenkt (vgl. Röm 8,17f.).

4.2.6.2 *Sie sollen ihren Herren »gefällig sein«*. Eben indem sie letztlich ihrem göttlichen Herrn zu gefallen trachteten, dessen Wille ja auf jeden Fall Vorrang hatte, konnten sie ihren menschlichen Herren ohne Groll und Bitterkeit in echter Hilfsbereitschaft begegnen.

Ein schönes Beispiel, wie auch in solch einer Lage Liebe, ja Feindesliebe bewährt werden kann, zeigt ein von feindlichen Kriegshorden geraubtes und nun versklavtes Mädchen aus dem AT (2 Kö 5): Sie vernahm, daß ihr Chef, der General jener Truppe, an Aussatz erkrankt war. In seinem Hause mußte sie dienen. Es hätte sie mit Genugtuung erüllen können, daß nun im Hause nicht nur sie, sondern auch ihre Chefin weinte. Doch sie wurde aus feinem, liebevollem Mitdenken heraus zur Zeugin des lebendigen Gottes, der durch seinen Propheten Elisa diesem heidnischen Mann die Genesung schenkte und ihn zum Glauben führte.

Was mögen doch auch jene nun an Jesus gläubig gewordenen Sklaven mit ihrem Gesamtverhalten für ihre Herren ein Zeugnis gewesen sein – und auch für ihre Leidensgenossen, unter denen zum Teil ein Kampf aller gegen alle herrschte! Was mag es auch für sie für ein Lichtblick gewesen sein, wenn der eine und andere unter ihnen war, der nach dem Wort Jesu handelte: »Liebet eure Feinde, segnet, die euch fluchen, tut wohl denen, die euch hassen. Bittet für die, so euch beleidigen und verfolgen« (Mt 5,44; Lk 6,27f.)! Dabei bedeutete gewiß das Wahren der Grenze, »Gott mehr zu gehorchen als den Menschen«, den Herren und den Mitsklaven gegenüber, für die gläubigen Sklaven oft auch Leiden.

4.2.6.3 *»Nicht widersprechen«*: Sie »maulten« nicht dagegen. Sie anerkannten und ehrten ihre Herren. Sie waren keine Revolutionäre, keine »Spartakisten«. Soweit es nicht gegen Gottes Willen verstieß, gehorchten sie widerspruchslos, ihrem himmlischen Herrn zu Gefallen. Sie konnten warten, bis ihr Herr Jesus Christus ihr Los wandte, spätestens, wenn er sie wunderbar heimholte.

4.2.6.4 »*Nichts veruntreuen*« (wörtlich: »nichts auf die Seite schaffen«), nichts »unterschlagen« (V. 10), auch wenn das kein Mensch sah und sehen konnte. Sie wußten sich unter den Augen Gottes. Darüber konnte es dann zu Ähnlichem kommen, wie wir in den letzten Jahren aus der Sowjetunion hörten: daß Betriebsführer sich für die Materialausgabe nach Christen umsahen, weil von diesen nichts unterschlagen wurde.

4.2.6.5 »*Sich in allem als gut und treu erweisen*«: Es geht um die Zuverlässigkeit auch im Menschlichen, die im Verantwortungsbewußtsein vor Gott begründet liegt. – Wie nötig wäre etwas Derartiges heute wieder in unserem Volk und in unserem ganzen Abendland; der Verlust, der hier eingetreten ist, ist erschütternd! – Damals mochten die heidnischen Sklavenhalter erstaunt aufgeblickt und aufgehorcht haben: Sonst hatten sie ja ihre große Mühe und ihren täglichen Ärger mit ihren Sklaven. Und nun waren diese an Jesus Glaubenden so ganz anders. Gewiß fragten sie sich: »Warum denn das? Woher haben denn die die Kraft dazu?« Das konnte schließlich sogar zu dem Wunsch führen: »Wie diese möchte auch ich werden!« Ja, das Ganze hatte Zeugnischarakter, sozusagen eine missionarische Spitze. Es kam schließlich so weit, daß die Gemeinde Jesu, zu der vornehmlich kleine Leute gehörten (vgl. 1 Kor 1,26–29), im gesamten Mittelmeerraum so wuchs, daß schließlich die römische Staatsmacht ihren Widerstand gegen die Christen aufgab.

4.2.6.6 Die Zielangabe ist hier von Paulus so formuliert (vgl. auch das zu V. 1d Gesagte): »Damit sie« (diese Sklaven) »*der Lehre Gottes, unseres Heilandes, Ehre machen in allen Stücken.*« Gott heißt hier der »Heiland«, der »Retter«, wie sonst im NT meist Jesus genannt wird. Doch von Gott geht eigentlich die Initiative zum Heil, zur Rettung der Menschen und der Menschheit aus, Jesus obliegt die Ausführung (vgl. Joh 17,4). – Wörtlich heißt es: »Damit sie die Lehre unseres Retters, Gottes, schmücken in allen Dingen.« Also sind solche, trotz ihres traurigen Schicksals als Sklaven und Sklavinnen, so ihrem Herrn lebende Gotteskinder, für das Evangelium ein »Schmuck« (vgl. Ps 93,5b; Phil 4,1; 1 Thes 2,19). Die Botschaft des Evangeliums war in jener Zeit sozusagen über und über von solchen »Brillanten« geziert, auf jeden Fall in den Augen Gottes und wohl nicht selten auch in den Augen der Menschen. Haben doch auch wir in notvollen Verhältnissen vor allem das eine Ziel, diese Not so zu tragen, daß wir unserm Herrn damit Ehre, ja Freude machen! »Selig ist es, den Herrn zu erfreuen« (Hudson Taylor).

Es ist etwas unendlich Wichtiges, daß auch heute, in einer angeblich »nachchristlichen« Zeit, und schließlich in der Endzeit, Christen in der Welt sind, kleine, wehrlose und oft entrechtete Minoritäten (vgl. Lk 12,32), die so leben, wie der Apostel Paulus es hier schreibt. Das ist dann etwas total anderes als eine heute viel verspottete »traditionelle christlich-abendländische bürgerliche Moral«. Das Leben solcher Männer und Frauen, auch offenkundig benachteiligter Leute, wie es jene Sklaven waren, wird zum Zeugnis, zur Evangelisation und Mission, die auch kein noch so unfreundlicher Staat und keine noch so einheitliche, unduldsame öffentliche Meinung verhindern kann. Die Bibel zu lesen, mögen viele ablehnen. Aber den »Brief Christi« (2 Kor 3,3), der solche im Glaubensgehorsam liebenden Christen sind, lesen sie unwillkürlich alle.

Vorschlag zur Bibelarbeit über Titus 2,1–10

---

1. Hinführung

»Ein jeder lern sein Lektion, so wird es gut im Hause stohn«, schrieb Martin Luther über die »Haustafeln«, die Schriftstellen, die wie diese hier einzelne Glieder der Familien, Vater, Mutter, Kinder usw., ermahnen. Er ließ sie als Tafeln drucken, damit sie als »Wandsprüche« in den Wohnungen aufgehängt werden konnten. Er wollte, daß das neuentdeckte Evangelium doch ja auch den Alltag der Leute bestimme. Im »Leib« der Familie – wie insbesondere auch der ganzen Gemeinde mit den verschiedenen Gliedern und den ihnen gestellten Aufgaben – sollte doch eine gute, durch Gottes Geist bestimmte Harmonie

herrschen. Die einzelnen christlichen Familien, wie auch die
»Familie« der ganzen Gemeinde, sollten ein »Klangkörper« sein,
der Gott zu seiner Ehre das »neue Lied« darbringt (Ps 98,2).

2. Vorbereitende Fragen

Was soll Titus im Unterschied zu den Irrlehrern als rechter
Lehrer der Glaubenden der Gemeinde sagen? Was den alten
Männern und den alten Frauen, insbesondere auch im persönlichen Gespräch, bei Hausbesuchen, in der Seelsorge? Was soll
den jungen Frauen gesagt werden? Warum sollen insbesondere
die alten Frauen mit ihnen persönlich sprechen? Was mag Titus
leichtergefallen sein, die alten oder die jungen Männer in der
Gemeinde seelsorgerlich anzusprechen? Wie konnte auch ein
Sklavenleben zu einem einladenden Zeugnis für Jesus werden?

3. Thema

*Anleitung der Mitchristen durch das heilmachende Gotteswort
in ihrem jeweiligen Stand zu einem guten Miteinander und
Zeugnis der Gemeinde.*

4. Gliederung

a) »Du aber rede«, leite an, wie es Gottes Wort und Willen
entspricht.

b) Was den alten Männern gesagt werden soll,

c) den alten Frauen,

d) den jungen Frauen,

e) den jungen Männern.

f) Worauf der Lehrende bei sich selbst zu achten hat.

g) Was den Sklaven gesagt werden soll – und das alles zur Ehre Gottes und seines Worts.

5. Schluß

So wird die Gemeinde Jesu als Familie der Kinder Gottes, und auch jeder einzelne Christ in seinen Verhältnissen, mitten in einer feindbesetzten Welt zu einem einladenden Zeugnis für Jesus.

5. Die heilende Gnade Gottes am Werk vor dem Horizont der Wiederkunft Jesu (2,11–15)

2,11–15: Denn es ist erschienen die heilsame Gnade Gottes allen Menschen (12) und nimmt uns in Zucht, daß wir absagen dem ungöttlichen Wesen und den weltlichen Begierden und besonnen, gerecht und fromm in dieser Welt leben (13) und warten auf die selige Hoffnung und Erscheinung der Herrlichkeit des großen Gottes und unseres Heilandes Jesus Christus, (14) der sich selbst für uns gegeben hat, damit er uns erlöste von aller Ungerechtigkeit und reinigte sich selbst ein Volk zum Eigentum, das eifrig wäre zu guten Werken. (15) Das sage und ermahne und weise zurecht mit ganzem Ernst. Niemand soll dich verachten.

5.1 Denn...

»*Denn*« beginnt Paulus diesen Abschnitt.

5.1.2 Er knüpft mit dieser Aussage über die »heilende Gnade« an V. 10 an, in dem Gott unser Retter, unser »Heiland«, genannt wird. Er sagt nun, *warum* Gott so heißt, *was* »unser Heiland« als dieser getan hat, tut und tun wird. Zugleich führt Paulus in diesem Abschnitt aus, *wie* das *ermöglicht* wird, daß sich die einzelnen

Menschengruppen in der Gemeinde ihrer besonderen Lage und Aufgabe entsprechend verhalten *können* – die alten Männer, die alten Frauen, die jungen Männer und die jungen Frauen und nicht zuletzt auch die Mitchristen im Sklavenstand (V. 2–9) – und wie sie sich überhaupt so verhalten können, wie Gott es nach seinem Wort, seiner Weisung erwartet.

Indem von Gott, dem »Retter«, dem »Heiland«, und seiner »heilenden Gnade« gesprochen wird, wird zugleich auch die *Diagnose* Gottes im Blick auf den Menschen, die Menschheit, die Welt deutlich: Wir alle sind todkrank, verloren – für das, was Menschen können –, unrettbar verloren. Alle Welt befindet sich infolge des satanischen Infekts in einem schlechterdings heillosen Zustand.

Wir verstehen das Evangelium nur dann und werden nur dann des dadurch geschenkten Heils teilhaftig, wenn wir dieser Diagnose des göttlichen Arztes, diesem Urteil des göttlichen Richters rechtgeben und uns seine Heilbehandlung entsprechend gefallen lassen.

5.2 Erschienen ist ...

»*Erschienen ist ...*«, sagt Paulus nach dem Urtext weiter, knapp und sachlich wie die Kurzmeldung eines Nachrichtendienstes: Der *Arzt* ist da, Gott in Jesus Christus (vgl. Mt 9,12). Es geht wie ein erleichtertes Aufatmen durch diese Worte: »Welt ging verloren, Christ ist geboren.« Er nimmt die Sache des Menschen und der Menschheit selbst in seine gute Hand.

5.3 Die heilsame Gnade

Es wird in dieser ungemein dichten Sprache sogleich auch das *Heilmittel* des großen Arztes genannt: »die heilende«, »die heilsame Gnade«. Im Urtext drückt das Eigenschaftswort »heilsam« das Ziel aus und die Befähigung, diesem zuzuführen: nämlich der Heilung, der Rettung des Menschen. »Gnade« bedeutet im griech. Urtext und im Deutschen das »freundliche Sich-Nahen«, das Sich-Herabneigen.

Ursache des ganzen Elends ist das Widerstreben des Menschen gegen Gott, sein Geschiedensein von Gott, der doch allein die Quelle allen Lebens ist (Ps 36,10), seine ihn »sondernde« Sünde (im Deutschen haben die Worte »sondern« und »Sünde« denselben Wortstamm). Deine Sünde scheidet dich und deinen Gott voneinander (Jes 59,2). Und nun behaftet Gott nicht mehr den Menschen mit seiner eigenen Entscheidung und legt ihn auch nicht damit fest, sondern er gewährt seine *Gnade*, sein Vergeben, seine neue Gemeinschaft schließlich so, daß der Mensch in Christus zu sein vermag und Christus in ihm ist (Joh 15,4). Damit ist der Mensch in Gott und Gott in ihm (vgl. Joh 14,9.23). Menschliche Begnadigung wirkt meist nicht viel; nicht selten begeht einer, der als Begnadigter die Haftanstalt verlassen konnte, nach kurzer Zeit schon wieder ein Verbrechen. Aber Gottes Gnade hat durch Gottes Geist – Christus in uns ist der Heilige Geist – eine wunderbar heilende Kraft (vgl. 2 Kor 3,17a; 5,17).

5.4 Wem gilt sie?

Wem gilt diese »heilsame Gnade, wem wird sie angeboten? »*Allen Menschen.*« Allen Menschen in der Gemeinde: den verschiedenen Menschengruppen, von denen vorausgehend in V. 2–10 gesprochen wird, einschließlich der Sklaven. Aber auch für die noch nicht Glaubenden und auch da nicht nur für die »leichteren Fälle«. So ist das in der Regel bei menschlichen Gnadenakten, auch einem allgemeinen Gnadenakt, einer Amnestie: Sie gilt in der Regel nur für leichtere Fälle und für die, die eine bestimmte Straftat verübten, und schließt andere aus. Hier dagegen sehen wir das Erstaunliche: Die heilsame Gnade Gottes gilt *allen* Menschen. Alle sind einbezogen. Alle sind zu dem Kind in der Krippe, zu dem Mann am Kreuz, von dem jetzt gegenwärtigen Herrn eingeladen: »*Kommt her zu mir alle ...*« (Mt 11,28). »Wer zu mir kommt, den werde ich nicht hinausstoßen« (Joh 6,37). Keiner muß zuvor eine Leistung erbringen – und im Grunde genommen kann's auch keiner. Der große Arzt behandelt uns alle zum Nulltarif. Und bei ihm gibt es keine hoffnungslosen Fälle. Doch *kommen* müssen wir (Mt 11,28). Es ist nötig, daß wir uns an ihn wenden, daß wir ihn *bitten*. Unser Herr spricht: »Bittet, so wird euch gegeben« (Mt 7,7). Das gilt vor allem hier. Schon den atl. Propheten ließ Gott sagen: Jeder, der den Namen des Herrn *anrufen* wird, wird gerettet werden (Joel 3,5). Und nötig ist es, unserem Herrn Jesus Christus das Leben *anzuvertrauen*, an ihn zu *glauben*. So spricht unser Herr: »Also«, auf diese Weise, »hat Gott die Welt geliebt, daß er seinen eingeborenen Sohn gab, damit alle, die an ihn glauben, nicht verloren werden, sondern das ewige Leben haben« (Joh 3,16; vgl. Röm 1,16). Sonnenschein und Regen gibt Gott gleicherweise allen, denen, die ihn darum bitten, *und* denen, die das nicht tun (Mt 5,45). Doch seinen Frieden, sein Heil, seine Gemeinschaft, seinen Geist, sich selbst schenkt er nur denen, die ihn darum bitten. »Wir müssen unsere Hände ausstrecken nach Gottes gnädigem Tun« (J.Chr. Blumhardt).

5.5 Für alle Menschen

Von V. 11 zu V. 12 wechselt der Personenkreis: Die auf den Plan getretene heilbringende Gnade Gottes wird *allen* Menschen *angeboten*. Die *Erziehungsarbeit* dagegen, von der V. 12 gesprochen wird, gilt nur »*uns*«, das heißt denen, die diese Gnade erbeten und angenommen haben. So kommt die Arbeit Gottes an seinen Menschenkindern, die heilende, ganz zum Zug und zum Ziel, indem er uns nun durch seine Gnade erzieht. Das Wort »*erziehen*«, »in Zucht nehmen« bezieht sich sprachlich im Urtext unmittelbar auf die Gnade; Gott heilt mit seiner Gnade *und* erzieht mit seiner Gnade. Die Gnade Gottes läßt uns nicht in unserem alten Wesen, und erst recht bestätigt sie uns nicht darin; Gottes Gnade wird oft mißverstanden: so, daß sie wie menschliche Gnade wäre.

Manchmal mögen wir Glaubende es geradezu als Last empfinden, daß Gott uns so nachdrücklich erzieht und uns nichts Böses mehr »durchgehen« läßt, und seien es auch nur böse Gedanken. Doch eben das ist ein Zeichen seiner väterlichen Liebe, ein Hinweis darauf, daß wir seine Kinder sein dürfen, denn »wen der Herr liebhat, den züchtigt er« (Hebr 12,5–11). Seine *Kinder* liebt er so; als Glaubende empfangen wir den Heiligen

Geist, und durch diesen werden wir zu Gottes Kindern (Joh 1,12; 7,39; Röm 8,14–16).

5.6 Konsequenzen

Mit dieser Erziehungsarbeit will Gott uns einiges Negative nehmen: »Daß wir *absagen*, d.h. »damit wir *verleugnen* ...« Wenn wir unser altes Wesen verleugnen, dann wollen wir mit diesem nichts mehr zu tun haben. Das wird für uns möglich, wenn wir an Jesus glauben und auf ihn getauft und so mit ihm gestorben und auferstanden sind (Röm 6,2–5). Was gilt es im einzelnen so zu verleugnen? Wem gilt es so abzusagen?

5.6.1 »*Dem ungöttlichen Wesen*«: Unser himmlischer Vater will, daß wir als seine Kinder ihm »nacharten«. So sagt unser Herr: »Liebet eure Feinde ... damit ihr Kinder seid eures Vaters im Himmel« (Mt 5,44f.). In das Wesen unseres »großen Bruders« Jesus Christus sollen wir umgestaltet werden (Gal 4,19). *Was dazu nicht paßt, muß verschwinden.*

5.6.2 »*Den weltlichen Begierden*«: Es sind Begierden nach Art der Welt, die doch »vergeht mit ihrer Lust« (1 Jo 2,17), Begierden, durch die die Menschen sich von Gott, der Quelle ihres Lebens, wegführen lassen (Ps 36,10). Es ist das Begehren von Ehre, Besitz, Genuß, Macht um jeden Preis. Und es sind die Begierden, mit denen sich die Menschen vom »Fürsten dieser Welt«, vom »Gott dieser Welt« infizieren lassen (1 Mo 3; Joh 14,30; 2 Kor 4,4).

5.7 Was will Gott damit erreichen?

Was dagegen unser himmlischer Vater mit seiner Erziehungsarbeit durch sein Wort und seinen Geist bei uns positiv erreichen will:

5.7.1 daß wir »*gerecht*« leben, das heißt so, wie wir Gott recht sind, wie wir ihm gefallen und Freude machen, wie wir unserem

»großen Bruder« Jesus Christus möglichst ähnlich sind (vgl. Gal 4,19). Dieses »Gerecht-Sein« schließt ein, daß wir auch Menschen recht begegnen, ihnen gerechtwerden, ja daß wir ihnen in der Art unseres Herrn Jesus Christus, in der Art Gottes begegnen, damit wir »Kinder sind unseres Vaters im Himmel« (Mt 5,45).

5.7.2 »*Besonnen*«: In der Erziehungsarbeit Gottes, des Vaters, unseres Herrn Jesus Christus, an uns geht es keinesfalls nur darum, daß der Mensch, in sich selbst ruhend, bedacht redet und handelt, sondern vor allem um das Sich-Besinnen im Blick auf die Fragen: Was will hier der Herr, was sagt hier der Herr? (Jer 23,35). Was ist hier Jesu Weg? Was ist hier Jesus-gemäß? Die Antwort darauf erhalten wir vor allem aus dem Wort der Schrift und durch die Leitung des an die Schrift gebundenen und aus der Schrift schöpfenden Heiligen Geistes (Joh 14,26; 16,14). Das stete Bleiben im Gebetsumgang gehört notwendigerweise zu dieser geistlichen Besonnenheit.

5.7.3 »*Fromm*«: Was »fromm« sein heißt, hat schon Abraham erfahren: »Ich bin der allmächtige Gott. Wandle *vor mir* und sei fromm« (1 Mo 17,1). Es bedeutet, so zu leben wie Jesus, der unablässig unter dem Willen des Vaters blieb, vom Beginn seiner Wirksamkeit bis zu seinem letzten Atemzug (vgl. Mt 4,1–11). Nie wollen wir aus dieser Haltung und damit aus dem »In-Christus-Sein« heraustreten. – Das alles ist das »Erziehungsziel« Gottes, unseres himmlischen Vaters, mit uns.

5.8 Wo gilt es das zu leben?

»*In dieser Welt*« (wörtlich: »in der jetzigen Welt«). Das bedeutet zweierlei:

5.8.1 Wir dürfen als Christen nicht unter uns bleiben wollen, nicht in einem frommen »Ghetto«; wir müssen »hin in alle Welt« (vgl. Mt 28,19), hinein in diese Welt, wie sie ist. Unser Herr sprach in seiner Fürbitte für seine Jünger zu seinem Vater: »Ich bitte dich nicht, daß du sie aus der Welt nimmst, sondern daß du sie bewahrst vor dem Bösen« (Joh 17,15).

5.8.2 Zum anderen bedeutet es, daß Christen noch nicht am Ziel sind, so gern sie auch schon dort wären, sondern daß sie noch in dieser Weltzeit leben, in diesem Äon, an diesem heilsgeschichtlichen Ort noch vor der Wiederkunft Jesu, nicht zuletzt in der »letzten, bösen Zeit«, in der sie sich als Überwinder zu bewähren haben (Offb 3,21).

5.9 Gegenwart und Zukunft

Das bisher Ausgeführte betrifft die Gegenwart; im folgenden geht es um die *Zukunft*.

5.9.1 »Und wir warten ...« (V. 13). Das alles geschieht vor dem Horizont der großen Hoffnung auf die *Wiederkunft* unseres Herrn. Diese Zukunft soll und kann unsere Gegenwart bestimmen. Wir stehen zwischen zweierlei »Erscheinen« unseres Herrn: seinem Erscheinen bei seinem ersten Kommen als Mensch (V. 11) und seinem Erscheinen in Herrlichkeit (V. 13). Wir kommen her von diesem ersten Erscheinen und gehen auf sein neues Erscheinen zu, auf das wir warten und das unser Heute bestimmt. Solches »Warten ist eine große Tat« (Chr. Blumhardt).

5.9.2 »*Selig*« ist diese »*Hoffnung*«: Wir hoffen auf unsre künftige Seligkeit, die uns in Jesus Christus verheißen ist (vgl. 3,5–7). Er ging uns voran durch den Tod zum Leben und spricht: »Ich lebe, und ihr sollt auch leben« (Joh 14,19). Doch es geht nicht nur um *zukünftige* Seligkeit. Diese »selige Hoffnung« zu haben ist auch *jetzt schon* ein Stück Seligkeit. In einer Welt und Zeit, in der andere mit Spraydosen an Betonwände schreiben: »No future!« (»keine Hoffnung!«), bedeutet uns die große Hoffnung, die wir in Christus haben dürfen, jetzt schon Freude, ja Seligkeit.

5.9.3 Die Wiederkunft unseres Herrn schließt zugleich in sich auch die »*Erscheinung der Herrlichkeit des großen Gottes*«, d.h. seines göttlichen »Lichtglanzes«, was das Urtextwort bedeutet. Dann ist die Zeit des »Nicht-Sehens und Doch-Glaubens« (Joh 20,29; 2 Kor 5,7) vorüber; Gott läßt die Schleier fallen und tritt aus der Verborgenheit hervor. Und dieser Lichtglanz Gottes ist zugleich der unseres »Retters«, unseres »Heilands Jesus Christus«. Auch in dieser Hinsicht spricht Gott zu seinem Sohn: »Was mein ist, das ist dein.« Unser Herr wird also so ganz anders wiederkommen, als er in seinen Erdentagen erschien, eben in enthüllter Macht und Hoheit Gottes.

5.9.4 »*Unser Heiland*« (wörtlich: »unser Retter«) heißt nun hier auch unser Herr Jesus Christus, nachdem in V. 10 Gott so genannt worden ist. Unser Herr ist ja sozusagen die rechte Hand Gottes bei dessen Rettungswerk. – So wird hier ausführlich ausgesprochen, wodurch vor allem Jesus der Retter, der Heiland wurde: Seine wichtigste Aktion war seine Passion, das, wovon bereits das AT in Jes 53 sagt. Das Kreuz Jesu ist die große Wende in der Heilsgeschichte Gottes (vgl. Offb 5); es wird sich auch einmal als die große Wende der Weltgeschichte erweisen.

5.10 Sein Leben für uns

Paulus schreibt hier von diesem Werk unseres Herrn: »*Er hat sich selbst für uns dahingegeben*« (V. 14). Leben mußte für Leben gegeben werden; Jesus hat sein Leben für unser Leben gegeben (vgl. 1 Petr 1,18f.). Unser Herr verfolgte dabei einen *doppelten Zweck*:

5.10.1 »*...damit er uns erlöste von aller Ungerechtigkeit.*« Unser Herr spricht: »Wer Sünde tut, der ist der Sünde Sklave« (Joh 8,34). Und hinter der Sünde steht der geheimnisvolle Feind Gottes und der Menschen: der Satan. Mit jeder Tat, mit der wir ihm Folge leisten, liefern wir ihm einen Faden zu der Fessel, mit der er uns bindet, versklavt; wir geben ihm ein Anrecht an uns. Das Wort »erlösen«, »freikaufen« knüpft an die damalige Rechtsordnung an: Wenn jemand dadurch, daß er Schulden gemacht hatte, u.U. in Schuldhaft – in die Sklaverei eines Gläubigers – geraten war, so konnte er daraus etwa von Verwandten oder von einem Freund freigekauft, »abgelöst« werden. Hier jedoch reichte Geld nicht aus. Leben mußte, wie gesagt, gegen Leben gegeben werden. Petrus schreibt: »Ihr seid nicht mit vergänglichem Silber oder Gold erlöst, sondern mit dem teuren Blut Jesu Christi« (1 Petr 1,18). Im Anschluß daran sagt M. Luther in seiner Erklärung des Zweiten Glaubensartikels: »Ich glaube, daß Jesus Christus ... sei mein Herr, der mich verlorenen und verdammten Menschen erlöst hat ... vom Tod und von der Gewalt des Teufels, nicht mit Gold oder Silber, sondern mit seinem heiligen, teuren Blut und mit seinem unschuldigen Leiden und Sterben, auf daß ich sein eigen sei ...«

5.10.2 »...*und reinigte sich selbst ein Volk zum Eigentum* ...« Am Kreuz von Golgatha tat unser Herr also noch ein Zweites: Er *reinigte* sich sein Volk. Wir hätten auch nach unserem Freikauf vom Satan noch nicht zu Gott gepaßt. Für die Gemeinschaft mit ihm wären wir nicht tauglich gewesen, und auch nicht für die mit unserem Herrn Jesus Christus. Von Gott ausgeschlossen wären wir auf Grund der uns anhaftenden Schuld von Gott gewesen (vgl. Jes 59,2), ja dazuhin dem Gericht und Urteil Gottes verfallen. Doch unser Herr, dem der Vater ja alles Gericht übergeben hat (Joh 5,22.27), hat die Last unsrer Schuld von unserem Rücken genommen (vgl. 3 Mo 16; Joh 1,29) und sich selbst auferlegt mit der Bereitschaft: »Wenn schon gerichtet werden muß, dann will ich gerichtet werden. Wenn schon um der menschlichen Sünde willen verurteilt werden muß, dann will ich verurteilt werden. Wenn schon um der Sünde willen gestorben werden muß, dann will ich sterben.« So hat unser Herr das einzigartige Reinigungsmittel verschafft: sein Opferblut (vgl. 1 Joh 1,7). Und als durch unseren Herrn Losgekaufte gehören wir ihm – auf den, der nach römischer Rechtsordnung einen Sklaven freikaufte, ging das *Eigentum* an diesem über, auf den, der ihn »ablöste«. Und die so von Jesus Freigekauften und von ihm Gereinigten taugen nun in seine und des Vaters Gemeinschaft für alle Ewigkeit. Einen unausdenklich großen Liebesdienst hat Jesus uns mit dem allem getan.

5.10.3 Die rechte Wirkung von dem allem bei uns ist, »*daß wir eifrig wären zu guten Werken*«, nicht, weil wir durch die guten Werke erst für Gott annehmbar gemacht werden, sondern aus Liebe und Dank tun wir sie, in der Kraft des Heiligen Geistes und unter seiner Leitung, weil unser Herr uns bereits für Gott annehmbar und gemeinschaftsfähig und für die himmlische Herrlichkeit »hoffähig« gemacht hat. »Er ist es wert, daß man ihn ehrt und sich in seinem Dienst verzehrt.«

5.11 Ermahnung und Zurechtweisung

»*Das sage und ermahne und weise zurecht mit ganzem Ernst*«, »mit allem Nachdruck« (wie auch übersetzt werden kann). Ja, gerade damals, als die Verhältnisse sich zuspitzten – sowohl, was eine mögliche Verfolgung, und auch, was die immer verwirrender machende Verführung und die Verfälschung des Evangeliums betraf –, gehörte das wesentlich zu den Punkten, auf die der alte Apostel während der letzten Zeit seiner Wirksamkeit gegenüber seinem jungen Mitarbeiter Titus und all den andern mit ihm den Finger legte: Wir befinden uns zwischen den beiden Erscheinungen unseres Herrn. Unseren ganzen Heilsstand verdanken wir vor allem dem Opfer unseres Herrn. Um so mehr gilt es, seinem Geist und Wesen in uns Raum zu geben und in seiner Spur zu gehen und zu wirken. Was hinter uns steht – sein Kreuz – und was vor uns liegt – sein großer Tag, an dem wir ihm begegnen dürfen – soll unserem Leben und Wirken Ansporn und Richtung geben.

Das gilt entsprechend, ja noch viel mehr heute, in einer Zeit, in der immer deutlicher die längst angekündigten Signale des nahenden Ziels aus dem Nebel der Zukunft hervortreten. Gerade dann ist es unendlich wichtig, sich darüber im klaren zu sein, was für uns das Heil bedeutet – das Kreuz von Golgatha – und was für uns das große Ziel ist, dem wir entgegengehen: die Wiederkunft unseres Herrn. So können wir recht reden und im Glaubensgehorsam leben, auch vor denen, die bei uns Wegleitung suchen wie jene Mitchristen auf Kreta bei dem jungen Titus, und vor denen, die Jesus noch nicht kennen und die innerhalb einer bemessenen Frist zu ihm eingeladen werden sollen.

»*Niemand soll dich verachten.*« Laß nicht zu, daß die Leute sagen: »Das ist eben ein junger Mann; andere haben Wichtigeres, Tieferes, Bedeutenderes zu sagen.« – Auch wir dürfen unsere Botschaft nicht relativieren lassen, auch nicht mit der Begründung: »Das ist eben ein alter Mann. Das ist eben einer von den Konservativen. Das ist einer von dieser und jener theologischen Richtung; andere reden anders.« Nein, es geht hier um die *eine* Schrift, das *eine* Gotteswort, um das *eine* Heil, das Heil in *Jesus Christus*, unserem Herrn.

Vorschlag zur Bibelarbeit über Titus 2,11–15

---

1. Hinführung

Der alte Mann bekam mitten in der Nacht einen schweren Herzanfall. Seine Frau, sonst eine geschickte Pflegerin ihres Mannes, wußte sich nicht mehr zu helfen. Sie rief den Notarzt an; es war ihr Hausarzt, zu dem sie großes Vertrauen hatte und der den Patienten gut kannte. Sie eilte, um die Haustür und die Gartentür zu öffnen und die Beleuchtung des Gartenwegs einzuschalten. Und nun erschien schon nach wenigen Minuten der Arzt. Er stand in ihrer Wohnung; er trat ans Krankenbett; er nahm die Sache in seine Hand. Die Frau war ungemein erleichtert.

So beginnt unser Schriftabschnitt: »Erschienen ist ...« Der Arzt ist da. Er nimmt die Sache des Patienten »Mensch« und »Menschheit« selbst in seine Hand. Wir können in unserer großen Ratlosigkeit erleichtert aufatmen.

2. Vorbereitende Fragen

Von welcher Diagnose Gottes im Blick auf uns Menschen und die Menschheit wird hier ausgegangen? Was ist das Heilmittel des großen Arztes? Was ist der Personenkreis, dem der große Arzt seine Hilfe anbietet? Und was ist der Personenkreis, dem er sich, weiterführend mit seiner Erziehungsarbeit, zuwendet? Was ist sein Erziehungsziel?

3. Thema

Gott ist mit seiner heilenden Gnade vor dem großen Horizont der Wiederkunft Jesu an uns Menschen am Werk.

4. Gliederung

a) Der Mensch ist auf den Tod krank, den »ewigen Tod« – das ist die Diagnose Gottes im Blick auf uns Menschen, die hier zum Ausdruck kommt.

b) Das Heilmittel des großen Arztes: die heilende Gnade.

c) Die heilende Gnade ist *allen* Menschen erschienen; allen Menschen wird sie angeboten.

d) Den, der die Gnade Gottes annimmt, erzieht Gott als sein Kind mittels dieser Gnade.

e) Durch diese Erziehungsarbeit will uns Gott Negatives nehmen.

f) Und er will uns ebenso dadurch Positives geben – Gottes Erziehungsziel.

g) In *dieser* Welt gilt es, das neue, durch Gott geheilte Leben zu bewähren.

h) Und das alles vor dem Horizont der großen Hoffnung auf die Wiederkunft Jesu.

5. Schluß

»Das sage ...« Es ist unendlich wichtig, daß das den Menschen gesagt wird. Denn eben unter diesem Wort wendet sich der große Arzt den Menschen zu, bietet ihnen seinen Dienst an, und wenn es sich der Mensch vertrauensvoll gefallen läßt – d.h. wenn er ihm glaubt –, tut er mit, unter und in diesem Wort am Menschen seinen wunderbaren Dienst. Zumal der große Horizont der Wiederkunft Jesu deutlich näher rückt und bis zu diesem neuen Erscheinen unseres Herrn sein Werk der Heilung an uns geschehen sein muß, ist es heute um so dringlicher, allen Menschen die Nachricht unseres Schriftabschnitts zu bringen.

»Niemand soll dich verachten«, niemand soll die Botschaft, die wir bringen, verachten, etwa indem er die jetzt zu Grunde liegende Diagnose Gottes im Blick auf den Menschen empört abweist und so auch das Angebot der Heilung und Erziehung durch Gott. »Wem nicht zu raten ist, dem ist nicht zu helfen.« Wie töricht wäre es doch, wenn ein Patient die Feststellung einer Krebserkrankung als eine Beleidigung ablehnen und einen entsprechenden Eingriff, mit dem ihm unschwer noch geholfen werden könnte, abweisen würde!

6. Das neue Leben, das Gott in seiner Barmherzigkeit schenkt (3,1–8a)

3,1–8a: Erinnere sie daran, daß sie der Gewalt der Obrigkeit untertan und gehorsam seien, zu allem guten Werk bereit, (2) niemand verleumden, nicht streiten, gütig seien, alle Sanftmut beweisen gegen alle Menschen. (3) Denn auch wir waren früher unverständig, ungehorsam, gingen in die Irre, waren mancherlei Begierden und Gelüsten dienstbar und lebten in Bosheit und Neid, waren verhaßt und haßten uns untereinander. (4) Als aber erschien die Freundlichkeit und Menschenliebe Gottes, unseres Heilandes, (5) machte er uns selig – nicht um der Werke der Gerechtigkeit willen, die wir getan hatten, sondern nach seiner Barmherzigkeit – durch das Bad der Wiedergeburt und Erneuerung im heiligen Geist, (6) den er über uns reichlich ausgegossen hat durch Jesus Christus, unsern Heiland, (7) damit wir, durch dessen Gnade gerecht geworden, Erben des ewigen Lebens würden nach unsrer Hoffnung. (8) Das ist gewißlich wahr.

Im großen Gedankengang des Römerbriefs zeigt Paulus zunächst, wie es mit dem natürlichen Menschen steht (Röm 1,18–3,20.23). Anschließend sagt er, wie Gott die Menschen in seiner Gnade wahrhaft heil- und neumacht, vom Innersten her (Röm 3,21–8,39). Und nach einem Einschub im Blick auf die Frage um Israel (Röm 9–11) zeigt Paulus, wie in der Folge ein Menschenleben aussehen kann, muß und darf (Röm 12,1ff.).

Unser kurzer Schriftabschnitt hat den gleichen Inhalt, nur in einer anderen Reihenfolge: Zunächst redet hier Paulus vom neuen Leben der Christen, womit er an die vorausgehenden Verse anschließt (2,14b–15). Sodann beschreibt Paulus den natürlichen Zustand der Menschen, auch der Christen, bevor sie zum Glauben gekommen sind. Und schließlich sagt er, was Gott in Jesus Christus zu unsrem Heil getan hat, tut und tun wird. Paulus sagt mit dem allem: Nicht anders als auf die Jesus – gemäße Weise könnt ihr euch gegenüber unguten Leuten verhalten, um so mehr, als ihr ja früher selbst nicht anders wart als jene, und weil es allein Gottes tiefes Erbarmen ist, daß es in euerem Leben zu der großen Veränderung kam.

6.1 Das neue Leben der Christen (V. 1f.)

6.1.1 Die Stellung gegenüber dem Staat (V. 1a)

a) »*Erinnere sie*«: Paulus hatte davon also mit den Christen auf Kreta bereits gesprochen. Auch im Römerbrief tat er das (Röm 13,1–7). Ebenso äußerte sich Petrus zu dieser Frage (1 Petr 2,13–17). Die Stellung zum Staat war für die junge Christenheit, vollends in den Tagen des grausamen Kaisers Nero, der damals die Herrschaft hatte, ein heikles Thema, im Blick auf das sie möglichst schnell Klarheit gewinnen mußte, damit sie hier nicht folgenschwere Fehler machten. Sie rechneten ja mit dem Herr-Sein des lebendigen Gottes, mit der Königsherrschaft ihres Heilandes Jesus Christus. Wie sollten sie da nun den Staat, den sie vor Augen hatten und der die Herrschaft über sie in Anspruch nahm, einordnen und sich zu ihm stellen?

b) »*...daß sie der Gewalt der Obrigkeit untertan und gehorsam seien*« (wörtlich: der »Obrigkeiten, Gewalten«): Die Mehrzahlform deutet darauf hin, daß nicht nur an die römische Reichsbehörde, den Statthalter usw. gedacht wurde, sondern auch an die lokalen Ämter, die Gemeinde- und Kreisbehörden. In Röm 13,1-7 führt Paulus aus, daß die obrigkeitliche Ordnung von Gott »verordnet«, »angeordnet« ist. Sie dient dazu, daß die in Sünde geratene Welt in der Vorläufigkeit dieser Weltzeit bis zum Tag Jesu Christi und dem Anbruch seines Friedensreiches auf dieser Erde (vgl. Offb 11,15; 19,16; 20,1-6; 21,1) im Sinne der Langmut Gottes erhalten wird. Die staatliche Ordnung ist also für die Christen, die doch v.a. in Christus ihren Herrn haben und unter ihm leben, dennoch nicht einfach »Luft«. Christen können keine Anarchisten sein. Die Meinung der »Zeugen Jehovas«, der Staat sei vom Satan, ist unbiblisch.

Deshalb lehrte Paulus auch die Gemeinden auf Kreta, der Obrigkeit »untertan« zu sein, sich »unterzuordnen«, mehr noch: zu »gehorchen«. Das ist nicht nur ein »Sich-Ducken«, sondern die Willigkeit, ja der entschlossene Wille, die staatlichen Aufgaben entsprechend den Anordnungen der Behörden mitzutragen, weil diese einer Anordnung Gottes entsprechen (Röm 13,1-7).

c) Doch das hat seine deutliche Grenze an dem auf jeden Fall übergeordneten Willen Gottes. Denn es gilt in jeder Lage, »Gott mehr zu gehorchen als den Menschen« (Apg 5,29). Es geht hier um das erste Gebot: »Ich bin der *Herr*, dein Gott; du sollst keine anderen Götter neben mir haben« (2 Mo 20,2f.). Paulus schreibt hier: »... zu allem *guten* Werk bereit«. Einerseits bedeutet das eine Unterstreichung: Alles, was einer hilfreichen guten Ordnung dient, soll unterstützt und mitgetragen werden. Andererseits bedeutet das Wort eine Einschränkung und eine Aufforderung zur Prüfung: *Nur* zu allem *guten* Werk, das die Behörden befehlen, soll und kann ein Christ bereit sein. Und »gut« ist, was Gott will, was seinem uns in der Schrift geoffenbarten Willen entspricht, was Jesus – gemäß ist entsprechend dem, was die *Bibel* über ihn sagt.

Christen sind also keine Revolutionäre, als die man sie damals häufig verdächtigte und wie man ihnen auch später in manchen Ländern immer wieder unterstellt hat. Aber sie sind auch nicht willenlose Werkzeuge jeder staatlichen Willkür; sie vermögen keinen »absoluten« Gehorsam zu leisten, der auf die Prüfung der obrigkeitlichen Anweisungen und die eigene Gewissensentscheidung verzichtet.

6.1.2 Die Stellung der Christen gegenüber ihrer gesamten Umwelt, »allen Menschen« (V. 1b–2)

»*Gegen alle Menschen*« (V. 2): In Tit 2,11 sagt Paulus, daß die »heilsame Gnade Gottes *allen* Menschen« gelte. Deshalb müssen auch alle Menschen sie erfahren. Darum ist die für die Gemeinde Jesu Missionsaufgabe erstrangig. Doch auch das Gesamtverhalten der Nachfolger Jesu gegenüber ihren Mitmenschen in nah und fern muß dem entsprechen, daß auch die noch nicht Glaubenden von Gott geliebt und von seinem Retterwillen mitumfaßt sind (1 Tim 2,4); demgemäß gilt es ihnen zu begegnen:

a) »*Zu allem guten Werk bereit*«: Dieses Wort bezieht sich sowohl auf das Verhalten der Christen gegenüber der Obrigkeit (V. 1) wie auch gegenüber »allen Menschen« (V. 2). Es geht hier nicht um eine jüdische oder griechische »Moral« etwa der Gesetzeslehrer oder Philosophen. »Gute Werke« der an Jesus Glaubenden sind solche, die im Glauben an Jesus wurzeln und die nun im Glaubensgehorsam (Röm 1,5; 16,26) gegenüber Jesus geschehen, in der Kraft seines Geistes und in den Bahnen von Gottes Wort, der Jesus-Art, wie sie uns in der Schrift gezeigt wird: etwa, wie Jesus sich über einen einsamen, sich darniederliegenden Menschen beugte (Joh 5,5), wie er das Ohr des Malchus heilte (vgl. Lk 22,51; Joh 18,10), wie er noch sterbend für seine Feinde betete (Lk 23,34; vgl. Apg 7,59). Dieses Leben »in Christus« allein ist rechte Gesetzeserfüllung, ist die »bessere Gerechtigkeit«, von der unser Herr spricht (Mt 5,17–20). Die Frage ist in jedem Fall: Was will hier Jesus? Welchen Weg geht Jesus hier mit mir?

b) »*Niemanden verleumden*«: Nachfolger Jesu treten vielmehr für andere ein – sowohl vor Gott in der Fürbitte wie auch vor Menschen in Wahrheit und Liebe. Auch wo sie, etwa in einem Gespräch über einen Abwesenden, dadurch zu »Spielverderbern« werden, machen sie in jedem Fall auch das geltend, was *für* die andern spricht. Es gilt, »Gutes von ihnen zu reden und alles zum Besten zu kehren« (M. Luther in der Erklärung zum achten Gebot).

c) »*Nicht streiten*«, »nicht streitsüchtig sein«: Sünde zerstört den Frieden zwischen Gott und Menschen und den der Menschen untereinander (1 Mo 3; 4; Jes 59,2). Und nun hat es Gott in seinem Sohn unternommen, wieder Frieden zu schaffen, beginnend mit dem Kreuz und mit der Verkündigung des durch das Kreuz ermöglichten Friedens mit Gott (2 Kor 5,19f.; Eph 2,17; Kol 1,20). Gott heißt wiederholt in seinem Wort »der Gott des Friedens« (Röm 15,33; 16,20; 1 Thes 5,23; Hebr 13,20); das ist geradezu die »Berufsbezeichnung«, die Gott sich selbst zugelegt hat. Und nun gehört es zum Wesen seiner Kinder, daß auch sie Menschen zum Frieden zu führen versuchen, mit Gott und mit den andern Menschen, und auch selbst den Frieden mit allen suchen (Röm 12,18). »Selig sind die Friedfertigen«, die Friedensstifter, »denn sie werden Gottes Kinder heißen« (Mt 5,9).

d) »*Gütig*« oder »freundlich« sein: In einer so harten Welt, damals und heute, war und ist dieses Verhalten überaus hilfreich und eine besonders wirksame Einladung zu dem gütigen, freundlichen Gott, der sich in Jesus Christus geoffenbart hat. »Danket dem Herrn, denn er ist freundlich, und seine Güte währet ewiglich«: Zu diesem Lobpreis werden wir dadurch um so mehr miteinander kommen.

e) »*Alle Sanftmut beweisen*«: Wo doch unser Herr selbst als der Erhöhte noch immer geduldig und unaufdringlich an den Türen der Menschen steht und klopft (Offb 3,20) und sich nicht aufdrängt, sondern fragt, ob man ihn überhaupt haben will, und wo er so auch uns begegnet ist, da können wir doch nicht anders als auch behutsam zu sein, Geduld zu üben und linde Hände zu haben, insbesondere da, wo wir den Menschen den Frieden Gottes anbieten, und ebenso auch da, wo wir die zerrissenen Bande zwischen Menschen wieder zu knüpfen versuchen.

6.2 Nicht anders als heute mit den andern stand es einst auch mit uns (V. 3)

Das macht uns bescheiden, wenn wir bedenken, wie auch wir einst waren und wieviel Mühe Gott auch mit uns hatte (vgl. Jes 43,24). Paulus sagt: »Auch *wir* waren früher ...« Er schließt sich mit den anderen zusammen, obschon er doch ein frommer Israelit und Pharisäer war (Apg 22,3; Phil 3,5f.) und kein zuchtloser Heide, keiner von den »Lügnern und faulen Bäuchen« (Tit 1,12). Und nun zählt er auf:

6.2.1 »*Unverständig*«, »unvernünftig«: Gottes Wille wird nicht »vernommen« (das Wort »Vernunft« ist von »vernehmen« abgeleitet) und nicht »verstanden«, auch nicht, wie er sich im Gewissen eines Menschen kundtut (Röm 2,15).

6.2.2 »*Ungehorsam*«: Weil schon Gottes Wille gar nicht vernommen, wahrhaft zur Kenntnis genommen wird, weil sich in dem sündigen, gegen Gott eigenmächtigen Menschen ein allgemeiner Widerwille gegen Gottes Willen regt, ja dieses Widerstreben ihn ausfüllt, deshalb ist der Mensch nun erst recht in der Wirklichkeit seines Lebens Gott und seinen Geboten nicht gehorsam, auch nicht der Anweisung, die staatliche Ordnung zu respektieren (Röm 13,1–7; Tit 3,1; 1 Petr 2,13–17). Nicht selten müssen dann die Menschen, weil sie den rechtmäßigen Anordnungen der Behörden nicht Folge leisten, unter Umständen durch staatliche Macht gezwungen werden; bei Nachfolgern Jesu sollte das nie nötig sein. Wenn dagegen Christen durch einen antichristlich entarteten Staat (vgl. 2 Thes 2,1–12; Offb 13) zu einem Gottes Gebot widersprechenden Verhalten gezwungen werden sollen, dann können sie nur im Zeugnis für die Wahrheit Gottes leiden (Offb 13,7.10; vgl. Apg 5,29).

6.2.3 »*In die Irre gehen*«, »irregehend«: Weil der Mensch nicht auf Gottes Willen achtet, wie Gott ihn uns in seinem Wort kundgetan hat, ja nicht einmal auf die Stimme seines Gewissens, das ihm Gott trotz der Sünde noch belassen hat (Röm 2,15), sondern sich zu Ungehorsam und Eigenmacht entschlossen hat, deshalb wird sein gesamter Weg ein Irrweg: weg vom Leben, hin zum Verderben. Und auch sein Einfluß auf andere ist heillose Irreleitung.

6.2.4 »*Mancherlei Begierden und Gelüsten dienstbar*«, »dienend mancherlei Begierden und Lüsten«. Da ist zum Beispiel die Ehrsucht, das brennende Verlangen, andere zu übertrumpfen, zu »überholen«, zu »überrunden«. Da »fährt« jemand (im übertragenen Sinn) rücksichtslos; deshalb gibt es schmerzhafte »Zusammenstöße«. Menschen werden »überfahren«; da kann jemand »über Leichen« gehen. Ähnlich geht es zu, wenn man seiner Geldgier folgt. Oder man kann in seiner Genußsucht andere Menschen für sich zum »Lustobjekt« erniedrigen.

6.2.5 »*In Bosheit lebend*«, »in Bosheit das Leben verbringend«: Es dreht sich etwa ein Mensch nur noch um sich selbst; anderer Ergehen interessiert ihn nicht. Im Gegenteil, es bedeutet für ihn Lust, »diebische Freude«, sie seine Überlegenheit spüren zu lassen und ihnen Schmerzen zu bereiten, mit Wort und Tat; Verluste und Verwundungen der anderen bedeuten für ihn Freude und Genugtuung.

6.2.6 »*In Neid*«: Das Eigene will ein Mensch geizig für sich behalten, und er gönnt den andern nicht, was sie haben oder auch nur zu haben scheinen. Er feindet sie an und will ihnen das Ihre nehmen.

6.2.7 »*Verhaßt sein und untereinander hassen*«: Der Haß (vgl. 1 Mo 4), die Feindschaft, die Unversöhnlichkeit, der tiefe Groll der Menschen untereinander und gegeneinander ist der Menschen Motor für alle möglichen gegeneinander gerichteten, bösen, feindseligen Taten und Aktionen.

Wir werden der Feststellung nicht widersprechen können, daß es so in der Welt zugeht. Schon damals ging es so zu – trotz aller griechischen Moral-Philosophie und trotz des Einflusses der pharisäischen Ethik. Und heute geht es so zu – trotz allem Humanismus, der verkündigt wird, und der »Menschenrechte«, die proklamiert werden. In der Zukunft, bis Gott die Weltgeschichte abschließt, wird es so zugehen, zumal der Feind mehr und mehr die Menschen gegeneinander hetzt und alle Reserven auch seiner Dämonenheere in den Kampf wirft und werfen kann (vgl. Offb 9,1ff.; 12,12).

6.3 Die große Wende: Was Gott tat, tut und tun wird, um uns heil- und neuzumachen (V. 4–8 a)

6.3.1 »*Gott, unser Heiland*«: Er selbst ist hier am Werk in seinem großen Heilshandeln, gemäß seinem längst gefaßten Heilsplan durch seinen »Heiland« Jesus Christus (Lk 2,11; Joh 4,42; Phil 3,20; 2 Tim 1,10; Tit 1,4). Dieses »Retten«, dieses »Heil- und Selig-Machen« (alle diese Übersetzungen sind möglich) Gottes wird in den Pastoralbriefen geradezu zur »Berufsbezeichnung« Gottes (1 Tim 1,1; 2,3; 4,10; Tit 1,3; 2,10; 3,4); hier haben wir ein Hauptwerk Gottes vor uns.

6.3.2 »*Als aber erschien*«: Von diesem Erscheinen ist bereits in Tit 2,11 die Rede. Mit seinem menschgewordenen, ewigen Sohn Jesus Christus ist Gott sichtbar in diese Welt eingetreten (vgl. Joh 14,9), auf den Plan getreten. Er ist »erschienen denen, die sitzen in Finsternis und Schatten des Todes« (Lk 1,79), im Dunkel besonderer Not oder besonderer Sünde. Doch es sind hier alle gemeint. Die ganze von Gott, der Sonne aller Sonnen, abgewandte Welt ist sich selbst im Licht und deshalb im Dunkel (Jes 60,2; Eph 5,8; Kol 1,13).

6.3.3 Wie ist er erschienen? In »*Freundlichkeit*« (oder: »Güte«) »*und Menschenliebe*«. Das ist mehr als überraschend. Er betrachtet uns Menschen, diese, wie ein Journalist schrieb, »widerliche Gesellschaft«, nicht mit Widerwillen, Verachtung und Abscheu. Er urteilt nicht wie ein amerikanischer Buchautor: »Dieser schöne Planet Erde ist von einer schädlichen Ungeziefergattung befallen worden, von der es nun mehr als vier Milliarden Exemplare gibt.« Gott hegt, obschon er sich am wenigsten über uns täuscht, »Menschenliebe«, *philanthropia* (so das Urtextwort). Das ist für uns Grund zum großen, bleibenden Staunen, daß er nicht längst schon mit dem Zorngericht über uns gekommen ist (vgl. Röm 1,18), sondern uns in Freundlichkeit begegnet. Diese Menschenliebe Gottes trat in Erscheinung mit dem Kommen Jesu, mit dem Kind in der Krippe, mit dem Mann am Kreuz (vgl. Röm 8,31 f.). Eben am Kreuz seines Sohnes hat er »Frieden gemacht« (Kol 1,20); durch dieses Kreuz rettet er uns (vgl. 1 Kor 1,18; 2,2).

6.3.4 »Er macht uns *selig*« (»er *rettet* uns«, heißt es wörtlich). Wie? Das sagt uns das ganze NT, und das kündigt schon das AT an. Das Zorngericht Gottes steht über der Welt und stand auch über unserem Leben wie eine gewaltige Gewitterfront. Es ist die »sondernde« Sünde, die alle Welt von Gott scheidet (vgl. Jes 59,2). Der große Gott ist für uns Menschen die Sonne aller Sonnen. Aber infolge dieser Gewitterfront »bedeckt Finsternis das Erdreich und Dunkel die Völker« (Jes 60,2). Unter dieser Gewitterfront ist es düster, kalt und liebeleer, und die Stürme, die bedrohenden, erheben sich. Schon nehmen wir das die Gerichte ankündigende Wetterleuchten wahr. Und bald wird das Zorngericht Gottes (Röm 1,18), der »große und schreckliche Tag des *Herrn*« (Joel 3,4), hereinbrechen. Doch unser Herr Jesus Christus stellte sich, in seiner sich opfernden Liebe, auf den Wink des Vaters (Jes 53,4f.; 2 Kor 5,18f.) unter die Gewitterfront. Über ihn ist der »große und schreckliche Tag des Herrn« schon hereingebrochen: auf Golgatha, wo »die Sonne ihren Schein verlor« (Lk 23,45). Es hat eingeschlagen; uns hat's gegolten, ihn hat's getroffen. Und wo das Gewitter niedergegangen ist, dort leuchtet die Sonne, die Sonne der Gnade Gottes. Dort läßt Gott »sein Antlitz leuchten« über uns (4 Mo 6,24–26). Und wenn das geschieht, »so genesen wir« (Ps 80,4). *Bei Jesus*, dem für uns gekreuzigten Herrn: dort allein liegt der »große und schreckliche Tag des *Herrn*« schon hinter uns; stellvertretend ließ Jesus ihn über sich ergehen. Und vor uns ist nur noch der große selige Tag des Herrn. Wer sich dagegen weigert, zu ihm zu kommen, steht noch unter dieser Gewitterfront; »der Zorn Gottes ist noch über ihm« und der »große und schreckliche Tag des *Herrn*« noch vor ihm (Joh 3,36), und er selbst wird ihn erleiden müssen. Ja, »Gott ließ es«, uns zu retten, »sein Bestes kosten« (M. Luther).

6.3.5 »*Nicht um der Werke der Gerechtigkeit willen, die wir getan hatten*«: Nicht wir haben es verdient und Gott zu unserer Rettung und Seligkeit verpflichtet; nicht wir haben ihm gerade *unsere* Wahl nahegelegt. Das hält uns auf jeden Fall in der Demut. Aber das bewahrt uns auch davor, eine Riesenlast tragen zu müssen: die Erfüllung eines »Solls« mit dem Ziel unserer Seligkeit. Und es bewahrt uns ebenfalls vor einer schrecklichen »Heilsungewißheit«, in der wir nie wüßten, ob wir denn nun auch genug getan hätten.

6.3.6 »... *sondern nach seiner Barmherzigkeit*«: Hier ist der Beweggrund Gottes zu unserer Rettung ins Auge gefaßt. Das Urtextwort für »*Barmherzigkeit*« bedeutet, daß Gott unsere Not ans Herz gegriffen hat. »Da jammert' Gott in Ewigkeit mein Elend übermaßen; er dacht an sein Barmherzigkeit, er wollt mir helfen lassen. Er wandt zu mir das Vaterherz ...« (M. Luther; EKG 239,4). Erstmalig tritt in der Schrift in 2 Mo 32–34 in Erscheinung, was Barmherzigkeit Gottes ist. Kaum war der Bund Gottes mit Israel am Sinai geschlossen, kaum waren die Gebote Gottes gegeben (2 Mo 19; 20), da versündigte sich Israel schwer: Während der Abwesenheit Moses meinten sie, es nicht mehr aushalten zu können, daß sie einen so unsichtbaren Gott hatten. So schufen sie sich einen sichtbaren »Gott«, einen »Glücksbringer-Gott«, den sie mit sich führen konnten: den goldenen Stier. Es hing wie am seidenen Faden, ob Gott nun den Bund wieder aufheben und Israel verwerfen würde. Doch Mose trat in opferbereiter Fürbitte für das Volk ein: »Tilge lieber mich aus deinem Buch!« (2 Mo 32,32). Gott machte daraufhin mit Israel weiter, und Mose, der durch diese Fürbitte Gott ganz besonders nah geworden war, wagte sich soweit vor, zu bitten: »Laß mich deine Herrlichkeit« (2 Mo 33,18), dich selbst, »sehen.« Aber Gott antwortete ihm: Sehen kannst du mich nicht, aber hören, nicht irgendetwas, sondern meinen Namen, d.h. meine mein Wesen offenbarende Selbstvorstellung: »Barmherzig und gnädig ...« (2 Mo 33,20; 34,6). »Barmherzigkeit« ist das erste, das hier genannt wird. Seitdem hat man in Israel gejubelt: »Barmherzig und gnädig ist der *Herr*, geduldig und von großer Güte ... Er handelt nicht mit uns nach unsern Sünden ...« (Ps 103, 8.10).

Für das Verständnis dessen, was »Barmherzigkeit« bedeutet, ist auch die Entstehung des von gotischen Missionaren gebildeten deutschen Wortes »Barmherzigkeit« hilfreich. Sie trafen bei den germanischen Volksstämmen, unter denen sie missionierten, nur das Zeitwort *arman, armen* an (= »arm machen«, »berauben«). Den Sinn dieses Wortes wandelten sie durch die Vorsilbe »ab« in das Gegenteil um: *ab-armen* (= »von der Armut befreien«).

Drauf entstand *erbarmen* (= »ganz und gar von der Armut befreien«). Daraus wurde weiter gebildet: »Barmherzig«, »Barmherzigkeit«, das ist die Eigenschaft, »ein Herz für die Armen zu haben und willens zu sein, sie ganz und gar von der Armut zu befreien«. Und nun wird in der Schrift also vor allem gesagt, daß *Gott* barmherzig ist.

6.4 Wie wir der Rettungstat, der Barmherzigkeitstat Gottes teilhaftig werden?

6.4.1 »*Durch das Bad der Wiedergeburt*«. Bei diesem »Bad« handelt es sich um die Taufe. Wenn Heiden in die Synagoge und damit in das Volk Israel und das ihm geschenkte Heil aufgenommen werden sollten, wurden sie durch Untertauchen »getauft«: Durch diese Waschung wurde sinnenfällig dargestellt, daß das alte, heidnische Wesen abgewaschen, ja ertränkt werden muß. Und als Menschen einer neuen Existenz, als Glieder Israels, des Volkes Gottes mit seinen Verheißungen, sollten sie nun aus dieser »Taufe« wieder aufsteigen. Neu war nun nach Kreuz und Auferstehung Jesu und nach Pfingsten, daß Menschen hineingetauft, »hineingetaucht« wurden – was das Wort »taufen« sowohl im Griechischen als auch im Deutschen bedeutet – in die Gemeinde Jesu, ja »in Christus« selbst. Menschen wurden so hineingenommen in Jesus und seinen Weg über Kreuz und Auferstehung. Was an Jesus geschehen ist, soll nun mit Wirkung auch für ihr Leben geschehen: so daß die Getauften mit Christus gestorben sind und nun mit ihm in einem neuen Leben wandeln (Röm 6, 2–4). Das alles gilt für uns nur – ob wir nun als Kinder oder als Erwachsene getauft wurden –, wenn wir an Jesus *glauben*, d.h. ihm unser Leben hingegeben und anvertraut haben (Mk 16,16).

6.4.2 »*... und durch Erneuerung im heiligen Geist, den er (Gott) über uns reichlich ausgegossen hat durch Jesus Christus, unsern Heiland*«: Seinen Geist gibt Gott den an Jesus Glaubenden (Joh 7,39; Eph 1,13); und eben der Heilige Geist, das neue Leben aus Gott in uns, der »Christus in uns«, macht unser Leben neu und uns zu Gottes Kindern (Röm 8,14–16; 2 Kor 3,17; 5,17a). Das bedeutet dann zugleich unsere »Wiedergeburt«, unsere »Neugeburt« (Joh 3,3.5). Auch zu ihr ist nicht allein die Taufe, sondern auch der *Glaube* nötig, denn allein diesem wird der Heilige Geist gegeben. Aus diesem Grund sagt unser Herr: »Wer da glaubt und getauft wird, der wird gerettet werden; wer aber nicht glaubt, wird verdammt werden« (Mk 16,16).

»Durch Jesus Christus, unsern Heiland, gibt Gott reichlich« seinen Geist, allein über ihn, dann, wenn wir mit ihm in engster Gemeinschaft stehen, wenn wir »in Christus« sind. So ist er dann als der Heilige Geist in uns, ob wir etwas Besonderes fühlen oder nicht. Unser Herr spricht: »Bleibet in mir und ich in euch« (Joh 15,4).

6.4.3 So sind wir durch Gottes *Christi* »*Gnade gerecht*« (V. 7), Gott recht, von ihm gnädigerweise »gerecht« – gesprochen durch sein neuschaffendes Wort, »begnadigt«. Früher, als bei uns noch die Todesstrafe galt, wurde es als ein großes Entgegenkommen betrachtet, wenn ein zum Tode Verurteilter »zu lebenslänglichem Zuchthaus begnadigt« wurde. Hier dagegen werden wir Aufrührer gegen Gott, wir hoffnungslos der Verdammnis, dem ewigen Tod verfallenen Leute, von Gott begnadigt zur völligen Freiheit, ja zur Adoption durch Gott, zur Gotteskindschaft. »*In Christus*«, im Glauben an ihn, eingehüllt in seine Gerechtigkeit, sind wir Gott uneingeschränkt recht (vgl. Röm 8,1; 2 Kor 5,21). Wenn Gott uns als an Jesus Glaubende, ihm Lebende anblickt, sieht er nun einen andern: den Mann mit der Dornenkrone und den Wundmalen, den, über den er sagen konnte: »Dies ist mein lieber Sohn, an dem ich Wohlgefallen habe« (Mt 3,17). Das gilt nun so für uns, das sagt Gott so über unserem Leben – auch, wenn er uns heute nacht durch den Tod zu sich ruft oder Jesus heute nacht wiederkommt.

6.4.4 Das Ziel Gottes ist, daß wir »*Erben des ewigen Lebens würden nach unsrer Hoffnung*« (wörtlich: »damit wir, gerechtgesprochen durch seine Gnade, Erben würden gemäß der Hoffnung des ewigen Lebens«). Als Kinder Gottes sind wir »Erben Gottes und Miterben Jesu Christi«. Das sagt derselbe Paulus in Röm 8,17 ausdrücklich. So ist auch hier das Wort »Erben« zu verstehen; es bezieht sich auf »Gott, unseren Retter« (V. 4), und auf »Jesus Christus, unseren Retter« (V. 6). Gott wird nicht beerbt wie ein Mensch, im Blick auf den gilt: »Die Lebenden beerben den Toten«; Gott stirbt ja nicht. Aber Gott gibt uns teil an all dem, was er ist, hat und tut in Ewigkeit, eben durch Christus, in Christus und mit Christus (Röm 8,17). Wir haben, weil durch Gottes Heiligen Geist das neue Leben aus Gott, das »ewige Leben« in uns ist, als Gottes Kinder teil an der »Hoffnung des ewigen Lebens«. Und diese Hoffnung schließt auch in sich, »Erbe Gottes und Miterbe Jesu Christi« zu sein (Röm 8,14.17).

6.4.5 »*Das ist gewißlich wahr*« (wörtlich: »glaubwürdig ist das Wort«, zuverlässig, treu). Und das deshalb, weil es das Wort dessen ist, der für alle Ewigkeit wahr, zuverlässig und treu ist, *Gott*, unser Herr Jesus Christus, der als den Inbegriff seines Wesens die Kennzeichnung, »treu und wahrhaftig« zu sein, geradezu als Namen trägt; dann, wenn er wiederkommt (Offb 19,11), wird das in Erscheinung treten. Unser Herr selbst ist gut dafür, daß wir auch mitten in allen Anfechtungen gewiß sein können (Phil 1,6; 1 Thes 5,23f.). Gerade, wenn endzeitliche Verfolgung und Verführung hereinbricht, ist es sehr wichtig, daß uns völlig klar ist, woher auch wir kommen – aus der völligen Verlorenheit –; was uns allein rettet und seligmacht – Gott durch unseren gekreuzigten und auferstandenen Herrn in seiner unausdenklichen Gnade und Barmherzigkeit –; und wie wir dementsprechend richtig leben – in der Nachfolge unseres Herrn.

Vorschlag zur Bibelarbeit über Titus 3,1–8a

---

1. Hinführung

In einer Region eines großen überseeischen Landes rissen Aufrührer die Macht an sich. Zunächst begrüßten das viele aus der Bevölkerung, weil die neuen Herren in mehrfacher Hinsicht eine Besserung versprachen. Dann aber seufzten sie schwer; sie mußten erkennen, daß es eine sie tyrannisierende und ausbeutende Räuberbande war, die sie nun im Nacken hatten. Und sie sehnten sich danach, wieder davon befreit zu werden. So begrüßten sie es sehr, als die Zentralregierung eine Aktion zur Rückeroberung dieses Gebietes startete. Diese begann damit, daß Luftlandetruppen an verschiedenen wichtigen Stellen Stützpunkte bildeten. Die neuen Herren merkten rasch die Gefahr und kämpften wütend gegen sie an, um sie wieder zu beseitigen. Und diese Truppen in »Igelstellungen« – »Stacheln nach außen« – wehrten sich tapfer in einer »Rundum-Verteidigung«.

Ähnlich bildet Gott in einer feindbesetzten Welt mit seiner »*Gemeinde*« hin und her *Stützpunkte* seiner großen, guten, kommenden Herrschaft; für die an Jesus Glaubenden gilt: »Unser Bürgerrecht ist im Himmel« (Phil 3,20). Und auch gegen diese Stützpunkte läuft ihr Feind, Satan, mit seinen dämonischen Helfern und Helfershelfern Sturm. Doch sie verteidigen sich nicht ebenso gegen ihre Umwelt, in einer »Rundum-Verteidigung«, »Stacheln nach außen«, nicht als »stolze Heilige«, sondern es ist immer ein »sanftmütiges«, behutsames, liebevolles Ringen um die Menschen, für Jesus.

2. Vorbereitende Fragen

Wie verhalten sich Nachfolger Jesu gegenüber dem Staat? Und wie gegenüber allen Menschen? Wie stand es denn früher auch mit uns? Durch wen kam es bei uns zu der großen Wende? Wie kann es auch bei den andern dazu kommen? Wie werden wir und sie des neuen, »ewigen« Lebens teilhaftig?

3. Thema

Das neue Leben, das Gott uns in seiner Barmherzigkeit durch Jesus Christus schenkt und das uns so zu Werkzeugen seiner Barmherzigkeit in der uns umgebenden Welt macht.

4. Gliederung

a) Die an Jesus Glaubenden verachten den Staat nicht, halten ihn nicht für »Luft«, da sie doch Christus, »dem König aller Könige«, gehören (Offb 19,16). Sie sehen in ihm eine im Ganzen hilfreiche Notordnung Gottes für die in Sünde gefallene Welt (vgl. Röm 13,1–7). Deshalb sind sie nicht widersetzlich (»sanftmütig«) und leisten, damit die Verantwortlichen entsprechend arbeiten können, den nötigen Gehorsam, auch wenn diese nicht glauben.

b) Sie begegnen auf die Weise Jesu friedevoll, liebreich, hilfsbereit und behutsam (»sanftmütig«) »*allen Menschen*«, ihrer gesamten Umwelt.

c) Es ist nötig, eingedenk zu bleiben, daß es mit uns früher nicht anders stand als mit jenen heute und daß auch wir uns nicht selbst ändern konnten.

d) Allein die unverdiente Barmherzigkeit Gottes hat bei uns den großen Wandel herbeigeführt. Ebenso kann es auch bei den andern anders werden, ja, »die Letzten werden die Ersten sein«.

e) Wie wir und gegebenenfalls auch die andern persönlich der Barmherzigkeit Gottes teilhaftig werden.

f) Durch das Verhalten der Seinen (V. 1f.) will der Herr in seiner Barmherzigkeit auch nach den andern greifen.

5. Schluß

Unser Herr will in seiner Arbeit an uns und durch uns an sein Ziel kommen vor seinem großen Kommen in Herrlichkeit (das zeigt der Zusammenhang: Tit 2,13; vgl. Phil 1,6; 1 Thes 5,23f.), nachdem doch »die heilsame Gnade Gottes *allen* Menschen erschienen« ist (Tit 2,11). Deshalb ist es um so nötiger, zu eilen, wenn sich nach den in der Schrift genannten Vorzeichen der große Tag unverkennbar naht.

7. Abschließende Anweisungen und Aufträge (3,8b–15)

3,8b–15: Und ich will, daß du dies mit Ernst lehrst, damit alle, die zum Glauben an Gott gekommen sind, darauf bedacht sind, sich mit guten Werken hervorzutun. Das ist gut und nützt den Menschen. (9) Von törichten Fragen aber, von Geschlechtsregistern, von Zank und Streit über das Gesetz halte dich fern; denn sie sind unnütz und nichtig. (10) Einen ketzerischen Menschen meide, wenn er einmal und noch einmal ermahnt ist, (11) und wisse, daß ein solcher ganz verkehrt ist und sündigt und sich selbst damit das Urteil spricht. (12) Wenn ich Artemas oder Tychikus zu dir senden werde, so komm eilends zu mir nach Nikopolis; denn ich habe beschlossen, dort den Winter über zu bleiben. (13) Zenas, den Rechtsgelehrten, und Apollos rüste gut aus zur Reise, damit ihnen nichts fehlt. (14) Laß aber auch die Unseren lernen, sich hervorzutun mit guten Werken, wo sie nötig sind, damit sie kein fruchtloses Leben führen. (15) Es grüßen dich alle, die bei mir sind. Grüße alle, die uns lieben im Glauben. Die Gnade sei mit euch allen!

7.1 Zusammenfassung des Auftrags, zu lehren (V. 8b)

7.1.1 »*Ich will*«: Die klare, eindeutige apostolische Anweisung im Auftrag und in Vollmacht des Herrn war gewiß für Titus sehr hilfreich. Auch uns ist – insbesondere, wenn wir in einer Gemeinde, einer Gemeinschaft, einem Hauskreis usw. Verantwortung tragen – durch dieses Wort von unserem Herrn ein klarer Auftrag gegeben. Hier ist nichts ins Belieben gestellt; mit Klarheit und Bestimmtheit muß Gottes Wort gesagt werden, wie es selbst klar und bestimmt ist und auch uns in Anspruch nimmt.

7.1.2 »*Daß du dies ... lehrst*«, wo es den Menschen fehlt, wie Gott heilt und neumacht und was daraufhin von uns erwartet werden kann (vgl. Tit 3,1–8a). In einer Zeit der großen Religionsmischung, der Relativierung und Verfälschung der Wahrheit damals und heute, war und ist das desto dringlicher.

7.1.3 »*Mit Ernst lehrst*« (wörtlich: »daß du feste Versicherungen abgibst«). Mit ganzer Bestimmtheit und mit allem Nachdruck muß von Gottes Diagnose und Therapie im Blick auf uns Menschen gesprochen werden und von dem, was er daraufhin unabdingbar von uns als Glaubensgehorsam (Röm 1,5; 16,26) verlangt. Hier lag wohl damals eine Gefahr, und insbesondere besteht sie heute: daß über dem großen philosophischen, weltanschaulichen, religiösen und theologischen Pluralismus, dem »Markt der Meinungen«, alles freizubleiben scheint. Gesagt wird ohnehin vielerlei; so meint der Mensch, sich auswählen zu können, was ihm beliebt. Vielen erscheint ein solcher christlicher Lehrer als »ideal«, der fröhlich, bescheiden und liebenswert sein Wort nur als *einen* »Beitrag« *unter anderen* im allgemeinen Prozeß des Suchens heute deklariert und einstuft. Um so mehr muß von einem gehorsamen Zeugen Jesu tapfer und klar, demütig und doch entschieden der Absolutheitsanspruch Gottes, seines Heilands Jesus Christus und seines Wortes vertreten werden. Die Hörer müssen durch die Verkündigung in der Wahrheit »befestigt« werden.

Der letzte Abschnitt dieses Briefes des nun alt gewordenen Apostels, der dem Märtyrertod nahe war, ermahnt auch uns da, wo wir Gottes Wort auszurichten haben: Es muß eindeutig klargemacht werden, wie es um uns Menschen von Natur aus steht; nichts darf beschönigt und verharmlost werden. Sodann muß das eingeprägt und großgemacht werden, was unser Herr für uns in unserem Elend wunderbarerweise getan hat, tut und tun wird, Gott durch und in Jesus Christus. Auch muß eindeutig und verbindlich gesagt werden, was nun rechter Glaubensgehorsam (Röm 1,5; 16,26) der Nachfolger Jesu ist, der Gemeinde Jesu als sein Leib, des einzelnen Christen als Glied an diesem Leib (Eph 1,23; 5,30). Weiter muß den Mitchristen deutlichgemacht werden, welche Irrlehren drohen, daß der Feind überhaupt zum Ge-

genangriff, zum Generalangriff (Offb 12,12) übergehen will, was dabei auf dem Spiel steht und wie wir dem allem standhalten und entgegentreten können (Joh 15,4; 1 Joh 3,6; Hebr 12,2a; Offb 12,11). Und insbesondere ist es unabdingbar nötig, in Liebe um Menschen werbende Zeugen Jesu zu sein, da ja die »heilsame Gnade Gottes *allen* Menschen erschienen« ist (Tit 2,11), damit auch andere noch gerettet werden; mit Wort, Werk und Wesen gilt es das zu tun. Auch jede christliche Liebestat und das sie begleitende Wort muß, kann und darf eine unaufdringliche (vgl. Offb 3,20) missionarische Zuspitzung haben, so, daß der Herr selber durch sie nach den Menschen greift.

7.1.4 *Was* Paulus mit dieser klaren, nachdrücklichen Lehre nicht zuletzt *beabsichtigt*: daß »alle, die zum Glauben an Gott gekommen sind, darauf bedacht sind, sich *mit guten Werken hervorzutun*«. »Gute Werke«, die aus dem *Glauben* kommen, sind »Früchte« des Glaubens. Gottes Wort in AT und NT vergleicht Gottes Arbeit am Menschen immer wieder mit dem, was ein Sämann tut (Mt 13,1ff.), ein Weingärtner (Jes 5,1–7; Joh 15,1–6), ein Baumgärtner (Lk 13,6–9). Daraus ergibt sich nicht zuletzt, daß Gott von uns Frucht erwartet (Jes 5,1–7; Mt 13,1ff.; Lk 13,7). Wer mit Dank und Bereitwilligkeit Gottes Arbeit an sich geschehen läßt, der wird sich auch »befleißigen« (wie übersetzt werden kann), Gott mit Frucht zu erfreuen. Der ganze Fleiß, die ganze Sorgfalt, die ganze Ausdauer sind darauf konzentriert.

7.1.5 *Wen* soll Titus auf diese Weise *lehren* und ermahnen, daß sie darauf »bedacht« seien und ihr ganzes Sinnen und Denken darauf richteten? »... die zum Glauben an Gott Gekommenen«: Nur bei denen also, die durch die vertrauende Hingabe an Jesus, und damit an Gott, in eine neue Gemeinschaft mit ihm gelangt sind, ist ein Fruchttragen im geistlichen Sinne überhaupt möglich; nur bei denjenigen, die in ihn und seine Gemeinde eingepflanzt, in sie »einverleibt« (vgl. Joh 15,4; Eph 3,6.16.17; Kol 2,7) sind und so auch von Geist, Kraft und Leben des Herrn erfüllt werden. Unser Herr spricht: »Wer in mir bleibt und ich in ihm, der bringt viel Frucht; denn ohne mich könnt ihr nichts tun« (Joh 15,5). Ein vom Baum abgeschnittener Zweig dagegen kann keine Früchte bringen, eine vom Körper abgetrennte Hand kann nichts wirken. Nur wenn der Lebenszusammenhang mit Jesus und durch ihn mit Gott besteht, kann ein Mensch Frucht bringen, vermag er Werkzeug für Jesu Wirksamkeit durch ihn zu sein.

7.1 6 »*Das ist gut*« (wörtlich: »schön«): »Heiligkeit«, die Gottgemäßheit, »ist die Zierde deines Hauses« (Ps 93,5), sagt schon das AT und Heiligung macht auch die einzelnen Glaubenden in den Augen Gottes »schön«. So bittet Gerhard Tersteegen: »Mache deine Kinder schön!« So gefallen wir Gott und machen ihm Freude. Und »selig ist es, den Herrn zu erfreuen« (Hudson Taylor).

7.1.7 »*... und nützt den Menschen*«: Wenn wir in Christus leben und unser Herr in uns wohnt und durch uns wirkt, dann sind wir auch Menschen »nützlich«, eine Hilfe in ihren äußeren Nöten, in ihren inneren Anfechtungen, ihrem ganzen Werden und auch für die Erfüllung ihrer Aufgaben. Ein Christenleben, das Gott und Menschen, den Glaubenden und den Nichtglaubenden, nichts »bringt«, ist sinnlos. Doch Gott verheißt dem, der sich einfältig an ihn hält und sich völlig ihm unterstellt: »Ich will dich segnen und du sollst« für andere »ein Segen sein«, auch durch Fürbitte (vgl. 1 Mo 12,2; 18,16–33).

7.2 Mahnung, sich von nutzlosen Streitfragen frei und fern zu halten (V. 9)

7.2.1 »Von törichten Fragen aber, von Geschlechtsregistern, von Zank und Streit über das Gesetz halte dich fern; denn sie sind *unnütz* und nichtig.« Hier wird der Nutzen, die Fruchtbarkeit für Gott und Menschen eindeutig verneint: Das alles ist für Gott, für unsere Mitmenschen und für uns selber wertlos. Und es ist deshalb »töricht«, dafür Zeit und Kraft zu verwenden.

7.2.2 Von »*törichten Fragen*«, von »Streitfragen« (wie auch übersetzt werden kann) ist hier die Rede. Es wird endlos diskutiert. Man ereifert sich. Entzweiungen entstehen. Viel Kraft und Zeit werden vergeudet, die besser genutzt werden könnten und sollten als für diese Dinge, die doch nicht weiterhelfen: für die Gründung in Gottes Wort allein und gemeinsam, für das Gebet, für das einladende Glaubenszeugnis unter Gott-Fernen, für die Liebestat unter Glaubenden und Nichtglaubenden (Gal 6,10).

Doch das echte Ringen um die göttliche Wahrheit ist nötig; es kann auch in »Aussprachen« nachdrücklich die biblische Wahrheit vertreten werden müssen. Und es ist unerläßlich, gerade für diese Art des Zeugnisses sich die göttliche Weisheit zu erbitten (Jak 1,5f.). Dabei geht es nicht um »törichte Fragen«.

7.2.3 »Von *Geschlechtsregistern* halte dich fern«: Man sprach damals in manchen Kreisen des Judentums unter anderem von bestimmten Perioden in der Geschlechterfolge und wollte daraus Schlüsse ziehen über den Fortgang der Dinge und insbesondere über die Zeit des Eintritts der Letzten Ereignisse. Doch es waren Spekulationen, die keine klare Basis in Gottes Wort haben und auch nicht *seelsorgerlich* fruchtbar sind: Das *Verhältnis* des Menschen zu seinem *Gott* in Ordnung zu bringen und zu erhalten, halfen alle diese Dinge nicht.

Auch heute lassen sich nicht wenige Christen durch irgendwelche Spekulationen in Anspruch nehmen, besetzen und ausfüllen; doch die Heiligung der Glaubenden, ihr Fürbittedienst, ihre missionarische Wirksamkeit und ihre Liebestat werden dadurch nicht gefördert, sondern eher versäumt.

7.2.4 »Von Zank und Streit über das *Gesetz* halte dich fern«: Die Voraussetzung für unsere Annahme durch Gott schaffen wir durch Gesetzeserfüllung ohnehin nicht (Röm 3,20) – auf einem andern Blatt steht der neue Gehorsam der Glaubenden aus Liebe und Dank für die bereits erfolgte Annahme durch Gott (Röm 1,5; 16,26). So ist der Streit über Gesetzesbestimmungen vertane Zeit, falsch und unnütz eingesetzte Kraft. – Auch über »Mitteldinge«, im Blick auf die wir keine klare Weisung aus der Schrift haben, sollen wir uns nicht in Auseinandersetzungen versteigen. Dem Teufel gelingt es immer wieder, manchen Frommen mit derartigen Streitfragen sozusagen »einen Knochen hinzuwerfen«, um den sie sich streiten und durch den ihre Kräfte gebunden werden, die viel besser genützt wären mit dem Leben in der ganzen Schrift, mit treuem Gebetsumgang, mit dem Streben nach Heiligung, mit dem missionarischen Zeugnis, mit dem Dienst der Liebe. Titus soll sich von diesen Dingen fernhalten, nicht einmal groß dagegen ankämpfen. Manche derartigen Fehlentwicklungen »trocknen« in einer Gemeinde dadurch aus, daß die lebendigen Glieder ihnen keine Beachtung schenken.

7.3 Das Verhalten gegenüber Irrlehrern (V. 10f.)

7.3.1 »*Einen ketzerischen Menschen meide*« (wörtlich: »einen Spaltung anstiftenden Menschen«): Gewiß, es gibt nötige Scheidungen für die Nachfolger Jesu, aber es gibt auch sehr viele unnötige Trennungen, Spaltungen (vgl. 1 Kor 1,10–17). Häufig sind da in gewissem Sinn »Spaltpilze« am Werk, Menschen, die Geltung suchen, die Häupter neuer Kreise, Gemeinschaften und Gemeinden werden wollen und »an den Haaren« Gründe für die von ihnen erstrebten und durchgeführten Abspaltungen herbeiziehen. Entweder sagen sie, was in ihrer bisherigen Gemeinde »ganz unmöglich« sei. Oder aber sie rücken irgendwelche Sonderlehren in den Vordergrund und machen sie zum »Schibboleth« (Ri 12,6), nicht selten verbunden mit der Behauptung, daß allein die Anhänger ihrer Richtung einmal zu den 144.000 (Offb 14,1) gehören würden.

7.3.2 »*Wenn er einmal und noch einmal ermahnt ist*«: Mit ihm soll also zweimal seelsorgerlich gesprochen werden; für »ermahnen« steht hier im Urtext statt des sonst üblichen Ausdrucks ein verhältnismäßig scharfes Wort. Es ist auch an die Ordnung der Gemeindezucht von Mt 18,15–17 zu denken. Zunächst also soll unter vier Augen im Ernst mit ihm gesprochen werden, dann zusammen mit einem oder zwei weiteren Mitchristen, die dem Betreffenden ins Gewissen reden. Schließlich soll das in einer Gemeindeversammlung geschehen, und dann, wenn er auch die nicht hört, soll er aus der Gemeinde verwiesen werden. Bei »Gemeindezucht« denken wir viel eher an ein Vorgehen gegen Gemeindeglieder wegen sittlicher Verfehlungen, Ehebruch usw. Die, die lehrmäßig Not machen, lassen wir meist sehr lang, zu lang, gewähren und freuen uns, wenn sie überhaupt noch kommen, zumal wir fürchten, daß sie im Fall eines Ausschlusses einen Teil der Gemeindeglieder als ihre Anhängerschaft mitziehen würden.

7.3.3 Paulus lehrt hier jedoch ein anderes. Er schreibt: »*Den meide*« (oder: »den weise ab«). Das bedeutet: Den laß nicht mehr in der Gemeinde lehren. Und: Zu dem brich die Verbindung ab!

7.3.4 Nachdem ein Ausschluß aus der Gemeinde erfolgt ist, darf dennoch der Betreffende nicht aufgegeben werden: Unmittelbar vor dem Wort über die Gemeindezucht ist im Matthäus-Evangelium von dem *Guten Hirten* die Rede, der dem Verlorenen nachgeht (Mt 18,12–14). Nur muß der Betreffende wissen: Ich gehöre so nicht mehr zur Gemeinde. Wenn ich nicht umkehre und mich zurückholen lasse, bin ich nicht mehr in Hut und Hand des Guten Hirten. Doch Gehilfen des Guten Hirten müssen und dürfen wir in jedem Fall sein, trotz des grundsätzlichen »Meidens«. Aber um der Bewahrung der Gemeinde willen und auch als Bußruf für den Irrenden selbst muß zunächst der Ausschluß erfolgen.

7.3.5 »*Und wisse*« – Ungewißheit und Skrupel sind hier fehl am Platz – »*daß ein solcher ganz verkehrt ist und sündigt und sich selbst damit das Urteil spricht*«. Wenn er sich nach wie vor nichts sagen läßt, dann geht er mit seinem Verhalten in die völlig falsche Richtung, nicht hinter dem Guten Hirten her, sondern es heißt bei ihm wie einst bei Saul: »Er hat sich hinter mir abgewandt« (1 Sam 15,11). Er »*sündigt*«: Er versündigt sich gegen den Herrn, der seine Gemeinde teuer erkauft hat (1 Kor 6,20) und der ihr allein Heil und Schutz zu geben vermag (Joh 10,28f.; Apg 4,12). So wird der Betreffende auch an den Gliedern der Gemeinde schuldig, die er letztlich vom *Herrn* abzieht, nur um selber eine Anhängerschaft um sich zu haben. – »Er spricht sich damit selbst das *Urteil*: Im Griechischen bedeutet dasselbe Wort zugleich »richten«, »urteilen«, »scheiden«, »ausscheiden«. Mit seinem Verhalten schließt der eigenliebig und falsch Lehrende sich selber aus, nicht nur aus der Gemeinde jetzt, sondern aus der Gemeinschaft mit dem *Herrn* in Zeit und Ewigkeit. Desto ernster muß der Bußruf an den Betreffenden sein; und zu diesem Bußruf gehört eben auch der Ausschluß aus der Gemeinde.

Zu denen, die eine solche Spaltung heraufbeschwören, gehören nicht nur die Geltungssüchtigen, sondern auch die, die leichthin schriftwidrig lehren und eigene Einfälle verkündigen. Es gibt dann immer die Gemeindeglieder, die dem »interessanten Neuen« mehr oder minder begeistert zufallen, und ebenso auch die, die darüber traurig sind und sich um so treuer an das biblische Evangelium halten. Das gibt naturgemäß in den Gemeinden notvolle Spannungen. Hier wird in Gemeinden und Kirchen seit langem viel versäumt. Es wäre für die Gemeinden und auch für die Betreffenden selbst in einer hilfreichen Weise klärend gewesen, wenn es bei den Verantwortlichen nicht so sehr am Mut auch zu unbequemen Entscheidungen gefehlt hätte.

7.4 Einige Aufträge (V. 12–14)

7.4.1 Titus sollte nach Weisung des Apostels Paulus – möglicherweise vorübergehend – in der Gemeindearbeit auf Kreta *abgelöst* werden (V. 12), entweder durch einen sonst nicht bekannten Christen *Artemas* oder aber durch *Tychikus*, der als treuer Bote und Begleiter des Paulus – sogar in der Zeit seiner Gefangenschaft – sehr wohl bekannt ist (Apg 20,4; Eph 6,21; Kol 4,7; vgl. 2 Tim 4,12). Sodann soll sich Titus beeilen, zu Paulus »nach *Nikopolis* zu kommen«. Bis dahin soll er auf Kreta bleiben, denn die dortigen Gemeinden sollen noch nicht allein gelassen werden; dazu sind sie noch nicht erfahren genug. Der Ort Nikopolis befand sich wohl im Nordwesten Griechenlands an der Adriaküste; es gibt mehrere Orte dieses Namens.

»*Ich habe beschlossen, dort den Winter über zu bleiben*« (wörtlich: zu »überwintern«). Das läßt darauf schließen, daß Paulus eine geeignete Zeit für die Schiffahrt abwartete, also auf dem Seeweg weiterreisen wollte, doch wohl wieder in Richtung Westen; Paulus hat nach außerbiblischen Nachrichten in jenen Jahren der Freiheit doch noch seinen Plan einer Missionsarbeit in Spanien verwirklicht (vgl. Röm 15,24). Titus sollte dabei wohl wieder der Begleiter und Mitarbeiter des Apostels sein.

7.4.2 Nun kommt Paulus noch auf die *Versorgung von wandernden Verkündigern* auf Kreta zu sprechen; das scheint einer der Anlässe dieses Briefes gewesen zu sein. Die jüdische Diaspora war dafür bekannt, daß sie solche wandernden Verkündiger, die die Unbill des Reisens in jener Zeit auf sich nahmen, aufs Beste versorgte. Die Gemeinde Jesu sollte darin der Synagoge nicht nachstehen. Paulus wollte wohl auch mit seiner hier geübten und von ihm veranlaßten und empfohlenen Fürsorge zum Ausdruck bringen, daß diese beiden selbständig reisenden Brüder von ihm anerkannt und ihm auf Kreta willkommen waren.

»*Zenas, der Rechtsgelehrte*« (oder: »der Gesetzeslehrer«): Sein Beruf wurde wohl zu seinem Namen hinzugefügt, um ihn von andern gleichen Namens zu unterscheiden. Es konnte sich hier um einen römischen Juristen handeln, der den Rechtsgelehrten-Nachwuchs schulte; oder es handelte sich – was wahrscheinlicher erscheint – um einen Judenchristen, der früher Rabbiner war. Wir kennen Zenas sonst nicht. »*Apollos*« dagegen ist uns aus der Apostelgeschichte und dem 1. Korintherbrief bekannt (Apg 18,24; 19,1; 1 Kor 3,4–6.22; 4,6; 16,12). Nur die korinthische Gemeinde mit ihren Gruppierungen wollte Apollos gegen Paulus ausspielen (1 Kor 3,4). Aber Paulus selbst schätzte offenkundig den klugen, feinen, schriftkundigen Mann sehr, der mit seinen Gaben den Dienst des Apostels Paulus ergänzte und weiterführte. In ähnlicher Weise war Apollos wohl auch auf Kreta tätig.

»*Rüste sie gut*« (wörtlich: »mit Eifer«) »*für die Reise aus, damit ihnen nichts fehle*«; die beiden zogen ja nun wohl auf Kreta von Ort zu Ort. Das war zunächst eine Aufforderung an Titus.

7.4.3 Doch Paulus fährt fort: »*Laß aber auch die Unseren*«, die auf Kreta durch Paulus und Titus für Jesus gewonnenen Leute, »*lernen, sich hervorzutun mit guten Werken, wo sie nötig sind*«; auch sie sollen sich »befleißigen« (wie auch übersetzt werden kann), in der notwendigen Weise für die Bedürfnisse der beiden zu sorgen. »...*daß sie kein fruchtloses Leben führen*« (wörtlich: »... damit sie nicht fruchtlos sind«): Es gehört also zu der »Frucht« des Glaubens, daß eine solche Arbeit des Gemeindeaufbaus und des weiteren missionarischen Vorstoßes mitgetragen wird. Ja, in dem allem geht es um rechtes Frucht-Tragen. Daß auch wir mit unserem Christsein doch ja nicht fruchtlos sind (vgl. Joh 15,4f.; Röm 12,1ff.; Gal 5,22)! Hier wird deutlich, daß zur Fruchtbarkeit der Gemeinde auch heute gehört, Missionare in fern und nah mit Fürbitte und entsprechender Versorgung zu »tragen«. Wer nicht selber ausreisen kann, soll auf diese Weise mithelfen.

7.5 Grüße und Segenswort (V. 15)

7.5.1 Paulus richtet die Grüße anderer aus: »*Es grüßen dich alle, die bei mir sind.*« Das waren wohl Mitarbeiter des Apostels Paulus, aber auch Gemeindeglieder an dem Ort, an dem er sich nun gerade befand, oder in Nachbarorten.

7.5.2 Andererseits bittet Paulus den Titus, auch *Grüße auszurichten*: An »*alle, die uns*« – das heißt Paulus und seine Mitarbeiter, wie auch die Mitchristen in der Gemeinde, in der er sich eben befand – »*lieben im Glauben*«; Sie lieben nicht aus menschlicher Sympathie, sondern »im Glauben« »in Christus«, die, die ebenfalls in Christus sind. Gottes Kinder lieben die, die ebenfalls Gottes Kinder sind (vgl. 1 Joh 4,11). Solche Liebe ist geradezu ein Zeichen dafür, daß Menschen recht im Glauben stehen: »Wir wissen, daß wir vom Tod zum Leben hindurchgedrungen sind, denn wir lieben die Brüder« (1 Joh 3,14). Die Kinder des einen Vaters, die kleinen Geschwister des einen großen Bruders Jesus Christus, zieht es zueinander, sie sind enger miteinander verbunden, als das Familienbande bewirken können. Die Christen auf Kreta liebten Paulus und seine Mitarbeiter im Glauben auch deshalb, weil sie ihnen für ihren missionarischen Dienst dankbar waren, der ihnen das Evangelium brachte. – Auch die noch nicht glaubenden Menschen lieben wir als Nachfolger Jesu, denn auch er hat uns so geliebt, da wir noch Feinde waren, und er heißt uns, unsere Feinde zu lieben (Mt 5,44f.; vgl. Röm 5,8.10).

7.5.3 Schließlich grüßt Paulus selbst. Ein solcher Gruß wurde damals vom Briefverfasser eigenhändig geschrieben, so wie heute die Unterschrift: »*Die Gnade sei mit euch allen!*«

Die Gemeinden auf Kreta werden mitgegrüßt: »*Mit euch!*« Ja, hier wird deutlich, daß der ganze Brief in gewissem Sinn allen galt. Möglicherweise wurde er auch in den Gottesdiensten allen vorgelesen, nicht nur auf Kreta. So gelangte wohl der Brief schließlich in die Sammlung der ntl. Schriften.

Dieser Gruß ist zugleich ein Segenswort, ein göttliches Schöpferwort: »So er spricht, so geschieht's, so er gebeut, so steht's da« (Ps 33,9). »Die Gnade *ist* mit euch allen!« Ihr dürft jetzt damit rechnen: Gott ist euch von Herzen gut. – Und so, wie dieses Gruß- und Segenswort nicht nur Titus, sondern auch den Gemeinden auf Kreta galt, so gilt es ebenso aller Gemeinde Jesu heute, allen, die dieses Wort lesen. In der Offenbarung ist ausdrücklich gesagt, daß Gruß, Gnade, Segen und Seligkeit allen gelten, die das Buch lesen oder seine Worte hören (Offb 1,3). Unser Herr ist gestern und heute derselbe, und er tut gestern und heute dasselbe (Hebr 13,8). Er segnet und wendet Menschen seine Gnade zu; wie einst den Christen auf Kreta, so auch uns heute.

Mit diesem Gruß- und Segenswort schließt der Apostel den Titus-Brief, der einer seiner letzten war und in dem er bei sich zuspitzenden Verhältnissen als nun alter Mann, nach der langen Erfahrung seines Wirkens und seines Leidens, seiner Missionstätigkeit und seiner Gefangenschaft, noch auf einige ihm besonders wichtige Punkte den Finger legt.

Vorschlag zur Bibelarbeit über Titus 3,8b–15

1. Hinführung

Das Rettungsboot raste durch die Wellen. Die Rettungsmannschaft darin war ganz konzentriert darauf, die Leute aus dem gekenterten Boot zu retten, die da draußen um ihr Leben kämpften. Zeitraubende theoretische Diskussionen führten sie nicht. Auch hatte keiner den Kopf voll mit den Gedanken an irgendein Hobby.

An Jesus Glaubende sollen den Menschen »nützen«, sagt Paulus in unserem Schriftabschnitt (V. 8). Oft wurde schon die Gemeinde, die Kirche Jesu Christi, mit der Arche verglichen: Die dunklen Wasser dürfen sie nicht verschlingen; sie müssen sie tragen. Dieser Vergleich hat seine biblische Berechtigung (1 Petr 3,20). Aber ein wesentlicher Unterschied besteht dennoch: Noah hatte nicht den Auftrag, die in der Sintflut Ertrinkenden zu retten (1 Mo 6,5–7,24). Jesus jedoch sagt zu seinen Jüngern: »Ich will euch zu Menschenfischern machen« (Mt 4,19; Lk 5,10). Die Gemeinde Jesu ist also nicht nur Arche, sondern zugleich auch Rettungsboot. Seine Gemeinde ist auch Rettungsteam in Jesu Dienst, der ja »gekommen ist, zu suchen und zu retten, was verloren ist« (Lk 19,10). Für diesen Dienst, den unser Herr nach wie vor unter Händen hat – er ist gestern und heute derselbe und tut auch gestern und heute dasselbe (vgl. Hebr 13,8) –, bei dem wir Jesu Mitarbeiter sein dürfen (1 Kor 3,9), ist unsere ganze Konzentration erforderlich.

2. Vorbereitende Fragen

Was soll das Ziel allen Lehrens des Titus auf Kreta sein? Wie soll er's mit den damals so zahlreichen Diskussionsfragen in den Gemeinden halten? Und wie soll er sich denen gegenüber verhalten, die beharrlich bei ihren Sonderlehren bleiben, mit denen sie andere von Jesus und dem Weg seiner Nachfolge wegführen?

3. Thema

Gemeinde Jesu ist nicht Selbstzweck, sondern muß Gott zu Dienst und den Menschen in nah und fern wahrhaft »nützlich« sein.

4. Gliederung

a) Zusammenfassung des Auftrags zu lehren, mit dem Ziel, daß die Glaubenden in dem, was sie reden und tun, Gott gefallen und andern Menschen »nützen«

b) Dazu muß alle Kraft und Zeit eingesetzt werden; deshalb erfolgt die Mahnung, sich nicht bei den damals üblichen Diskussionsfragen auf- und sich vom Eigentlichen abhalten zu lassen.

c) Es ist nötig, sich auch um diejenigen zu bemühen, die mit ihren Sonderlehren die Gemeinden verwirren und aufspalten; aber wenn sie dann doch beharrlich dabei bleiben, darf keine Zeit und Kraft mehr auf sie verwandt und ihnen auch nicht erlaubt werden, weiter ihr Unwesen zu treiben. Hier dürfen wir uns nicht verunsichern lassen (V. 10f.).

d) Wichtig ist, sich rasch auf neue Aufgaben einzustellen und dann, wenn sie klar anstehen, nicht noch an den bisherigen, gewohnten zu kleben (V. 12). Titus sollte wohl Paulus auf einer neuen Missionsreise, nach Spanien, begleiten.

e) Auch in der Ausrüstung und Versorgung von Missionaren und Evangelisten und ihrer Begleitung in der Fürbitte soll sich Gemeinde Jesu als »fruchtbar« erweisen (V. 13f.).

f) Gruß und Segenswort als Tat Gottes, durch die er Menschen zu seinen Begnadigten macht, wird allen zugesprochen, die Paulus samt seiner Missionsmannschaft lieben, nicht nur aus menschlicher Sympathie, sondern »im Glauben«, in Christus, als in dem einen Herrn Verbundene.

5. Schluß

Die Gemeinden unseres Herrn Jesus Christus sind Stützpunkte seines kommenden Friedensreiches in dieser noch feindbesetzten Welt. Von allen Seiten und auf alle Weise greift der Feind sie an und will sie aufspalten und zerstören. Hier gilt es, wachsam zu sein und Widerstand zu leisten (Jak 4,7). Aber dennoch soll, kann und darf die Gemeinde Jesu auch in verwirrender, sich endgeschichtlich zuspitzender Zeit bis zum Ziel Werkzeug ihres Herrn sein, durch das er sich in seinem Erbarmen der Menschen annimmt, äußerlich und vor allem innerlich, zu ihrer ewigen Errettung. In erster Linie gilt es, bis zuletzt mit dem rettenden Evangelium, mit dem einladenden Zeugnis für unsern Herrn, in dem Kampf um Menschen, im Angriff zu bleiben. Gerade so kommen wir durch. Das letzte Buch der Bibel sagt: Sie haben den Feind »überwunden durch des Lammes Blut und durch das Wort ihres Zeugnisses« (Offb 12,11). Unser Herr spricht zu den Seinen: »*Handelt* damit, bis ich wiederkomme!« (Lk 19,13).

Der Brief des Apostels Paulus an Philemon

Einleitung

1. Das Thema »*Das Evangelium und die soziale Frage*« hat – insbesondere in den letzten 150 Jahren – mit Recht schon viele beschäftigt. Die frühe Christenheit entwickelte hier keine großen Programme: Die entsprechenden Probleme wurden, wo lebendiger Glaube vorhanden war, wie von selbst entschärft, ja gelöst. Im Verhältnis der Glaubenden untereinander – aus verschiedenen sozialen Schichten wurde die Tatsache, daß sie alle Kinder Gottes und Geschwister im Glauben waren, so beherrschend, daß die sozialen Unterschiede in ihrer Bedeutung zurücktraten und die Verhältnisse entscheidend verbessert wurden. Dafür ist der Brief des Apostels Paulus an Philemon ein eindrucksvolles, schönes Beispiel, ein Brief feinen, liebevollen Taktes. Wir lernen Paulus hier von einer besonderen Seite kennen: wie er die Liebe Christi praktisch lebte.

2. Paulus *befand sich*, als er diesen Brief schrieb, *im Gefängnis* (V. 1). Wir wissen nicht sicher, wo das war, vermutlich aber in Rom. Dort war er während langer Zeit in »Untersuchungshaft«, ehe seine Sache vor dem kaiserlichen Gericht verhandelt wurde, auf das er sich als römischer Bürger berufen konnte und auch berufen hatte (Apg 25,10). In Rom hatte Paulus erhebliche Hafterleichterungen, so daß er zwei Jahre lang eine eigene Wohnung nehmen konnte; nur war er wohl bei Tag und Nacht mit einer Kette an einen Soldaten gebunden, der ihn bewachen sollte (Apg 28,16.20). Gleichwohl konnte er viele Besucher empfangen. So schließt die Apostelgeschichte: »Paulus blieb zwei volle Jahre in seiner eigenen Wohnung und nahm alle auf, die zu ihm kamen, predigte das Reich Gottes und lehrte von dem Herrn Jesus Christus mit allem Freimut ungehindert« (Apg 28,30f.). So konnten Paulus auch die in Phlm 24 erwähnten Grüße aufgetragen werden.

Oder lag Paulus, als er den Brief an Philemon schrieb, in Cäsarea am Meer gefangen, wo der für Israel zuständige Statthalter residierte? Auch dort befand sich Paulus lange, während zwei Jahren, und auch dort war er in verhältnismäßig leichter Haft, so daß ihn seine Freunde im Gefängnis besuchen konnten (Apg 23,23–35; 24,22–27). Doch es ist nicht zu erkennen, warum Epaphras aus Kolossä, das zur Provinz Asia im westlichen Kleinasien gehörte, gerade in Cäsarea gefangen liegen sollte (vgl. V. 23; Kol 1,7; 4,12). Von einer anderen längeren Gefangenschaft des Apostels Paulus erfahren wir aus der Apostelgeschichte nichts, die doch sein Leben von dem Beginn seiner Missionsreisen bis zu seiner ersten Gefangenschaft in Rom verhältnismäßig lückenlos darstellt (Apg 13,1–28,31). Bei der in 2 Tim erwähnten handelt es sich um eine neue Gefangenschaft in Rom, die mit dem Martyrium des Apostels endete (vgl. 2 Tim 1,17; 2,9; 4,6–8 und das dazu Ausgeführte und die kurze Einleitung zu den beiden Timotheus-Briefen und dem Titus-Brief, EDITION C-Bibelkommentar, Bd. 18).

3. Aus der genannten Gefangenschaft (also wohl in Rom) schrieb Paulus kurz nacheinander mit verwandtem Inhalt die Briefe nach Ephesus und Kolossä. Überbringer dieser Briefe in die beiden Städte im westlichen Kleinasien war Tychikus (Eph 6,21; Kol 4,7), der aus der dortigen römischen Provinz Asia, möglicherweise aus Ephesus, stammte und früher schon ein Reisebegleiter und Mitarbeiter des Apostels Paulus gewesen war (Apg 20,4). Später, in der Zeit seiner zweiten römischen Gefangenschaft, schickte Paulus Tychikus wieder von Rom nach Ephesus, wo er wohl Timotheus ablösen sollte (vgl. 2 Tim 4,12 und die Erläuterungen z.St.). Jetzt sollte Tychikus den beiden Gemeinden auch über das Ergehen des Apostels Paulus berichten (Eph 6,21; Kol 4,7). In Kolossä fügte Paulus an: »Mit Tychikus sende ich *Onesimus*, den treuen und lieben Bruder, der einer der Euren ist. Alles, wie es hier steht, werden sie euch berichten« (Kol 4,8f.). *Onesimus* (sein Name bedeutet »der Nützliche«) war also aus Kolossä. Als Tychikus und Onesimus nun in der Gemeindeversammlung saßen, mögen manche Onesimus erkannt und gedacht haben: »Das ist doch der ›nichtsnutzige‹ Knecht des Philemon, der seinerzeit entlaufen ist. Wo kommt denn der nun her?« Da mögen die Leute sehr aufgehorcht haben, als Onesimus von Paulus »der treue und liebe Bruder« genannt und mit dem trefflichen Tychikus zusammengefaßt wurde: »Alles, wie es hier steht, werden *sie* euch berichten.« Das warf auf Onesimus ein sehr gutes Licht.

4. Und nun wurde offenkundig gleichzeitig nach Kolossä ein *weiterer Brief* überbracht mit ähnlicher Grußliste (V. 23f.; Kolosserbrief 4,10ff.). Dieser weitere Brief war, im Unterschied zum Kolosserbrief, ein *persönlicher* Brief des Paulus an ein Gemeindeglied namens *Philemon*, einen wohlhabenden Mann, in dessen Haus sich die Gemeinde überhaupt oder ein Teil der Gemeinde, ein »Hauskreis«, zu versammeln pflegte (V. 2); in der frühen Christenheit hatten die Gemeinden ja keine eigenen Versammlungshäuser, sondern kamen in geräumigeren Privathäusern zusammen oder mieteten für ihre Gottesdienste usw. einen der damals nicht selten vorhanden gewesenen »Lehrsäle« von Philosophen usw. (Apg 18,7; 19,9).

5. Gemeindeleiter dürfte Archippus gewesen sein; er ist sowohl im Kolosserbrief als auch im Brief an Philemon genannt (Kol 4,17; Phlm 2). Philemon war gewiß auch einer der mitverantwortlichen Brüder in der Gemeinde zu Kolossä; er wird aber in dem Gemeindebrief nicht namentlich erwähnt, da an ihn ja ein besonderer Brief erging. Paulus hatte die Gemeinde in Kolossä nicht selbst gegründet; er war auch nie dort. Doch die Gründung erfolgte offenkundig durch Christen, die durch die Verkündigung des Apostels Paulus zum Glauben gekommen waren, vermutlich durch seine weitreichende Missionsarbeit während seines langen Aufenthalts in Ephesus. So berichtet Lukas: Paulus »redete täglich in der Schule des Tyrannus. Das geschah zwei Jahre lang, so daß alle, die in der Provinz Asien wohnten, das Wort des Herrn hörten, Juden und Griechen« (Apg 19,9f.). Es ist anzunehmen, daß zu denen, die damals aus Kolossä zum Glauben kamen, auch Philemon und Epaphras gehörten (Kol 4,12f.). Vorwiegend durch sie entstand wohl die Gemeinde in Kolossä.

6. Wie stand es mit Onesimus, der in beiden Briefen genannt wird? Onesimus war ein Sklave des Philemon (V. 16). Und obschon der Name »Onesimus«, wie gesagt, der »Nützliche« heißt, erwies der Träger dieses Namens sich für Philemon als ein »Nichtsnutz«; er entlief seinem Herrn und ließ dabei möglicherweise noch einiges »mitlaufen« (vgl. V. 18). Wahrscheinlich tauchte Onesimus in der Weltstadt Rom unter, was allerdings nicht einfach war, denn gerade in Rom wurde von der Polizei oft nach entlaufenen Sklaven gefahndet. Gleichwohl mag Onesimus

als Tagelöhner, als Hafenarbeiter oder auf ähnliche Weise sein Brot verdient haben. Vielleicht brachte ihn ein gläubiger Arbeitskollege mit der Gemeinde in Rom und auch mit Paulus in Berührung. Dieser durfte zwar die Gottesdienste der Gemeinde wohl nicht besuchen, sondern mußte mit dem ihn bewachenden Soldaten in seiner Wohnung bleiben. Doch er konnte dort viele Besuche empfangen, auch mehrere gleichzeitig; der Raum scheint nicht klein gewesen zu sein (vgl. Apg 28,16.17.23.30.31); von früh bis spät konnte Paulus mit den Leuten reden. In jener Zeit kam auch Onesimus durch Paulus zum Glauben (V. 10).

7. Vermutlich fragte der Gemeindeleiter in Rom, wo Paulus damals zwei Jahre auch lebte (Apg 28,30), einmal in einer Gemeindeversammlung, wer denn dem Apostel Paulus in seiner Wohnung, wo er »Hausarrest« hatte, etwas dienlich sein könne. Da meldete sich wohl Onesimus und bot an, an Feierabenden zu Paulus zu gehen, dem er so viel verdanke, und ihm zu Dienst zu sein. So schreibt Paulus, daß ihm Onesimus »sehr nützlich« gewesen sei.

8. Wahrscheinlich kamen immer wieder ganze Gruppen von Gliedern der Gemeinde in Rom zu Paulus in sein Zimmer, um ihn zu hören, nicht zuletzt auch Sklaven, die Christen geworden waren; davon gab es nicht wenige. Diese mögen Leidensgenossen mitgebracht haben, die noch nicht glaubten. Paulus sprach gewiß in seiner Verkündigung die Sklaven auch besonders an, so wie er das in manchen seiner Briefe tat: »Jeder bleibe in der Berufung, in der er berufen wurde. Bist du als Knecht (Sklave) berufen, so sorge dich nicht; doch kannst du frei werden, so nutze es um so lieber. Denn wer als Knecht (Sklave) berufen ist in dem Herrn, der ist ein *Freigelassener* des Herrn« (1 Kor 7,20–22). »Ihr Sklaven, seid gehorsam in allen Dingen euren irdischen Herren, nicht mit Dienst vor Augen, um den Menschen zu gefallen, sondern in Einfalt des Herzens und in der Furcht des Herrn. Alles, was ihr tut, das tut von Herzen als dem Herrn und nicht den Menschen, denn ihr wißt, daß ihr von dem Herrn als Lohn das Erbe empfangen werdet. Ihr dient dem Herrn Christus!« (Kol 3,22–24). »Alle, die als Sklaven unter dem Joch sind, sollen ihre Herren aller Ehre wert halten, damit nicht der Name Gottes und die Lehre« des Evangeliums »verlästert werde« (1 Tim 6,1).

Wenn Onesimus derartiges hörte, mochte er im Gewissen unruhig geworden sein: Er hatte sich mit seinem Verhalten gegenüber Philemon versündigt; das wurde ihm nun klar. Er konnte nun nicht mehr so denken, wie es damals viele Sklaven taten: »Nimm dir, was du nur bekommen kannst! Schaff' dir Erleichterung, wo immer dir das möglich ist! Nimm dir deine Freiheit; jedes Mittel ist dazu recht; Not kennt kein Gebot!« Onesimus mochte anläßlich seiner Dienste bei Paulus diesen um ein entsprechendes Seelsorgegespräch gebeten haben. Paulus riet offenkundig dem Mann entschieden, die Dinge in Ordnung zu bringen und zu seinem Herrn zurückzukehren. Doch dann fügte er wohl hinzu: »Philemon, den kenne ich gut! Auch er ist durch mich zum Glauben gekommen. Ihm schreibe ich deinetwegen. An die Gemeinde in Kolossä habe ich ohnehin einen Brief vor und ebenso an die in Ephesus. Tychikus reist hin, überbringt die Briefe und berichtet über mein Ergehen (Eph 6,21; Kol 4,7). Schließ dich doch dem Tychikus bei seiner Reise nach Kolossä an! Ich gebe ihm dann auch den Brief an Philemon deinetwegen mit; ich lege Fürsprache für dich ein und bitte Philemon, daß er dich zu mir, zu meinem Dienst, zurückschickt. Du tust mir ja einen so hilfreichen, mich stärkenden Dienst; doch die Sache muß zuerst Philemon gegenüber in Ordnung gebracht werden!« Damals wurden entlaufene Sklaven nach römischem Recht unbarmherzig hart bestraft; daher war die Fürsprache des Paulus für Onesimus diesem natürlich eine große Hilfe.

Und nun hatte Philemon den persönlichen Brief des Paulus an ihn in der Hand. Was stand im einzelnen darin?

1. Eingang und Gruß (V. 1–3)

1–3: Paulus, ein Gefangener Christi Jesu, und Timotheus, der Bruder, an Philemon, den Lieben, unsern Mitarbeiter, (2) und an Aphia, die Schwester, und Archippus, unsern Mitstreiter, und an die Gemeinde in deinem Hause: (3) Gnade sei mit euch und Friede von Gott, unserm Vater, und dem Herrn Jesus Christus!

1.1 Paulus nennt sich hier einen »*Gefangenen Christi Jesu*«, einen »Gefangenen des Messias Jesus« (V. 1).

1.1.1 Zwar hielt ihn die römische Staatsmacht gefangen. Dennoch war er nicht ein Gefangener des Kaisers, nicht sein Eigentum, sondern ein Gefangener Jesu, in *jeder* Lage, auch als Gefangener, allein Jesu Eigentum. Dieser hatte ihn »teuer erkauft« (1 Kor 6,20); Blut und Leben hatte es ihn gekostet (1 Petr 1,18f.). Und er, Paulus, sagte von Herzen ja dazu; er vertraute Jesus sein Leben an, er *glaubte* an ihn. Und niemand konnte ihn nun wieder Jesu Hand entwinden, kein Kaiser, kein Statthalter, keine Verhaftung, kein menschliches Gericht, kein Scharfrichter und auch nicht der Tod (Joh 10,27–30; Röm 8,38f.).

1.1.2 Noch in einem andern Sinn war Paulus nun *Jesu* Gefangener: Er gehörte ja einst zu denen, die – ihnen selbst oft unbewußt – gemeinsame Sache mit dem Feind machten und sich mit ihm gegen Gott und gegen seinen Gesalbten, unsern Herrn Jesus Christus, behaupten wollten und die anfeindeten, die auf Jesu Seite getreten waren. Paulus war nun vor Damaskus von Jesus gestellt worden und hatte vor ihm kapituliert, sich ihm ergeben (Apg 9). Seitdem führte ihn Jesus als seinen Gefangenen »im Triumphzug« durch die Welt, wie einst die siegreichen Feldherren Roms mit ihrem Heer *und* den Gefangenen, die sie gemacht hatten, im Triumphzug in die Reichshauptstadt einzogen. Doch in *Jesu* Triumphzug zu gehen ist eine selige Sache; der gute Herr stellt uns gleich völlig als seine Bundesgenossen auf seine Seite, ja, der himmlische Vater macht uns gleich zu seinen Kindern und Erben (Röm 8,14–17). Es ist eine andere, Menschen einladende, sie auch zu einer Übergabe ihres Lebens an Jesus ermutigende Sache. So schreibt Paulus: »Gott sei gedankt, der uns allezeit Sieg gibt in Christus und offenbart den Wohlgeruch seiner Erkenntnis durch uns an allen Orten!« (wörtlich: »Gott sei Dank, der uns allezeit im Triumphzug Christi durch die Welt führt und durch uns den Wohlgeruch seiner Erkenntnis offenbart!«; 2 Kor 2,14).

Das also ist Mission: Gott in Jesus Christus führt die Missionare als dem Teufel abgenommene (Kol 1,13; 1 Joh 3,8), von ihm befreite Siegesbeute durch die Welt, um andern Lust zu machen, doch ja auch ganz auf die Seite Jesu zu treten und so durch ihn selig zu werden. Auch in solcher Weise war Paulus »ein Gefangener Christi Jesu«, und auch wir wollen es sein. Auf jeden Fall führt auch der gewaltsame Übergriff einer widergöttlichen, antichristlichen Staatsmacht im Blick auf die Leute Jesu keinen Eigentumswechsel herbei.

1.2 »Und *Timotheus*«: Aus der Grußliste des kurzen Briefes (V. 23f.) sehen wir, daß noch weitere Mitarbeiter bei Paulus waren. Doch wenigstens *einen* wollte er schon bei der Absenderangabe erwähnen: Timotheus. Dieser war ja schon besonders lange und stetig der Mitarbeiter des Paulus, bereits seit der zweiten Missionsreise, als Timotheus noch sehr jung war (Apg 16,1–3; vgl. Phil 2,19–22). Und auch kurz vor seiner Hinrichtung, in der Zeit seiner zweiten Gefangenschaft in Rom, rief ihn Paulus noch einmal zu sich (2 Tim 4,9; vgl. die Erläuterung z.St.). In mehreren andern seiner Briefe nannte Paulus seinen Mitarbeiter Timotheus in der Absenderangabe ebenfalls (2 Kor 1,1; Phil 1,1; Kol 1,1; 1 Thes 1,1; 2 Thes 1,1). Paulus will in Wort und Schrift den Gemeinden nicht alleine gegenübertreten; er macht deutlich: Jesus hat viele Zeugen und Dienstleute. Und auch dieser »private« Brief ist das nicht im Vollsinn; Paulus war überhaupt nie »privat«; sein Leben stand rund um die Uhr im Dienst seines Herrn. Und Timotheus ist »der Bruder«, sowohl sein, des Paulus, Bruder, als auch der des Philemon, des Onesimus und der andern Mitchristen. Denn sie alle waren Kinder des *einen* Vaters im Himmel und sozusagen die »kleinen Brüder und Schwestern« Jesu, des eingeborenen Sohnes Gottes, unseres Herrn Jesus Christus.

1.3 »An *Philemon*«: An die Absenderangabe schließt sich nach der damaligen Briefstil-Regel, wie weitgehend im »Briefkopf« auch heute, die Empfängerangabe an. Philemon gewährte der Gemeinde von Kolossä in seinem Haus eine Heimat (V. 2), sei es nun, was wir nicht mehr klären können, daß das der einzige Versammlungsort der Gemeinde war, oder aber, daß hier ein Teil der Gemeinde, ein »Hauskreis«, zusammenkam. Es bedeutete wohl für die Gemeinde in Kolossä eine Stärkung, daß ein gewiß wohlhabender und angesehener Mann sein Haus für die Zusammenkünfte der Gemeinde zur Verfügung stellte und sich damit in aller Öffentlichkeit zur Gemeinde der Christen bekannte, ja sich mit ihr identifizierte.

»An Philemon, den *Lieben*« (wörtlich: »den Geliebten«): Er ist geliebt, auch von Paulus, eben als sein Mitbruder, und vor allem von dem Herrn selbst. Wenn hier und anderwärts in unsren Bibelübersetzungen von Christen als von »Lieben« die Rede ist, so wird damit nicht gesagt, daß Christen so »liebe« Leute wären, sondern daß sie von Christus, von Gott »Geliebte« sind.

»Unsern Mitarbeiter«: Aus diesem Zusatz ist nicht zwingend zu schließen, daß Philemon ein Gemeindeamt innehatte. Doch auf jeden Fall war er in der Gemeinde mit tätig. Hier, in der Schar der Glaubenden, gibt es, recht verstanden, keine »passiven Mitglieder«. Jeder ist ja »Mit-Glied« am Leib Christi und hat da Gabe und Aufgabe, je nachdem der Herr das zuteilt (Röm 12,3-8; 1 Kor 12,18).

1.4 »*An Aphia, die Schwester*« (V. 2): Im Glauben ist sie als Gotteskind eine Schwester des Paulus, wie alle gläubigen Frauen in der Gemeinde. Wenn Aphia eine Gemeindediakonin gewesen wäre wie Phöbe (Röm 16,1), würde Paulus das wohl ausdrücklich gesagt haben. Bereits die alte Christenheit verstand das Wort dahin, daß Aphia die Gattin Philemons war; das ist auch insofern wahrscheinlich, als durch das Anliegen, das der kurze Brief vornehmlich enthält, Aphia als Ehefrau mitbetroffen war, da sie ja das Hauswesen mitzuleiten hatte.

1.5 »*An Archippus, unsern Mitstreiter*«: Nach Kol 4,17 war dieser wohl Gemeindeleiter und noch jung im Amt; er bedurfte des Zuspruchs nicht nur von seiten des Apostels, sondern auch durch die Gemeinde. So schrieb Paulus: »Sagt dem Archippus: Sieh auf das Amt, das du empfangen hast in dem Herrn, daß du es ausfüllst!« (Kol 4,17). Solch eine Aufgabe war auch damals ein Kampf, insbesondere gegen und um solche, die in jener Zeit das Evangelium durch Anpassung an Zeitmeinungen verfälschten (vgl. Kol 2); Paulus nannte deshalb Archippus seinen »Mitstreiter«. Er rückte ihn damit nahe an sich heran. Sie hatten beide ihren Kampf, wenn auch ihr Kampffeld und ihre Verantwortung verschieden groß war. – Verhältnismäßig frühe außerbiblische Nachrichten sagen, daß Archippus der Sohn von Philemon und Aphia war, daß er also zur Familie gehörte und deshalb ebenfalls hier genannt wurde.

1.6 »*Und an die Gemeinde in deinem Hause*« (vgl. das zu V. 1 Gesagte): Damit reichte der Horizont des Briefes über die private Sphäre und die Familie des Philemon hinaus; er wird nun in gewissem Sinn zum Gemeindebrief. Denn die hier verhandelte gewichtige Frage, wie Christen verschiedener sozialer Schichten und Positionen miteinander umgehen sollen, ging und geht die ganze Gemeinde Jesu an. Auf jeden Fall bekam die »Hausgemeinde« unter dem Dach des Philemon, in der nun gewiß auch Onesimus erschien, von Paulus einen Extragruß. Damit legte es Paulus wohl nahe, die Frage um Onesimus auch hier an- und durchzusprechen.

1.7 »*Gnade sei mit euch und Friede von Gott, unserm Vater, und dem Herrn Jesus Christus*« (V. 3): Auf die Absender- und Empfängerangabe folgte nun ein erster Gruß; am Schluß des Briefes folgte ein zweiter (V. 25). In der Welt werden oft Grüße als leere Formel empfunden. Grüße dagegen, die von an Jesus Glaubenden, von der Fürbitte Herkommenden, bewußt zugesprochen sind, werden zur Segnung, zur göttlichen Zusage und damit zur gnädigen Tat Gottes (vgl. Ps 33,9). Der seinerseits glaubende Mensch empfängt so als Gegrüßter von Gott her, was ihm zugesprochen wird. – Hier empfangen die Gegrüßten »Gnade«. Gott läßt Philemon, Aphia, Archippus und die ganze Hausgemeinde in seiner Gnade, unter seinem Ja stehen; sie alle sind von Gott begnadigt; er ist ihnen von Herzen gut. – Und als von Gott Begnadigte sind sie im »Frieden« mit Gott (vgl. Röm 5,1) für Zeit und Ewigkeit. – Als an Jesus Glaubende haben sie den Heiligen Geist empfangen und sind so Gottes Kinder; der Schöpfer von Himmel und Erde ist ihr »Vater« (vgl. Joh 1,12; 7,39; Röm 8,14–17). Und ihr großer »Bruder« Jesus Christus ist ihr »Herr« und Haupt und zugleich der Herr aller Welt (vgl. Eph 1,22; Offb 19,16).

2. Glaube und Liebe des Philemon (V. 4–7)

4–7: Ich danke meinem Gott allezeit, wenn ich deiner gedenke in meinen Gebeten (5) – denn ich höre von der Liebe und dem Glauben, die du hast an den Herrn Jesus und gegenüber allen Heiligen –, (6) daß der Glaube, den wir miteinander haben, in dir kräftig werde in Erkenntnis all des Guten, das wir haben, in Christus. (7) Denn ich hatte große Freude und Trost durch deine Liebe, weil die Herzen der Heiligen erquickt sind durch dich, lieber Bruder.

2.1 »*Ich danke meinem Gott allezeit, wenn ich deiner gedenke*« (V. 4). Die Schrift sagt: »Wer Dank opfert, der preiset mich, und da ist der Weg, daß ich ihm zeige das Heil Gottes« (Ps 50,23). Der Dank ehrt Gott, macht uns geistlich gesund und läßt uns das Ziel erkennen und erreichen. Gut, wenn uns das Denken zum Danken führt, wenn das auch die Gedanken an die Brüder und Schwestern, die mit uns im Glauben stehen, bewirken.

2.2 »*In meinen Gebeten*«: Die Gedanken des Paulus an die verschiedenen Gemeinden und ihre Glieder, ob er sie nun persönlich kannte oder durch andere von ihnen gehört hatte, hatten insbesondere die Fürbitte zum Inhalt. Machen doch auch wir in dieser Weise in Gedanken regelmäßig »Besuche« mit unserem Herrn in unserem engeren und weiteren Lebenskreis und auch bei allem Werk des Herrn, das uns weltweit aufgetragen ist: in der Fürsprache für sie alle, besonders wenn sie leiden und in äußerer oder innerer Gefahr stehen! Es ist hilfreich, Blätter von Missionen oder ähnlichen Werken, die uns in die Hand kommen, mit der Frage durchzusehen: Wo gibt mir mein Herr hier Fürbitte-Aufträge?

2.3 Paulus nennt den Grund seiner Dankbarkeit: »*Denn ich höre von der Liebe und dem Glauben, die du hast an den Herrn Jesus und gegenüber allen Heiligen*« (V. 5): Die Liebe zu Jesus und der Glaube an Jesus erfüllen Philemon. Und ebenso die Liebe und die »Treue« (wie statt »Glaube« auch übersetzt werden kann) für die Mitchristen, die »Heiligen«, d.h. die ebenfalls dem Herrn Gehörigen. Die Liebe ist in diesem auf Jesus *und* die Mitchristen betreffenden Satz dem Glauben vorangestellt, weil in der Gesamtaussage nach dem Zusammenhang vor allem von der Liebe des Philemon die Rede ist. Vor allem sie ist Inhalt des Dankes, den Paulus im Blick auf ihn vor Gott bringt.

2.4 Was ist der Inhalt der Fürbitte des Apostels für Philemon? *»Daß der Glaube, den wir miteinander haben, in dir kräftig werde in Erkenntnis all des Guten, das wir haben, in Christus«* (V. 6): Wörtlich spricht Paulus von der »Teilhabe« des Philemon am Glauben, so wie auch er und die ganze Gemeinde daran teilhaben; hier wird deutlich, daß auch Paulus sich nicht für einen »einsamen Großen« im Reich Gottes hält, sondern für einen Mitteilhaber an dem, was die ganze Gemeinde Jesu hat. Dieser nun auch in Philemon wohnende Glaube soll »kräftig werden« (oder: in ihm ganz »zur Wirkung kommen«). Wie? »In Erkenntnis all des Guten, das wir haben, in Christus« (wörtlich: »das wir in uns haben zu Christus hin«). Der Satz bedeutet: Paulus bittet darum, daß all das Gute, das Philemon als Glaubender von Christus empfangen hat, in ihm voll zur Auswirkung komme und er es seinem Herrn, in Erkenntnis seiner Wohltaten, zu seiner Verherrlichung wieder darbringe – wie einst Israel im Alten Bund etwas von dem, was es zuvor von Gott empfangen hatte, ihm wieder darbrachte zum Zeichen dafür, daß Gott alles gehört, insbesondere der Mensch selbst. Auch wir wollen alle Gaben, die uns geschenkt worden sind, voll »zu Christus hin«, auf unsern Herrn zu, zur Wirkung kommen lassen und sie ihm, in Erkenntnis seiner Wohltaten, darbringen zu seiner Ehre.

2.5 Paulus kommt noch einmal darauf zu sprechen, warum er im Blick auf Philemon so dankbar ist und so gern für ihn betet: *»Denn ich hatte große Freude und Trost durch deine Liebe, weil die Herzen der Heiligen erquickt sind durch dich, lieber Bruder«* (V. 7). Es ist hier die Rede von der Liebe des Philemon zum Herrn und zu den Mitglaubenden in Kolossä. Diese Liebe ist für den gefangenen Apostel Freude und Trost: Durch ihn kam Philemon zum Glauben; er arbeitete also nicht umsonst; sein Dienst trug Frucht. Und die Gemeinde Jesu lebt in der Völkerwelt weiter, wächst und gedeiht, auch wenn er, Paulus, der Völkerapostel, beiseite gesetzt ist. V.a. war es für Paulus »große Freude«, daß »die Herzen der Heiligen«, der angefochtenen Christen in Kolossä, durch Philemon, ihren »Bruder«, »erquickt« wurden. Es mag für jene Christen eine Stärkung und Ermutigung bedeutet haben, daß sie gerade in diesem in der ganzen Stadt geachteten Haus zusammenkommen durften und eine Heimat hatten und daß sich Philemon ihnen gegenüber so brüderlich verhielt, ja sich ganz als einer der Ihren gab.

3. Fürsprache für Onesimus (V. 8–22)

8–22: **Darum, obwohl ich in Christus volle Freiheit habe, dir zu gebieten, was sich gebührt, (9) will ich um der Liebe willen doch nur bitten, so wie ich bin: Paulus, ein alter Mann, nun aber auch ein Gefangener Christi Jesu. (10) So bitte ich dich für meinen Sohn Onesimus, den ich gezeugt habe in der Gefangenschaft, (11) der dir früher unnütz war, jetzt aber dir und mir sehr nützlich ist. (12) Den sende ich dir wieder zurück und damit mein eigenes Herz. (13) Ich wollte ihn gern bei mir behalten, damit er mir an deiner Statt diene in der Gefangenschaft, um des Evangeliums willen. (14) Aber ohne deinen Willen wollte ich nichts tun, damit das Gute dir nicht abgenötigt wäre, sondern freiwillig geschehe. (15) Denn vielleicht war er darum eine Zeitlang von dir getrennt, damit du ihn auf ewig wiederhättest, (16) nun nicht mehr als einen Sklaven, sondern als einen, der mehr ist als ein Sklave: ein geliebter Bruder, besonders für mich, wieviel mehr aber für dich, sowohl im leiblichen Leben wie auch in dem Herrn. (17) Wenn du mich nun für deinen Freund hältst, so nimm ihn auf wie mich selbst. (18) Wenn er aber dir Schaden angetan hat oder etwas schuldig ist, das rechne mir an. (19) Ich, Paulus, schreibe es mit eigener Hand: Ich will's bezahlen; ich schweige davon, daß du dich selbst mir schuldig bist. (20) Ja, lieber Bruder, gönne mir, daß ich mich an dir erfreue in dem Herrn; erquicke mein Herz in Christus. (21) Im Vertrauen auf deinen Gehorsam schreibe ich dir; denn ich weiß, du wirst mehr tun, als ich sage. (22) Zugleich bereite mir die Herberge; denn ich hoffe, daß ich durch eure Gebete euch geschenkt werde.**

3.1 Nun kommt Paulus auf das eigentliche Anliegen dieses seines Briefes zu sprechen: »*Obwohl ich in Christus volle Freiheit habe, dir zu gebieten, was sich gebührt...*« (V. 8). Paulus hätte »in Christus«, d.h. im Glauben an ihn, in seinem Dienst und in seiner Vollmacht »volle Freiheit« (wörtlich: »viel Freimut«) gehabt. Er müßte keine Hemmungen haben, Philemon zu sagen, was sich hier »gebührt«, für einen Christen »gehört«, »geziemt«. Doch »*um der Liebe willen*« möchte Paulus hier »*nur bitten*« (V. 9).

Seine besondere Situation gibt Paulus ein besonderes Recht, diese seine Bitte zu äußern: »*...so wie ich bin: Paulus, ein alter Mann, nun aber auch ein Gefangener Christi Jesu*« (V. 9). Beides, sein Alter und das Opfer, das Paulus für Jesus und sein Werk der Völkermission bringt, verleiht seiner Bitte ein besonderes Gewicht. Und er darf auch getrost sagen, was er für sich erbittet und erwartet. Doch Paulus redet nicht in erster Linie von Bedürfnissen und Erwartungen im Blick auf sein eigenes Leben, sondern seine erste Bitte ist eine eindringliche Fürsprache: »*So bitte ich dich für meinen Sohn Onesimus, den ich gezeugt habe in der Gefangenschaft*« (V. 10). Entlaufene Sklaven wurden nach römischem Recht, das ja auch in Kolossä galt, oft unmenschlich hart und nach grausamer Willkür bestraft. Denn nach dieser Rechtsordnung wurde ein Sklave juristisch wie eine »Sache«, wie ein Stück Vieh behandelt; der Eigentümer hatte völlig freie Hand. Und nun schreibt der von Philemon hochgeschätzte alte Apostel, durch den Philemon einst zum Glauben gekommen war und der nun um des Evangeliums willen litt, Onesimus sei sein »Sohn« und er, sein Vater, bitte nun für ihn.

Warum nennt Paulus Onesimus seinen geistlichen »Sohn«? Er hat ihn »in der Gefangenschaft gezeugt«. Auch in der Zeit und am Ort seiner Gefangenschaft, also wohl in Rom, hat Paulus das Evangelium verkündigt (vgl. Apg 28,30f.). Dabei kam, wie erwähnt, Onesimus zum Glauben; das Wort der Wahrheit, und damit der Lebenskeim aus Gott, ging in ihn ein (Lk 8,11; Joh 6,63). Durch Gottes Geist wurde er »neu geboren«; das neue Leben aus Gott, Christus selbst ging in ihn als Glaubenden ein (Joh 3,3.5; 7,39; 15,4f.; 2 Kor 3,17a; Gal 2,20; 4,19). Onesimus wurde dadurch ein Kind Gottes (Joh 1,12; Röm 8,14f.). Weil Onesimus durch den Dienst des Paulus zum Glauben kam, wurde er dadurch in gewissem Sinn auch zu dessen Sohn. Das gleiche spricht Paulus auch im Blick auf Timotheus aus (vgl. Apg 16,1-3; 1 Tim 1,2; 2 Tim 1,2; 2,1 und die Ausführung z.St.). »... den ich gezeugt habe in der Gefangenschaft«: Paulus betont ausdrücklich, daß er Onesimus sogar in der Zeit seiner römischen Haft zum Glauben verhelfen durfte, er also auch dort für seinen Herrn fruchtbar war.

3.2 Die große Veränderung im Leben des Onesimus.
Zunächst geht der Blick zurück: »... *der dir früher unnütz war*« (V. 11). Onesimus, dessen Name ja »der Nützliche« bedeutet, war für Philemon ein »Nichtsnutz« geworden. So macht die Sünde den Menschen zur Karikatur, zum Zerrbild, zum beschämenden Gegenbild dessen, was er sein könnte, wozu Gott ihn schuf. »*Jetzt aber ist er dir und mir sehr nützlich*«: Gottes Wort und Geist machen den glaubenden Menschen neu, zu dem, was er eigentlich sein sollte und nun sein darf: »Ist jemand in Christus, so ist er eine neue Kreatur; das Alte ist vergangen; siehe, Neues ist geworden« (2 Kor 5,17). Diese »neue Kreatur« entspricht dem Wesen, zu dem Gott den Menschen schon ursprünglich geschaffen hat, dem Wesen Jesu, des eingeborenen Sohnes, der dem Vater ganz gefällt (Mt 3,17). Sein Bild kann und darf jetzt schon in uns zur Ausgestaltung kommen (Gal 4,19), und zu ihm hin werden wir als Glaubende vollendet (1 Joh 3,2; vgl. Joh 14,9). So war nun Onesimus jetzt schon ein wirklicher »Onesimus«, ein wahrhaft »Nützlicher«. Das war er für Paulus bisher schon, indem er ihm in seiner Gefangenschaft diente; er war sogar »*sehr* nützlich«, betont der Apostel. Nun, nach seiner Rückkehr als ein zum Glauben Gekommener, war er das auch für Philemon.

3.3 Der frühere Fehltritt des Onesimus mußte wieder gutgemacht werden. Deshalb veranlaßte Paulus offenkundig den ihm so hilfreichen Onesimus, zu seinem rechtmäßigen Herrn zurückzukehren. So fährt der Apostel fort: »*Den sende ich dir wieder zurück und damit mein eigenes Herz*« (V. 12). Im tiefsten war Paulus mit Onesimus verbunden: im Glauben an Jesus, in der Gotteskindschaft, in der Liebe zum Herrn und auch in der Dankbarkeit für den liebevollen, geschickten und aufopfernden Dienst, den Onesimus ihm tat. Wie haben diese Worte des Paulus doch diesen Onesimus, diesen verachteten Menschen, vor Philemon und den andern allen emporgehoben und aufgewertet: »Mein eigenes Herz!« *Gott* »erhebt die Niedrigen«, »richtet auf, die niedergeschlagen sind«, »hebt den Dürftigen aus dem Staub« (1 Sam 2,8; Ps 145,14; 146,8; Lk 1,52). Damit wir uns »als Kinder unseres Vaters im Himmel« erweisen, wirkt Gottes Geist in uns darauf hin, daß wir gleiches tun (vgl. Mt 5,45). Indem Paulus sagte, was ihm Onesimus bedeutete, hob er ihn im Sinne Gottes und in der Nachfolge seines Herrn »aus dem Staub empor«. Laßt uns, wie es der Wahrheit und der Liebe entspricht, seinem Beispiel folgen!

Paulus schickte Onesimus nicht leichten Herzens zu Philemon zurück: »*Ich wollte ihn gern bei mir behalten*« (V. 13). In seiner derzeitigen Situation hätte Paulus seinen geistlichen Sohn Onesimus selbst sehr nötig gehabt: Sogar in Gefangenschaft war Paulus Tag und Nacht für das Evangelium tätig, mit Fürbitte, Seelsorgegesprächen, Verkündigung, Briefe-Schreiben usw. Das alles war erstaunlicherweise auch in dieser Lage möglich (Apg 28,17-31). So war es für Paulus hilfreich, wenn ihm jemand die nötigen Besorgungen machte, zumal er »Hausarrest« hatte und »die Kette« trug (vgl. Apg 28,16.20; Eph 6,20; 2 Tim 1,16); er war damals wohl Tag und Nacht an einen Soldaten gebunden, der ihn bewachen mußte.

»*... damit er mir an deiner Statt diene in der Gefangenschaft, um des Evangeliums willen.*« Auch Philemon, der durch Paulus zum Glauben gekommen war, würde nun dem alten Apostel in seiner schwierigen Situation Hilfe und Dienst schulden, zumal dieser um des Evangeliums willen litt; das ist göttliche Ordnung (vgl. Mt 10,10; Lk 10,7; 1 Tim 5,18). Dabei könnte sich Philemon durch den ihm nach damaliger Rechtsordnung gehörigen Onesimus in gewissem Sinn vertreten lassen. Das wäre auch ein Zeichen der Dankbarkeit des Philemon.

»*Aber ohne deinen Willen wollte ich nichts tun*« (V. 14): Paulus wollte, daß die rechtliche Ordnung im Ganzen, eingehalten und so die alte Sache des Onesimus ordnungsmäßig erledigt wurde. Entsprechend wollte er auch nicht das, was ihm doch zustand, worauf er Recht und Anspruch hatte, einfach ungefragt nehmen. Philemon sollte seine Guttat »*freiwillig*« vollbringen; »abgenötigt«

werden sollte sie ihm nicht. – Auf gleiche Weise will *Gott* selbst unsern Gehorsam, unser Wohltun von uns haben; er zwingt uns nicht, sondern stellt uns in freie Entscheidungen.

Offenkundig hoffte Paulus darauf, daß Philemon ihm Onesimus freiwillig, aus Liebe und wie mit Selbstverständlichkeit wieder nach Rom zurückschicke. Nun waren das ja sehr weite und damals gefahrvolle Wege: zunächst von Rom nach Kolossä in Kleinasien und nun wieder von Kolossä nach Rom. Doch wir sehen auch sonst, wieviel in den ersten Generationen der Christen gereist wurde. So schrieb z.B. später der nun erneut in Rom gefangene Paulus an Timotheus, der damals in Ephesus war: »Beeile dich, daß du bald zu mir kommst!« (2 Tim 4,9 und die Erläuterungen z.St.). Christen müssen bewegliche, mobile Leute sein, nicht nur für Ferienreisen oder als »Feinschmecker«, die von Konferenz zu Konferenz eilen, sondern, wie es erforderlich ist, für den *Dienst*.

3.4 Gott in seiner Weisheit kann auch menschliche Irr- und Umwege *für seine Ziele nutzbar* machen. Das rechtfertigt zwar den Menschen in seiner Sünde und Torheit nicht – die Väter haben gesagt: »Die Menschen werden nach ihren Absichten gerichtet« –, aber es macht uns um so dankbarer. So schreibt hier Paulus: *»Denn vielleicht war er darum eine Zeitlang von dir getrennt, damit du ihn auf ewig wiederhättest (V. 15) – nun nicht mehr als Sklaven, sondern als jemanden, der mehr als ein Sklave ist: ein geliebter Bruder«* (V. 16).

Onesimus entfloh seinem rechtmäßigen Herrn und gelangte gerade so in die Hand des Herrn aller Herren (Offb 19,16), unseres Herrn Jesus Christus, der vor allem ein Anrecht auf ihn hatte, weil er auch ihn »teuer erkauft« hat (1 Kor 6,20). Und nun gehörten Philemon und Onesimus, der Herr und der Sklave, gemeinsam dem Herrn über Himmel und Erde (vgl. Mt 28,18), und das für Zeit und Ewigkeit. Nun sind sie »Brüder«, die Kinder des *einen* Vaters im Himmel, von ihm »geliebt«. Die menschlichen Unterschiede in dieser Welt sind dadurch nicht aufgehoben, aber sie erscheinen unwichtig und gering gegenüber diesem wunderbaren gemeinsamen Adel. Durch Jesus neugeschaffene Menschen (2 Kor 5,17) stehen recht auch in ihren menschlichen Ordnungen; diese bedeuten Verpflichtung füreinander und Dienst aneinander. Da erniedrigen die einen die andern nicht. Und diese beneiden jene nicht und sind nicht bitter gegen sie. Eine Änderung der Verhältnisse ändert die Menschen nicht; diese Erwartung wurde oft enttäuscht. Aber eine Änderung der Menschen, ihre Neuschaffung durch das Evangelium, ändert die Verhältnisse; dafür gibt die Geschichte der Gemeinde Jesu Christi viele Beispiele. Beachten müssen wir allerdings, daß die Verheißung der Neuschaffung allein Menschen »in Christus« gilt (2 Kor 5,17): Menschen im *Glauben* an Jesus, im Frieden mit Jesus, im Hören auf sein Wort, im Gebetsumgang, in seiner Nachfolge, in der Heiligung durch Jesus, im Glaubensgehorsam, in Jesu Dienst, in der Bereitschaft zum Leiden. Das neue Leben durch Christus kostet uns nichts; es ist Geschenk der Gnade Gottes; und es kostet uns ganz. Das ist dann nicht eine Extraklasse des Christseins, sondern das ist eine normale; irgendeine »verbilligte Volksausgabe« des Christseins gibt es nicht.

»... eine Zeitlang von dir getrennt, damit du ihn auf *ewig* wiederhättest.« Dieses Wort ist ein klarer Hinweis darauf, daß Gott auch menschliche Gemeinschaft, wenn sie zur Glaubensgemeinschaft wird, zu einer Gemeinschaft für die Ewigkeit macht. Denn Philemon »hat« nun also Onesimus auch in der Ewigkeit. So können auch Ehen, Familien, Freundschaften, Dienstgemeinschaften usw. zu Gemeinschaften für die Ewigkeit werden. Doch träumen wir nicht zu viel davon! *Ihn* werden wir sehen von Angesicht zu Angesicht! (1 Kor 13,12; 1 Joh 3,2; Offb 22,4). Das wird unendlich viel mehr sein als alles andere. «*Gott* ist das Größte, das Schönste, das Beste, Gott ist das Süßte und Allergewißte, von allen Schätzen der edelste Hort« (P. Gerhardt). »Wie freu ich mich, Herr *Jesu Christ*, daß du der Erst' und Letzte bist« (Ph. Nicolai/A. Knapp).

Auch darauf dürfen wir hoffen, daß, wenn Menschen – vielleicht auch eigene Kinder – von uns *und* von unserem Herrn weglaufen und wir sie in unserer täglichen Fürbitte nicht loslassen, sie doch noch – wie Onesimus – irgendwo dem Heiland wieder in die Hände laufen – durch den Dienst von Menschen, die Gott dazu gebraucht. Dabei bleibt vieles von dem, was Gott – auch auf unsere Gebete hin – tut, in dieser Welt, in diesem Leben vor unseren Augen verborgen.

Paulus schreibt Philemon: Onesimus ist nun »*ein geliebter Bruder, besonders für mich, wieviel mehr aber für dich, sowohl im leiblichen Leben*« (wörtlich: »im Fleisch) »*wie auch in dem Herrn*«. Mit Paulus war die Gemeinschaft deshalb besonders eng, weil Onesimus durch ihn zum Glauben gekommen war und er so der geistliche Sohn des Paulus war. Doch zu Philemon bestand die Verbindung des Onesimus schon viel länger als zu Paulus und hatte auch im menschlichen Sinn eine Rechtsgrundlage; das Menschlich-Leiblich-Natürliche wie auch das Geistliche war hier im Blickfeld. Philemon und Onesimus arbeiteten, abgesehen von dessen Dienst bei Paulus, zusammen, und ebenso und vor allem bestand zwischen den beiden Glaubensgemeinschaft; sie waren miteinander »im Herrn« verbunden.

3.5 Noch einmal – wie bereits in V. 10 – legt Paulus bei Philemon für Onesimus Fürsprache ein: »*Wenn du mich nun für deinen Freund hältst, so nimm ihn auf wie mich selbst!*« (V. 17). Überleg dir, lieber Philemon, wie du mich, wenn ich es wäre, der heute zu dir kommt, aufnehmen würdest! So nimm bitte Onesimus auf! Paulus identifiziert sich geradezu mit Onesimus und macht ihn, was die Liebe des Philemon betrifft, zu seinem Stellvertreter und Repräsentanten. Wir bekommen hier einen klaren Eindruck davon, was es für Paulus konkret, praktisch hieß, *Liebe Christi* zu *üben*, die Liebe, von der er so oft in seinen Briefen – nach mancher Meinung theoretisch – redete. Mit seiner feinen, liebevollen Fürsprache für einen schuldig gewordenen, verachteten und damals rechtlosen Menschen gab er, auch für uns, ein hilfreiches *Anschauungsbeispiel* (vgl. 1 Kor 4,16; Phil 3,17; 1 Thes 1,6; 2 Thes 3,9; 1 Petr 5,3). Das ntl. Wort »Jünger« kann auch mit »Lernwilliger«, »Lehrling« übersetzt werden. Alte und junge Christen sind beide in der Lehre bei dem Meister Jesus Christus, um ihn zu lernen (vgl. Gal 4,19). Doch die älteren und erfahreneren Christen dürfen zugleich sozusagen »Altlehrlinge« sein, die die jüngeren mit Wort und Tat darin anleiten, mit Liebe und Geduld dem Herrn selbst zu folgen, zu dienen und sich von ihm die Aufgaben weisen zu lassen.

3.6 Was aber soll damit werden, daß Onesimus seinem Chef Philemon Schaden gebracht hat: sowohl durch Arbeitsausfall als auch bei der seinerzeitigen Flucht – möglicherweise durch Diebstahl und Unterschlagung anvertrauten Guts? Auch darüber geht Paulus nicht einfach hinweg. So schreibt er: »*Wenn er dir Schaden angetan hat oder etwas schuldig ist, das rechne mir an. Ich, Paulus, schreibe es mit eigener Hand: Ich will's bezahlen*« (V. 18-19a). Rechtlich ist das eine »Schuldübernahme« bzw. die Übernahme einer »Bürgschaft mit Selbstschuldnerschaft«, zu deren Rechtsgültigkeit wohl auch damals schon »Schriftform« gehörte; das heißt, die Erklärung mußte von dem Übernehmenden eigenhändig geschrieben, »ausgefertigt« werden. Paulus mochte kaum damit gerechnet haben, daß Philemon je von dieser seiner Erklärung Gebrauch machen würde. Manche meinen auch, diese Worte seien ironisch gemeint. Aber die Form genügt den rechtlichen Erfordernissen, die sorgfältig beachtet sind. So klingt das Ganze durchaus ernsthaft. Hatte Paulus vielleicht doch die Sorge, Philemon könnte so verärgert sein, daß er trotz allem gegen Onesimus vorging? Auch heute können Christen, die sonst hilfsbereit und freigebig sind, dann, wenn's an ihre »Grundsätze« geht, etwa im Berufs- und Geschäftsleben, in Vermögensangelegenheiten usw. seltsam streng und »prinzipiell« werden. Diese Erklärung gehörte für Paulus offenkundig zur Vollständigkeit seiner Fürsprache für Onesimus. Er wußte auch: Schöne Worte können billig sein, aber wenn die Sache noch dazu etwas kosten kann, dann erweist sich erst wahre Treue.

Paulus hätte auch seinerseits gegen Philemon eine Rechnung aufmachen können; an »Gegenforderungen« hätte es ihm nicht gefehlt. Philemon schuldete ja dem alten Apostel, durch den er zum Glauben gekommen war, der so viel an Mühe und Gefahren auf sich genommen hatte und der nun für das Evangelium im Gefängnis lag, auf jeden Fall Dank und Liebe. Doch Paulus will hier nichts geltend machen, keine »Forderung« an Philemon gegen die wegen Onesimus übernommene Schuld »aufrechnen«. So schreibt er: »*Ich schweige davon, daß du dich selbst mir schuldig bist.*«

3.7 Die einzige unmittelbare Bitte des Paulus war es, daß Philemon dem einstmals entlaufenen Sklaven Onesimus *vergab* und ihn freundlich, brüderlich *aufnahm*. So sagte Paulus: »*Ja, lieber Bruder, gönne mir, daß ich mich an dir erfreue in dem Herrn;*

erquicke mein Herz in Christus« (V. 20). Wenn Paulus in seiner Haft die Nachricht erreichte, daß Philemon dieser Bitte entsprochen hatte, dann war er erfreut und im Innersten erquickt und in seinem Glauben an Christus gestärkt. Auch wenn sich bei ihm lange nichts zu bewegen schien: Er wußte dann dennoch, daß Gott wunderbar am Werk ist und Menschenherzen bewegt.

»Im Vertrauen auf deinen Gehorsam schreibe ich dir« (V. 21): Paulus bringt nicht etwa nur eine Bitte vor. Es handelt sich hier um den Gehorsam gegenüber einem Gebot, nicht des Paulus, sondern des *Herrn*. Er hat im Vaterunser beten gelehrt: »Vergib uns unsere Schuld, wie *wir* unsern Schuldigern *vergeben*.« Und er hat zugleich auch gesagt, welch furchtbare Auswirkungen es hat, wenn jemand, nachdem er Gottes Vergebung empfangen hat, dennoch seinerseits seinen Mitmenschen die Vergebung verweigert. Paulus erwartete von Philemon, daß dieser, weil er an Jesus glaubte, selbst vom Vergeben lebte und seinem Herrn gehorchen wollte, auch hier der Weisung Jesu gehorsam sein würde. Wie der Vater im Gleichnis den bußfertigen verlorenen Sohn annahm (Lk 15,20–24), so würde Philemon gewiß auch Onesimus vergeben und ihn annehmen. Auch in dieser Hinsicht gilt es zu handeln wie Gott, damit wir uns in jeder Hinsicht als »Kinder unseres Vaters im Himmel« erweisen (Mt 5,45).

Paulus führt fort: *»Denn ich weiß, du wirst mehr tun, als ich sage.«* Was meint der Apostel damit? Er schreibt vorher: »Ich wollte ihn (Onesimus) gern bei mir behalten, damit er mir an deiner Statt diene in der Gefangenschaft, um des Evangeliums willen« (V. 13). »Aber ohne deinen Willen wollte ich nichts tun«, ihn nicht einfach hier in Rom behalten, »damit das Gute dir nicht abgenötigt wäre, sondern freiwillig geschehe« (V. 14). Nach dem allem kann nichts anderes gemeint sein als die Hoffnung des Paulus, daß Philemon, nachdem die Sache in Ordnung gebracht war, auch ohne daß Paulus *unmittelbar* darum bat, Onesimus wieder nach Rom, dem Apostel Paulus zu Dienst, zurückschickte. Das waren zwar weite Wege, aber bei der Mobilität der Diener Jesu in der Zeit der frühen Christenheit für ihren Herrn war das nichts so Besonderes.

3.8 Paulus hoffte in jener ersten römischen Gefangenschaft, trotz aller Todesbereitschaft, doch noch auf eine Wieder-Freilassung und die Möglichkeit, noch einmal in den Osten des Reiches, in seine alten Arbeitsgebiete, reisen zu können. So schrieb er an Philemon und seine Familie: »*Zugleich bereite mir die Herberge; denn ich hoffe, daß ich durch eure Gebete euch geschenkt werde*« (V. 22). Kurz vor seiner »Hauptverhandlung« bei seinem damaligen Prozeß in Rom ließ er in einem Brief an die Gemeinde in Philippi eine ähnliche Hoffnung durchblicken: »Christus ist mein Leben, und Sterben ist mein Gewinn. Wenn ich aber weiterleben soll im Fleisch« (in dieser Welt), »so dient mir das dazu, mehr Frucht zu schaffen; und so weiß ich nicht, was ich wählen soll. Denn es setzt mir beides hart zu: ich habe Lust, aus der Welt zu scheiden und bei Christus zu sein, was auch viel besser wäre; aber es ist nötiger, im Fleisch zu bleiben, um euretwillen. Und in solcher Zuversicht weiß ich, daß ich bleiben und bei euch allen sein werde, euch zur Förderung und zur Freude im Glauben« (Phil 1,21-25). Nach zuverlässigen außerbiblischen Nachrichten ist Paulus damals schließlich freigelassen worden, konnte seinen Plan einer Missionsarbeit in Spanien noch verwirklichen (vgl. Röm 15,24) und wandte sich von dort wieder in den Osten des Reiches: nach Kreta, Ephesus, Troas usw. (vgl. 1 Tim 1,3; 2 Tim 4,13; Tit 1,5 und die Ausführungen zu diesen Stellen).

Eingewendet mag werden: Wie kann Paulus wünschen, daß Onesimus zu ihm nach Rom zurückkehrt, wenn er doch auf seine Entlassung hofft? Paulus hatte mit den römischen Behörden und Gerichten seine Erfahrungen gemacht. So zog der Statthalter Felix den Prozeß gegen den bei ihm in Untersuchungshaft befindlichen Paulus zwei Jahre hin, weil er Bestechungsgelder erhoffte (Apg 24,22.26.27). Und in Rom ließ die Behandlung des »Falles Paulus von Tarsus« vor dem kaiserlichen Gericht ebenfalls sehr lange auf sich warten; beim Abschluß der Apostelgeschichte waren es bereits zwei Jahre (Apg 28,30). Dort häuften sich die Fälle ja auch aus dem ganzen Reich, was allgemein bekannt war. Die Prozeßakten wurden »auf die lange Bank geschoben« (woher dieser stehende Ausdruck rührt) und »ruhten« darauf für lange Zeit. So mochte es sich also sehr wohl gelohnt haben, daß Onesimus noch zu Paulus nach Rom kam. Solange auch Paulus, der Völkerapostel, gefangen lag, Gottes Wort lief auch inzwischen in jedem Fall durch die Welt (2 Tim 2,9).

4. Grüße und Segenswort (V. 23–25)

23–25: **Es grüßt dich Epaphras, mein Mitgefangener in Christus Jesus, (24) Markus, Aristarch, Demas, Lukas, meine Mitarbeiter. (25) Die Gnade des Herrn Jesus Christus sei mit eurem Geist!**

4.1 Grüße: In V. 3 haben wir Grüße vor uns von den Absendern Paulus und Timotheus an die Briefempfänger (V. 1f.); in V. 23f. von anderen Männern, die bei Paulus waren, an Philemon (»es grüßt dich«); und V. 25 wieder von den Absendern ein Segenswort wie V. 3 an die Briefempfänger (V. 1f.).

4.1.1 »*Es grüßt dich Epaphras, mein Mitgefangener in Christus Jesus*« (V. 23): Dieser Epaphras kam wohl während der langen Missionstätigkeit des Apostels Paulus in Ephesus und Umgebung zum Glauben (Apg 19,10), wie auch Philemon. Und er hat wohl zusammen mit Philemon die Gemeinde in Kolossä gegründet und auf dem Weg der Nachfolge Jesu angeleitet (Kol 1,7; 4,12); er stammte aus Kolossä. Warum nun auch er in Rom gefangen war, ob er wie Paulus ein Bürger Roms war und, um sich der Willkür einer unteren Gerichtsbehörde zu entziehen, sich auf das kaiserliche Gericht berufen hatte, – all das erfahren wir nicht. Paulus und Epaphras befanden sich nicht etwa nur »in« dem Gewahrsam der römischen Staatsmacht, sondern sie waren zugleich und vor allem »*in* Christus Jesus«, miteinander in ihm geborgen und so gewiß auch in der Gemeinschaft des Glaubens einander eine Stärkung und Hilfe.

4.1.2 »*Markus*« (V. 24) ist ebenfalls in Rom und in der Nähe des Apostels Paulus als dessen »Mitarbeiter«. Die Meinungsverschiedenheiten zwischen Paulus und Barnabas seinetwegen sind längst vergangen und vergessen und bilden keine Trübung des Verhältnisses mehr (vgl Apg 15,37–39; Kol 4,10). Ja, Paulus erwartet von ihm eine besondere Hilfe für die Gemeinde in Rom: Er könnte etwa als Vertrauter des Petrus einen Ausgleich innerhalb der naturgemäß recht vielgestaltigen Gemeinde in der Reichshauptstadt schaffen (2 Tim 4,11 und die Erläuterungen z.St.; 1 Petr 5,13). Markus soll wohl demnächst nach Kolossä kommen (Kol 4,10).

4.1.3 Auch »*Aristarch*« hält sich derzeit in der Nähe des Apostels Paulus als dessen »Mitarbeiter« auf. Er stammte aus Thessalonich (Apg 20,4) und begleitete Paulus auf der dritten Missionsreise, wobei er in Ephesus von einer aufgehetzten Menge ergriffen wurde (Apg 19,29). Auch als Paulus zum ersten Mal als Gefangener nach Rom reiste, gab ihm Aristarch das Geleit. In Kol 4,10 grüßt er als »Mitgefangener«, und hier, im Brief an Philemon, wird er fast gleichzeitig als »Gehilfe« für Paulus bezeichnet. Die Frage ist, ob Aristarch und auch Epaphras (V. 23) *freiwillig* die Gefangenschaft des Paulus teilten. Es läßt sich nicht mehr eindeutig klären, ob so etwas zu jener Zeit überhaupt möglich war. Was waren das doch auf jeden Fall für treue Leute!

4.1.4 Doch sicher kann niemand sein (vgl. 1 Kor 10,12). Auch »*Demas*« wird hier als »*Mitarbeiter*« des Apostels genannt. Und in Kol wird er ebenfalls unter den Grüßenden erwähnt (Kol 4,14). Weiter war er bei der späteren neuen Gefangenschaft des Apostels Paulus in Rom (vgl. die kleine Einleitung zu den Pastoralbriefen in Bd. 18) zunächst *wieder* bei dem gefangenen Apostel. Aber dann klagt Paulus über ihn: »Demas hat mich verlassen und diese Welt liebgewonnen und ist nach Thessalonich gezogen« (2 Tim 4,10). Der Boden im Rom Neros war ihm zu heiß geworden, und seine Leidensbereitschaft war an die Grenze geraten; der schwere Verfolgungsschlag gegen die Christen in Rom, der ein Jahr später erfolgte, kündigte sich gewiß bereits atmosphärisch an. Dazu, in dieser Stadt früher oder später den Märtyrertod zu sterben, hing Demas viel zu sehr am Leben, an dem, was diese Welt bot. Deshalb wich er nach Thessalonich aus, woher er wohl stammte. Er sah richtig, daß es in den entfernteren Provinzen des Römischen Reiches noch nicht so gefährlich war. Letztlich abgefallen mag er nicht sein; das wollte er wohl nicht. Aber Jesu Kreuz auf sich nehmen wollte er auch nicht. So bleibt ein Mensch eben nicht in der Jesus-Nachfolge, sondern bricht aus und erreicht das ewige Ziel nicht (vgl. Mt 16,24 und die Darlegungen zu 2 Tim 4,10). Wir wissen nicht, ob Demas wieder zurückgefunden hat.

4.1.5 Als letzter der Mitarbeiter wird »*Lukas*« erwähnt. In Kol 4,14 nennt ihn Paulus, etwa zur gleichen Zeit, den »Arzt, den

Geliebten«. Er war ein sonderlich treuer Mann. Von der zweiten Missionsreise an begleitete er Paulus häufig bei seinen missionarischen Diensten als sein Mitarbeiter, ebenso bei seiner anschließenden Reise nach Jerusalem und weiter bei seiner Fahrt nach Rom als Gefangener (vgl. die »Wir«-Berichte in Apg, z.B. 28,1). Und zuletzt hielt er auch während der zweiten Gefangenschaft des Paulus, als dieser deutlich dem Martyrium entgegenging, in Rom aus und war zeitweilig der einzige, der Paulus dort beistand (2 Tim 4,11).

4.2 Das Segenswort am Schluß des Briefes

»Die Gnade des Herrn Jesus Christus sei mit eurem Geist!« (V. 25). Noch einmal spricht Paulus in der Vollmacht seines Herrn den Briefempfängern die Gnade seines Herrn zu; wieder gebraucht er die Mehrzahlform. Sie alle sind demzufolge mit umfaßt: Philemon, Aphia, Archippus und die sich im Haus des Philemon versammelnde Gemeinde. »Ihr dürft gewiß sein, daß ihr bei Jesus, und damit bei Gott, in Gnaden seid. Er ist euch gut, er hat euch lieb, und er nimmt euch einmal heim zu sich.« – Insbesondere ihrem »Geist« spricht er die Gnadengegenwart des Herrn zu. Paulus schrieb in seinem Brief an die Christen in Rom: »Gottes Geist gibt Zeugnis unserem Geist, daß wir Gottes Kinder sind« (Röm 8,16); der menschliche Geist, das menschliche Denken- und Verstehen-Können ist also in besonderer Weise das Empfangsorgan für das, was uns Gott mit seinem Geist kundtut, indem er uns an das ein für allemal gegebene Wort Gottes der Schrift »erinnert« (Joh 14,26; 16,14). Wir haben es nötig, daß unser Herr in seiner Gnade mit uns und unserem Geiste ist, wenn wir verwahrt werden sollen gegen die falschen Stimmen und dagegen *offene* Sinne haben für das, was uns *sein Geist* sagt, und wenn wir beides – die falschen Stimmen und die Stimme unseres Herrn – voneinander unterscheiden sollen. Wenn er in seiner Gnade mit unserem Geist ist, dann kann es auch für uns heißen, was für Jesus während seiner Erdentage galt: »Der Herr hat mir das Ohr geöffnet, daß ich höre wie ein Jünger« (Jes 50,4 – alte Luther-Übers.).

Schlußbemerkungen

Die Sklaverei war in jener Zeit eine große Not. Besonders aus den römischen Kriegen, die weitgehend Sklavenfang waren – dieser sollte die Kriege auch finanzieren helfen –, gab es sehr viele Sklaven, die das lebenslang bleiben mußten. Gelegentlich lehnten sie sich gegen dieses unmenschliche System auf, zum Beispiel unter dem Sklavenführer Spartakus. Aber die Aufstände wurden mit militärischer Macht niedergeschlagen; gegen das wohlausgerüstete Heer kamen die armen Sklaven nicht an, und ihr Los verschlechterte sich eher, als daß es gebessert wurde.

Wie begegnete die frühe Christenheit diesem Problem? Nicht, indem sie zuerst die Verhältnisse zu ändern versuchte; erst recht nicht, indem sie dies revolutionär erzwingen wollte! Vielmehr wollte sie zuerst und vor allem mit *geistlichen* Mitteln die *Menschen* in ihren Verhältnissen *verändern*: durch Gottes Wort, durch den Glauben an Jesus Christus, durch Gottes Geist. Denn »ist jemand in Christus, so *ist* er eine neue Kreatur« (2 Kor 5,17). Solche *Neuschaffung* der *Menschen ergab* und ergibt mehr und mehr auch *neue zwischenmenschliche Verhältnisse*; diese werden auf solche Weise von innen her verändert.

Dafür tritt in dem Brief des Apostels Paulus an Philemon ein konkretes *Beispiel* in Erscheinung. Paulus schreibt: »Nun hast du Onesimus nicht mehr als einen Sklaven, sondern als einen, der mehr ist als ein Sklave: ein geliebter Bruder« (V. 16). Wir wissen nicht, ob Philemon nun Onesimus sofort als Sklaven freigelassen hat; vielleicht hätte das die Gefahr in sich geschlossen, daß Sklaven christlicher Herren nur zum Schein Christen geworden wären, um gewiß freigelassen zu werden. Auf jeden Fall rechnet Paulus auch in dem später geschriebenen 1. Timotheusbrief damit, daß es gläubige Sklaven gibt, die gläubige Herren haben, ohne daß sie nun gleich freigelassen worden wären. Doch Paulus ging in solchen Fällen davon aus, daß nun die Herren und die Sklaven zusammen Brüder sind. Und er ermahnt die Herren, daß sie in dem Gedanken an den »Herrn im Himmel« den Sklaven, »was recht und billig ist, gewähren« (Kol 4,1), und daß ebenso die Sklaven dieses Bruder-Sein ihrer Herren nicht ungut ausnützen: »Welche aber gläubige Herren haben, sollen diese nicht weniger ehren, weil sie Brüder sind« (1 Tim 6,2).

Verwandte Probleme gibt es auch heute: das Verhältnis von Mann und Frau in manchen Kulturkreisen, das Verhältnis von Menschen verschiedener Rassen, verschiedener Bildung, Tüchtigkeit und Begabung, bis hin zu den Behinderten. Gewiß müssen wir uns als Christen auch um befriedigende gesellschaftliche Strukturen und Rechtsordnungen bemühen. *Doch Aufgabe der Gemeinde Jesu ist es vor allem*, durch Gottes Wort und Geist Menschen zum Glauben an Jesus und zum Glaubensgehorsam (Röm 1,5; 16,26) zu führen. *So werden sie ewig gerettet und jetzt schon neue Menschen* (Joh 3,16; Röm 1,16; 2 Kor 5,17). Und so werden sie auch zu hilfreichen Gliedern der Gesellschaft und bewegen hier manches zum *Besseren*. Das ist dann etwas von dem übrigen, »das euch zufallen wird« (Mt 6,33). Die Rang- und Reihenfolge dessen, was wir als Gemeinde Jesu tun, muß auf jeden Fall unverändert bleiben.

Jesus Christus ist »gestern und heute derselbe« (Hebr 13,8), und er tut gestern und heute dasselbe, und der Mensch hat im letzten gestern und heute dasselbe nötig wie nichts sonst. Die Gemeinde Jesu hat dabei kein eigenes Programm. Sie ist vielmehr »*Leib*« (Eph 1,22f.), *Werkzeug* ihres Herrn für das, was er tut; ihm muß und darf sie zur Verfügung stehen. Sie darf deshalb nicht die »Tagesordnung der Welt« zu ihrem Programm machen, wie schon gesagt wurde; *auf keinen Fall darf sie ihre Aufgaben austauschen*. Der, von dem sich die Kirche ihre Aufgaben stellen läßt, ist ihr Herr, ihr Gott, ihr Christus. Hier fällt auch die endzeitliche Entscheidung, ob sie Christus oder dem Antichristen dient, ob sie »Braut« oder »Hure« ist (Offb 17,1ff.; 19,7), ob sie ewig mit ihrem Herrn vereint sein darf oder verloren geht. Laßt uns unserem Herrn, dem Lamme, nachfolgen, »wohin es geht« (Offb 14,4) und uns führt! Laßt uns ihm dort, wohin er uns stellt, zur Verfügung stehen in Glaubenszeugnis und Liebestat.

So lebte die erste Christenheit in ihren Verhältnissen, Schwierigkeiten und Anfechtungen. Laßt auch uns das heute und morgen so tun! Zuerst laßt uns dahin wirken, daß Menschen frei werden von Sünde, Satan und ewigem Gericht, daß sie zum Frieden mit Gott gelangen und durch den Glauben an Jesus Christus vor Gott gerecht werden. Und dann laßt uns auch dazu mithelfen, daß sie von menschlichen Zwängen frei werden, daß sie zum Frieden mit ihren Mitmenschen gelangen und ihnen ihr menschliches Recht wird. Alles in allem: »Dir zur Verfügung, mein Gott und mein Herr! Dir zur Verfügung, je länger, je mehr! Dir zur Verfügung in Freude und Leid, täglich und stündlich für Jesus bereit!« (Friedrich Traub).

Vorschlag zur Bibelarbeit über Philemon 1–25

---

1. Hinführung

In einer russischen Gefangenschaft saßen einige für die Arbeit der Partei unter den Jugendlichen Verantwortliche zusammen. Sie befaßten sich mit Klagen über Unzuverlässigkeit, Drückebergerei, Alkoholmißbrauch usw. unter den jungen Leuten. Einer sagte – so wies eine Protokollnotiz aus –: »Es muß etwas nicht stimmen an der Lehre von Karl Marx und Lenin, daß eine Besserung der Verhältnisse eine Besserung der Menschen bewirke. Jetzt sind zwar die Verhältnisse in vielem besser als im zaristischen Rußland und auch in der Stalin'schen Ära, aber die Menschen sind offenkundig dabei nicht anders geworden.« Ein anderer fügte hinzu: »Aber die mit dem komischen religiösen Aberglauben« – er meinte die Christen – »arbeiten mit dem Traktor auch, wenn keiner hinter ihnen steht und auf sie aufpaßt, und ihr Geld bringen sie am Freitagabend nach Hause und vertrinken es nicht.« Und ein Dritter fragte: »Sollte an dem religiösen Aberglauben doch etwas sein?«

2. Vorbereitende Fragen

Was hieß damals »Sklave sein«? Was machte die Sünde aus Onesimus? Aus einem »Nützlichen«, was sein Name bedeutet, wurde er einst ein »Nichtsnutz«. Was machte nun sein neuer Herr, Jesus Christus, aus ihm? Inwiefern veränderte das Evangelium auch Philemon? Was tat er nun? Worum konnte Paulus ihn bitten mit der Aussicht, erhört zu werden? Welche Wege hatte Onesimus zurückgelegt und sollte er zurücklegen: von Kolossä (West-Kleinasien) nach Rom, wieder zurück und anschließend erneut nach Rom zu Paulus. Bitte auf der Landkarte nachsehen! Die Verkehrsmittel von damals bedenken!

3. Thema

Das Evangelium verändert Menschen und in der Folge dann auch Verhältnisse. Jesus, sein Wort und sein Geist, befähigt die Menschen, neu in ihren Verhältnissen zu stehen, und schließlich werden auch diese verändert.

4. Gliederung

a) Was die Gnade Gottes, in unserem Brief erkennbar, aus Paulus machte (vgl. 2 Kor 5,17). – »Der Heilige Geist hat Takt«, sagten die Alten. Was heißt das bei uns, an unserem Platz, in unseren persönlichen Verhältnissen?

b) Was die Gnade Gottes aus Onesimus machte: Er wurde, was sein Name heißt, ein »Nützlicher«. Und auch wir werden das, wozu Gott *uns* geschaffen und wozu er uns berufen hat: etwas zu seiner Ehre und andern zur Hilfe und zum Segen.

c) Was die Gnade aus Philemon machte: Er durfte hinter dem, worum er nun gebeten werden konnte, nicht zurückbleiben. Und auch wir dürfen in unserem Glaubensgehorsam (Röm 1,5; 16,26; Gal 4,19; 1 Thes 5,23 f.) nicht hinter dem uns nun Gebotenen zurückbleiben (vgl. 1 Sam 15,11).

5. Schluß

Entscheidend ist, daß wir unseren Herrn mit seinem Wort und Geist an uns arbeiten lassen wie Paulus, Philemon und Onesimus, damit wir neue Menschen werden, auch in unseren alten Verhältnissen, und so auch an der Besserung dieser Verhältnisse mitwirken können, Gott zur Ehre und Menschen zur Hilfe. Es ist wichtig, persönlich und mit unseren Gemeinden, Gemeinschaften, Kreisen und auch Kirchen mit biblischen Akzenten und in biblischer Reihenfolge zu arbeiten: Zuerst und vor allem steht die Neuschaffung des Menschen durch Gottes Wort und den lebendigen Glauben an Jesus (2 Kor 5,17). Und dann folgt auch das Bemühen um eine Besserung der Verhältnisse, auch der sozialen Verhältnisse, bei uns und anderswo.

DIE NEUE THOMPSON-
STUDIENBIBEL

- ist die **umfangreichste Studienbibel,** die es gibt.
- hat den **revidierten Luthertext 1984,** der über das Jahr 2000 hinaus Gültigkeit haben wird.
- hat **über 1000** (in Worten: eintausend) **Seiten Erklärungen** zum laufenden Bibeltext.
- vermittelt eine **einzigartige Gesamtschau** biblischer Aussagen vom Ersten Buch Mose bis zur Offenbarung des Johannes.
- erschließt Ihnen durch ein **einmaliges Studiensystem** den Zusammenhang von **100 000** (in Worten: einhunderttausend) **Bibelstellen.**
- ist eine **einmalige Anschaffung** für alle Bibelleser.

Was ist das neue Konzept dieser Studienbibel:

Das Fundament dieser Studienbibel ist eine **thematische Zusammenfassung von Bibelstellen.** Schlüsselaussagen der verschiedenen biblischen Bücher zum jeweils behandelten Stichwort werden zusammengetragen.

Jedes **Thema** ist mit einer **Kennziffer** gekoppelt, die am Rand des laufenden Bibeltextes zusammen mit dem thematischen Stichwort erscheint. Im Anhang sind diese Studienhilfen numerisch aufsteigend geordnet – damit Sie einen schnellen Zugriff darauf haben.

Eine Vielzahl **visueller Hilfen** erleichtert die Arbeit mit der Studienbibel. Grafiken, Skizzen, gezeichnete Karten mit Querverweisen zum biblischen Text sind in einmaliger Fülle vorhanden.

Umfangreicher Bibelstudien-Anhang

Über 1000 Seiten Erklärungen finden Sie als Bibelstudienanhang nach dem vollständigen Text des Alten und Neuen Testaments. Was bietet Ihnen dieser Anhang?

- Ein **alphabetisches Register** erfaßt alle Stichworte und deren Kennziffern, die im Anhang vorkommen.
- **Spezielle Gliederung der Themen.** Hier sind Haupt- und Unterthemen von ihrem sachlichen Zusammenhang her zusammengefaßt.
- Ein sehr großer Teil der 100 000 **Bibelstellen ist in vollem Wortlaut ausgedruckt.** Kein umständliches Suchen mehr nach der Textstelle im fortlaufenden Bibeltext!
- In **Überblick-Studien** werden allgemeine Themen behandelt, zu denen Aussagen der ganzen Heiligen Schrift erforderlich sind.
- In den **Biografischen Studien** können Sie auf einen Blick alle wesentlichen Stationen im Leben biblischer Persönlichkeiten verfolgen.
- **Skizzen, gezeichnete Karten, Grafiken** bieten unschätzbare **visuelle Hilfestellung.**
- Ein **NEUER, umfangreicher, farbiger Bildteil** bietet bisher unveröffentlichte Aufnahmen der biblischen Länder.
- **Konkordanz** zur Luther-Bibel 1984.
- **Außergewöhnlich umfangreicher, farbiger Kartenteil** (20 Karten!).

Wie kann die Fülle der Studienhilfen praktisch genutzt werden?

Diese neue Studienbibel ersetzt eine ganze herkömmliche Bibliothek! Der einzelne, Bibelkreise in Gemeinde und Haus bekommen damit ein Instrument in die Hand, das wesentlich zur Belebung und Aktualisierung des Bibelgesprächs beiträgt.

1. Studium der Einzelheiten

Sollen spezielle Einzelaussagen der Bibel betrachtet werden? – Die neue Studienbibel bietet in ihrem Anhang dazu die folgenden Schwerpunkte an:

- Die Bibel als Ganzes
- Die 66 Bücher der Bibel mit Übersichten über jedes Buch
- Kapitelweise Betrachtung
- Versweise Textanalyse
- Themen-Studium (4217 Stichworte). Die Untergliederung in Haupt- und Nebenthemen ermöglicht es.

2. Studium der Zusammenhänge

Sollen die Zusammenhänge eines Themas vom Ersten Buch Mose bis hin zur Offenbarung des Johannes verfolgt werden? – Auch hierfür ist die neue Studienbibel geeignet. Sie bietet

- Themenbereiche, die jeweils mit einer Kennziffer Aussagen zusammenfassen.
- Gesamt-Themen, die durch Unterthemen aufgefächert und ergänzt werden.
- Durch Skizzen, Grafiken und Karten illustrierte Studienthemen.
- Themenregister helfen bei der Auswahl des Studienthemas.

4253 Mose

Schlüssel zum Leben Moses

A. Abstammung
1. Amram, der Vater; Jochebed, die Mutter (2.Mose 6,20)
2. Stamm Levi (2.Mose 2,1)
3. Aaron, der Bruder (2.Mose 4,14)
4. Mirjam, die Schwester (2.Mose 15,20)

B. Kindheit
5. Geburt (2.Mose 2,2)
6. Kein gewöhnliches Kind (Apg 7,20)
7. Im Schilf versteckt (2.Mose 2,3)
8. Von der Tochter des Pharao adoptiert (2.Mose 2,4-10)
9. Bekommt den Namen Mose (2.Mose 2,10)

C. Jugend
10. Gute Ausbildung (Apg 7,22)
11. Mose identifiziert sich mit den Israeliten (Hebr 11,25)
12. Er tötet einen Ägypter (2.Mose 2,11-12)
13. Von den Israeliten zurückgewiesen (2.Mose 2,13-14; Apg 7,23-28)
14. Flieht nach Midian (2.Mose 2,15)

D. Vierzig Jahre in Midian
15. Vierzig Jahre alt (Apg 7,23)
16. Heiratet die Tochter des Priesters Jitro (2.Mose 2,21)
17. Lebt vierzig Jahre lang in der Verborgenheit (Apg 7,29-30)

Der brennende Busch; Berufung zur Führerschaft (2.Mose 3,1-10)

Moses Ausreden
18. Persönliche Unzulänglichkeit (2.Mose 3,11)
19. Furcht vor Unglauben des Volkes (2.Mose 4,1)
20. Mangel an Redegewandtheit (2.Mose 4,10)
21. Bitte, einen anderen zu senden (2.Mose 4,13)

Gottes Verheißungen
22. Gottes Gegenwart (2.Mose 3,12)
23. Göttliche Autorität (2.Mose 3,13-14)
24. Göttliche Zeichen (2.Mose 4,2-9)
25. Hilfe durch Menschen (2.Mose 4,14-16)

E. Rückkehr nach Ägypten
26. Ankündigung der Befreiung (2.Mose 4,29-31)
27. Widerstand des Pharao (2.Mose 5,2)
28. Noch härtere Bedrückung des Volkes (2.Mose 5,7-9)

Die Zehn Plagen
29. Wasser in Blut verwandelt (2.Mose 7,14-25)
30. Frösche (2.Mose 7,26-8,11)
31. Stechmücken (2.Mose 8,12-15)
32. Stechfliegen (2.Mose 8,16-28)
33. Viehpest (2.Mose 9,1-7)
34. Geschwüre (2.Mose 9,8-12)
35. Hagel (2.Mose 9,13-35)
36. Heuschrecken (2.Mose 10,1-20)
37. Finsternis (2.Mose 10,21-29)
38. Das Passahfest (2.Mose 12, 1-28)
39. Der Tod der Erstgeburt (2.Mose 12,29)

F. Auszug aus Ägypten
40. Aufbruch (2.Mose 12,31-39)
41. Die Wolkensäule (2.Mose 13,21-22)
42. Verfolgung durch Pharao (2.Mose 14,1-12)
43. Durchzug durchs Meer (2.Mose 14,13-31)
44. Moses Lobgesang (2.Mose 15,1-18)
45. Mara und Elim (2.Mose 15,22-27)
46. Manna (2.Mose 16,14-15)
47. Wasser aus einem Felsen (2.Mose 17,1-7)
48. Sieg über die Amalekiter (2.Mose 17,8-13)
49. Jitros Rat (2.Mose 18,13-23)
50. Ankunft am Berg Sinai (2.Mose 19,1-2)

G. Am Berg Sinai
51. Moses erste Besteigung des Berges (2.Mose 19,3-6)
52. Der Bund mit Gott (2.Mose 19,8)
53. Die göttliche Erscheinung auf d. Berg (2.Mose 19,18-20)
54. Die Zehn Gebote (2.Mose 20,1-17)
55. Sieg verheißen (2.Mose 23,20-31)
56. Das Blut des Bundes (2.Mose 24,6-8)
57. Die Vision der Ältesten (2.Mose 24,9-11)
58. Zweite Besteigung des Berges; Mose bleibt vierzig Tage oben (2.Mose 24,18)
59. Das goldene Kalb (2.Mose 32,1-6)
60. Der göttliche Zorn über das Volk (2.Mose 32,7-10)
61. Moses Fürbitte (2.Mose 32,11-14)
62. Strafe für den Götzendienst (2.Mose 32,15-28)
63. Dritte Besteigung des Berges (2.Mose 32,30-31)
64. Zweite Fürbitte (2.Mose 32,31-32)
65. Entzug der Gegenwart Gottes (2.Mose 33,1-6)
66. Gottes enge Gemeinschaft mit Mose (2.Mose 33,11)
67. Gott gibt seine Gegenwart zurück (2.Mose 33,12-17)
68. Mose erbittet eine neue Vision (2.Mose 33,18-23)
69. Neue Gesetzestafeln (2.Mose 34,1-10)
70. Mose zum zweiten Mal für vierzig Tage auf dem Berg (2.Mose 34,27-28)
71. Moses Gesicht strahlt (2. Mose 34, 29-35)
72. Aufrichtung und Einweihung der Stiftshütte (2.Mose 40,1-38)

H. Vom Sinai nach Kadesch-Barnea
73. Die Wolkensäule (4.Mose 10,11-12)
74. Feuer tötet die Murrenden (4.Mose 11,1-3)
75. Sehnsucht nach ägyptischem Essen (4.Mose 11,4-6)
76. Mose entmutigt (4.Mose 11,10-15)
77. Siebzig Älteste berufen (4.Mose 11,16-17)
78. Wachteln gesandt (4.Mose 11,31-35)
79. Der Ehrgeiz Aarons und Mirjams (4.Mose 12,1-15)

I. Zum ersten Mal in Kadesch-Barnea
80. Bericht der Kundschafter (4.Mose 13,26-33)
81. Israel lehnt sich auf (4.Mose 14,1-10)
82. Gottes Zorn (4.Mose 14,11-12)
83. Mose legt Fürsprache ein (4.Mose 14,13-20)
84. Die Generation der Murrenden soll in der Wüste sterben (4.Mose 14,28-33; Hebr 3,17-19)
85. Israel von den Amalekitern besiegt (4.Mose 14,40-45)

J. Die vierzigjährige Wanderung in der Wüste
86. Ankündigung der Wanderung (4.Mose 14,33)
87. Sabbatbrecher gesteinigt (4.Mose 15,32-36)
88. Aufruhr von Korach, Datan und Abiram (4.Mose 16,1-17,5)
89. Aufstand des Volkes (4.Mose 17,6-10)
90. Aarons Sühneopfer (4.Mose 17,11-15)

K. Zum zweiten Mal in Kadesch-Barnea
91. Mirjams Tod (4.Mose 20,1)
92. Das Volk klagt über Durst (4.Mose 20,2-6)
93. Moses Sünde (4.Mose 20,7-13)

L. Wanderung zum Jordan
94. Ungastlichkeit Edoms (4.Mose 20,14-21)
95. Aarons Tod (4.Mose 20,23-29)
96. Giftige Schlangen (4.Mose 21,5-7)
97. Die eherne Schlange (4.Mose 21,8-9)
98. Bileam, der käufliche Prophet (4.Mose 22-24)
99. Zusammenfassung der Reise zum Jordan (4.Mose 33,1-49)

M. Lebensende
100. Moses Abschiedsrede und Segen (5.Mose 32-33)
101. Mose besteigt den Berg Nebo (5.Mose 34,1)
102. Blick auf das verheißene Land und Tod (5.Mose 34,1-5)
103. Gott begräbt Mose (5.Mose 34,6)

N. Erscheinung bei der Verklärung
104. Wiedererscheinen bei der Verklärung Christi (Mt 17,3)

Auszug aus der Thompson-Studienbibel.

Ernst Dietzfelbinger (Übersetzung)

Das Neue Testament

Interlinearübersetzung Griechisch-Deutsch

Die „Interlinearübersetzung Griechisch-Deutsch" ist eine praktische Arbeitshilfe für Pfarrer, Pastoren, Prediger, Studenten und engagierte Laien. Sie präsentiert jeweils unter dem fortlaufenden griechischen Text die dazugehörigen deutschen Wendungen, ohne daß Wörterbücher nachgeschlagen werden müssen.

Predigthilfe
Zuversicht und Stärke

Geheftet, je ca. 80 S., handliches A5-Format, Nr. 54750, Jahresabonnement (6 Hefte)

„Zuversicht und Stärke" hilft Ihnen, den Menschen in seiner Alltagssituation mit dem Wort Gottes anzusprechen. Dazu dienen die Arbeitsschritte „Lesen, was dasteht" (Exegetische Anmerkungen), „Sehen, was dazugehört" (Theologische Überlegungen) und „Predigen, was aufbaut" (Gedanken zur Predigt).

Pfarrern, Lektoren, Predigern und Mitarbeitern gibt die von der Ludwig-Hofacker-Vereinigung herausgegebene Predigthilfe viele theologische und praxisbezogene Anregungen. Ein großer Kreis evangelikaler Theologen behandelt die Sonn- und Feiertagstexte nach der Perikopenordnung der EKD in gründlicher und doch allgemein verständlicher Weise.